文化发展论丛·中国卷

（2014）

湖北大学高等人文研究院◎编

主　编◎周海春

副主编◎徐　瑾

Culture Development Review:
China (2014)

社会科学文献出版社
SOCIAL SCIENCES ACADEMIC PRESS (CHINA)

《文化发展论丛》编辑委员会

目录
CONTENTS

学术争鸣

比较研究

理论前沿

"五伦""三纲"分梳

冯天瑜[*]

（武汉大学历史学院）

【摘　要】　无论是汉至清对"纲常名教"的推崇，还是近代将其在"旧礼教"名下加以摒弃，都是把"三纲"说与"五伦"说捆绑在一起的，以"三纲"为纲，"五伦"为目。然而，此种概括并不完全符合中国思想史实际，置之概念生成史考察，"三纲"说与"五伦"说虽然都是宗法社会的产物、宗法观念的表现，有着相通性，但二者又颇相差异，分别代表中国伦常观念的两种走势，不宜笼统处置，应当予以分梳，区别对待。而这种分梳与区别对待，或许正是当下国学教育的关键。

【关键词】　五伦　三纲　国学

扬弃（aufheben），指新事物对旧事物的既抛弃又保留、既克服又继承的关系。德国哲学家康德首先运用该词。黑格尔赋予这一概念以肯定和否定的双重哲学含义，认为概念发展的每一阶段对前一阶段而言，都是一种否定，这是包含肯定的否定，是概念的发展过程，对旧质既有抛弃又有保留，既有克服又有继承。扬弃包括发展和联系两个环节。联系的环节体现了新事物对旧事物的发扬、保留和继承，这是"扬"的过

---

* 　冯天瑜（1942~），男，湖北红安人，武汉大学资深教授。

程，是事物发展的连续性；发展的环节体现了新事物对旧事物的抛弃、克服，这是"弃"的过程，是事物发展中的非连续性。对中华民族的文化遗产须加扬弃，去其糟粕，取其精华，实现连续性与非连续性的统一。

扬弃须进入国学讲习诸层面，尤须进入核心层面。

国学即国故之学，指中国传统学术，其包蕴丰富，鱼龙混杂，精华糟粕互见，今日讲习国学，须作辨析，扬其当扬，弃其当弃。这是倡导国学的题中应有之义。国学由"国文""国史""国伦"组成，对三者皆须作扬弃，不能囫囵吞枣。而"国伦"即中国式伦常，是国学的核心内容，尤须加以辨析。中国伦常的精神内核是什么？陈寅恪将其概括为"三纲六纪"，他在《王观堂先生挽词并序》中说："吾中国文化之定义，具于白虎通三纲六纪之说，其意义为抽象理想最高之境，犹希腊柏拉图所谓 Idea 者。若以君臣之纲言之，君为李煜亦期之以刘秀；以朋友之纪言之，友为郦寄亦待之以鲍叔。其所殉之道，与所成之仁，均为抽象理想之通性。"①

纲纪说被视为"抽象理想最高之境"，是对各组伦常关系的高标准设计，如遇到李煜这样屠弱的君主，则期之以刘秀那样英明的君主；遇到卖友的郦寄，则期之以鲍叔牙那样忠诚的朋友。

两汉以来的纲常说，将"三纲"与"五伦"②并列论之（所谓"三纲五常""纲常名教"），推尊为中国文化的极境。其说较早的完整表述见于东汉班固撰《白虎通》之《三纲六纪》一目："三纲者，何谓也？谓君臣、父子、夫妇也。六纪者，谓诸父、兄弟、族人、诸舅、师长、朋友也。……何谓纲纪？纲者，张也。纪者，理也。大者为纲，小者为纪。所以张理上下，整齐人道也。"③

无论是汉至清对"纲常名教"的推崇，还是近代将其在"旧礼教"名下加以摒弃，都是把"三纲"说与"五伦"说捆绑在一起的，以"三

---

① 陈寅恪：《陈寅恪集·诗集》，生活·读书·新知三联书店，2001，第12页。
② "五伦"或指仁、义、礼、智、信五种德目，或指君臣、父子、夫妇、兄弟、朋友五种伦常关系，本书取后义。
③ （东汉）班固：《白虎通义》，商务印书馆，1940，第312页。

纲"为纲,"五伦"为目。然而,此种概括并不完全符合中国思想史实际,置之概念生成史考察,"三纲"说与"五伦"说虽然都是宗法社会的产物、宗法观念的表现,有着相通性,但二者又颇相差异,分别代表中国伦常观念的两种走势,不宜笼统处置,应当予以分梳,区别对待。而这种分梳与区别对待,或许正是当下国学教育的关键。

一　伦理观的两种旨趣

宗法社会的人伦观,并非铁板一块,而有单向独断论和双向协调论两种系统,形成两种旨趣不同的传统。一种传统以"三纲"说为代表,最典型的表述为:"君为臣纲,父为子纲,夫为妻纲。"[①]认定尊者、长者拥有绝对权威和支配地位,卑者、幼者唯有屈从的义务。近人张之洞说:"故知君臣之纲,则民权之说不可行也;知父子之纲,则父子同罪、免丧、废祀之说不可行也;知夫妇之纲,则男女平权之说不可行也。"[②]足见"三纲"说作为单向独断论的绝对主义伦理观念,构成专制政治的伦理基础,抵制民主、平权诉求。

另一种表述则是"五伦"说,所谓"父子有亲,君臣有义,夫妇有别,长幼有序,朋友有信"。[③]其间包含着人际间的温馨、理解和信任,发乎人伦骨肉之情,而且是相对性的、双向性的要求。这种"五伦说"集中反映在《尚书》《左传》《孟子》《老子》等先秦典籍的民本主义表述中。

简言之,民本主义的上下关系论要领有二:第一,下是上的基础,民众是立国根本。《尚书》的"民可近,不可下。民惟邦本,本固邦宁"[④]是此一精义的著名表述。老子从贵与贱、高与下的辩证关系立论:"故贵以贱为本,高以下为基。是以侯王自谓孤、寡、不穀,此非以贱

---

① 《礼纬》,浙江吴玉墀家藏本。
② 张之洞著、李忠兴评注《劝学篇:中体西用的强国策》,中州古籍出版社,1998,第70页。
③ 金良年:《孟子译注》,上海古籍出版社,2004,第112页。
④ 陈才俊编《尚书全集》,海潮出版社,2011,第59页。

为本也。"①正是从这种下是上的基础，民众是立国根本的认识出发，孟子发出千古名论："民为贵，社稷次之，君为轻。"②

第二，民意即天意，民心即圣心。《尚书》载周武王语："天视自我民视，天听自我民听。"③《尚书》又称："天聪明，自我民聪明；天明畏，自我民明畏。"④老子则说："圣人无常心，以百姓心为心。"⑤以君臣一伦而言，"五伦"说对君与臣两方面都提出了要求，如孟子所指："君之视臣如手足，则臣视君如腹心；君之视臣如犬马，则臣视君如国人；君之视臣如土芥，则臣视君如寇仇。"⑥民本主义者的一个经常性论题，是"爱民""利民"，反对"虐民""残民"。孟子反复劝导国君"保民而王"⑦，荀子则有警句："君者舟也，庶人者水也。水则载舟，水则覆舟。"⑧八百载后，唐太宗与魏征君臣对中的"水可载舟，亦可覆舟"⑨的名论承袭于此。

至于夫妇一伦，"五伦"说则以"义"为标准，"夫妇以义事，义绝而离之"⑩，"夫不义，则妇不顺矣"⑪。这里强调的是一种双向性要求。

在父子一伦上，主张"父慈子孝"，双向要求；在兄弟关系上，主张"兄友弟恭"，也是双向要求；朋友关系则讲究互利互助，"交友之旨无他，彼有善长于我，则我效之；我有善长于彼，则我教之。是学即教，教即学，互相资矣"⑫，倡导朋友间互相取长补短，推崇的仍然是双向互济关系。

梁启超慧眼卓识，将"五伦"的精义称为"相人偶"，也即人际间

---

① 陈鼓应：《老子注译及评介》，中华书局，2009，第212页。
② 金良年：《孟子译注》，上海古籍出版社，2004，第300页。
③ 陈才俊编《尚书全集》，海潮出版社，2011，第135页。
④ 陈才俊编《尚书全集》，海潮出版社，2011，第28页。
⑤ 陈鼓应：《老子注译及评介》，中华书局，2009，第246页。
⑥ 金良年：《孟子译注》上海古籍出版社，2004，第170页。
⑦ 金良年：《孟子译注》，上海古籍出版社，2004，第13页。
⑧ 方勇、盛慧敏：《荀子鉴赏辞典》，上海辞书出版社，2012，第66页。
⑨ （唐）吴兢：《贞观政要》，岳麓书社，1991，第20页。
⑩ （北齐）颜之推、（北宋）司马光：《颜氏家训·家范》，上海古籍出版社，1992，第50页。
⑪ （北齐）颜之推、（北宋）司马光：《颜氏家训·家范》，上海古籍出版社，1992，第5页。
⑫ （明）王肯堂：《郁冈斋笔尘》（第三册），民国十九年六月国立北平图书馆印行。

对偶关系的相敬互助。他指出："五伦全成立于相互对等关系之上，实即'相人偶'的五种方式。故《礼运》从五之偶言之，亦谓之'十义'（父慈子孝，兄良弟悌，夫义妇听，长惠幼顺，君仁臣忠）。人格先从直接交涉者体验起，同情心先从最亲近者发动起，是之谓伦理。"①这种对人与人之间在权利与义务两方面提出双向互助性要求，以形成较为和谐的人伦关系之说，在利益驱动的现代社会尤其显得宝贵与急需。20世纪下半叶，东亚国家、地区创造经济奇迹，除利用最新科技成就，借用西方市场经济的竞争与激励机制以外，一个重要原因是东亚伦理的人际和谐精神得到现代式发挥，将企业和社会组合成风险共担、利益均沾的"命运共同体"，使管理者与劳作者在"和"的精神凝聚之下，形成长久、牢固的"合力"，而不是短暂的利用关系。这正是对东亚和合精义的创造性发挥，暗合了孟子的名论："天时不如地利，地利不如人和。"②也暗合了荀子的名论："上不失天时，下不失地利，中得人和而百事不废。"③与佛教的"丛林共住精神"也彼此契合——在管理架构上"各守其分，各尽其职"；在生活上，以众靠众，实践互敬互勉、无诤共住的和合僧团精神，共同遵守"六和敬"——身和同住，口和无诤，意和同悦，戒和同修，利和同均，见和同解。此皆为可久可大的和谐之道。

二 "五伦"说先于"三纲"说

"三纲"说与"五伦"说旨趣各异，且其生成机制、成说时代，有性质之差、先后之别。

大体言之，"五伦"说形成于先秦，是宗法封建时代（本义上的"封建"，而非泛化的"封建"）的产物，较多地保留了氏族民主遗存和封建分权之义，蕴蓄着血亲温情，讲究的是"情理"。

---

① 梁启超：《先秦政治思想史》，《饮冰室合集》（第9册），中华书局，1989，第75页。
② 金良年：《孟子译注》，上海古籍出版社，2004，第78页。
③ 方勇、盛慧敏：《荀子鉴赏辞典》，上海辞书出版社，2012，第100页。

"三纲"说（君为臣纲，父为子纲，夫为妻纲）酝酿于战国，形成于秦汉，是皇权时代的产物，体现了君主专制覆盖下的垂直式独断，强调的是上对下的等级威权以及下对上的无条件屈从。

人类在跨入阶级社会之前，经历了漫长的无阶级的氏族社会，其间孕育了氏族内部以血缘纽带维系的原始民主，在跨入阶级社会初期，如中国的商周时代建立的宗法封建社会，还保留着若干原始民主的遗迹，并在两周历史条件下演化为"民本"说与"五伦"互动说。而"三纲"说定形于秦汉以降的专制君主制时代，其强势的独断论为专制帝王和尊者、长者所喜好、所运用，虽然受到历代民本主义者和异端思想家的批判，然其主流地位从未动摇。

时至近代，"三纲"说的元典性成为各思想流派争论的焦点。

张之洞在1898年撰写的《劝学篇》内篇中亟言"三纲"说来源于圣人之道，肯定其元典性：

> "君为臣纲，父为子纲，夫为妻纲"，此《白虎通》引《礼纬》之说也。董子所谓"道之大，原出于天，天不变，道亦不变"之义，本之《论语》"殷因于夏礼，周因于殷礼"注："所因，谓三纲五常。"此《集解》马融之说也，朱子《集注》引之。《礼记·大传》："亲亲也，尊尊也，长长也，男女有别。此其不可得与民变革者也。"①

近代启蒙思想家则以"三纲"说为扬弃对象，如活动于香港的何启（1859~1914）、胡礼垣（1847~1916）在1899年撰写的《劝学篇书后》批评张之洞《劝学篇》内篇宣扬的"三纲"说，指出"三纲"说有悖于人道，认为君臣、父子、夫妇之间应是平等关系，只应服从情理，不应以绝对的垂直纲纪加以强力控制。何启、胡礼垣特别揭示"三纲"说的非元典性："三纲之说非孔孟之言也。三纲之说，出于《礼纬》，而《白

---

① 张之洞著、李忠兴评注《劝学篇：中体西用的强国策》，中州古籍出版社，1998，第70页。

虎通》引之，董子释之，马融集之，朱子述之，皆非也。夫《礼纬》之
书，多资谶纬。以谶纬解经，无一是处，为其无实理之可凭也。三纲者，
不通之论也。"①

何启、胡礼垣在批评"三纲"说的同时，陈述"五伦"说的合理
性，称其"通明""不偏"，保存了血亲和谐的双向互动理念。又进而指
出，"五常之道，在孔子二千余年之前而已然"，即源自上古；同时，
"凡尚理学如希腊等国，亦莫不以五伦为重"，足见五伦说是古今中外之
通义。②

梁启超在《先秦政治思想史》中，也区分"三纲"与"五伦"，他
指出："后世动谓儒家言三纲五伦，非也，儒家只有五伦，并无三纲。"③
这里说的"儒家"当然是指先秦原始儒家。梁氏此一辨析，与何启、胡
礼垣相类似。

综上可见，古人、近人都不乏对"三纲"说与"五伦"说加以分梳
的努力，我们今日更应超越混淆二者的粗率思维，在扬弃"三纲"说的
同时，用力开掘"五伦"互动说的宝贵精神资源，以发挥其社会协调
功能。

三　"五伦"说指示双向协和的社会秩序

"五伦"说有别于专制主义政治伦理，它阐发的是对尊与卑、上与
下的双向要求，具有协和性。所谓"君使臣以礼，臣事君以忠"④，分别
对君和臣提出要求，"君礼"与"臣忠"互动，方能达成君臣和谐，同
舟共济。所谓"父子有亲，君臣有义，夫妇有别，长幼有序，朋友有
信"⑤，为"五伦"关系分别树立了"亲、义、别、序、信"等富于理

---

①　张之洞，何启、胡礼垣：《劝学篇·劝学篇书后》，湖北人民出版社，1991，第247页。
②　张之洞，何启、胡礼垣：《劝学篇·劝学篇书后》，湖北人民出版社，1991，第252页。
③　梁启超：《先秦政治思想史》，《饮冰室合集》（第9册），中华书局，1989，第75页。
④　杨伯峻：《论语译注》，中华书局，2006，第20页。
⑤　金良年：《孟子译注》，上海古籍出版社，2004，第112页。

性和人情的准则，并无绝对主义的要求。成书秦汉之际的《礼记·礼运》篇对先秦的"五伦"说做了总结，将父子、兄弟、夫妇、长幼、君臣这五组社会人际关系的双向互动概括为："父慈子孝，兄良弟悌，夫义妇听，长惠幼顺，君仁臣忠。"①此后，关于"五伦"的双向性要求，还有多种大同小异的说法，最流行的是："君惠臣忠，父慈子孝，兄友弟恭，夫和妇顺，朋谊友信。"

"五伦"互动说主要强调上下关系的协调，而"各守职分"（处在"五伦"关系诸层级的人各有责守，必须各尽义务）是达成和谐关系的要义所在。这一思路包含"良性互动""双向要求"诸要义，既是对专制独断论的一种抑制，也是对无政府及民粹倾向的一种防范与救治，有助于处理社会人际关系，如政府与民众的关系、劳资关系、民族关系、医患关系、家庭关系等，以构建和谐社会。

以政府与民众的关系为例，片面的单向要求，或者是上对下的"专断"，或者是下对上的"民粹"，都将导致社会矛盾的激化，国家丧失稳定祥和。以劳资关系为例，资方如果一味追逐利润最大化，置劳方利益于不顾，必将激化劳资矛盾，劳方如果强索超越企业承受力的要求，必有损于企业的生存与发展。以民族关系而论，大民族的沙文主义与少数民族的分离主义，都不利于民族团结、和谐共存。

环顾社会的诸种双边关系，"五伦"说阐扬的"双向要求"至关紧要。互动和谐的"五伦"说，并非仅凭观念的传承，其在传统社会得以长期演绎，仰赖传统社会的经济制度和社会组织保障。传统伦理社会父子、夫妇共财，是利益共同体，亲朋乡里间有共享的施财机构，如祭田、义庄、义学等宗族共产，社仓、义仓、学田等乡党共产。当然，传统的"五伦"说作为宗法等级社会的产物，侧重强调"义务"，尤其是下对上的义务，而基本没有涉及"权利"问题，没有对民众享受权利和运用权利（所谓"民享"与"民治"）给予法定性的肯认，故中国传统社会不可能充分实现社会和谐。秦以下专制皇权社会两千余年间，社会动乱此

---

① 王梦鸥：《礼记今注今译》，新世界出版社，2011，第199页。

伏彼起，便是明证。社会主义的本义便在于实现社会公平正义，促成人际关系的祥和。我们今日创建和谐文化，应继承前人的优秀遗产，如"五伦"说在人际关系上的双向观照；同时也要超越前人，有所创发，如在义务与权利的统一上，实现上下层级的良性互动，这是社会长治久安，实现可持续发展的关键之一。

论当代中国价值观

江 畅[*]

（湖北大学高等人文研究院）

【摘　要】　在中国历史上占主导地位的价值观主要有三种形态：封建主义价值观，专制主义价值观，社会主义价值观。社会主义价值观又有传统社会主义价值观与中国特色社会主义价值观的区别。中国特色社会主义价值观是当代中国价值观。当代中国价值观以国家富强、民族振兴，特别是人民幸福为终极价值目标，以富强、民主、文明、和谐、自由、平等、公正、法治、爱国、敬业、诚信、友善为核心价值理念，以人民主体地位、解放和发展社会生产力、推进改革开放、维护社会公平正义、走共同富裕道路、促进社会和谐、和平发展、共产党的领导为基本价值原则。与传统中国价值观、现代西方价值观相比较，当代中国价值观具有人民性、平等性、社群性或集体性和道德性等明显特点。

【关键词】　当代中国价值观　封建主义价值观　专制主义价值观　现代资本主义价值观

当代中国价值观是中国实行改革开放以来一直在构建的中国国家价

---

  *　江畅，湖北大学高等人文研究院院长，教育部"长江学者"特聘教授，湖北大学哲学学院教授，博士生导师。

值观。它是相对于传统中国价值观而言的，也与实行改革开放前计划经济时代的中国价值观有所不同。2012 年召开的中国共产党第十八次代表大会，第一次对当代中国价值观的核心内容（即社会主义核心价值观）做了明确的界定，并要求全国培育和践行社会主义核心价值观。虽然社会主义核心价值观还需要进一步取得全社会的普遍认同，但中国党和政府正在运用政治力量强力在全中国培育和践行它。因此，把社会主义核心价值观作为当代中国价值观的核心内容理由是充分的。在这里，本文将对当代中国价值观的形成过程、核心内容，及其不同于传统中国价值观、现代西方价值观的特点做一些简要阐述。

一 中国价值观从传统到当代的演变

中华民族自从进入文明社会以后就开始逐渐形成自己民族或国家的价值观。在约 5000 年的漫长历程中，中国价值观历经沧桑变化，也有一些内在一脉相承的精神和内容。中国价值观的演进与国家的政治状况有着直接的关系。一般来说，国家统一的时候，就有占主导地位的国家价值观，而国家分裂或动乱时，就会出现价值观纷纭杂呈的局面。纵观整个中国历史，中国价值观经历了三个相对稳定统一的历史阶段和两个相对动荡分裂的时期，而在相对动荡分裂的时期都孕育了价值观的变革和新时代的出现。

夏代结束"五帝"战乱后初步建立了统一的国家。从夏代开始到西周时代逐渐形成了中国价值观的最早形态，即宗法封建主义价值观。这是中国价值观的第一个统一形态。"三皇五帝"之后，夏代（约前 21 世纪～约前 16 世纪）建立了多部落联盟或复杂酋邦形式的国家，并结束了原始部落的禅让制，实行世袭制（这种联邦式的社会结构后来被分封制所取代。正是这种分封制导致了春秋战国时期诸侯割据称雄的局面）。这个时期国家价值观的特点是以维护王朝长治久安为社会的追求，以上帝、天神之命为根据论证政治的合法性，借助的手段是天神崇拜和祖先崇拜的合一。在夏商周的祭祀活动中，只有王者才有资格祭天，王者又总是以其先祖作为配祭，这就是"以祖配天"。这种观念到周朝又发展成"以德配天"的价值观念，即把血缘的祖宗崇拜转换成为政治与道德的祖宗崇拜，把外在性的天神崇拜逐渐内在化、道德化。

到东周时期出现了诸侯割据称霸的局面，社会四分五裂，这就是所谓的春秋战国时期。这个时期社会没有统一的社会价值观，出现了儒家、道家、墨家、法家等百家争鸣的局面，特别是形成了儒家的价值观。以孔子和孟子为主要代表的儒家承袭了周代的"以德配天"，以及"敬德保民""敬德安民"等观念，形成了以血缘宗法人伦关系为基础、以仁的实现为目的、以践履为原则、以以善统真为特点的价值体系。先秦儒家的价值观经过汉儒和宋明理学获得进一步发展，先秦的价值观逐步被理论化、系统化，同时汉儒、宋儒的价值观也在许多问题上与先秦儒家有所不同，有些问题甚至偏离了原有命题的原初含义。不过，中国传统的儒家思想有着共同的基本价值取向："天合于人的人道价值取向。在天人之际，天道、人道之际，主张以人道为本体，天道合于人道，合于德性，高扬天地间人的地位、人的价值"；"情合于性的精神价值取向。追求高尚人格，追求精神境界的内在超越，强调修养践履及道德自律性，高扬人的道德个性"；"利合于义的社会价值取向。强调个人对社会整体的责任和义务，注重人伦和谐，重视德性仁政。"[1]

公元前 221 年，秦始皇统一中国，秦后的西汉实行"罢黜百家，独尊儒术"政策，于是以儒家价值观为依据形成了中国价值观的第二个统一形态，即宗法专制主义价值观。[2] 这是一种以"三纲五常"（"三纲"即"君为臣纲，父为子纲，夫为妻纲"，"五常"即"仁义礼智信"）为核心内容的价值观。在中国 2000 多年的专制主义时代，国家有过不少的

---

[1] 参见葛晨虹《德化的视野：儒家德性思想研究》第五章（德性思想发展及其基本价值取向），同心出版社，1998，第195页以后。

[2] 过去通常将先秦或汉代至清代看作中国的封建社会，冯天瑜教授对这种观点提出了质疑，并提出以"宗法地主专制社会"代替"封建社会"作为这段时期中国社会形态的名目，秦至清2000余年可简称为"皇权时代"（参见冯天瑜《"封建"考论》，武汉大学出版社2006年第1版，中国社会科学出版社2010年修订版），他的批评引起了广泛的关注。笔者认同这种看法，将汉代到清代这段历史时期统称为专制主义时代。

分裂时期，但专制主义价值观的基本内容没有受多大影响。其间，中国价值观受到外域价值观的影响。影响最大的是印度佛教，它传入中国后逐渐被中国化，出现了儒释道合流。但从总体上看，儒家价值观仍然是中国专制主义时代的主导意识形态，也是中国专制主义价值观的主要理论依据。

自鸦片战争开始，伴随着中国沦为半殖民地半封建的国家，传统的专制主义价值观不断受到冲击，到中华人民共和国成立时，这种价值观最终被取代。在这约 100 年的不太长的时间内，中国的价值观再次陷入纷纭杂呈的局面。与春秋战国时期不同的是，这次的多元复杂局面主要不是中国国内土生土长的不同价值观的争鸣，而是许多人所接受的西方不同价值观之间以及它们与中国传统价值观之间的论争。在这个时期，国外的自由主义、共和主义、马克思主义（科学社会主义）、苏俄社会主义、无政府主义等纷至沓来，同时中国传统价值观在社会生活中仍然发挥着作用，而且也有一些思想家和政治家坚守这种价值观。辛亥革命后，国民党推行孙中山的三民主义，这是一种中国式的资本主义价值观即"民主主义"价值观。中国共产党从一诞生就信奉马克思主义价值观，这种价值观基本上是苏俄化的马克思主义价值观，后来逐渐形成了以毛泽东为代表的中国化的马克思主义价值观（毛泽东思想）。从 20 世纪 30 年代开始，以孙中山为代表的民主主义价值观（这种价值观在蒋介石统治时期发生了许多变异）和以毛泽东等人为代表的马克思主义价值观成为两种在不同范围内占主导地位的价值观，而在大众的日常生活中，中国传统价值观仍然有很大的市场。

中华人民共和国成立后，民主主义价值观被否弃，社会主义（马克思主义）价值观被确立为主导价值观。于是开始了中国价值观的第三个统一形态，即社会主义价值观。在到今天为止的 60 多年中，社会主义价值观经历了两个时期：前一个时期是"文化大革命"之前以计划经济为基础的社会主义价值观占统治地位的时期，这个时期的价值观可称为传统社会主义价值观；后一个时期是改革开放后逐渐形成的以市场经济为基础的社会主义价值观占主导地位的时期，这个时期的价值观即中国特色社会主义价值观。传统社会主义价值观以毛泽东思想为主要内容；中国特色社会主义价值观则是以邓小平理论为核心内容的。两种价值观在主张人民当家做主、走社会主义道路、坚持社会主义制度、坚持共产党领导、以马克思主义为指导思想等方面的立场和观点是一致的，但对社会主义的理解存在差别。传统社会主义价值观把社会主义的目的和任务主要理解为巩固无产阶级专政、防止资本主义复辟，因而它以阶级斗争为价值取向，坚持以阶级斗争为纲。这种价值观虽然也肯定发展经济的必要性，但坚持"政治挂帅"，而且不顾实际情况和科学规律急于求成，搞所谓的"大跃进""跑步进入共产主义"。坚持这种价值观的结果就是不断搞政治运动，最终酿成了"无产阶级文化大革命"的十年灾难。与传统社会主义价值观不同，中国特色社会主义价值观最初把社会主义理解为全社会共同富裕，因而强调以经济建设为中心，一部分人先富起来，先富带后富；后来进一步把社会主义理解为实现社会主义现代化和中华民族的伟大复兴，因而主张进行经济、政治、文化、社会、生态文明"五位一体"的全面建设。中国特色社会主义价值观是针对传统社会主义价值观的偏颇和严重后果，痛定思痛，形成并确立的。中国特色社会主义价值观是当代中国党和政府所主张和力推的中国国家价值观。

二　当代中国价值观的核心内容

当代中国价值观就其性质而言是中国特色的社会主义价值观，其核心内容就是社会主义核心价值观或核心价值体系。社会主义核心价值观作为一种价值观的核心价值体系，与其他社会价值观的核心价值体系一样，包括三个基本层次，即终极价值目标、核心价值理念和基本价值原则。

当代中国价值观的终极价值目标，是中共十八大政治报告提出的"中华民族伟大复兴"，中共中央总书记习近平将其概括为"中国梦"，即国家富强、民族振兴和人民幸福。"中国梦"的内涵最初是中共中央原总书记江泽民在中国共产党建党八十周年的讲话中提出的。他指出，中国共产党的八十年，是为民族解放、国家富强和人民幸福而不断艰苦奋斗、发愤图强的八十年。①中共十六届六中全会把和谐社会看作国家富强、民族振兴、人民幸福的重要保证。由此看来，民族解放和振兴、国家富强、人民幸福是中国共产党领导中国人民进行社会主义革命、建设和改革所追求的最终价值目标。在这三个奋斗目标中，人民幸福具有更终极的意义，因为民族解放和振兴也好，国家富强也好，最终都是为了作为国家主人的人民普遍过上幸福生活。从这种意义上看，人民幸福是中国特色社会主义事业的终极奋斗目标。以人民幸福为中国特色社会主义的终极奋斗目标也是与马克思设想的共产主义目标相一致并以它为最终指向的。按照马克思的设想，共产主义社会是一种以每一个人全面而自由发展为原则的社会。全面而自由发展是幸福的基本内涵，当每一个人都能获得全面而自由发展的时候，社会就进入了普遍幸福的理想状态。在我国目前的条件下，尚不能完全达到这种理想状态，但正因为如此，我们要将实现这种理想作为中国特色社会主义事业的终极奋斗目标。人民幸福就是社会成员普遍幸福，将普遍幸福作为中国特色社会主义的终极价值目标会得到全国人民的热烈响应和衷心拥护。

当代中国价值观的核心价值观念，就是中共十八大提出的"三个倡导"，即"倡导富强、民主、文明、和谐，倡导自由、平等、公正、法治，倡导爱国、敬业、诚信、友善，积极培育社会主义核心价值观"②。笔者在中共十八大召开前曾将中国特色社会主义核心价值理念概括为十个，即富裕、和谐、公正、法治、民主、自由、责任、德性、智慧、优雅。③显然，这种概括，不仅与十八大政治报告概括的基本精神完全一致，而且在表述上也大同小异。其中民主、和谐、自由、公正、法治的表述是完全相同的，其中的"富裕"中包含了"富强"的内容，其中的"公正"中包含了"平等"内容，其中的"责任""德性"以及基本价

---

① 《江泽民在庆祝建党八十周年大会上的讲话》，《人民日报》2001 年 7 月 2 日。
② 胡锦涛：《坚定不移走中国特色社会主义道路　夺取中国特色社会主义新胜利》，《人民日报》2012 年 11 月 13 日。
③ 江畅：《论中国特色社会主义核心价值理念》，《社会科学战线》2012 年第 10 期。

值原则中包含了"爱国""敬业""诚信""友善"的内容。"文明"则是笔者所主张的所有价值理念的集中体现。中共十八大报告对社会主义核心价值理念的表述,体现了我国社会主义制度的本质规定和中国特色社会主义事业的发展要求,继承了中华传统文化的精华,汲取了人类文明的优秀成果和学术界的最新研究成果,凝聚了中国共产党全党和中国全社会的智慧。笔者对社会主义核心价值理念的表述虽然与中共十八大政治报告不尽一致,但有助于加深对中共十八大所表述的社会主义核心价值观和核心价值理念的理解。对于中共十八大所表述的社会主义核心价值观及其核心价值理念,我们还需要做深化细化的研究,使之在理论上进一步完备、成熟。在中共十八大提出的十二个核心价值理念中,有五个观念又是核心中的核心。它们是自由、平等、公正、民主、法治。这五个价值理念,是当代世界普遍认同的,如何凸显其社会主义性质和中国特色,是亟待我们从理论和实践上给予回答的。

中共十八大报告指出:"在新的历史条件下夺取中国特色社会主义新胜利,必须牢牢把握以下基本要求,并使之成为全党全国各族人民的共同信念。必须坚持人民主体地位,必须坚持解放和发展社会生产力,必须坚持推进改革开放,必须坚持维护社会公平正义,必须坚持走共同富裕道路,必须坚持促进社会和谐,必须坚持和平发展,必须坚持中国共产党的领导。"①这八条基本要求可以看作当代中国价值观的基本价值原则。根据马克思主义中国化、时代化、大众化的最新成果和社会主义核心价值体系的基本内容和精神,笔者曾将中国特色社会主义基本价值原则概括为以下十条:马克思主义原则、社会主义原则、爱国主义原则、共产党领导原则、依法治国原则、以人为本原则、科学发展原则、改革创新原则、公平正义原则、明荣知耻原则。显而易见,这十条基本原则与中共十八大政治报告中提出的八条"基本要求"是完全一致的。上述所有基本价值原则从精神层面到操作层面,与更具体的价值原则一起,

---

① 胡锦涛:《坚定不移走中国特色社会主义道路 夺取中国特色社会主义新胜利》,《人民日报》2012年11月13日。

构成一个相互关联、相互支持的价值原则体系，共同对中国特色社会主义事业起维护、支撑和推动作用。①中国特色社会主义经济建设、政治建设、文化建设、社会建设和生态文明建设都要坚持这些基本价值原则。

三 当代中国价值观区别于传统中国价值观、现代西方价值观的特点

西方现代价值观就是西方资本主义价值观，它是伴随着市场经济在西方的兴起和发展逐渐形成的，其理论根源于启蒙思想家的思想，20世纪初开始又发生了一些变化。从总体上看，西方资本主义价值观的终极目标是个人幸福。这种价值观首先肯定幸福是每个人的，个人是幸福的主体，个人对自己负责，个人的幸福主要靠自己去追求和实现。社会在个人追求和实现幸福的过程中，只能为之提供安全稳定的社会环境，制定防止人们在追求幸福的过程中相互妨碍和伤害的规则，并确保这种规则得到遵守。社会不承担为个人提供幸福的责任。不过，后来的资本主义社会给自己增加了一项职能，就是为那些不能自食其力的社会成员提供基本生活保障。这种价值目标所确定的幸福，其内容经历了一个变化过程。近代西方主要将幸福理解为利益，认为只要获得了利益，人们就可以过上幸福生活，因此鼓励人们追求自己的利益。于是，近代西方利己主义幸福观盛行。20世纪后，西方为了刺激经济增长，又将享受纳入幸福范畴，不仅鼓励人们追求自己的利益，而且鼓励人们消费、享受，于是，消费主义、享乐主义幸福观又流行开来。西方资本主义价值观的核心理念有些变化，但没有多大的实质性改变，有些核心价值理念还处于变化之中，未完全确定。就得到公认的方面而言，西方资本主义价值观有以下十个核心理念，即利益、市场、科技、环保、责任、自由、平等、公正、民主、法治。其中前五个理念是与经济生活直接关联的，而后五个理念则是政治生活的追求。资本主义价值观还包含了一系列体现

---

① 江畅：《论中国特色社会主义核心价值理念》，《社会科学战线》2012年第10期。

其终极价值目标和核心价值理念的价值原则。其中基本的有十条：
（1）个体至上原则；（2）利己乃人的天性原则；（3）天赋人权原则；
（4）私有财产神圣不可侵犯原则；（5）按自己的意愿行事原则；（6）人
格、机会、权利、义务平等原则；（7）个体主权原则；（8）在法律下治
理国家原则；（9）权力分立与制衡原则；（10）国家适度干预经济社会
生活原则。近现代西方价值文化虽然看起来是个体主义、自由主义的，
但其根本性质是资本主义的。或者更确切地说，它的出发点和目的是个
人解放、自由和幸福。但这种价值观在使人解放和自由的过程中发生了
异化，最终走向了以资本增殖为轴心，资本渗透了它的整个结构和功能，
资本控制了一切。其结果，个人虽然从专制之下获得了解放，也获得了
自由，但根据这种价值观构建的社会整个地被资本所控制，个人也因此
为新的奴役力量——资本——所奴役，而没有真正获得解放、自由和幸
福。正因为如此，我们不能简单地说它是个体主义价值观，而应该说它
是资本主义价值观。

与西方现代价值观以及中国传统价值观（包括中国封建主义价值观
和专制主义价值观）相比较，正在构建中的当代中国价值观有如下几个
突出特点。

第一，人民性。这是当代中国价值观既不同于中国传统价值观，也
不同于西方现代价值观的一个突出特点。中国传统价值观把国家和社会
看作帝王的家天下，社会成员不过是王朝或帝王的臣民。国家和社会的
主人是王朝，而不是人民。西方现代价值观是个人主义的，它以个人为
本位。这种价值是在反对封建主义的基础上建立起来的，它要求把社会
成员从专制和教会的束缚中解放出来，使社会成员成为独立的个体。应
当承认，经过一系列的革命运动，西方人成了社会和国家的主人。但这
种人是个体意义上的人，而不是整体意义上的人。当代中国价值观与这
两种价值观都不同，它既不把王朝看作社会和国家的主人，也不把社会
成员个人作为社会的主人，而是把社会成员个人和群体的集合体作为国
家和社会的主人，国家的最高权力既不在政府，也不在公民个人，而在
人民。因此，当代中国价值观是以人民为国家和社会的主体及主人的价

值观，是主权在人民的价值观。

第二，平等性。这也是当代中国价值观既不同于中国传统价值观，也不同于西方现代价值观的一个突出特点。自由和平等是西方资产阶级反对封建制度和天主教教会的孪生兄弟，他们用自由反对专制，用平等反对等级制，并且最终取得了胜利。但是，自由与平等两者之间存在内在的矛盾和冲突：强调自由有可能牺牲平等，强调平等有可能牺牲自由。在这种冲突面前，西方做出了自由取向的选择。因此，西方近现代价值观的基本取向是自由。它把个人的权利特别是自由权利看作至高无上的，国家是从属于个人权利的，其唯一的使命是保护和扩大公民的权利。为了保护个人的自由权利，它把国家看作守夜人式的国家，把政府看作有限政府，国家和政府的一切作为都必须得到公民的授权，否则就是不合法的。在 20 世纪 30 年代西方出现了罗斯福新政、凯恩斯主义，以及后来罗尔斯的正义论之后，近代的自由放任主义有所改变，在一定程度上注意到了社会的平等。但是，自由主义的基本价值取向没有改变，而且这种倾向于平等的新自由主义受到了广泛的批评。西方近代也有平等主义取向的社会政治理论，最典型的是卢梭，还有一大批空想社会主义者，以及马克思和恩格斯等，但是这些理论在西方没有成为主流意识形态和主流价值观。总的来看，西方近现代主流价值观是自由主义的。中国传统社会则是"宗法地主专制社会"，其主流价值观既是等级制的，也是专制主义的。不过，在中国传统的非主流文化中特别是在农民这一庞大的社会群体中盛行的是平均主义。当代中国价值观是马克思主义的、社会主义的，而马克思主义和社会主义的基本价值取向是平等，追求共同富裕和社会成员普遍的自由全面发展。因此，当代中国价值观的价值取向总体上看是平等以及公平正义。当然，说当代中国价值观总体上是平等主义取向的，并不意味着它否定自由，而只是说将平等看得更重要。

第三，社群性或集体性。这一特点更具有中国特色，而与西方近现代价值观迥然有异。西方近现代价值观把社会成员个人看作社会的终极实体，国家和其他社群不仅都是从属于个人的，甚至根本不被看作实体。中国传统价值观则把国家看作终极的实体，个人不仅不是社会的实体，甚至也不是具有人格和权利的独立个体,而是整体中的一部分。因此,中国传统价值观是典型的整体主义的。当代中国价值观虽然具有某种传统价值观的整体主义特点,但不同于传统的那种等级制和专制主义的整体主义,而是兼顾了平等和自由的集体主义,社会成员不再只是国家的部件,而是有人格和权利的独立个体。这方面,当代中国价值观接受了西方的积极影响,特别是中共十八大明确将"自由"和"平等"作为社会主义核心观念的基本理念,这是中国价值观在历史演进过程中非常有意义的进步。

第四,道德性。这也是中国当代价值观具有突出中国特色的一个特点。在国家和社会治理的手段或控制机制上,历来有两种基本取向,即法治和德治。中国传统价值观所推崇的是德治,法治也存在,但它是从属于德治的。西方近现代价值观则是针对德治而来的,它将法治看作社会治理的唯一手段,强调政府和国家在道德上持中立立场,不干预社会成员的道德生活,不管他们信奉和遵循什么样的道德。当代中国价值观虽然已经将依法治国作为基本国策,强力推进法治,中共十八大政治报告还将"法治"作为社会主义核心价值理念,但是,在我国社会生活中,道德具有强大的影响力,党和政府旗帜鲜明地推行和倡导社会主义和共产主义道德,党和国家领导人也明确提出要"以德治国"。从中国传统文化的影响和未来人类的价值取向看,中国当代价值观不可能完全走向西方的法治主义,而会在法治、德治并重的前提下更重视道德的社会作用。当然,如何处理好法治与德治之间的关系,还需要进一步探索。

论自由、平等、公正、法治诸价值及其内在秩序

刘进田[*]

（西北政法大学马克思主义教育研究院）

【摘　要】　作为"三个倡导"之一的自由、平等、公正、法治，是在社会主义市场经济基础上形成的"社会"或市民社会的基本而内在的价值。因而对其含义的准确认识和把握须从"社会"或市民社会出发。自由主要是现代人的消极自由，平等是以机会平等为主，以结果平等为辅的辩证统一。自由、平等、公正、法治自前至后构成层层的目的与手段、内容与形式之结构秩序：自由是平等的目的、内容，平等是自由的手段、形式；自由和平等的统一是公正的目的、内容，公正是自由和平等统一的手段、形式；公正是法治的目的、内容，法治是公正的手段、形式。

【关键词】　自由　平等　公正　法治　价值秩序

　　"倡导自由、平等、公正、法治"，是党的十八大报告提出的作为社会主义核心价值观基本内容的"三个倡导"之一。在"三个倡导"中此一倡导最富新义，最为大胆，最能打动人心，体现了中国共产党在价值

---

*　刘进田，西北政法大学马克思主义教育研究院教授。

观上敢于借鉴和吸收人类共同文明成果的巨大理论和实践勇气。从唯物史观视域来看，自由、平等、公正、法治是现代社会生活或市民社会生活的内在价值，因而肯定这一组价值也就是坚持和体现唯物史观社会存在决定社会意识、社会意识对社会存在具有反作用之基本原理。能因应社会历史规律的价值观必然有强大的生命力、感召力和吸引力。自由、平等、公正、法治诸价值也是中国传统文化和社会生活中颇为欠缺的价值，因此应大力提倡，努力实践，推动社会进步。欲倡导和实践这一组价值，首先须对这些价值及其关系、秩序有正确的认识和理解。本文拟对这一组价值形成的现实社会基础、它们各自的含义、它们之间的关系秩序问题做一讨论。

一 "社会"的形成是自由、平等、公正、法治诸价值 产生和凸显的客观基础和历史必然性所在

作为社会主义核心价值观基本内容的"三个倡导"是分别从国家、社会、个人三个不同层面来确定其价值要求的。在党的十八大开会期间时任中宣部副部长的申维辰首次指出："富强、民主、文明、和谐体现了社会主义核心价值观在发展目标上的规定，是立足国家层面提出的要求；自由、平等、公正、法治体现了社会主义核心价值观在价值导向上的规定，是立足社会层面提出的要求；爱国、敬业、诚信、友善体现了社会主义核心价值观在道德准则上的规定，是立足公民个人层面提出的要求。"[1]此后人们基本上都从国家、社会、个人三个层面来理解社会主义核心价值观。国家、社会、个人三个层面的划分具有重要意义，意味着国家、社会、个人在我国具有了相应的分化，具有了各自相对独立的地位和意义，同时亦有了各自的价值和价值观。从认识论和方法论上看，国家、社会、个人的分化也给人们认识和理解社会主义核心价值观提供了视角。譬如对自由、平等、公正、法治诸价值我们就可以从社会的视

---

[1]　申维辰：《社会主义核心价值体系建设的点睛之笔》，《光明日报》2012 年 11 月 12 日。

角来理解。

"社会"对于我国来讲是一个新形成的领域和问题。因为在中国传统生活和 1949~1978 年的生活中，现代意义上的社会并没有真正产生和独立，因而与其相应的价值也就难以产生和发展。中国古代传统生活的基础共同体是家庭，家庭关系作为基准塑造了人们的生活世界。按照黑格尔的理解，社会是在家庭之后才形成起来的。因而当家庭尚未退出生活世界的核心地位时，社会是难以形成的。家庭的生活原则是血缘情感和有机整体性，个体成员不具独立性，而社会生活的原则是利益理性和个体自主独立原则。1949 年以后中国人的生活被笼罩在国家主义的原则之下，没有实行市场经济。国家对人们生活的治理是一竿子插到底，国家权力几乎渗透于人们生活的各个方面，这样一来就抑制了社会的形成和独立化。因而，如果说在传统中国家庭原则压抑了社会的生成的话，那么在新中国成立以后改革开放之前就是国家原则抑制了社会的形成和独立。

"社会"的真正形成是在改革开放之后。其原因主要是两个方面，一是社会主义市场经济的实行，二是政企分开、政社分开。市场经济是社会或市民社会得以形成的经济基础。因为市场经济使人们的生活和活动超出了家庭共同体的范围，进入家庭之外的范围，而家庭之外的广阔活动和交往范围便构成社会或市民社会。这就是黑格尔在《法哲学原理》中所说的市民社会形成于家庭之后。在传统社会人在家庭中可以自己生产自己消费，但在市场经济中人们生产的目的不是为了自己直接消费，而是要拿到市场上同他人交换。这种家庭之外的人与人之间的交换、交往关系就形成了社会或市民社会。这是交往生活的公共性转型。社会是在市场经济特别是其交换的基础上形成的。所以说中国的社会或市民社会是在改革开放以后才真正形成的。改革开放以后我国配合市场经济发展，实行政企分开、政社分开的政策，这也是社会或市民社会形成的重要条件。因为政企分开、政社分开意味着政治国家从经济社会中退出，社会取得了独立性地位，能够摆脱政治原则而按自身的原则来运行，这意味着社会的产生。社会的产生就是在市场经济的基础上，社会从血缘家庭和政治国家中独立出来，取得独立地位，按自身的原则行事。

社会的形成和独立，意味着内在于社会同社会本性相适应的价值和价值观念的生成和独立。内在于社会的价值和价值观念主要的就是自由、平等、公正、法治诸价值。

自由价值是在社会或市民社会的基础上产生的。自由就是自主，自己做主，做不损害他人的任何事情。在市民社会形成之前个人主要生活在家庭之中或者生活在以家庭原则为原则的社会生活之中，而家庭的特征是整体性、情感性，此时个人是家庭这个整体的成员，个人受着整体的决定和约束，无法获得独立自由。当个人从整体性的家庭共同体中走向市民社会时，个人获得了独立自主性，就是说具有了自由价值。黑格尔说："家庭是实体性的整体，……但是，市民社会把个人从这种联系中揪出，使家庭成员相互之间变得生疏，并承认他们都是独立自主的人。"①在市场交换中所交换的物都要有所有者，因而每个人都要求自觉到自我的存在，否则就没有所有权、没有交换，这促使自由价值内部"自"或"自我"的形成。有了"自"或"自我"，自由就有了主体，这个主体内在地要求按自己的意愿和理性行动，这就是自由价值。

平等价值是在社会或市民社会的基础上形成的。马克思曾言：商品经济是天然的平等派。在市场经济中交换者双方的人格和地位必须是平等的，否则交换就无法公平地进行。市场经济和市民社会中的人固然都是特殊的人，但这些特殊的人在交往过程中都必须把对方看作"人"，舍弃人身上的所有特殊性身份。"人"是交往者之间的共同性和普遍性。这成为平等的根据和体现。在此"自我被理解为普遍的人，即跟一切人同一的，这是属于教养的问题。……人之所以为人，正因为他是人的缘故，而并不是因为他是犹太人、天主教徒、基督教徒、德国人、意大利人等等不一"。②在市民社会的公共性交往中彼此都把对方当"人"看，没有特殊性身份和特权，这就是平等价值。这样大家在机会上是平等的，

---

① 〔德〕黑格尔：《法哲学原理》，范扬、张企泰译，商务印书馆，1961，第241页。
② 〔德〕黑格尔：《法哲学原理》，范扬、张企泰译，商务印书馆，1961，第217页。

所遵循的行为规则也是平等的，尽管行动的结果有不平等。当然市民社会所要的平等不只是哲学伦理学上的平等，更是制度、规则层面的平等。

公正价值是社会或市民社会的必然要求。市民社会既要求自由，又要求平等，然而自由和平等两种价值除了有统一的一面以外，还有相互对立的一面。有论者指出："如果自由是占统治地位的社会与政治目标，那么，天赋的自然差异与不平等将不可避免地造成社会的不平等。……另一方面，如果将平等作为目标，就必须对行使自由进行重要的限制。据称，自由与平等的不相容性是自由主义注定的基石。"①自由与平等两种价值的对立说明，绝对的自由和绝对的平等都不利于市民社会的存在与发展。绝对自由会导致贫富两极分化、威胁市民社会的稳定，绝对平等特别是绝对的结果平等会导致市民社会僵化停滞，丧失动力。自由与平等两种价值的对立恰好说明自由和平等两种价值必须互补，换句话说，必须把自由和平等平衡起来。公正就是自由和平等的辩证平衡。公正中既包含自由，又包含平等。公正是把自由和平等平衡统一起来的价值形式。公正就是公平正义。正义的基本含义是"勿损他人"。"勿损他人"的根据是他人和我是平等的，都是"人"，勿损他人主要是勿损他人的自由。所以公平正义中内在地包含着自由平等价值。市民社会内在地要求着公正价值。因为只有公正价值和制度方能保证市民社会既有活力又有秩序。

法治价值是社会或市民社会的必然选择。因为公正需要体现为权利，特别是自由和平等价值都要通过权利制度体现出来，只有这样，自由、平等、公正价值才能实现于社会成员的实际活动中。而权利的最佳体现形式就是法治。法治的真谛是权利，权利的载体是法治。市民社会是由走出血缘亲情关系的陌生人组成的社会，因此人们的联系纽带不再是血缘亲情了，而是理性契约。保障契约有效性的力量不是血缘情感，而是理性和法律。从而法律、法治取得了在市民社会中的中心地位。所以康

---

① 〔美〕杜威：《新旧个人主义——杜威文选》，孙有中等译，上海社会科学院出版社，1997，第 31 页。

德说文明社会就是法治社会。

总之,社会或市民社会是家庭之后之外、国家之外的新领域,因而它的内在价值与家庭的价值、国家的价值确有不同:自由、平等、公正、法治是社会所要求的一组价值。对这一组价值的肯定和倡导,就是肯定和保卫社会或市民社会。反过来说,对这一组价值的培育也必然会促进社会和市民社会的发展,从而对国家、经济的发展也会起到积极作用。

二 自由、平等、公正、法治诸价值的规定性

自由、平等、公正、法治诸价值都有着复杂的内涵,但从社会或市民社会的特征和要求来理解它们的含义人们的思维会更明晰一些。

自由若从市民社会视域来理解其含义主要是公民自由或社会自由,是贡斯当所说的有别于古代人自由的现代人的自由,是以赛亚·伯林所说的有别于积极自由的消极自由。约翰·密尔就是从社会角度来对自由进行阐释的。他说:"这里所要讨论的仍是公民自由或称社会自由,也就是要探讨社会能合法施用于个人的权力的性质和限度。"①自由主要是社会中人们的界限意识和通过制度而实现的界限。在由法律划定的界限以内个人可以按照自己的意愿来生活,它就是自由。所以当年严复在翻译密尔的《论自由》时,将书名译为"群己权界论"便相当准确。密尔说:"对于统治者所施用于群体的权力要划定一些他所应当受到的限制;而这个限制就是他们所谓自由。"②自由,用习近平的话来说就是把权力关进制度的笼子里,即给权力以界限、限制。有了这种界限、限制,权力就难以阻碍个人自由和个性发展。自由就是人与人之间的界限、限制,具体说来,主要体现为两种界限,一是个人与个人之间的界限,就是说个人行为只要不损害他人的利益和自由,个人就有完全的行动自由,他人对个人行为不能干涉,至多可以忠告、规劝。二是个人与政治权力的

---

① 〔英〕约翰·密尔:《论自由》,许宝骙译,商务印书馆,1959,第1页。
② 〔英〕约翰·密尔:《论自由》,许宝骙译,商务印书馆,1959,第2页。

界限。最易对个人构成伤害的是政治权力，因而要在个人行为与国家权力之间划出界限。只有个人行为危害到他人利益时，个人才应该接受权力和法律的惩罚，担当法律责任。此时国家权力才能通过法律对个人行为施加强制性制裁。自由就是人与人间的界限。自由要求人与人之间有界限，界限对自己和他人都构成限制。限制是不自由，但正是这种不自由——限制——成全和保证着自由。人与人之间如果没有界限，那么，人就没有自由了。政府行为若无界限，就成了什么都能干预的全能政府或专制政府；个人行为如无界限，就会横冲直撞。在现代社会，人与人的界限在哪里，主要由法律来规定。如什么是网络谣言，要由法律、理性来规定。

平等主要是在社会和评价意义上被理解的价值范畴。如果从自然和事实的意义上看，人与人是不平等的。在自然和事实意义上人的体力、智力、出身、强弱、收入等都是不相同、不平等的。在日常生活中人们对事实上的不平等有着不同的价值评价，将不平等分为两种，即正当的不平等和不正当的不平等。把由于天赋、勤懒所导致的不平等判定为正当的不平等，如在高考中有的考生考上了大学，有的没有考上，这种由能力和勤奋不同所导致的不平等就是正当的不平等，大家没有什么意见。但如果两个水平相同的大学生一个因父母是高官而找到了好工作，另一个因父亲是农民而找不到好工作，这种由社会背景不平等而导致的不平等就是不正当的不平等。因此对于平等主要应从社会和评价的意义上来理解。

英国政治哲学家安德鲁·海伍德指出："平等是均匀分配的原则，但它并不意味着一致或一样。"[1]社会形成之后，其中存在很多有价值的事物，如权利、机会、规范、身份、负担等，社会怎样向每个人分配这些有价值的事物是一个极为重要的问题。平等就是均匀分配这些价值的价值原则、价值标准。这样平等就主要指的是身份平等、机会平等、规则平等，也会涉及结果平等。这些平等的价值根据都是本质上的平等，

---

① 〔美〕安德鲁·海伍德：《政治学核心概念》，吴勇译，天津人民出版社，2008，第158页。

即人都是人，每个人都有人的共性，都有共同的人性能力。我们常常将共性的人看作抽象的人，认为不存在抽象的人。这样一来就否定了身份平等、机会平等、权利平等的人性和价值哲学根据，导致对人的区别对待，形成特权和不尊重权利的不良后果。马克思强调具体的人思想其目的之一是阶级斗争，他的哲学同他的共产主义思想是一致的。我们今天要建构和谐社会和法治社会，就不能拒绝共同人性思想了，何况马克思和恩格斯都是肯定共同人性存在的。因为只有特殊性没有共同性的事物是根本不存在的。辩证法主张统一性和多样性的对立统一。

具体来说，平等表现为形式平等、机会平等、结果平等。形式平等是指个人在社会中应享有的形式上的身份平等。这是人的权利平等，其典型表现是法律平等，即法律面前人人平等。机会平等是指每个人都应有相同的起点或相同的生活机会。结果平等是指收益的平均分配。①政治领域中存在左右政治谱系，左派主张结果平等，右派主张机会平等。其实单纯的任何一种平等都会产生问题。因此我们要在坚持机会平等的前提下，适当支持结果平等。我们既强调机会平等，又主张改革成果为全民共享。党的十八大报告和习近平都强调机会平等。习近平指出："生活在我们伟大祖国和伟大时代的中国人民，共同享有人生出彩的机会，共同享有梦想成真的机会，共同享有同祖国和时代一起成长和进步的机会。有梦想，有机会，有奋斗，一切美好的东西都能够创造出来。"②这是强调机会平等，同时我们又主张改革发展成果为全体人民共享，这是结果平等。罗尔斯就主张机会平等和结果平等的结合，认为要在机会平等的前提下，坚持差别原则。

公正就是公平正义。公正包括公平和正义，而公平和正义这两个概念中都包含平等和自由，但公平侧重于平等，正义侧重于自由。罗尔斯在讲到正义的两个原则——自由原则和差别原则——时，将前者作为正义的第一原则。这样一来，公正就是要寻求自由与平等的统一。罗尔斯

---

① 〔美〕安德鲁·海伍德：《政治学核心概念》，吴勇译，天津人民出版社，2008，第158页。
② 习近平：《在第十二届全国人民代表大会上的讲话》，《人民日报》2013年3月17日。

所主张的作为公平的正义就是试图将自由与平等平衡起来。作为公平的正义仍是正义，是正义中的一种形态。公正就是作为公平的正义。

作为公平的正义，其含义简要地说，就是"勿损他人"，给每个人以应得的。"勿损他人"在横向的人与人的关系中就是人们在交换时双方都不损害对方的利益、自由，排除掠夺、欺骗。这也就是亚里士多德所说的交换正义。"勿损他人"在纵向的人与人的关系中就是政府在向社会成员分配权利和义务、机会和负担时不能损害每一个社会成员。这是分配正义。所以正义包括社会关系中的交换正义和分配正义。公正或正义的根本体现是社会基本制度的正义，这是罗尔斯特别强调的问题。社会基本制度包括社会经济制度、政治制度和法律制度等，这些制度必须建立在正义价值之上，体现正义价值。当然，什么样的社会基本制度是正义的、公正的制度，这是需要研究的问题。马克思当年认为作为资本主义基本制度的生产资料私有制不能体现公正价值，其表现是它造成资本家对工人的剥削，剥削就是损害他人。因而马克思主张消灭作为资本主义基本经济制度的私有制。马克思、恩格斯在《共产党宣言》中宣布："共产党人可以把自己的理论概括为一句话：消灭私有制。"① 但马克思又认为："无论哪一个社会形态，在它所能容纳的全部生产力发挥出来以前，是决不会灭亡的；而新的更高的生产关系，在它的物质存在条件在旧社会的胎胞里成熟以前，是决不会出现的。"② 当马克思说要消灭私有制时，他的主要着眼点是平等价值，因为私有制下的剥削不平等；当马克思说旧的生产关系、社会制度还能容纳生产力发展，绝不能消灭它时，他的主要着眼点是自由和效率价值。所以，马克思还是想将平等和自由结合起来的。至于说把平等和自由统一起来的最佳社会制度是什么，马克思未能给出令人满意的答案，需要我们进行制度创新。

我们需要什么样的公正？用什么样的制度来保障公正？就前一问题

---

① 〔德〕马克思、恩格斯：《共产党宣言》，人民出版社，1997，第 41 页。

② 〔德〕马克思：《〈政治经济学批判〉序言》，《马克思恩格斯选集》（第 2 卷），人民出版社，1995，第 33 页。

而言，党的十八大报告明确提出，要建立"权利公平、机会公平、规则公平"。这标志着我们党已认识到形式公正的重要性，并着手予以实践。就后一问题看，体现公正价值的制度体系还有待逐步建立。对此十八大报告指出："公平正义是中国特色社会主义的内在要求。要在全体人民共同奋斗、经济社会发展的基础上，加紧建设对保障社会公平正义具有重大作用的制度，逐步建立以权利公平、机会公平、规则公平为主要内容的社会保障体系，努力营造公平的社会环境，保障人民平等参与、平等发展权利。"①公正价值观念与公正制度体系的统一将使社会主义核心价值观进入现实实践领域，公正社会或正义社会将会逐步实现。按康德的思想，文明社会就是正义社会。我们期盼文明社会的早日到来。

法治，即"法律的统治"，是与人治相对立的治国方略。法治与人治的一个主要区别是在法治状态下法高于权，在人治状态下权高于法。就是说法治的原则是宪法、法律具有至上性，任何人、团体、机构都不能凌驾于法律之上。特别是政治权力必须在法律之下运作。当然，居于至上地位的法律必须是良法，而不能是恶法。如果把恶法作为至上性的规则，那也不能叫法治。所以早在古希腊亚里士多德就把良法纳入法治的概念之中。亚氏在《政治学》中提出法治有两层含义："已成立的法律获得普遍的服从，而大家服从的法律又应该本身是制定得良好的法律。"②法治就是普遍遵守良法。从法的性质来看人们所守的法是良法，从守法来看，法要得到普遍遵守，在法律面前不能有特权和例外，法律面前人人平等。如果不能普遍守法，那也不能叫法治。

法治要求良法统治，那么什么才是良法？从价值内容上看，良法是体现以人为本、以民主为内容的法，是能保障人的利益、自由、尊严和权利的法。因而法治与民主是内在相关的。法治以民主为内容，民主以法治为保障。专制政治中也有法律，但它不体现民主，因而它可以叫法

---

① 胡锦涛：《坚定不移沿着中国特色社会主义道路前进　为全面建成小康社会而奋斗》，人民出版社，2012，第14~15页。
② 〔古希腊〕亚里士多德：《政治学》，吴寿彭译，商务印书馆，1965，第199页。

制，但不是法治。法治的价值目标是保护每个公民的权利，而最容易损害公民权利的是国家权力。因此，法治的一个重要任务就是措置和安排权利和权力。法治的要求是保障公民权利，限制政府权力。限制政府权力的主要指向是国家制度及其基本构造。法治要求在国家基本制度、国家权力结构安排上体现对权力的限制，只有这样才能保障公民权利。宪法就是要解决这一问题，就是要以保障每个人的权利为价值取向来安排国家权力结构，使国家权力结构形成分工制约的关系。用习近平总书记的话说就是把权力关进制度的笼子里。法治的内容是以人为本和民主，法治的形式则体现为法的至上原则或宪法至上原则、法的普遍性原则、法的逻辑性原则、法的自治性原则、法的可行性原则以及唯法是裁原则等。

三 自由、平等、公正、法治诸价值的内在秩序

自由、平等、公正、法治诸价值之间存在相互联系、相互依赖、相互制约、相互促进的内在结构和秩序，因此这四种价值任何一个都不能孤立地存在，而必须处于一种整体价值结构和价值秩序之中。

自由如果脱离平等，人就会处于等级状况和从属关系中，自由就会受到威胁。所以自由要依赖于平等。相反，平等也离不开自由，平等离开自由会形成结果平等。结果平等也是平等，但它不是完整的平等，也不能说是现代性意义上的平等，它是非历史的平等。在现代性平等结构中，结果平等仅是平等结构中的一个补充性或矫治性因素，绝不是平等价值的全部。所以自由和平等是相互依赖、相互促进的。在现代性意义上，自由是平等的自由，否则自由就会变成特权，成为少数人的自由；平等是自由的平等，否则平等就会变成平均主义。传统社会主义在价值观上曾一味强调平等价值，反对自由，结果平等搞成了平均主义大锅饭，社会发展丧失动力，导致贫困。传统资本主义坚持自由优先，忽视平等，结果导致贫富两极分化。针对此，马克思提出每个人自由全面发展的新价值观。"每个人"观念就是强调平等的自由。中国特色社会主义核心

价值观，既要吸收传统资本主义所注重的自由价值，又要继承传统社会主义着重的平等价值，倡导自由和平等的辩证平衡。可见，中国特色社会主义核心价值观既不同于传统资本主义价值观，也有别于传统社会主义价值观，而是对它们的积极综合和辩证扬弃。这也正是中国特色社会主义核心价值观的优势所在。我国社会主义建设的前 30 年侧重平等价值，改革开放后的 30 年侧重自由价值。前者为毛泽东的价值观，后者为邓小平的价值观。社会主义核心价值观的提出综合了两个 30 年的价值观，形成了更为合理的价值观结构和秩序。

自由和平等两种价值确有冲突的一面。自由价值主张人应不受阻碍地发挥自己的潜能，展开自由竞争，但每个人的天赋、才能是不平等的，这样就会造成结果上的不平等。另外，如果只强调平等，就要对自由进行限制。这样自由和平等就存在对立的一面。但我们不能只看到自由和平等冲突的一面，这样会陷入极"左"或极右。实践哲学的原则是综合性原则，是执两用中，避免各执一端的形而上学片面性。因此我们要看到自由和平等的统一性，运用实践性艺术将自由和平等平衡起来。事实上，机会平等、形式平等、起点平等与自由是统一的。自由所要求的平等正是机会平等、资格平等。从具体的、实质的意义而言，自由与平等也具有统一性。当一个社会人的经济条件、政治条件、法律条件平等时，个人所享有的实际上的自由也就比较多。在贫富分化的经济条件下，尽管人们有各种自由权利，但穷人所享有的实际自由会很有限，而在共同富裕的平等条件下人们享有的实际自由会很多。因此，当我们说社会主义的本质是共同富裕时，就是要具体地、历史地实现自由价值和平等价值的统一。同时自由与平等统一的条件还有政治的民主。对此杜威指出："将平等与自由统一起来的民主理想承认，机会与行动事实上的、具体的自由，取决于政治和经济条件的平等，在此条件下，个人独自享有事实上的而不是某种抽象的形而上学意义上的自由。"①在经济民主、政治

---

① 〔美〕杜威：《新旧个人主义——杜威文选》，孙有中等译，上海社会科学院出版社，1997，第 33 页。

民主的条件下自由与平等会达成统一。

　　这是从自由和平等统一的条件上来理解二者的统一的。从自由和平等自身来看，二者之间存在相互包含的统一性关系。当我们把自由的含义理解为人与人之间的权界、界限时，就意味着自由和平等的统一。个人在自己的生活权界之内是自由的，但不能冲破此权界，否则你自由了别人就不自由了。我不冲破界限、不损害他人同样的自由，本身就是平等的意识和实践。可见，自由中包含着平等。当然，如果把自由错误地理解为无限的绝对自由，那自由和平等的统一就会破裂。杜威发现了这一问题，他说："民主的可悲的崩溃乃由于这一事实：即将自由等同于资本主义财经制度下经济领域中不加限制的个人主义行动的最大化，这对于所有人的自由的实现是致命的，如同其对平等的实现是致命的一样。它对于多数人的自由具有破坏性，其原因正在于它对于机会的真正平等具有破坏性。"①正确理解的自由是和平等统一的，同时正确理解的平等与自由也是统一的。平等应是一种合理结构，它既包含形式平等，又包含实质平等。真正的平等应是这两种平等的辩证统一。这样的平等同自由是一致的。机会平等就是尊重个人的自由和选择。结果平等也是尊重人的内在自由。结果平等，是尊重人，而人之所以为人，有人的尊严是因为自由。结果平等在没有被唯一化的情况下，也与人的自由有一致性。可见，自由和平等具有内在统一性、一致性、相容性。当然我们也不能否认自由和平等之间的对立的一面。自由和平等的关系结构是对立中有统一，统一中有对立，这是自由和平等关系的客观辩证法，是现代性价值秩序的客观辩证法。我们必须用辩证理性来把握平等和自由价值的结构和秩序。现代性是一个未完成的筹划，此筹划要求我们以辩证理性来了解和处理自由和平等的内在秩序。

　　公正价值就是要把自由和平等价值统一起来、平衡起来。可以说公正是把自由和平等统一起来的形式或结构。公正即公平和正义。公平是

---

①　〔美〕杜威：《新旧个人主义——杜威文选》，孙有中等译，上海社会科学院出版社，1997，第33页。

平等和自由的统一，其特点是侧重平等（与正义比较而言），正义也包含自由和平等，其特点是侧重自由（罗尔斯的正义理论即是如此）。用公正来概括公平正义，其意图正是要把自由和平等通过公正平衡起来。在自由、平等之后提出公正价值，公正便成为正、反、合辩证行程中的合的环节，即综合环节，扬弃前两者孤立存在的片面性，综合其合理性，使价值结构和秩序更为全面合理。如此公正便是在形式平等、机会平等的条件下，每个人自主、自愿地发挥自己的潜能，并通过结果平等对其形成的较大差别予以矫治的价值观念和制度。

我们所倡导的公正是能够把自由和平等平衡起来的价值形式。罗尔斯正义论的核心和特色也是试图统一自由和平等二价值，所以他将自己主张的正义称为作为公平的正义。罗尔斯所说的正义包含两个原则，自由原则与民主的平等和差别原则。他强调作为公平的正义是这两个原则的统一，这种统一就是公平。他主张按照公平正义价值所形成的社会结构必须能够适合最少获利者的期望和利益。他说："我们假定存在着平等的自由和公平机会所要求的制度结构，那么，当且仅当境遇较好者的较高期望是作为提高较少获利者的期望计划的一部分发挥作用时，它们才是正义的。在此直觉的观念是：社会结构并不确立和保障那些状况较好的人的较好前景，除非这样做适合于那些较不幸运的人的利益。"[1]这样体现公平正义的社会结构就将自由和平等统一起来了。体现自由和机会平等的社会制度有可能造成结果不平等，产生最少获利者，因此在社会制度的设计中就必须考虑提高较少获利者的利益，以使自由和平等得到平衡，达到公正。英格兰哲学家威廉·索利（William Sorley）强调：如果不为平等和自由在社会组织规划中安置一个位子，就不可能提出一种令人满意的正义原则。[2]综合法学派的代表博登海默亦主张正义是自由和平等的综合与平衡。

---

[1] 〔美〕约翰·罗尔斯：《正义论》，何怀宏等译，中国社会科学出版社，2009，第58~59页。
[2] 〔美〕E. 博登海默：《法理学法律哲学与法律方法》，邓正来译，中国政法大学出版社，2004，第265页。

公正既是社会制度，也是价值评价原则。公正按照自由与平等是否平衡来评价社会制度、社会体制和社会现象。在公正价值尺度中，凡能将自由和平等平衡起来的制度就是公正的制度，否则就不是公正的制度。因此，倡导公正价值，就是要把公正作为价值评价标准。

公正又依赖于法治，因而在倡导公正的同时要倡导法治。公正是法治的价值内容，法治是公正的价值形式。法治是实现公正的手段，公正是法治的目的。换言之，公正是目的价值，法治是手段价值。没有手段、工具，目的是无法达到的，因此倡导法治就显得极为重要。

在人所追求的幸福、正义（公正）、崇高三大价值中，崇高不需要用法治来保障实施，但公正必须依靠法治来保障实施。E. 博登海默指出："规劝人们对其邻人要慷慨大方、至善至慈、体谅宽宏和诚善帮助的告诫，并不需要用法律规范加以贯彻和实施。这些道德要求旨在通过自愿和非强制的行为而在实践中加以执行。但另一方面，当人们提出正义要求时，从很大程度上来讲，这些要求则是向那些有权力凭借以制裁为后盾的具有约束力的规范手段控制人们行为的人提出来的。"[1]公正价值与崇高价值不同，它要靠法治来实行。公正是"勿损他人"，损害、伤害他人，会使他人的生命、自由、利益受到无故损失，对社会来说就没有了基本秩序，因而公正需要以强制性的法律予以保证。崇高道德价值是"帮助他人"，人是否帮助他人并不影响社会基本秩序，因而可以劝说，但不用法律予以强制。在此必须了解道德和法律之间的界限。

法治其实就是为公正的实现而设的制度。公正是"勿损他人"。有可能损害他人的是政治权力和与他人处于交往关系中的其他人。针对这种实情，法治设计了人权原则。人权原则或法治原则的核心就是限制权力保护权利。这条原则通过宪法、行政法等部门法使公民免受权力的损害。就人与人之间的横向关系看，也存在人与人之间的相互损害，针对此种实情，立法机关制定了民法和商法等部门法保护横向社会关系的公

---

[1] 〔美〕E. 博登海默：《法理学法律哲学与法律方法》，邓正来译，中国政法大学出版社，2004，第283页。

正。布雷恩·Z. 塔玛纳哈指出，法治有三个主题，即政府受法律限制，形式合法性，法律而不是人的统治。①法治的这三个主题都旨在保护公民不受他人损害，即保护公正。法治的法律至上原则，法律普遍性原则，法律确定性、统一性原则等都旨在保护公正价值。因此，建设完善的法治是实现公正的最为有力的保障。

综上所述，自由、平等、公正、法治诸价值，按从前往后的次序，前者是后者的目的、内容，后者是前者的手段、形式，四者构成层层的目的与手段、内容与形式的结构或秩序。具体说，自由是平等的目的、内容，平等是自由的手段、形式；自由和平等的平衡是公正的目的、内容，而公正是自由和平等平衡的手段和形式；公正是法治的目的、内容，而法治是公正的手段和形式。

---

① 〔美〕布雷恩·Z. 塔玛纳哈：《论法治——历史、政治和理论》，李桂林译，武汉大学出版社，2010，第147页。

时代精神与核心价值观的辨析凝练[*]

贺祥林　鲁寒光^{**}

（湖北大学马克思主义学院　桂林理工大学党委宣传部）

一　问题的提出

【摘　要】　凝练社会主义核心价值观，需要有哲学智慧。在把握了哲学意义的时代精神之后，要去进一步把握它所反映的该时代"各种具体的理论体系和观念形态"，这就是对时代精神的把握要由抽象走向具体。在当代中国明确提出的"建设社会主义核心价值体系"四大基本内容，就是中国现时代广义的时代精神，而从中凝练出来的社会主义核心价值观，就是中国现时代狭义的时代精神，然而是时代精神中的核心内容要素。介于两者之间的"汇聚地"或"集结点"，就是社会主义核心价值体系第三大基本内容之一的时代精神。本文从这个内涵宽阔的时代精神的内容要素中，通过一一辨析，采用四字式表述形式，以宽口径来凝练当代中国应有的社会主义核心价值观的内容要素。这就是：求真务实、以人为本；富强民主、文明和谐；爱国敬业、创新争先；自由平等、公正法治；节约资源、

---

   *　本文系作者承担的湖北大学当代中国主流文化研究项目"当代中国主流文化的前提探索与整体构建"（540－075031）阶段性成果。

 **　贺祥林，湖北大学马克思主义学院，湖北大学高等人文研究院教授，博士生导师。鲁寒光，桂林理工大学党委宣传部干部。

保护环境；诚信友善、团结互助。

【**关键词**】 时代精神 核心价值观 关系 辨析 凝练

　　自 2006 年党的十六届六中全会的决定首次提出"建设社会主义核心价值体系"及其基本内容之后，就有学者提出要从社会主义核心价值体系四大基本内容中凝练出社会主义核心价值观的问题。此后，在广大干部学者各种有组织的和自发的探索性凝练基础上，党中央集中各方智慧，由胡锦涛同志于 2012 年 11 月 8 日在党的十八大报告中明确提出："倡导富强、民主、文明、和谐，倡导自由、平等、公正、法治，倡导爱国、敬业、诚信、友善，积极培育和践行社会主义核心价值观。"①应当说，从党中央凝练出 24 个关键字以来，这便成为一个来之不易的基本共识，也是我们的理论宣传基本遵循的，从而正式启动了培育和践行社会主义核心价值观，或者说我们正处在培育和践行的进行时。同时还应看到，对现有 24 个关键字的认识也不完全统一，还有不同意见，这也是正常的。当前对此至少有三种意见：第一种意见认为现有的凝练在内容上是全面的、精辟的；第二种意见认为现有的凝练内容过多，需要继续凝练；第三种意见认为现有的凝练内容还不够全面，需要全面凝练；等等。这就使我们同时又处在凝练的继续时，也就是理论探索、凝练之事在当前尚无止境。

　　我们是上述第三种意见的执持者，这种执持的一个基本理由是：这个凝练过程必得遵循的基本思想轨迹，就是必须从社会主义核心价值体系四大基本内容中全面地凝练出社会主义核心价值观。这些年来，上上下下，无论是广大干部学者的种种凝练，还是党中央的现有凝练，都是以此作为凝练的"最大公约地"或思想内容库，只不过凝练出来的内容要素或核心价值观单元中既有大同又有所不同，特别是在文字数量上不等。应当说，仍处在凝练继续时的广大干部学者，他们既会带着在党的十八大之前的思考，又会增添在党的十八大之后的思考，也就是一并重

---

① 《中国共产党第十八次全国代表大会文件汇编》，人民出版社，2012，第29页。

新思考，聚集点就是围绕党的十八大所凝练的现有 24 个关键字来做思考，追求一种最佳凝练，最终期望是获得全党全社会的共识。上述第二种意见认为内容过多，要用减法，其中可能会有人主张对此内容多减下几个要素，同时增加一两个要素，上述第三种意见认为内容还不够全面，要用加法，其中可能会有人主张对此内容减下一两个要素，然后多增加几个要素。我们作为第三种意见的执持者，一方面是现有 24 个关键字，认为很精辟，不能用减法，但是不全面；由此另一方面主张增加若干个关键字，力求全面，也求精辟。我们这个全面性追求，无非是在学理逻辑上基于社会主义核心价值体系四大基本内容，同时又注重面向当代中国活生生的社会实践的全面要求。我们这个全面性追求，无疑又有一个着重点或根本性，这就是必须从社会主义核心价值体系首要的基本内容即"马克思主义指导思想"中凝练出相关内容要素或最重要核心价值观的单元，更有一个"汇聚地"或"集结点"，这就是作为社会主义核心价值体系第三大基本内容之一的"时代精神"。这是因为现有关于"时代精神"的表述内容，在社会主义核心价值体系四大基本内容里，有着承先启后的丰富内蕴，可被视为狭义的社会主义核心价值体系的精辟内容，又可被视为广义的社会主义核心价值观的基本内容，因而尤其值得思索，特别是可从中分辨出我们所追求的全面性的社会主义核心价值观。

凝练社会主义核心价值观，是需要有哲学智慧或理性思辨能力的。青年马克思指出："任何真正的哲学都是自己时代的精神上的精华，因此，必然会出现这样的时代：那时哲学不仅在内部通过自己的内容，而且在外部通过自己的表现，同自己时代的现实世界接触并相互作用。那时，哲学不再是同其他各特定体系相对的特定体系，而变成面对世界的一般哲学，变成当代世界的哲学。各种外部表现证明，哲学正获得这样的意义，哲学正变成文化的活的灵魂，哲学正在世界化，而世界正在哲学化，——这样的外部表现在一切时代里曾经是相同的。"[①]这是青年马克思在孕育其将创立的新哲学前夜的一个宏论。在他预设的宏图中，其

---

① 《马克思恩格斯全集》（第 1 卷），人民出版社，1995，第 220 页。

"哲学正在世界化，而世界正在哲学化"的双向互动宏愿，不仅在当代未能完全变成现实，即使在他的祖国——德国——这块拥有深厚哲学沃土与广泛爱好哲学修养的国民那里，至今也未能完全变成现实，这只能寄望于未来的人类及各民族国家。不过，青年马克思所说的作为时代精神的精华或文化的活的灵魂的哲学，同自己时代的现实世界接触并相互作用，这确是任何哲学都程度不同地拥有并得以展现的社会功能，而就他自己后来创立的新哲学而言，在他生前与身后的欧洲、亚洲等洲及许多国家的"现实世界"中，特别是在中国的"现实世界"中至今仍在展现着这一哲学的社会功能。在有史以来的所有哲学的社会功能的展现事件中，唯有马克思主义哲学在"现实世界"中就其功能展现的时间与空间而言，都是史无前例的。

那么，什么是哲学意义上的时代精神？对此，我们首先认同这样的表述："时代精神是一定时代的内容的本质特征的表现。一定时代的内容是多方面的，包括该时代的经济、政治、文化和科学等等的发展状况，包括该时代的全部物质文明、制度文明和精神文明。这些内容表现在该时代的人们全部社会活动及其成果中，反映在该时代各种具体的理论体系和观念形态中。"[①]这是一个纯粹的哲学意义上的时代精神表述，而且是一个具有当代意义的中国化马克思主义哲学的表述，因为只有当代中国共产党人、当代中国马克思主义哲学界及其相关学界，才对人类在社会实践中创造出来的全部社会文明的基本方面，做出了"物质文明、制度文明和精神文明"这个"三位一体"的概括。

在此，我们还得与时俱进地对这个 20 年前的中国化马克思主义哲学意义的时代精神的内容作一补构或圆融。其一，既然"这些内容表现在该时代人们的全部社会（实践——引者所加）活动及其成果中"，那么 20 年来的中国社会实践的"发展状况"展示的就不仅有"经济、政治、文化和科学等等"，这个"等等"后面必得补构"社会和生态等等"，相

---

① 肖前主编，黄枬森、陈晏清副主编《马克思主义哲学原理》（上册），中国人民大学出版社，1994，第 3 页。

对应地在"全部物质文明、制度文明和精神文明"之外或之后，必得补构"政治文明和生态文明"等才可称得上是"全部"社会文明。这其中作为中介文明的制度文明是蕴存或涵盖其他各大文明基本方面的，譬如有物质文明制度建设、政治文明制度建设、精神文明制度建设和生态文明制度建设。其二，既然"这些内容……反映在该时代各种具体的理论体系和观念形态中"，那么这就需要我们在把握了哲学意义的时代精神之后，要去进一步把握它所反映的该时代"各种具体的理论体系和观念形态"，这就是对时代精神的把握要由抽象走向具体。应当说，人类社会自从原始社会解体进入有文字记载的社会以来，从奴隶社会、封建社会、资本主义社会到社会主义社会都有程度不同的由简单到复杂的"各种具体的理论体系和观念形态"。在"各种"之中，我们无疑是要直奔本文的主题——"社会主义时代精神""社会主义核心价值体系""社会主义核心价值观"。这应该说是我们这个时代的作为哲学意义的时代精神的一种具体表现或反映具体部门的价值哲学，而且是马克思主义哲学视阈下的当代中国社会主义价值哲学。就当代中国的"社会主义时代精神"而言，它就是"社会主义核心价值体系"，反之亦然。就当代中国的社会主义（这里暂不加上"核心"）价值体系的构成类型而言，它是社会主义物质价值、社会主义精神价值以及介于二者之间的社会主义制度价值这个三位一体的构成类型。就当下中国使用的"社会主义核心价值体系"而言，它是一个全称性规定。但就这个用语业已规定的基本内容是"马克思主义指导思想""中国特色社会主义共同理想""民族精神和时代精神""社会主义荣辱观"而言，它实际只是社会主义精神价值这一个价值类型。当然，社会主义精神价值可以从理论上精神上去能动地反映社会主义物质价值与社会主义制度价值的表现状况，同时又具有能动地指导社会主义物质价值与社会主义制度价值建设的社会功能，也就是马克思所说的"同自己时代的现实世界接触并相互作用"。正因如此，党中央才明确提出"建设社会主义核心价值体系"，并在建设过程中又从前者凝练出社会主义核心价值观，而本文的着眼点就是选择它们之间的一个"汇聚地"或"集结点"——时代精神，围绕它来做辨析与凝练。

二　辨析与凝练

按照上述的学理逻辑，在当代中国明确提出的"建设社会主义核心价值体系"四大基本内容，就是中国现时代广义的时代精神，而从中凝练出来的社会主义核心价值观，就是中国现时代狭义的时代精神，然而是时代精神中的核心内容要素。那么，介于两者之间的"汇聚地"或"集结点"，就是社会主义核心价值体系第三大基本内容之一的时代精神。

对此，在党中央的重要文献中，还鲜见明确而完整的表述，而其他基本内容在党中央的重要文献中都有明确而完整的表述。譬如，作为第一大基本内容的"马克思主义指导思想"，就是"马克思列宁主义、毛泽东思想、邓小平理论、'三个代表'重要思想和科学发展观"；作为第二大基本内容的"中国特色社会主义共同理想"，就是"富强、民主、文明、和谐"；作为第三大基本内容之一的"民族精神"，就是"以爱国主义为核心的团结统一、爱好和平、勤劳勇敢、自强不息的中华民族精神"；作为第四大基本内容的"社会主义荣辱观"中的"八个为荣"分别是："以热爱祖国为荣""以服务人民为荣""以崇尚科学为荣""以辛勤劳动为荣""以团结互助为荣""以诚实守信为荣""以遵纪守法为荣""以艰苦奋斗为荣"，而且对这些基本内容的表述由上到下一以贯之，比较统一规范。

目前，人们所能见到的对作为社会主义核心价值体系第三大基本内容之一的"时代精神"的表述，有以下"三个版本"。第一个版本是由中共中央宣传部组织编写，由宣传部办公厅印发的《社会主义核心价值体系学习读本》，其中的表述被认为是最权威的。其表述是："波澜壮阔的改革开放实践，孕育和形成了以改革创新为核心的伟大时代精神。解放思想、实事求是、与时俱进的精神极大弘扬，以人为本、尊重科学、崇尚和谐的观念牢固树立，诚实守信、团结友爱、互助奉献的风尚日益浓厚，民主法治、自由平等、公平正义的理念深入人心，效率意识、竞争意识、开放意识不断增强。这一切，体现了时代精神的丰富内涵，反映了当代中国人民紧跟时代、振兴中华的精神风貌的主流。"①这个《读本》版本采用的是四字式表述，内容要素是 64 个关键字。第二个版本是由中宣部组织审定的"马克思主义理论研究和建设工程重点教材"——《思想道德修养与法律基础》，其表述是："在改革开放新时期，中华民族又形成了以改革创新为核心的解放思想、实事求是、与时俱进、勇于创新、知难而进、一往无前、艰苦奋斗、务求实效、淡泊名利、无私奉献的时代精神。"②这个《基础》版本也采用了四字式表述，内容要素是 44 个关键字。第三个版本也是由中宣部组织审定的"马克思主义理论研究和建设工程重点教材"——《毛泽东思想和中国特色社会主义理论体系概论》，其表述是："进入新时期，在当代中国人民的伟大奋斗中，我们不断培育、积累和形成了以改革创新为核心的与时俱进、开拓进取、求真务实、奋勇争先的时代精神。"③这个《概论》版本采用的也是四字式表述，内容要素是 20 个关键字。

特别需要指明的是，这"三个版本"一致确认"民族精神和时代精神是社会主义核心价值体系中的精髓"。对此，就安排而言，社会主义核心价值体系中的其余三大基本内容都是单列阐述的，而这一大基本内容则是"民族精神和时代精神"这"两大精神"双列合述的；就内容要素而言，"两大精神"无论是各自的内容要素之间还是"两大精神"之间，都是历史与现实相统一的精神，所以就要双列合述，因为二者你中有我、我中有你，能够加以互读，具有内在的必然联系。譬如说，"两大精神"中的核心，一个是"爱国主义"，一个是"改革创新"。如果你要弘扬"爱国主义"这个核心精神，要推动民族进步、国家兴旺，你必然就得不断改革与不断创新。而在我们的民族精神里就有这两个基因。中华民族 5000 多年文化不消亡、不断裂而又不断发展演进到今天，是其

---

① 中共中央宣传部：《社会主义核心价值体系学习读本》，学习出版社，2009，第 46 页。
② 本书编写组：《思想道德修养与法律基础》，高等教育出版社，2010，第 14 页。
③ 本书编写组：《毛泽东思想和中国特色社会主义理论体系概论》，高等教育出版社，2009，第 260 页。

他民族和国家不可比拟的，其根由虽然是多方面的，但是历朝历代直至我们所处的新时代所进行的性质不同、程度不同的大大小小的改革和我们古往今来所从事的方方面面的创新（而且这里又可以说改革本身就是创新），是其根本动力。从反面看，一定时代或一定时期的衰落与曲折，主要是因为改革不力或改革失败、创新不够或创新乏力。积其正反经验，必然应以改革创新为核心，不断增强对内对外的"效率意识、竞争意识"，为使自己的民族、自己的祖国在世界民族之林占有重要一席而奋斗。反之，如果要弘扬"改革创新"这个核心精神，就必须民族精神强烈、终生热爱祖国，注重"团结统一"，非常爱国敬业，并围绕改革创新的方方面面而"奋勇争先""自强不息"，为实现中华民族伟大复兴的中国梦而奋斗。

由此，一方面可以说，经过5000多年实践奋斗史形成的中华民族精神在今天仍有强大的精神生命力，能成为当代中国时代精神的组成部分之一；另一方面可以说，经过改革开放30多年实践奋斗形成的时代精神也必然是一个既传承了民族优秀传统文化，又接纳了世界先进文化的结晶，因而能成为当代中国时代精神的主要组成部分。在此应特别推崇习近平同志把"时代精神"与"核心价值观"结合起来、把"民族特色"与"时代价值"结合起来的两处重要论述。这就是：他一方面指出："每个时代都有每个时代的精神，每个时代都有每个时代的价值观念。"而"我们提出的社会主义核心价值观，把涉及国家、社会、公民的价值要求融为一体，既体现了社会主义本质要求，继承了中华优秀传统文化，也吸收了世界文明有益成果，体现了时代精神。富强、民主、文明、和谐，自由、平等、公正、法治，爱国、敬业、诚信、友善，传承着中国优秀传统文化的基因，寄托着近代以来中国人民上下求索、历经千辛万苦确立的理想和信念，也承载着我们每个人的美好愿景"[①]。另一方面，习近平又指出："中华文明绵延数千年，有其独特的价值体系。中华优秀传统文化已经成为中华民族的基因，根植在中国人的内心，潜移默化

---

① 习近平：《青年要自觉践行社会主义核心价值观》，《人民日报》2014年5月5日。

影响着中国人的思想方式和行为方式。今天，我们提倡和弘扬社会主义核心价值观，必须从中汲取丰富营养，否则就不会有生命力和影响力。比如，中华文化强调'民惟邦本'、'天人合一'、'和而不同'；强调'天行健，君子以自强不息'、'大道之行也，天下为公'；强调'天下兴亡，匹夫有责'，主张以德治国、以文化人；强调'君子喻于义'、'君子坦荡荡'、'君子义以为质'；强调'言必信，行必果'、'人而无信，不知其可也'；强调'德不孤，必有邻'、'仁者爱人'、'与人为善'、'己所不欲，勿施于人'、'出入相友，守望相助'、'老吾老以及人之老，幼吾幼以及人之幼'、'扶贫济困'、'不患寡而患不均'，等等。像这样的思想和理念，不论过去还是现在，都有其鲜明的民族特色，都有其永不褪色的时代价值。这些思想和理念，既随着时间推移和时代变迁而不断与时俱进，又有其自身的连续性和稳定性。我们生而为中国人，最根本的是我们有中国人的独特精神世界，有百姓日用而不觉的价值观。我们提倡的社会主义核心价值观，就充分体现了对中华优秀传统文化的传承和升华。"①

当我们领悟"民族精神"与"时代精神"的双列互读合述之后，特别是结合领会习近平同志上述极具指导意义的精湛论述之后，我们更有理由说现有的民族精神所表述的内容要素是当代中国时代精神的组成部分之一，而现有的时代精神所表述的内容要素（含"三个版本"之综合）就是当代中国时代精神的主要组成部分。只不过，我们认为在这个时代精神之中，应当增加反映或体现生态文明建设的价值观念，比如反映"两型社会"建设的实践要求，或称体现当代中国"节约资源、保护环境"的现实需要，这可视为我们为后述内容留下的一个伏笔。由此可以从总体来说，这个内涵宽阔的时代精神是狭义的社会主义核心价值体系的精辟内容或精髓，是广义的社会主义核心价值观，是介于两者之间的"汇聚地"或"集结点"。这样一来，我们便可在现有的社会主义核心价值观 24 个关键字的基础上，从这个内涵宽阔的时代精神的内容要素

① 习近平：《青年要自觉践行社会主义核心价值观》，《人民日报》2014 年 5 月 5 日。

中，通过一一辨析，又遵循社会主义核心价值体系四大基本内容的基本思想轨迹或学理逻辑规则，采用四字式表述形式，以宽口径来凝练当代中国应有的社会主义核心价值观的内容要素。

首先，对应"马克思主义指导思想"这个第一大基本内容，我们率先选择《读本》与《基础》表述时代精神时都用到的"实事求是"，特别是《概论》中用到的"求真务实"作一辨析。"实事求是"是毛泽东同志借助汉代成语而提出并做出解释的，邓小平同志和江泽民同志在分别提出"解放思想"和"与时俱进"时，都是围绕"实事求是"进行解释的。毛泽东提出的"实事求是"从命题的字面意思而言就是"求是"或称"求真"，但其著名解释共有八句话，前四句话被人们反复引用，也就是"求是"或"求真"，后四句话则是在求是或求真的前提下，将其作为"行动的向导"而要求干事或务求实绩，也就是务实或创造价值。所以，胡锦涛同志和习近平同志先后强调的"求真务实"，更实质性地反映和体现了毛泽东同志的著名解释的完整意义。由此我们凝练出"求真务实"作为对应"指导思想"的核心价值观的第一要义或最重要的内容要素。我们再选择的就是《读本》表述时代精神时用到的"以人为本"，这是胡锦涛同志和习近平同志先后强调并都反复解释过的，也与习近平同志谈到"民族特色"与"时代价值"时首先指出的"中华文化强调'民惟邦本'"相传承。由此我们要凝练"以人为本"作为对应"指导思想"的核心价值观的第二要义或必不可少的内容要素。总之，凝练"求真务实、以人为本"是对应"指导思想"之所为，也是对本文开头提到的现有 24 个关键字的凝练内容还不够全面的一个最重要的补充圆融，这也是当前不少干部学者认为不该缺少的内容要素。

其次，对应"中国特色社会主义共同理想"这个第二大基本内容，我们看到《读本》表述时代精神时用到"民主""和谐"，这是"共同理想"的一半，不如这个《读本》在另一处阐发得全面，即"富强、民主、文明、和谐，是对中国特色社会主义共同理想的高度概括，是我国社会主义经济建设、政治建设、文化建设和社会建设的奋斗目标"。①这实质上是对党的基本路线表述中的最后一句话即奋斗目标中八个关键字的传承。鉴于现有 24 个关键字中前八个关键字就是它们，因而这里不必多加辨析，只不过是主张用四字式表述，即为"富强民主、文明和谐"。

再次，对应"民族精神和时代精神"这个第三大基本内容，鉴于前面的双列互读合述，我们先相对"民族精神"而选择"爱国敬业"，鉴于现有 24 个关键字中已有这四个关键字而又不必多辨，就此再选择"创新争先"，这其中的"创新"是"三个版本"表述时代精神时都用到的，如前所述，"改革"实质上也是一种创新，即制度创新，而"创新"还包括其他更广的内涵，所以只取"创新"。那么，创新是为了什么？对内对外而言，就是《概论》在表述时代精神时用到的"奋勇争先"，我们取后两个关键字，与"创新"两个关键字整合为四字式即"创新争先"。但是这里相对而言首先不是作为"时代精神"，而是作为"民族精神"的一个凝练，因为中华民族自古就有"创新争先"的基因，而不只是到了现时代才有，因而首先应作为"民族精神"，同时也视它为在现时代具有了更强烈特征并发扬光大了的时代精神。我们再相对时代精神来选择时，已看到《读本》在表述时代精神中，用到"法治、自由平等、公平正义"十个关键字，这里将"公平正义"整合为"公正"，又将"法治"紧贴其后，就是"自由平等、公正法治"八个关键字，这是时代精神中最重要的内容要素，同时亦可解读为民族精神的内容要素，正如习近平同志所说，它们都"传承着中华优秀传统文化的基因"。鉴于现有 24 个关键字中已有这八个关键字而不多加辨析。除此之外，我们还要从"民族精神和时代精神"双列互读合述的视角，凝练出"节约资源、保护环境"这八个关键字作为社会主义核心价值观的内容要素，这是反映生态文明建设实践要求的价值观念。谈到这一点，即使当今世界尚无一国的社会核心价值观规定这一点（何况德国、日本、瑞典、瑞士等国都以不同的表述规范了这一点），仅从当代中国面对独特的国情民

---

① 中共中央宣传部：《社会主义核心价值体系学习读本》，学习出版社，2009，第 32 页。

情，13 亿多人口面临着资源和环境的双重约束来看，也必须把"节约资源、保护环境"凝练入核心价值观之列。习近平同志 2014 年 2 月在会见美国国务卿克里时强调指出："中国高度重视生态文明建设。在这方面，不是别人要我们做，而是我们自己要做，采取了许多措施，今后我们还会这样做。中美虽然发展阶段不同，但在绿色低碳、节能减排等方面存在利益契合点，也各有所长，希望双方合作取得更多成果。"①这是既有"民族特色"又有"时代价值"的重要话题，作为体现当今中国生态文明建设实践要求的"节约资源、保护环境"的核心价值观，如果全体公民用这八个关键字来引领行为，其意义何止是价值连城！这八个关键字首先应视为时代精神的内容要素，同时也是民族精神的内容要素。这一点也程度不同地关涉到作为共同理想的"富强民主、文明和谐"内容要素的实现，这里暂不作详论，但要呼吁应当引起高度重视，绝对不可掉以轻心。

最后，对应"社会主义荣辱观"这个第四大基本内容，我们看到《读本》表述时代精神中，用到"诚实守信、团结友爱、互助奉献"十二个关键字，那么"诚实守信"与"友爱"就整合为"诚信友善"四个关键字，鉴于这是现有 24 个关键字中已有的内容要素而不再辨析，我们进而主张应将"团结"和"互助"整合为"团结互助"四个关键字列为核心价值观的内容要素，这也是对"荣辱观"中的"以团结互助为荣"的一个凝练。这一点是考量了历史传统、道德传统、国情民情、现实需要得出的。前引习近平同志谈到"民族特色"与"时代价值"时所指明的"'德不孤，必有邻'、'仁者爱人'、'与人为善'、'己所不欲，勿施于人'、'出入相友，守望相助'、'老吾老以及人之老，幼吾幼以及人之幼'、'扶贫济困'、'不患寡而患不均'，等等"，基本上都是言说的可用现代汉语表述的"团结互助"，这是既有"民族特色"又有"时代价值"的核心价值观内容要素。当代中国 13 亿多人口 56 个民族分居在不同地域，各民族、各地区经济社会发展不平衡，并经常伴随有灾、难、贫、

---

① 《习近平会见美国国务卿克里》，《人民日报》2014 年 2 月 15 日。

弱、劫、杀，现实需要"一方有难，八方支援"，如果全体公民人人彼此都来做"团结互助"之事，其价值惠及的是全体中国人民。这一点也程度不同地关涉到作为共同理想的"富强民主、文明和谐"内容要素的实现，这里也暂不作详论，但要造就强大的道德舆论，期望不断涌现乐于"团结互助"、感动中国的人。总之，从道德价值观视角来凝练就是"诚信友善、团结互助"八个关键字。

综而言之，侧重从时代精神与核心价值观的内在关系的辨析，我们凝练出了一个宽口径的 48 个关键字的社会主义核心价值观，也就是在现有 24 个关键字的基础上，增加 24 个关键字，并以一一对应社会主义核心价值体系四大基本内容为序进行了表述。这其中无论是采用四字式表述形式，还是增加的"求真务实、以人为本""创新争先""节约资源、保护环境""团结互助"这些内容要素，都是我们的一己之见，希望能引起学界的讨论与学者的指正。

社会主义核心价值观系统的
要素和结构探析*

杨业华　程亚琴**

（湖北大学马克思主义学院）

【摘　要】　社会主义核心价值观不是单一的，它是由一系列的社会主义
核心价值理念构成的系统。对社会主义核心价值观构成的要素、结
构模型、结构层次进行系统分析，有利于科学把握社会主义核心价
值观的本质。

【关键词】　社会主义核心价值观　系统　要素分析　结构分析

"倡导富强、民主、文明、和谐，倡导自由、平等、公正、法治，倡导爱国、敬业、诚信、友善，积极培育和践行社会主义核心价值观。"①党的十八大报告这一论断明确告诉我们，社会主义核心价值观不是单一的，它是由一系列的社会主义核心价值观构成的系统。因此，要科学把

---

 *　本文系湖北省高等学校马克思主义中青年理论家培育计划（第一批）项目"湖北青少年思想道德状况调查及教育对策研究"阶段性成果；2012 年湖北省教学研究项目"教学研究型高校价值观教育课程创新研究"的阶段性成果。

**　杨业华（1963～），男，湖北省高校人文社科重点研究基地——湖北青少年思想道德教育研究中心常务副主任，湖北大学马克思主义学院教授，博士生导师，主要从事思想政治教育研究；程亚琴，湖北大学马克思主义学院 2011 级学生。

　①　胡锦涛：《坚定不移沿着中国特色社会主义道路前进　为全面建成小康社会而奋斗》，《人民日报》2012 年 11 月 18 日。

握社会主义核心价值观的本质，就必须运用系统的方法，对社会主义核心价值观进行系统分析。所谓系统，就是由相互作用和相互依赖的若干要素组成的、具有确定功能的有机整体。系统分析方法是指运用系统的观点和原则对社会主义核心价值观的构成要素、要素结合形成的结构、要素和要素之间的相互联系和相互作用的关系进行分析研究，科学地把握社会主义核心价值观本质的方法。

一 社会主义核心价值观的要素分析

在系统论看来，系统最基本的构成就是要素，离开了要素就无所谓系统。因此，在分析社会主义核心价值观时，首先要从分析构成社会主义核心价值观的要素开始。它是正确认识社会主义核心价值观的基础和起点。

社会主义核心价值观系统同其他任何系统一样，都包含着多个作为系统重要组成部分的子系统，这些子系统既是构成社会主义核心价值观的要素，同时又是由更低一层次的、更小的要素所组成的。各种系统因为性质和特点不同，其包含的子系统或要素也不相同。那么，社会主义核心价值观的子系统或构成要素是什么呢？根据党的十八大报告和中共中央办公厅印发的《关于培育和践行社会主义核心价值观的意见》，以及学术界关于社会主义核心价值观构成要素的相关研究，笔者认为，社会主义核心价值观主要由以下三大要素（子系统）构成：第一，以"富强、民主、文明、和谐"为核心价值理念构成的国家层面的社会主义核心价值观系统；第二，以"自由、平等、公正、法治"为核心价值理念构成的社会层面的社会主义核心价值观系统；第三，以"爱国、敬业、诚信、友善"为核心价值理念构成的公民个人层面的社会主义核心价值观系统。

社会主义核心价值观这三个层面的要素是相互联系、相互影响、相互制约的，共同构成了一个紧密联系的有机整体。因此，社会主义核心价值观要素的第一个特征是密切联系性。社会主义核心价值观各要素之间的关联性很强。例如，以"富强、民主、文明、和谐"为核心价值理念构成的社会主义核心价值观系统，是国家层面的价值目标，不仅社会主义核心价值观其他两个子系统都要为这一价值目标服务，而且这一子系统的实现能够为其他两个子系统的实现创造良好条件；以"自由、平等、公正、法治"为核心价值理念构成的社会层面的社会主义核心价值观系统，对社会主义核心价值观其他两个子系统有直接的价值指导作用，其他两个子系统必须以此作为指导，不能违背"自由、平等、公正、法治"的价值取向，其他两个子系统的实现对它有重要的促进作用；以"爱国、敬业、诚信、友善"为核心价值理念构成的公民个人层面的社会主义核心价值观系统，是其他两个子系统的基础，它不仅要以其他两个子系统为指导，而且要为其他两个子系统的实现服务，离开了这个子系统，其他两个子系统就失去了基础。第二个特征是差别性和多样性。就各层面的社会主义核心价值观子系统而言，构成各层面社会主义核心价值观子系统的各要素之间存在明显的差异性；就社会主义核心价值观系统整体而言，其构成要素也是多种多样的，社会主义核心价值观体系是由多种多样既相互联系又相互区别的社会主义核心价值观要素构成的有机统一体。第三个特征是独特性。这就是说，社会主义核心价值观每个要素都有自己独特的内在矛盾、独特的质和量的规定性。

总之，社会主义核心价值观的要素和系统的联系不是固定不变的，而是随着时代发展不断发展变化的。因此，社会主义核心价值观要素和系统的划分只是相对的。因为，社会主义核心价值观任何要素都是由更小的要素构成的，对于更小的要素来说，它本身就是一个系统；社会主义核心价值观的任何系统都是包含在更大的系统之中的，对于社会主义核心价值观更大的系统来说，它本身只是一个要素。所以，我们在对社会主义核心价值观要素进行分析时，应把握社会主义核心价值观要素与系统的相对性。

二 社会主义核心价值观的结构分析

社会主义核心价值观系统的性质，不仅取决于其构成要素，而且取决于社会主义核心价值观系统各要素之间的相互联系、相互作用的关系及方式，即社会主义核心价值观系统的结构。社会主义核心价值观系统同其他任何系统一样，都是由一定的要素所组成的，但它并不等于各种要素的简单相加，而是由社会主义核心价值观系统内各要素按照一定结构所形成的有机整体。没有一定的结构，社会主义核心价值观系统就不能构成一个整体，也形成不了社会主义核心价值观系统的整体性质及其功能。因此，我们在对社会主义核心价值观进行系统分析时，不仅要重视社会主义核心价值观系统的要素分析，而且要重视社会主义核心价值观系统的结构分析。

（一） 社会主义核心价值观结构模型分析

社会主义核心价值观系统结构分析的最重要的任务之一是揭示系统诸要素之间相互联系、相互作用的方式和秩序，即结构。我们在对社会主义核心价值观系统的结构进行分析时，不仅应把每一要素放在同其他要素的相互联系、相互作用中去分析，而且要通过比较，把握每一要素在相互联系中的地位，发现它们结合的方式或结构。根据党中央关于社会主义核心价值体系建设相关文件以及学术界关于社会主义核心价值观系统结构的研究，笔者认为，在社会主义核心价值观系统的诸要素及其相互关系结构中，以"富强、民主、文明、和谐"为核心价值理念的社会主义核心价值观系统，体现了国家层面的价值目标，它是社会主义核心价值观的主题。它阐明了在社会主义初级阶段，我们在国家层面的价值目标是什么？在国家层面上为全党、全军、全国人民指明了奋斗的目标和前进的方向。富强，不仅要求国力强大，而且要求国民共同富裕，它主要是从国家经济建设上提出的价值目标；民主，主要是从国家政治建设上提出的价值目标，它要求政治上要实现高度的社会主义民主；文明，主要是从国家文化建设上提出的价值目标，它要求文化建设上要实现高度的社会主义精神文明；和谐，主要是从国家社会建设和生态建设上提出的价值目标，它要求社会建设和生态建设上要实现高度的和谐。"富强、民主、文明、和谐"作为国家层面的核心价值观，不仅反映了近代以来中国历史发展的根本要求，凝结了一百多年来先进的中国人的理想与价值愿望，而且是基于现实的理想，它与包括经济建设、政治建设、文化建设、社会建设、生态文明建设在内的中国特色社会主义事业五位一体总体布局紧密相连，适应我国经济社会发展的新要求，顺应人民群众的新期待，反映了改革开放新时期以来我们党的基本政治主张，是我国在社会主义初级阶段的奋斗目标，是13亿多中国各族人民在中国共产党的领导下对于现代化国家理想形态的价值表达。以"自由、平等、公正、法治"为核心价值理念的社会主义核心价值观，体现了社会层面的价值取向，是社会主义核心价值观的灵魂。它阐明了在社会主义初级阶段，我们在社会层面的价值追求是什么，在社会层面上为全党、全军、全国人民指明了奋斗的目标和前进的方向。自由，即人的自由全面发展；平等，即人人平等；公正，即公平正义；法治，即依法治国。"自由、平等、公正、法治"作为社会层面的核心价值观，不仅站在人类价值共识的制高点，大胆吸收人类文明的共同成果，而且反映了社会主义社会的基本属性，是社会主义社会应当高扬的价值理想。我们党是马克思主义政党，我们的国家是社会主义国家，我们的社会是社会主义社会，实现"人的自由全面发展"是共产主义的最高价值追求，我们党从成立之初就将"实现人的自由全面发展的共产主义社会"写在自己的旗帜上，并为之付出了不懈努力。在当代中国，倡导"自由、平等、公正、法治"的社会主义核心价值观，既体现了马克思主义特别是中国化马克思主义的核心价值追求，又反映了社会主义特别是中国特色社会主义制度的本质要求；既继承了人类历史积累的积极价值，又反映了历史的前进方向和时代要求。"自由、平等、公正、法治"是我们今天最需要但又做得不够的。倡导"自由、平等、公正、法治"的核心价值观既具有政治意义，又具有学理基础。以"爱国、敬业、诚信、友善"为核心价值理念的社会主义核心价值观，是公民个人层面的价值准则，它是社会主义核心价值观的基础。它阐明了在社会主义初级阶段，我们在公民个人层面的价值追求是什么？在公民个人层面上为全体中国人民指明了奋斗的目标和前进的方向。爱国，强调公民应培育和践行爱国主义；敬业，强调公民应忠于职守；诚信，强调公民应诚实守信；友善，强调公民应与人为善。它是中国这个社会主义国家的公民应当遵循的根本价值准则，是公民基本道德规范的核心要求，体现了社会主义价值追求和公民道德行为的本质属性。社会主义核心价值观培育和践行的主体涉及国家、社会、公民个人三个层次，公民个人是基础，只有全体中国人民倡导和践行"爱国、敬业、诚信、友善"的社会主义核心价值观，培育和践行社会主义核心价值观才能真正落到实处。

从上述分析可以看出，社会主义价值观系统是由上述四个要素组成的各具功能、各有侧重、相互联系、结构完整的有机统一的整体。

（二）社会主义核心价值体系结构层次分析

系统的结构，不仅体现为一定的横向联系及其方式，而且体现为一定的纵向联系及其方式，即系统的层次结构。任何一个复杂的系统，都存在不同等级、不同层次的系统结构关系，其中，高级系统结构包含着低级系统的结构，但不能归结为低级系统的结构，它具有低级系统结构所不具备的结构特征；低级系统构成了高级系统结构的要素，但它又包含着更低一级的系统结构。因此，系统的结构总是一定层次上的结构。不同层次的系统结构形成了纵向衔接、层层递进的系统结构关系。每一层次的结构，都具有不同于其他层次结构的特征。社会主义核心价值观系统的结构也具有一定的层次，体现为一定的层次结构。从社会主义核心价值观系统的整体来分析，社会主义核心价值观系统的内核是社会主义核心价值理念，社会主义核心价值观就是由"富强、民主、文明、和谐；自由、平等、公正、法治；爱国、敬业、诚信、友善"24字12个核心价值理念构成的一个系统，它的层次由里到外分为社会主义核心价值理念、社会主义核心价值观、社会主义价值观。社会主义核心价值观系统是由一圈圈的逻辑层次构成的。社会主义核心价值理念是内核，位于社会主义核心价值观系统最里面的第一个圆圈，它由里向外扩散、渗透，统摄社会主义核心价值观系统的各个层次。社会主义核心价值观位于第二个圆圈，社会主义价值观位于第三个圆圈。在社会主义核心价值观系统中，社会主义核心价值理念最稳定、最持久、最有统摄性，也最具有渗透性。它影响和支配社会主义核心价值观系统的其他层次，社会主义核心价值观系统的其他层次以不同的方式体现着社会主义核心价值理念。

从社会主义核心价值观系统的要素来分析，它也有非常强的逻辑层次。社会主义核心价值观系统由以"富强、民主、文明、和谐"为核心价值理念构成的国家层面的社会主义核心价值观系统、以"自由、平等、公正、法治"为核心价值理念构成的社会层面的社会主义核心价值观系统、以"爱国、敬业、诚信、友善"为核心价值理念构成的公民个人层面的社会主义核心价值观系统三个方面的要素组成。这些要素以一定的相互联系、相互作用的方式构成了社会主义核心价值观系统的整体结构并形成其功能特征，而每一个社会主义核心价值观系统要素作为子系统，又包含着更低一级的要素及其结构。例如以"富强、民主、文明、和谐"为核心价值理念构成的国家层面的社会主义核心价值观系统，就包含着以富强为核心价值理念构成的国家经济层面的社会主义核心价值观系统、以民主为核心价值理念构成的国家政治层面的社会主义核心价值观系统、以文明为核心价值理念构成的国家文化层面的社会主义核心价值观系统、以和谐为核心价值理念构成的国家社会和生态层面的社会主义核心价值观系统。因此，我们在对社会主义核心价值观系统进行分析时，不仅要注重分析系统的横向关系结构，把握社会主义核心价值观系统的结构模型，而且要分析系统的纵向关系结构，把握系统的层次结构及其特征。只有这样，才能使对社会主义核心价值观系统的结构分析做到纵横结合、层层深入，从而科学把握社会主义核心价值观系统的本质。

（三） 社会主义核心价值观结构优化分析

社会主义核心价值观的结构分析不仅包括系统的结构模型分析和结构层次分析，还应包括系统结构的优化分析。社会主义核心价值观结构的优化分析是一种整体分析，即从整体上分析社会主义核心价值观系统的结构是否合理以达到整体最优化的分析方法。整体优化是系统优化的核心。在社会主义核心价值观的结构分析中，我们不仅要分析组成社会主义核心价值观的要素具有什么样的结构，而且要分析这种结构是否合理，是否使系统形成了有机整体、达到了整体效应的最优化。从社会主义核心价值观及其培育与践行的整体与局部的关系看，系统的优化存在这样几种情况：有的是每个局部的子系统优，组合起来的整体系统也最优；有的是每个局部子系统不优，整体系统也不优；有的是局部子系统优，但整体系统不优；也有的从某个局部子系统看不优，但从整体系统上看是最优的。这些情况的出现，不仅同社会主义核心价值观的要素有关，而且更重要的同系统的结构是否合理有关。比如，有的单位在培育和践行社会主义核心价值观过程中，培育和践行社会主义核心价值观的每个要素优，结构也合理，当然系统整体也优；有的单位在培育和践行社会主义核心价值观过程中，每个要素都劣，不论其结构如何，系统整体都劣。在培育和践行社会主义核心价值观过程中，最值得重视的是第三种情况和第四种情况，它们同系统结构的合理化密切相关，最充分地表明了系统结构的合理化对系统整体优化的决定作用。从培育和践行社会主义核心价值观的情况来看，确实存在着局部子系统优但系统整体不优和局部子系统不优但系统整体优的状况。如有的单位在培育和践行社会主义核心价值观过程中对社会主义核心价值观的构成要素都非常重视，都力求优化，但从整体上没有把握好这些要素的关系和结构，把这些要素并列对待，平均用力，甚至过分强调公民个人层面的要素，而忽视和冲淡了国家层面和社会层面的要素，这样，就可能形成不合理的结构，影响培育和践行社会主义核心价值观整体效应的优化。相反，有的单位对待培育和践行社会主义核心价值观各要素时，虽然由于各种条件的限制难以做到使每种要素都优，但能够保证重点，兼顾一般，协调发展，通过合理的结构使各种要素形成有机整体，化培育和践行社会主义核心价值观的局部劣势为整体优势，发挥出系统整体的最佳效应。因此，我们在对社会主义核心价值观结构进行分析时，要从局部子系统和系统整体的关系上，分析和把握系统结构是否合理，整体是否优化，努力实现第一种情况，避免第二种、第三种情况，力争实现第四种情况。①切实按照党中央文件精神的要求，充分发挥本地区、本单位、本部门在培育和践行社会主义核心价值观中的优势，形成培育和践行社会主义核心价值观的合力。

---

① 郑永廷：《思想政治教育方法论》，高等教育出版社，1999，第93～94页。

《〈黑格尔法哲学批判〉导言》中的马克思价值观探微[*]

张丽君[**]

（湖北大学马克思主义学院）

【摘　要】　马克思主义与道德价值是分析马克思主义和近年来国内学术界比较关注的问题，无论是"价值中立"的看法，还是经济决定论的看法，或者是抽象的价值观看法都有一定的局限，从价值观的角度来分析可以弥合马克思思想中的一些矛盾。《〈黑格尔法哲学批判〉导言》中价值的"绝对命令"是人的本质。马克思结合社会历史进程来论证从人的丧失到人的复归，诉诸价值批判来实现人的解放。把握《〈黑格尔法哲学批判〉导言》的价值观有助于理解马克思价值观的形成和发展进程。

【关键词】　《〈黑格尔法哲学批判〉导言》　马克思　价值观　解放

　　1843 年 3 月，马克思退出莱茵报编辑部。之后，马克思在克罗茨纳赫阅读了大量西方资本主义国家的历史著作，并做了摘要，形成了"克罗茨纳赫笔记"。紧接着，马克思写作了《黑格尔法哲学批判》一文。

---

　*　湖北省教育厅人文社会科学基金项目"马克思恩格斯的道德价值论与社会主义核心价值观的构建"（14Y009）成果。

　**　张丽君，湖北大学马克思主义学院副教授，主要研究马克思主义、俄罗斯思想。

1843 年秋,马克思迁居巴黎,与阿尔诺德·卢格等共同筹备,在恩格斯、海涅等人的支持下,于 1844 年 2 月出版了《德法年鉴》。《德法年鉴》只出了一期合刊号,但马克思在上面发表了三封信和两篇论文。两篇论文就是《论犹太人问题》和《〈黑格尔法哲学批判〉导言》。两篇文章均写于 1843 年 10 月中旬到 12 月中旬。马克思《德法年鉴》时期的思想,主要是指发表在这些文章中的思想。关于马克思在这一时期思想的性质是有争议的。一种看法是这一时期马克思已经形成了唯物史观。"在 1843~1844 年 1 月之间的这段时间内,马克思主要是通过具体的经济问题批判现实的政治,批判黑格尔的法哲学。写作《论犹太人问题》和《〈黑格尔法哲学批判〉导言》,已经表明马克思形成了唯物主义历史观。"①伯尔基也认为这一时期马克思思想完成了过渡。"随着马克思对核心的马克思主义概念——阶级、无产阶级、社会,或'人类'解放、意识形态的批判、国家和'原子论的'现代社会——已经在思想上占有,过渡阶段由此结束。"②戴维·麦克莱伦认为这篇文章具有一定的承上启下的地位,因为其中包含了马克思先前思考的一些主题,并和后来的《共产党宣言》具有一定的思想风格的连续性。"导言用一种反映马克思不同发展阶段的方式顺序排列了主题:宗教的,哲学的,政治的,革命的。总体讲来,导言形成了宣言,其敏锐性和独断性使人想起 1848 年的《共产主义宣言》。"③R.G. 佩弗把马克思《德法年鉴》时期的思想称为"革命人本主义",认为"马克思典型的革命人本主义道德观形成于《〈黑格尔法哲学批判〉导言》中"④。《〈黑格尔法哲学批判〉导言》包含了马克思主义的一些核心概念和思想,具有很重要的价值。

---

① 宋希仁:《马克思恩格斯道德哲学研究》,中国社会科学出版社,2012,第 95 页。
② 〔英〕伯尔基:《马克思主义的起源》,伍庆、王文扬译,华东师范大学出版社,2007,第 164 页。
③ 〔英〕戴维·麦克莱伦:《马克思传》(第 4 版),中国人民大学出版社,2008,第 81 页。
④ 〔美〕R.G. 佩弗:《马克思主义、道德与社会正义》,吕梁山、李旸、周洪军译,高等教育出版社,2010,第 49 页。

一 马克思主义中的道德价值

如何在整体上把握马克思的世界观和方法论，是一个涉及马克思主义理论和实践相结合的重要理论问题。其中比较难于处理的问题是：马克思是如何对待诸如自由、平等、正义、权利等这些带有明显的道德或价值问题特征的概念的。分析马克思主义探讨了马克思主义中的道德价值问题。其基本观点包括如下几种：一种认为，马克思主义把道德价值看作一种受社会经济结构制约的社会历史现象，因而在马克思对资本主义的解释和对社会主义理想的描述中都拒绝任何道德原则和道德价值；一种认为，在马克思主义的著作中充满着或明或暗的道德评判；另一种认为，马克思主义是那种"价值无涉"或伦理中立的社会理论。这一问题涉及马克思主义处理和解决历史价值论的基本思维和方法论的问题；也涉及对马克思主义思想的整体理解的问题。回答这一问题涉及价值概念的界定以及解读的视角。本文采取一种反思的视角，除了把马克思的自由、正义等概念看成表达自己的价值观以外，也把生产方式等概念看成马克思价值观的重要内容。

价值有不同的含义，其中一种含义是"一种被认为值得拥有的事物"。在这一理解中，价值的着眼点是"事物"，但这一事物是被看成值得被拥有或者被追求的。如果抛开"值得"的维度，价值就是"一事物因为其本真的或假定的用处、用途或重要性而表现出的相对地位"。[①]价值观总是表现为对事物的价值地位的选择和排序，掌握一个思想家对事物的价值地位的排序非常有助于从整体上把握一个理论的价值诉求。在《哥达纲领批判》中马克思明确指出："什么是'公平的'分配呢？难道资产者不是断言今天的分配是'公平的'吗？难道它事实上不是在现今

---

① 冯平主编《现代西方价值哲学经典·语言分析路向》（上册），北京师范大学出版社，2009，第205页。

的生产方式基础上惟一'公平的'分配吗?"①在马克思的心目中，正义等价值观念的内容是受到生产方式规定的，并不单纯是思想自身表达出来的样子，因而生产方式问题具有较高的价值地位，更值得关注。在价值排序中，生产方式具有较高的价值地位，具有决定性，而公正等价值观念具有次要的地位。把握马克思的价值观需要在这二者之间找到恰当的平衡点。在马克思的价值观世界中，平等、正义等观念的价值地位低于生产方式。问题在于：当马克思把生产方式的概念置于决定性的地位上的时候，当把生产方式的改造作为更为值得追求的价值事物的时候，他表达了一种什么样的价值呢？马克思是否有新的价值概念来表达自己的价值观呢？马克思是否依然沿用既存的价值观概念来表达自己的价值观呢？应该说"人的解放""共产主义""自由王国"等概念表达了马克思生产方式改造的价值诉求，这些概念范畴具有一定的个性色彩。另外，马克思也谨慎地使用既有的曾经反映雇佣劳动制度的价值范畴：自由、平等、权利、公正等。从时代惯用的范畴说明未来是人类文明无法避免的问题。马克思在1864年认识到要把自己的观点用工人运动的现实水平所能接受的形式表达出来，自己必须采纳"义务"和"权利"这两个词，以及"真理、道德、正义"等词语。尽管在使用中不论如何澄清当今时代的内涵都可能把时代的内容带入对未来的描述当中。但马克思在人们还惯于使用"权利""正义"这些词语描述未来社会的时候，也尽量使用这些术语描述未来。如指出无产阶级"承认真理、正义和道德是他们彼此间和对一切人的关系的基础"等字样。②马克思也要求工人"努力做到使私人关系间应该遵循的那种简单的道德和正义的准则，成为各民族之间的关系中的至高无上的准则"。③马克思指出在使用这些字眼时已经做了妥善的安排，以免产生误解。如马克思在《国际工人协会共同章程》一开头就写道："工人阶级的解放应该由工人阶级自己去争取；

---

① 《马克思恩格斯全集》（第25卷），人民出版社，2001，第16页。

② 《马克思恩格斯选集》（第2卷），人民出版社，1995，第610页。

③ 《马克思恩格斯选集》（第2卷），人民出版社，1995，第607页。

工人阶级的解放斗争不是要争取阶级特权和垄断权，而是要争取平等的权利和义务，并消灭一切阶级统治。"①在这里，马克思用"消灭一切阶级统治"，限制了他们所说的"争取平等的权利和义务"，说明无产阶级所追求的平等不是资产阶级式的平等，不是追求一种新的阶级特权和垄断权。

不能把马克思主义看成"价值中立"的，但也要克服两种偏向：一种是只陶醉在某种价值概念的幻想世界中，而完全不顾价值概念的唯物主义基础。马克思在1877年给左尔格的信中指出，在德国党内流行着一股腐败的风气，"这些人想使社会主义有一个'更高的、理想的'转变，就是说，想用关于正义、自由、平等和博爱的女神的现代神话来代替它的唯物主义的基础（这种基础要求一个人在运用它以前认真地、客观地研究它）"。②

另一种倾向是只强调生产方式的概念，否定关注生产方式本身表达了某种价值观。马克思这里反对的是用价值观的神话代替价值观的唯物主义基础，但不意味着只是关注唯物主义基础就行了。不理解为什么要追求某种生产方式，不理解追求某种生产方式的价值，单纯去讨论生产方式是盲目的。某种生产方式值得去追求一定是它实现了某种价值，或者有利于某种价值的实现。马克思在《哥达纲领批判》中指出，"消除一切社会的和政治的不平等"是一个不明确的语句，应改为"随着阶级差别的消灭，一切由这些差别产生的社会的和政治的不平等也自行消失"。③马克思的这一改动有着唯物史观的内涵，显然，消除阶级差别本身就是消除不平等，并且会消除产生不平等的根源，其中包含的价值观诉求显然是"平等"。

必须把生产方式和观念性的道德价值结合起来考察马克思的价值诉求。如何实现二者的有机结合？从价值观的角度入手是一种探索性的尝试。

---

① 《马克思恩格斯选集》（第2卷），人民出版社，1995，第609页。
② 《马克思恩格斯选集》（第4卷），人民出版社，1995，第627页。
③ 《马克思恩格斯全集》（第25卷），人民出版社，2001，第26页。

二 《〈黑格尔法哲学批判〉导言》的价值
"绝对命令"：人是人的最高本质

马克思指出："德国惟一实际可能的解放是以宣布人是人的最高本质这个理论为立足点的解放。"①宣布人是人的最高本质这个理论就是指马克思自己的理论，这个理论认为人是人的最高本质，要以它为立足点。《〈黑格尔法哲学批判〉导言》提出："人的根本就是人本身。"②"人是人的最高本质"这句话可以理解成一种价值观的表达式。"人"是就现实的人而言的，是价值主体，作为"最高本质"的"人"是价值事物和价值对象、价值目的。对于人这一价值主体来说，绝对的、具有"元价值"的价值事物就是人自身。作为"最高本质"的"人"既是价值对象，又是价值目的。人是什么，这是一个开放的过程，人是按照理想的"人"这一价值目标来界定现实的人是什么的。

"人是人的最高本质"引出了马克思价值观的"绝对命令"。"对宗教的批判最后归结为人是人的最高本质这样一个学说，从而也归结为这样的绝对命令：必须推翻那些使人成为被侮辱、被奴役、被遗弃和被蔑视的东西的一切关系，一个法国人对草拟中的养犬税发出的呼声，再恰当不过地刻画了这种关系，他说：'可怜的狗啊！人家要把你们当人看哪！'"③显然，马克思的"绝对命令"包含尊严、自由等内涵。R. G. 佩弗解释道："尽管马克思不是一个道德哲学家，也从未试图构建一套系统的道德理论，但从这些评论中——至少在他思想发展的早期阶段——能够清楚地看到，他有自己的道德思想，并且这些思想从根本上说是基于固有的人类尊严或价值概念而非人类欲望的满足之上的。至少从这个

---

① 《马克思恩格斯全集》（第 3 卷），人民出版社，2002，第 214 页。
② 《马克思恩格斯全集》（第 3 卷），人民出版社，2002，第 207 页。
③ 《马克思恩格斯全集》（第 3 卷），人民出版社，2002，第 208 页。

方面来说，这些思想应该被归类为'义务论'，与功利主义相反。"①

综观《〈黑格尔法哲学批判〉导言》，马克思对"人"的价值理解包含了幸福、自由、权利、公正等内涵。马克思要求实现的人的价值是：现实的"满足整个的人"。②满足整个的人就是"要求人民的现实幸福"。③马克思在这篇文章中肯定了自由的价值。"当旧制度还是有史以来就存在的世界权力，自由反而是个人突然产生的想法的时候，简言之，当旧制度本身还相信而且也应当相信自己的合理性的时候，它的历史是悲剧性的。"④马克思渴望未来的历史出现更好的社会制度，在这一制度下，自由不再是个人突然产生的想法。在马克思心目中，历史已经发展到了这样一个阶段。这就是无产者担当起解放者的角色，并且从社会自由这一前提进行创造性的社会改造。马克思以法国为例进行了说明："解放者的角色在戏剧性的运动中依次由法国人民的各个不同阶级担任，直到最后由这样一个阶级担任，这个阶级在实现社会自由时，已不再以在人之外的但仍然由人类社会造成的一定条件为前提，而是从社会自由这一前提出发，创造人类存在的一切条件。"⑤马克思思想中包含公正和权利的价值。在马克思心目中，无产者登上历史舞台说明实现普遍的公正和"人的权利"实现的时代已经来临了，"因为威胁着这个领域的不是特殊的不公正，而是一般的不公正，它不能再求助于历史的权利，而只能求助于人的权利"。⑥

马克思所追求的"人的价值"不是利己主义的，相反是要超越利己主义的价值观。马克思批评了德国的利己主义，认为利己主义束缚了德国人。"德国的道德和忠诚——不仅是个别人的而且也是各个阶级的道德和忠诚——的基础，反而是有节制的利己主义；这种利己主义表现出

① 〔美〕R. G. 佩弗：《马克思主义、道德与社会正义》，吕梁山、李旸、周洪军译，高等教育出版社，2010，第49页。
② 《马克思恩格斯全集》（第3卷），人民出版社，2002，第207页。
③ 《马克思恩格斯全集》（第3卷），人民出版社，2002，第200页。
④ 《马克思恩格斯全集》（第3卷），人民出版社，2002，第203页。
⑤ 《马克思恩格斯全集》（第3卷），人民出版社，2002，第212页。
⑥ 《马克思恩格斯全集》（第3卷），人民出版社，2002，第213页。

自己的狭隘性，并用这种狭隘性来束缚自己。"①

马克思的"绝对命令"本身就包含着价值批判的视野。作为人的最高本质的"人"作为一种理想的价值批判显存的人的价值。不过，马克思把作为人的最高本质的"人"看成具有历史合理性的，必然实现的。现存的人和作为人的最高本质的"人"之间形成一种价值反思和价值批判的关系。批判构成了由"奴役"到"解放"之路。马克思很痛恨人的被奴役的状态。他嘲讽道："甚至他们还必须承认和首肯自己之被支配、被统治、被占有全是上天的恩准！"②马克思的价值理想是"人的解放"。③

二者之间构成了一种价值批判的关系。马克思的《〈黑格尔法哲学批判〉导言》高扬了批判的意义。批判包括物质批判和理论批判，后者是"批判的武器"，前者是"武器的批判"。④马克思提到了多种批判的形式，如天国的批判、尘世的批判、宗教的批判、法的批判、政治的批判。马克思指出，批判是一种手段，它的主要情感是愤怒，主要工作是揭露。马克思的价值批判集中在人的价值方面，"一旦现代的政治社会现实本身受到批判，即批判一旦提高到真正的人的问题，批判就超出了德国现状"。⑤价值批判需要提高到真正人的问题，在马克思心目中就是要提高到科学的社会历史观的水平上。

在马克思的心目中，要实现人的价值需要提高人的理性能力，因为只有这样才能进行价值反思和价值批判，人才能认识到自己的真实处境，并力求超越显存的价值状态。也就是"使人能够作为不抱幻想而具有理智的人来思考，来行动，来建立自己的现实；使他能够围绕着自身和自己现实的太阳转动"。⑥为此"应当让受现实压迫的人意识到压迫"。⑦

---

① 《马克思恩格斯全集》（第3卷），人民出版社，2002，第211页。
② 《马克思恩格斯全集》（第3卷），人民出版社，2002，第202页。
③ 《马克思恩格斯全集》（第3卷），人民出版社，2002，第214页。
④ 《马克思恩格斯全集》（第3卷），人民出版社，2002，第207页。
⑤ 《马克思恩格斯全集》（第3卷），人民出版社，2002，第204页。
⑥ 《马克思恩格斯全集》（第3卷），人民出版社，2002，第200页。
⑦ 《马克思恩格斯全集》（第3卷），人民出版社，2002，第203页。

三　人的价值的社会历史视野

马克思关于人的价值的理解虽然具有一定的价值理想的性质，不过并不完全等同于人本主义哲学关于人的价值的理解。作为人的最高本质的"人"不单纯是一个理论上的设定，不单纯是一个价值理想，而是马克思通过对社会历史的考察得出的有历史合理性的价值。马克思的价值批判不单纯是一种道德的批判，理论的批判，而是一种社会历史批判。马克思也有从"人的完全丧失"到"人的完全恢复"类似人本主义哲学的思维逻辑进程。不过，马克思是就无产阶级来谈的。"人的完全恢复"被马克思理解成一个社会历史过程。马克思是结合无产阶级的命运来谈论的。如何理解"人"，马克思认为，不应该像费尔巴哈那样，抽象地理解这个人，而应该把人理解成，人就是人生存的世界，而人生存的世界主要就是国家和社会。马克思指出："人不是抽象的蛰居于世界之外的存在物。人就是人的世界，就是国家，社会。"①

人的世界是一个社会历史过程。在这个文本当中，虽然马克思没有明确地讲社会形态理论，但实际上马克思在论述人类解放以及德国解放的问题的时候，是有一个社会历史观基础的，这个基础大致上是符合后来所说的封建主义、资本主义和社会主义的这条线索的。作为人的最高本质的人的问题的提出是社会历史发展的结果。马克思说："当诸侯同君王斗争，官僚同贵族斗争，资产者同所有这些人斗争的时候，无产者已经开始了反对资产者的斗争。"②无产者反对资产者的斗争是"人的解放"运动。这个解放的头脑是哲学，它的心脏是无产阶级。"无产阶级宣告迄今为止的世界制度的解体，只不过是揭示自己本身的存在的秘密，因为它就是这个世界制度的实际解体。"③

---

① 《马克思恩格斯全集》（第 3 卷），人民出版社，2002，第 199 页。
② 《马克思恩格斯全集》（第 3 卷），人民出版社，2002，第 212 页。
③ 《马克思恩格斯全集》（第 3 卷），人民出版社，2002，第 213 页。

资产者同官僚、贵族等的斗争是资本主义反对封建主义的斗争，马克思在《〈黑格尔法哲学批判〉导言》中理解为"政治解放"。对政治解放，马克思有一个定义："部分的纯政治的革命的基础是什么呢？就是市民社会的一部分解放自己，取得普遍统治，就是一定的阶级从自己的特殊地位出发，从事社会的普遍解放。"①资产者同贵族的斗争集中表现为财产收归俗用。马克思当时认为现代社会的主要问题之一是财富领域与政治领域的关系问题。"工业以至于整个财富领域对政治领域的关系，是现代主要问题之一。"②马克思从二者的关系来判断英、法和德国的社会发展阶段。在马克思看来，当时在法国和英国财产领域的代表资产者取得了对政治领域的代表贵族的胜利，到了要消灭已经发展到终极的垄断的时候。而在德国财富领域的解放还没有突破政治的界限，德国的发展没有超出政治的发展，就是说，政治的发展落后了，限制了经济领域的发展。从历史发展阶段上来看德国，德国混杂了封建主义和资本主义的内容，德国人的解放不应该是那种一般地像资产阶级反对封建主义的那种解放，那种解放在历史进程当中已经是落后的事了，那个历史进程在别的国家已经完成了，德国不应该再重复已经被别人完成的那个历史进程了，德国的解放应该是人的解放。在马克思看来，"对当代德国政治状况作斗争就是对现代各国的过去作斗争"。③马克思赋予人的价值的实现以历史的考察，使他超越了人本主义哲学的思路。

马克思所追求的人的价值具有现实性、整体性、普遍性。这表现为马克思从社会结构的多个层面来看待现实的人的满足。人的价值是什么呢？在马克思的心目中，可以从哲学等思想形式中去发现现实生活中人的价值应该是什么。因为人的本质往往在思想中以一种理论的或者幻想的形式实现出来。"德国人那种置现实的人于不顾的关于现代国家的思想形象之所以可能产生，也只是因为现代国家本身置现实的人于不顾，

---

① 《马克思恩格斯全集》（第3卷），人民出版社，2002，第210页。
② 《马克思恩格斯全集》（第3卷），人民出版社，2002，第204页。
③ 《马克思恩格斯全集》（第3卷），人民出版社，2002，第203页。

或者只凭虚构的方式满足整个的人。"①从社会结构的层面来看，人的解放的程度表现为社会不同层面的解放以及社会不同层面的关系。在马克思看来，在当时的历史进程中，个人的思想性存在获得了宗教解放，个人的财富性的社会存在取得了资本主义式的解放，政治存在获得了资本主义的政治解放，但人还没有获得全面的解放，人还没有作为整体的人获得普遍性的解放。这个历史任务落到了无产阶级身上。当马克思说人就是人的世界的时候，就把个人与社会的不同层面对应起来了，如精神存在层面、经济存在层面、政治存在层面，人的价值的实现需要社会各个领域的解放，并最终归结为个人和各领域的和谐关系，也就是人的类本质的实现和解放。

《〈黑格尔法哲学批判〉导言》的价值观不是孤立的，与后来马克思的价值观具有一定的承接关系。马克思的很多论述和后来的一些基本的论述是一脉相承的。还有从对人的论述的这种思维方法上来看，他认为人就是人的国家、人的社会，结合这个社会历史来论述人的价值和人的解放问题使马克思和费尔巴哈之间出现了重大的在思维上的差异，不能简单地把它理解成费尔巴哈的思想的一种翻版。从这个意义上来讲，这时候马克思的思想实际上已经是马克思主义的了。把握《〈黑格尔法哲学批判〉导言》的价值观有助于理解马克思价值观的形成和发展进程。

---

① 《马克思恩格斯全集》（第 3 卷），人民出版社，2002，第 207 页。

马克思主义价值观的当代中国认知[*]

涂用凯　杨　菁[**]

（湖北大学高等人文研究院　湖北大学政法与公共管理学院）

【摘　要】　价值观是人类社会发展的精神内核，深深地影响着人类社会
的发展，但在当代中国，由于改革开放带来的物质冲击和西方文化、
中国传统文化的影响，马克思主义价值观受到了较大的冲击，并深
深地影响着中国社会的发展。所以必须对马克思主义价值观进行正
确的认知，一方面要结合中国的社会性质和发展程度来进行认识，
另一方面要从马克思主义价值观对于当代中国的功能进行认识。

【关键词】　马克思主义价值观　当代中国　功能

价值观来源于社会实践，同时也是社会发展的精神内核，影响着社
会发展的方向、性质以及现实实践。中国是社会主义国家，马克思主义
是中国特色社会主义的指导思想，因此中国特色社会主义需要马克思主
义价值观的指导。

---

  * 本文为涂用凯主持的国家社会科学基金项目"马克思主义的价值观与社会民主主义的普世
价值评析"（09CKS019）和湖北大学高等人文研究院"农村文化建设中的马克思主义价值
观教育研究"的阶段性成果。

** 涂用凯（1977~），湖北红安人，湖北大学马克思主义学院、高等人文研究院副教授、博
士，主要从事科学社会主义与国际共产主义运动、政治学的研究。杨菁，湖北大学政法与
公共管理学院研究生，主要研究方向为政治学。

一　价值观是社会发展的精神内核

在人类社会发展过程中，物质建设是现实基础，而文化建设则是思想动力。尤其是随着社会的发展，作为软实力的文化已经成为现代化建设的重要内容和国家综合国力的体现，文化发挥着越来越重要的作用。而在文化体系中，最高层次和最核心的内容是价值观。文化为价值观提供基础和前提，文化是价值观的展现，而一定的文化又凝聚成为一定的价值观，文化的社会作用最主要的是价值观的作用，价值观直接影响着文化的性质、发展方向、具体内容和社会影响以及现实建设，如果说文化是社会发展的灵魂，那么价值观则是文化的内核。

价值观不仅是文化的内核，引导着文化的发展，而且直接或间接地影响着社会现实的发展。对于个人而言，价值观渗透于个人意识之中，深刻地影响着个人的动机、需要和意愿，帮助个人做出价值判断，形成价值取向和价值目标，并影响和规范个体的现实行为；对于社会而言，价值观是社会发展的内在动力，能够对未来社会的发展提供设计和导向功能，指引、规划和转化为现实的一系列社会制度与体制，同时能够凝聚、整合和调节个体的价值观，使个体的价值观与社会价值观相协调或一致。

纵观人类历史的发展，价值观不仅是历史和现实的产物，同时反作用于人类的历史和现实，推动着人类历史的发展。西方社会发展过程中古希腊的以幸福主义为核心的价值观、中世纪以上帝为轴心的价值观都深深影响着当时社会的发展。及至近代，资本主义空前发展，尽管有商品经济的物质支撑，但文化的作用同样不容忽视，资本主义文艺复兴运动的"个人主义"旗帜及"民主、自由、博爱"的宣言对资本主义的发展提供了文化支撑。通过这些价值观的指引，资本主义建立了现代的经济体制、政治体制和社会机制，这些体制和机制又指引着资本主义现实的空前发展。而在中国历史发展过程中，西周的天命、礼等价值观支撑着中国古代社会的宗法制度与宗法观念，也奠定了中国古代专制社会的文化基础；自汉武帝之后，以仁爱、诚信、天人合一为核心价值观的儒家思想影响着中国封建社会的发展，不仅形成了封建社会的主流文化，同时引导和规范着中国封建社会千年的历史；近代中国社会不仅是充斥战争与革命的现实动荡时期，同时也是各种文化及其价值观激烈碰撞的思想动荡时期。在这一时期，儒家价值观、资本主义价值观、马克思主义价值观共同存在，激烈交锋，当然最终马克思主义及其价值观引领中国革命取得了成功。新中国成立之后，我们确立了马克思主义的指导思想，并以马克思主义价值观引导、整合、凝聚与规范着各种价值观、文化和现实建设，推动着中国社会的发展。

二 马克思主义价值观在当代中国遭受的冲击

马克思主义是中国特色社会主义的指导思想，马克思主义价值观是中国特色社会主义必须坚持的价值观。但当前中国正处于经济全球化、政治复杂化、思想多元化的世情和在社会主义初级阶段进行改革开放的国情中，经济建设中市场经济的确立与发展、所有制与分配制度的变革，政治建设中民主建设特别是基层民主的推进，社会建设中社会领域的快速发展、社会权利的扩大，导致了现实利益格局的深刻调整、社会结构的深刻变动，并直接影响着文化的发展。与此同时，西方文化的影响、中国传统文化的复原使中国思想文化的交融与争锋日益频繁，思想认识更加独立和多元，网络文化、草根文化、世俗文化等各种亚文化层出不穷，文化发展表面上呈现出多元化、百花齐放、欣欣向荣的局面，但实际上文化的深度和品位在失去，文化的价值和意义在淡化和被忽视，文化破碎、文化张扬、文化复古、文化拿来主义等问题不断浮现。

物质利益和文化发展的多元及其问题带来了价值观的多样化和差异性，同时影响着人们对于自由、公正、平等、民主等价值的认知和判断，并导致了价值观选择的困惑与迷茫、价值观树立的偏差甚至是错误，而作为主流的马克思主义价值观则受到了很大的冲击。

对马克思主义价值观带来冲击的主要是西方价值观。西方价值观不仅影响着西方社会的发展，同时被世界其他国家所学习和借鉴、效仿，并且西方发达国家通过文化霸权主义强化了其价值观的全球普世化推广。对于中国而言，中国现代化进程中经济、政治、文化、社会方面的变革与发展成为西方价值观进入和影响中国社会的现实依托，深深地影响着中国民众的价值认知、判断与选择、确立，如市场经济变革导致的唯物质主义、功利主义等思想，民主政治推进衍生的自由主义、多元主义等倾向。而思想领域的开放更为西方价值观的进入提供了宽松便利的文化环境。西方价值观不仅影响着中国人的思维观念，同时影响着人们的现实行为，个人化、功利化、物质化、自由化、多元化等思想带来了一系列的社会问题，如注重物质利益而忽视精神需要，注重个人利益而忽视共同利益，注重经济效率而忽视社会公平，等等。

中国传统文化也影响和冲击着马克思主义价值观。中国传统文化是在中国数千年历史发展中积累与沉淀的，在这些文化中既有一些我们当前能够借鉴和发展的文化，如和谐、仁爱、自强、忠孝等，但也存在一些与正在进行现代化发展的社会主义中国不相容的内容，如家长本位的文化、权力本位的文化、平均本位的文化等，这些文化带来了对于权威的屈从、对于权力的渴求、对于平等的误解等思维理念和社会现实，也冲击着人们对于马克思主义自由、公正、平等、民主等价值观的认知和树立。

三　马克思主义价值观的当代中国认知

马克思主义价值观在当前受到西方文化、中国传统文化的冲击，不仅影响着人们对价值观的认知、判断、选择和确立，也影响着中国社会的发展，所以必须对马克思主义价值观及其中国功能进行正确的认知。

（一）中国的社会性质和发展程度需要马克思主义价值观

从社会性质来看，中国是社会主义国家，必须遵从社会主义的性质，以马克思主义价值观作为指导。"社会主义"一词源于古代拉丁文 Socia-

lis，原意为"同伴""善于社交"等。社会主义一开始就是作为一种与
个人主义价值观相对应的价值观、价值追求而产生的。从 16 世纪初的空
想社会主义思想家提出的社会主义思想到 19 世纪 20～30 年代社会主义
的思潮、制度、运动都蕴涵了与建立在私有制基础上以"个人主义"为
基础的剥削社会不同的价值追求，即公平、平等、整体等内容。但这一
时期的社会主义是普遍意义上的社会主义，即凡是反对资本主义、追求
理想社会的思想都可以被称或自称为社会主义，以至于马克思曾有意识
地将社会主义与共产主义进行区分，以便表明社会主义与共产主义在阶
级主体、思想内涵、价值追求上的不同。但不可否认的是，正是从社会
主义的本质内涵出发，在借鉴和发展空想社会主义思想家的社会主义思
想和批判资本主义特别是其价值观念的基础上，马克思、恩格斯在历史
唯物主义范畴中逐渐建立了科学社会主义的价值观念：其从人类历史发
展的逻辑演变、社会主义的本质规定、人类的共同理想等方面出发，针
对阶级社会特别是资本主义社会的弊端，提出了"代替那存在着阶级和
阶级对立的资产阶级旧社会的，将是这样一个联合体，在那里，每个人
的自由发展是一切人自由发展的条件"①的观点。这一历史唯物主义的逻
辑归结不仅是马克思主义对人类社会发展最终状态的概括，也是对未来
社会价值诉求的核心观念，是科学社会主义的终极价值和核心价值。这
一价值表述从个人能力、个人需求、人的自由个性、人与社会的关系等
方面的自由全面充分发展来展开，在此基础上衍生了科学社会主义的价
值追求，如自由、平等、民主、公正等。在这些价值追求的指导下又产
生了各种制度设计。尽管这些价值观念与资本主义的价值观念有些词语
表达是相同的，使人产生了二者拥有共同追求甚至是普世化的错觉，但
作为社会主义价值的这些词语的内涵是建立在历史唯物主义基础之上的，
具有历史性、社会性、具体性、阶级性、相对性等特征，由此这些价值
追求与建立在唯心主义基础上具有抽象性的资本主义的价值追求便有了
截然不同的内涵和意义。其价值观的现实体现也与资本主义不同，如社

---

① 《马克思恩格斯选集》（第 1 卷），人民出版社，1995，第 294 页。

会主义公有制、按劳分配的分配制度、计划经济的经济运行方式和民主政治,与资本主义的私有制、按要素分配的分配制度、市场经济的经济运行方式和相应的政治体制有着明显的区别。

以马克思主义为指导的中国社会主义从革命之初就将共产主义作为理想追求,寻求中华民族的伟大复兴,并在新中国成立后按照科学社会主义思想特别是社会主义的价值追求逐渐建立了社会主义制度,如公有制、民主体制、马克思主义的意识形态等,在改革开放后又发展了马克思主义,结合中国现实提出了一系列中国特色社会主义理论,如社会主义本质理论、社会主义初级阶段理论、社会主义改革开放理论、社会主义市场经济理论、依法治国、政治文明、生态文明、中国梦等,并在这些理论指导下进行中国特色社会主义建设,这些理论和建设包含和体现着马克思主义关于自由、平等、民主、公正等的价值诉求,也是我们树立正确价值观的基础。

从发展程度来看,中国是发展中国家,处于社会主义初级阶段,尽管中国经济总量已达世界第二、年均发展速度为世界第一,创造了令世人瞩目的成就,但这并不能完全表明中国的发展程度,而人均 GDP 排世界第 90 多名、1.26 亿的贫困人口才是中国发展的现实。当前中国的社会发展程度远远没有达到马克思主义所讲的生产力高度发达的程度,从历史的角度来看一方面源于中国社会主义是建立在封建主义基础之上的,没有经历资本主义充分发展的阶段,而资本主义是人类社会生产力空前发展的阶段,马克思曾指出"资产阶级在它的不到一百年的阶级统治中所创造的生产力比过去一切时代所创造的全部生产力还要多,还要大";另一方面,中国社会主义是在近代一百多年的战争与革命的过程中建立起来的,历史的原因导致了中国的贫穷与落后,而中国又是世界上人口最多的国家,自然资源和社会资源极其贫乏,这些因素影响着中国社会主义的基础,也影响着中国社会的发展,导致中国生产力发展程度的低下和不平衡,马克思主义价值观所追求的自由、民主、平等等所需的现实基础远远不足。而要发展生产力,促进中国社会的发展,实践马克思主义的价值观,就必须改革当前的经济基础和上层建筑,这不可避免地会导致一系列的问题,如先富与共富的矛盾、效率与公平的矛盾、民主体制的不完善、法治建设的不健全等。这些社会问题是发展程度相对较低的社会主义初级阶段的必然产物,也更要求我们用马克思主义的价值观来认识、解决这些问题及其带来的思想困惑。

(二) 马克思主义价值观在当代中国的功能

马克思主义是中国特色社会主义的指导思想,马克思主义价值观对于中国特色社会主义建设有着理论功能和现实功能。

从理论功能方面来看,马克思主义价值观是中国特色社会主义理论的灵魂内核、理论基础和逻辑归结,指引着中国特色社会主义文化的发展,能够帮助我们形成有利于社会主义现代化建设的共同理想、精神动力和道德规范,将个人利益、民族利益和国家利益有机地融合在一起,共同致力于中国梦的建设。而且当前我们正在进行中国特色社会主义核心价值观的探讨,马克思主义价值观无疑是中国特色社会主义核心价值观的理论基础和指导思想。

从现实功能方面来看,马克思主义价值观指导着现实中国特色社会主义的实践。首先马克思主义价值观具有甄别作用。当前中国社会由于社会发展的多样性和开放性形成了价值观的多元化,西方价值观、中国传统价值观和马克思主义价值观并存,面对众多价值观,坚持马克思主义理论和方法,以马克思主义价值观作为指导和评判标准是我们判断、选择和确立正确价值观的有力武器,可以甄别各种价值观的正确与否,同时也能够有效抵御错误思潮、错误价值观的侵蚀。

另外,马克思主义价值观具有整合作用。价值观的多元化是社会发展多样化的思想表现,是一种社会的进步,但价值观的多元化极易带来价值观的无序与失范,影响社会的稳定,所以在价值观多样发展中还需要主导价值观的引导和规范,而马克思主义的科学性和中国的社会性质、发展程度决定了我们应该坚持马克思主义的价值观,并通过马克思主义价值观引导、凝聚、整合和调节中国社会发展过程中的各种价值诉求,指导民众借鉴和吸收其他价值观中的合理部分,自觉抵制其他价值观的错误部分，同时将个人价值观与社会价值观、国家价值观有机结合，形成凝聚力和向心力，形成有利于中国特色社会主义发展的共同理想、信念和信仰。

最后，马克思主义价值观具有规范作用。马克思主义是中国特色社会主义建设的指导思想，指引、规划并规范着中国社会的总体发展，并在国家与社会发展过程中通过价值观本身及其指导下的法律、道德、制度等内容规范着社会成员的各种行为。

专题论坛

论先秦道家对经营之道的启迪

宋志明[*]

（中国人民大学哲学院）

【摘　要】　经营者以道为经营理念，掌握经营的门道，可以进入"由
　　　　　技进于道"的完美境界。道家提供的价值共识，有助于创造相互尊
　　　　　重的氛围，消解攀比心理，增强团队的凝聚力。道家的辩证法思想
　　　　　有助于经营者把握适度管理原则。

【关键词】　道家　经营理念　团队意识　适度管理

　　"经营"一词在古典文献中就出现了，有规划、开发、管理等意思。
《诗经·小雅·北山》有这样的诗句："旅（膂）力方刚，经营四方。"[①]
"管理"一词是外来语，在古汉语中原本没有。我不喜欢"管理"这个
词，比较喜欢"经营"这个词。在管理话语中，管理者与被管理者似乎
构成对立关系，被管理者只是个服从的角色，完全处在被动状态。在经
营话语中，管理者与被管理者同舟共济，结成一个团队，大家都是参与
者，都是团队中的一员。

　　道家讲的并不是经营学，但不妨碍我们从经营学的角度解读道家的

---

　　[*]　宋志明（1947~），男，吉林省吉林市人，中国人民大学哲学院教授、博士生导师，主要
　　　从事中国哲学史研究。
　　[①]　宋元人注《四书五经》（中册），天津古籍书店，1988，第102页。

学说，从中获得启迪。我觉得，经营者从道家学说中获得的启迪，至少有以下三点。

一　以道为经营理念，追求完美境界

道家所说的"道"，是关于宇宙、社会、人生最一般规律的哲学抽象。不过，道家并非把道停留在抽象的层面，而是主张将其落实到具体操作层面。把道落实到操作层面，叫作道化为技。反过来说，就叫作以技进于道。庄子编了一则"庖丁解牛"的寓言，讲的就是这个道理。有一个特别擅长剔牛肉的师傅，他的刀使用了十几年，还跟刚磨完一样锋利。为什么会这样呢？是因为他剔牛肉已经达到"目无全牛"的高度熟练的程度。他的刀在牛肉与牛骨之间的缝隙中游刃有余，从未碰到骨头上，当然不会卷刃。对于庖丁来说，解牛不是艰苦的劳动，而是体味道的过程，甚至可以说是一种享受。他解牛完毕，"提刀而立，……踌躇满志"。在这则寓言中，庄子留下了三个成语：目无全牛、游刃有余、踌躇满志。这则寓言生动而深刻地表达了主观能动性（人道）与客观规律性（天道）相统一的思想。同老子一样，庄子也不把"道"看成认识的对象，并且进一步深化了老子的思想。老子主张在体验中实现"与道合一"，庄子进而主张在实践中实现"与道合一"，找到了由"技"进于"道"的路径。"运斤成风"的匠人，是一位得道之人；长于解牛的庖丁，也是一位得道之人。庄子主张在实践中去体会道，领悟道，把握道，遵循道，反映出中国人做学问重行的特色。他不重视理论上的表述，而是特别重视实践技能的修炼。在他笔下，庖丁有高超的解牛技巧，但他不会编一本《牛体解剖学》，供其他庖丁来学习。庖丁拥有的技中之道，只可意会，不可言传。别的庖丁需要的是"悟道"，而不是"学技"。俗话说："行家看门道，外行看热闹。""门道"是自己琢磨出来的，不是从别人那里学来的。在这则寓言中庄子实际塑造了两种人格形象。一种是正面形象，是那位善于解牛的庖丁；一种是反面形象，是那位不善于解牛的庖丁，拿刀乱砍，非但没有把牛肉解下来，反倒把刀砍卷刃了。

前者是庄子赞扬的得道的高人，后者是庄子嘲笑的疏离于道的俗人。

庖丁解牛，是一种"技"；经营者搞经营，也是一种技。庖丁以道为解牛理念，掌握了解牛的门道，以技进于道；经营者也可以以道为经营理念，掌握经营的门道，进入"由技进于道"的完美境界。看一个经营者是否树立了道的经营理念，首先看他是否把握了"无为而无不为"的经营策略。对于老子所说的"无为而无不为"，我们应当做同情的理解。无为不等于什么事情都不做。一个经营者什么事情也不做，那怎么能行呢？无为的意思是遵道而为，而不是背道而为。那位善于解牛的庖丁，所做的事情，就是无为；那位不善于解牛的庖丁，所做的事情，就是有为。用现在的话说，所谓有为就是不尊重客观规律，全凭主观意愿蛮干。庄子用"鲁王养鸟"的寓言，嘲笑这种有为的人。有一天，鲁国的城郊飞来了一只海鸟。鲁王以为是神鸟，就派人把它捉来，打算放在庙堂里供养。他吩咐乐工演奏宫廷最美妙的音乐给海鸟听，吩咐厨工用最丰盛的筵席给海鸟吃。不到三天，把一只好端端的海鸟，活活折腾死了。鲁王想当然地按伺候人的方式养鸟，完全违背养鸟的客观规律，海鸟焉能不死？搞经营也是一样，必须按客观规律办事，说内行话，办内行事，才有成功的可能；否则，只会导致失败。有句谚语说："有心栽花花不活，无意插柳柳成荫。"我觉得这是对"无为而无不为"的最好诠释。"有心栽花"，这是"有为"，也就是出于主观意愿而不顾客观规律胡乱栽花；由于栽的不是地方，管理也不当，结果事与愿违。"无意插柳"，这就是"无为"，由于排除了主观意愿的干扰，符合客观规律，枝条插的是地点，竟收到意想不到的效果。这就是"无不为"。

看一个经营者是否树立了道的经营理念，还要看他是否养成了处变不惊的心态。经营一个企业或者一个公司，不可能总是一帆风顺，难免遇到挫折，落入低谷。在处于逆境的时候，道家的智慧对经营者无疑是最有帮助的。道家哲学告诉我，困难是暂时的，一切都会过去。逆境与顺境没有截然的界限。顺境可以转化为逆境，逆境也可以转化为顺境。《淮南子·人间训》中有一则"塞翁失马"的故事，讲的就是这个道理。在靠近边境一带居住的人当中，有一位老人家的马跑丢了，跑到了境外胡人的住地。邻居以为老人会因为丢失马而难过，纷纷来安慰他。可是老人并不为丢马而难过，他对大家说："这怎么就不能变成一件好事呢？"果然，过了几个月之后，那匹马竟带着胡人的良马回来了，坏事变为好事。邻居们又前来祝贺，老人却说："这怎么就不能变成一件坏事呢？"不幸被他言中：他的儿子喜欢骑马，结果从胡人的烈马上掉下来，摔断大腿骨，落下残疾，好事又变成了坏事。面对前来安慰他们一家的邻居，老人却说："这怎么就不能变成一件好事呢？"时过一年，胡人大举入侵，壮年男子都被征兵参战，绝大部分人死于战场。唯独他的儿子，因为腿瘸，免于征战，竟保全了生命，坏事又变成了好事。经营者应当学习塞翁的淡定精神，有一颗"大心脏"，掌握关于顺与逆、得与失、祸与福、成与败之间的辩证法。我们从史玉柱大起大落的经历中，可以验证这种"道"的辩证法。史玉柱从一无所有到亿万富翁，可以说是成功者；可是，他从亿万富翁，一下子跌落到一无所有，乃至负债累累，不能说他不是失败者。然而，他并没有倒下，再一次从一无所有起步，凭着脑白金、黄金搭档等产品的畅销，东山再起，再创辉煌，又成为亿万富翁。他之所以能创造出中国乃至全球经济史上绝无仅有的传奇故事，恐怕同他所处的中国文化背景有关，同道家的思想熏陶有关。

二 以道为价值共识，培育团队意识

经营者要想有效地管理自己的团队，必须找到一种观念，在员工之间建立起价值共识，凝聚成一个团体。道家提供了这样的观念，那就是道。这是一种精神意义上的纽带，而不是情感意义上的纽带。按照道家的价值观，"人法地，地法天，天法道，道法自然"（《老子》第二十五章）。[1]道是终极的价值源头，不能再追溯了。在道家价值观中，没有给上帝预留位置。道家认为，人生的价值，就在于人可以成为道的自觉的体现者，但并不是每个人都是自觉的体现者。能够自觉体现道的人，叫

---

① 朱谦之：《老子校释》，中华书局，1984，第 103 页。

作圣人，或者叫作至人、神人，具有正价值；不能自觉体现道的人，没有正价值，只有负价值。道家的价值诉求是超凡脱俗。不过，在成为圣人这一点上，人人平等，大家都有机会。每个人可以成为道的体现者，没有高低贵贱之分。庄子在《齐物论》中塑造了两种鸟的形象，一种是大鹏，一种是小鸟。大鹏展翅，扶摇直上九万里，惊天动地，气势非凡，体现出道的恢宏，不能不令人赞叹。小鸟只能飞到树梢，旋即落到地上，也体现出道的灵巧。人们大可不必赞美大鹏，嘲笑小鸟，因为在体现道这一点上，大鹏与小鸟是等值的，并没有可比性。从道的角度看，大鹏与小鸟各得其所，无高下之分，可以等量齐观，这就叫"齐物论"。经营者可以把庄子的"齐物论"学说，应用于自己的管理实践。在任何一个团队中，每个人的能力，有大有小，不可能完全一样。但是，这不影响每个人都做一个求道者。如果每个员工都抱着这种心态，团体的运转肯定不成问题，分工协作肯定不成问题。管理一个团队，当然要创造人尽其才、人尽其力的氛围，鼓励多劳多得，分配拉开档次，但这只是管理的一个方面。管理的另一个方面则是创造相互尊重的氛围，消解攀比心理，增强团队的凝聚力。道家对经营者的启迪，恐怕在后一个方面。在团体中倡导求道意识，可以使每个员工都找到价值实现感，有利于增强团队的凝聚力。

庄子主张"以道观物"，其实是要求人们树立大我观念；反对"以我观物"，其实是要求人们破除小我观念。庄子主张"不谴是非"，其实是要求人们以宽容的心态相待，不要拨弄是非。他的这些观念，都有利于在团队中营造和谐、团结的氛围。

三　以道为行为准则，实行适度管理

道家反对单纯的制度化管理思想。老子对此种思想的批评是："夫礼者，忠信之薄而乱之首。"（《老子》第三十八章）[①]就制度（礼）本身

---

① 朱谦之：《老子校释》，中华书局，1984，第 152 页。

而言，它仅仅是一种工具。如果这种工具没有建立在道的基础之上，只是单纯的运用，将会带来消极效应，造成伪善的人格，腐蚀真实的道德理念，甚至导致社会的动乱。所以，老子视之为"乱之首"。庄子也反对单纯的制度化管理思想。他编写了两则寓言，嘲讽迷信单纯制度化管理的人。一则寓言是"窃钩盗国"。有人偷了别人的腰带钩，大家把他看成贼；可是，有人竟然把别人的整个国家都偷来了，非但没有人把他当成贼，反而容忍他堂而皇之地做起诸侯来。这是什么缘故呢？因为他把制度化管理的工具也一块偷来了，并且用这套工具掩饰了窃国行为。例如，齐国原本是姜子牙的封地，可是田成子（或称陈成子）发动政变，取代姜氏，竟坐上了齐国诸侯的位子。另一则寓言是"盗亦有道"。儒家讲的仁义之教，如果作为一种制度化管理方式，连强盗头子都会使用。比如，他先得选择抢劫的对象，这就是所谓"圣"；实施抢劫时，他冲在前面，这就是所谓"勇"；撤退时他走在队伍后面，这就是"义"；确定恰当的行动方案，这就是"智"；抢劫成功后，论功行赏，合理分赃，这就是"仁"。庄子由此得出结论："圣人不死，大盗不止。虽重圣人而治天下，则是重盗跖也。"（《庄子·胠箧》）①他不赞成以仁义之类的道德规范为共识，用情感纽带把人们联络在一起，结成一个团队。按照这种理念，管理者对于被管理者来说，只是遵道而行，并非施恩图报。至于被管理者对管理者，完全不必感恩戴德，因为管理者只是做了他该做的事情。老子把管理者与被管理者之间的关系，划分为四种类型："太上，不知有之；其次，亲而誉之；其次，畏之；其次，侮之。信不足焉，有不信焉。"（《老子》第十七章）②对于第一流的管理者，被管理者似乎感觉不到他的存在；对于第二流的管理者，被管理者才会心怀感激，啧啧称赞；对于第三流的管理者，被管理者心怀畏惧，敬而远之；对于第四流的管理者，被管理者痛恨不已，背地里骂他。由此可见，情感纽带并不能有效地把人联络在一起，远没有精神纽带靠谱。

---

① 陈鼓应注译《庄子今注今译》，商务印书馆，2007，第302页。
② 朱谦之：《老子校释》，中华书局，1984，第68页。

　　道家是讲辩证法的高手。老子的辩证法，是指得道之人所掌握的为人处世的方法。人应当如何应对世界和万物？就是要掌握"贵柔守雌"的方法。这是他面对复杂的现实总结出来的处世之道。在辩证法方面，老子的理论贡献主要有以下三条。第一，他发现了矛盾原则的普遍性，初步揭示了事物相反相成的辩证关系。通过对世界、社会、人生的综合考察，老子发现了一系列的对立范畴，如有无、难易、高下、前后、长短、进退、美丑、生死、刚柔、强弱、祸福、损益、贵贱、阴阳、动静、攻守、正奇等，在五千言的《老子》一书中，辩证的范畴大概有 90 对之多。他以大量的事实证明：辩证法是客观存在的，矛盾的普遍性是客观存在的。第二，他看到矛盾双方的转化关系，揭示了"反者道之动"这种否定原理。"反者，道之动；弱者，道之用。"（第四十章）①向反面转化乃是"道"自我运动的发展趋势，而柔弱则是道的功用。事物往往走向自己的反面，这符合道的运动规律。第三，他针对事物发展的具体情况，提出了"贵柔守雌"的应付原则。他主张"知其雄，守其雌；知其白，守其黑"，实行以退为进、后发制人的策略。

　　庄子把辩证法诠释为一种生存智慧。在人生实践中，会遇到这样的价值困惑：人到底应该做一个有才的人，还是做一个无才的人？或者说，人到底应该有用，还是无用？庄子给出的答案是辩证的：介乎无才与有才、有用与无用之间。他编了两则寓言，表述了这种生存辩证法。一则寓言说：有一个老汉，家里养了两只鹅，有一只会叫，有看家的才干；另一只不会叫，没有看家的才干。有一天，老汉家来了客人，需要杀鹅待客，杀哪只鹅呢？肯定是那只不会叫的鹅。这则寓言说明，无才、无用是不行的，无才、无用可能使人失去生存的机会。另一则寓言说：果树结出甜美的果子，很有才、有用，可是被人们折枝摘果，很快就被折腾死了。看来有才、有用，也并非就是好事，也可能使人失去生存的机会。与果树相反，樗木（俗称臭椿）不结果子，木质疏松，也不能做家具，木匠不会砍伐它。正因为樗木"无才"，所以长得很大，以至于大

---

　　① 朱谦之：《老子校释》，中华书局，1984，第 165 页。

得可以供一千头牛在树下纳凉。供牛群纳凉，这正是樗木的"无用之大用"。生存的辩证智慧，就在于"有用"和"无用"之间，在于"有才"和"无才"。谁能把握住这种分寸，谁就有生存的机会。倘若"无用、无才"，将会被这个世道所抛弃；而"有用、有才"，可能遭人忌恨，下场也不会好。"无用之大用"才是最明智的择则。

对于庄子讲的生存辩证法，可以从管理学的角度来诠释。一个高明的经营者，在管理自己的团队的时候，诀窍就在于把握好管与不管的分寸。你不能事事不管，那是失职；你不能事事都管，那会把人累死并且招人烦。管得太松，局面失控，那是失败；管得太紧，伤害了员工积极性，使每个人都谨小慎微，恐怕也是失败。如何在管理实践中掌握辩证智慧，这是经营者必须努力探索的大学问。

老子主张"无为而治"，我的理解，包含有三层意思。第一，低姿态。掌权者不要高高在上，盛气凌人；在下层面前，应当采取一种低姿态。举个例子来说，"江海所以能为百谷王，以其善下之，故能为百谷王"（《老子》第六十六章）。①掌权者千万不能摆架子，千万不可刚愎自用，那样做，不会有好结果，因为"强梁者不得其死"。君王应该懂得"知其雄，守其雌；知其白，守其黑"②的道理，把自己放到"寡人"的位置。老子的本意，是想让君王以寡人自谦，保持一种低姿态，没想到"称孤道寡"后来却成了君王的专称，成了实际上的高姿态。这是老子所始料不及的。第二，不扰民。老子主张"治大国若烹小鲜"，就是讲究切实可行的治国策略。他建议掌权者不要瞎折腾，应当像煎小鱼那样小心谨慎。煎小鱼时如果老是翻来翻去，非把小鱼弄得不成样子，治理国家也是如此。第三，无常心。老子主张"圣人无常心，以百姓心为心"（《老子》第十九章）。③在今天，这句话就是"以人为本"的意思。老子强调，掌权者要为百姓着想，不能只为自己着想，不能有常心、有

---

① 朱谦之：《老子校释》，中华书局，1984，第 267 页。
② 朱谦之：《老子校释》，中华书局，1984，第 112 页。
③ 朱谦之：《老子校释》，中华书局，1984，第 194 页。

私心。在重视民心、民意这一点上，儒、道两家是一致的，但各自施政方针不同。儒家要求掌权者施仁政于民，老子觉得没有必要，他的主张是："圣人不仁，以百姓为刍狗。"（《老子》第五章）①他告诫君王：千万不要以救世主自居。老子讲的是政治哲学，讲的是治国之道，但亦可以应用于经营之道。作为经营者，难道不应该放下身段、善待员工吗？难道不应该避免瞎折腾吗？难道不应该遇事多为团队着想吗？"无为而治"所包含的三层意思，可以说是对适度管理原则的透辟诠释。

① 朱谦之：《老子校释》，中华书局，1984，第22页。

老子道学智慧及其现代价值

吴成国*

（湖北大学高等人文研究院）

【摘　要】　"道"作为中国古代哲学的最高范畴，是老子哲学在中国古代哲学中具有重要地位的最显著的标志。历来对老子之"道"的诠释歧义较多，代表性的说法有"'道'是一种真实的存在""'道'是规律、法则和规范""'道'是宇宙万物之母"三说；最主要体现老子道学智慧思想的有：道生万物、道法自然、道常无为而无不为、弱者道之用、反者道之动。老子道学所蕴涵的智慧及其现代价值，仍有待有识之士开掘其精神力量。

【关键词】　老子　道学智慧　现代价值

　　老子之所以被称为道家之祖，盖源于其学说之核心为"道"。"道"作为中国古代哲学的最高范畴，是老子哲学在中国古代哲学中具有重要地位的最显著的标志。老子道学所蕴涵的智慧及其现代价值，仍有待有识之士开掘其精神力量。

---

　　* 吴成国（1964~），男，湖北大悟人，历史学博士，湖北大学高等人文研究院教授，博士生导师，湖北大学荆楚文化研究中心主任，湖北大学湖北文化发展研究中心主任。

一 "道可道，非常道"：老子之"道"辨

"道"，在中国古代使用极为广泛，就一般含义而言，它起初不是哲学概念。张智彦列举"道"的一般含义有 6 种：（1）指所行之路；（2）表示某种主张或学说；（3）指治理国家的方略；（4）具有引导、疏导的意义；（5）具有言说、谈论或讲述意义；（6）具有实行的意思。①周立升关注到从西周末年到东周初叶"道"字意义的演化：（1）"道"指"言说"；（2）"道"指政治原则；（3）"道"同"德"，指正义或公正；（4）"道"指通达和引导；（5）"道"指原理、法则或规律。②何新则说："在汉语中，'道'有四种语义：（1）天道；（2）道理；（3）道路；（4）言说（说道）。"③田文军从名词与动词两方面认识"道"："中国文字中，'道'字作名词可以表示道路、方法、方位、技术、法则、本原等，作动词则可以表示取道或行走。"④

《老子》一书中，"道"字前后出现了 73 次，⑤"道"在《老子》书中的重要性是显而易见的。把"道"提升为哲学范畴始于老子。此后，"道"不仅是老子及道家哲学的最高范畴，而且成为中国古代哲学的最高范畴，对中国传统思想文化的发展及其民族特色的形成都产生了深刻而广泛的影响和难以估量的作用。金岳霖指出："每一文化区有它底中坚思想，每一中坚思想有它底最崇高的概念，最基本的原动力。……中国思想中最崇高的概念似乎是道。所谓行道、修道、得道，都是以道为最终的目标。思想与情感两方面的最基本的原动力似乎也是道。"⑥在《老子》不同的章句里，"道"的含义不尽相同。而古今以来，人们对

① 张智彦：《老子与中国文化》，贵州人民出版社，1996，第 59 页。
② 周立升：《老子的智慧》，河北人民出版社，1997，第 23～26 页。
③ 何新：《宇宙之道——〈老子〉新考》，中国民主法制出版社，2008，"序一"第 3 页。
④ 田文军：《〈老子〉"道"论新探》，《社会科学》2011 年第 8 期。
⑤ 陈鼓应：《老子注译及评介》（修订增补本），中华书局，2009，第 13 页。
⑥ 金岳霖：《论道》，商务印书馆，1987，第 16 页。

《老子》书中"道"范畴的诠释很多，歧异也多，真可谓众说纷纭，莫衷一是。老子"道"的哲学含义以下三端尤为后世学者所关注。

（一）"道"是一种真实的存在

《老子》14章对"道"做了这样的描述："视之不见，名曰夷；听之不闻，名曰希；搏之不得，名曰微。此三者，不可致诘，故混而为一。其上不皦，其下不昧，绳绳不可名，复归于无物。是谓无状之状，无物之象，是为惚恍。迎之不见其首，随之不见其后。"①（汉）河上公注曰："无色为夷，无声为希，无形为微。"②陈鼓应注曰："'夷'、'希'、'微'：这三个名词都是用来形容感官所不能把捉的'道'。"③这就是说，"道"是看不见、听不到、摸不着的混沌体，它的形象无法用感官去把握。关于这个混沌一体的"道"，陈先生译曰："它上面不显得光亮，它下面也不显得阴暗，它绵绵不绝而不可名状，一切的运动都会还回到不见物体的状态。这是没有形状的形状，不见物体的形象，叫它做'惚恍'。迎着它，看不见它的前头；随着它却看不见它的后面。"并评说："'道'是个超验的存在体，老子用了一种特殊的方法去描述它。他将经验世界的许多概念用上，然后一一否定它们的适当性，并将经验世界的种种界限都加以突破，由此反显出'道'的深微诡秘之存在。"④

很明显，老子描写的这个"道"是实存的、没有具体形象的东西，是一个恍惚不清而又真实存在的东西。《老子》21章又说："道之为物，唯恍唯惚。惚兮恍兮，其中有象；恍兮惚兮，其中有物。窈兮冥兮，其中有精；其精甚真，其中有信。"陈鼓应译曰："'道'这个东西，是恍恍惚惚的。那样的惚惚恍恍，其中却有迹象；那样的恍恍惚惚，其中却有实物。那样的深远暗昧，其中却有精质；那样的暗昧深远，其中却是可信验的。"

① 陈鼓应：《老子注译及评介》，中华书局，2009，第113页。
② （汉）河上公注：《老子道德经》，见影印文渊阁本《四库全书》，台湾商务印书馆，1986，第1055册第54页。
③ 陈鼓应：《老子注译及评介》，中华书局，2009，第113页。
④ 陈鼓应：《老子注译及评介》，中华书局，2009，第114页、第115页。

并论曰："本章和第 14 章一样，都是描述形上之'道'的。形上之'道'，恍惚无形，但在深远暗昧之中，确是'有物'、'有象'、'有精'。'其中有象'、'其中有物'、'其中有精'，这都说明了'道'的真实存在性。"①

老子的这一"道"观念，在庄子那里得到了继承。《庄子·大宗师》亦言："夫道，有情有信，无为无形；可传而不可受，可得而不可见。自本自根，未有天地；自古以固存。神鬼神帝，生天生地。在太极之先而不为高，在六极之下而不为深，先天地生而不为久，长于上古而不为老。"②意思是说，大道是信而有征的，同时又是无为无形的；可以通过精神领悟而不能手授；可以得到却又看不见。它的基础就是自身，在天地万物尚未形成之时，自古就一直存在。它使得鬼与上帝变得有神气，产生了天与地。在太极之上还不算高，在六极下面也不算深，在天地产生之前就存在但不算久，长于上古而不算老。

老子的"道"是一种真实的存在，人们得出老子之道是某种物质实体的解说就不足为奇。从《管子》《淮南子》到张载不断出现"道"是"气""精气""元气"的观点，当代有学者认为道是"未成具体物形的气"。③也有学者则以现代物理学场论中所说的包含粒子和真空的"量子场"解道，说"老子亲身体察到的'道'，可以认为是人类迄今所能认识的最微观的物质"，"老子的'道'是极微观的构成宇宙以及生命体的原始物质"。④但是，以具体的实"物"解道亦有自己的困惑之所在：物质实体皆是可以感知的，而道则是不可感知的，这就与老子对道的这一特点的描述是相矛盾的。《周易·系辞上》孔子谓曰："形而上者谓之道，形而下者谓之器。"⑤物质实体皆为形而下者，是"器"，而不可能是"道"，这是我们把握老子的"道"时必须明确的。

---

① 陈鼓应：《老子注译及评介》，中华书局，2009，第 149 页。
② 张采民、张石川注评《〈庄子〉注评》，凤凰出版社，2007，第 73 页。
③ 孙以楷：《老子通论》，安徽大学出版社，2004，第 441 页。
④ 董作民：《老子"道"的自然科学意义》，见杨廷俊主编《老子故里论老子·道论卷》，社会科学文献出版社，2009，第 197 页、第 198 页。
⑤ 《周易·系辞上》，《周易注疏》（卷十一），见影印文渊阁本《四库全书》（第 7 册），第 544 页。

（二）"道"是规律、法则和规范

《老子》书中对作为普遍规律的"道"做了不少阐述，主要体现在老子对"天之道""人之道"的论述上。

《老子》73章："天之道，不争而善胜，不言而善应，不召而自来，繟然而善谋。"陈鼓应注"天之道"为"自然的规律"。①意思是：自然的规律，是不争攘而善于得胜，不说话而善于回应，不召唤而自动来到，宽缓而善于筹策。"天之道，其犹张弓与？高者抑之，下者举之；有余者损之，不足者补之。天之道，损有余而补不足。人之道，则不然，损不足以奉有余。孰能有余以奉天下，唯有道者。"（《老子》77章）②

《老子》14章："执古之道，以御今之有，能知古始，是谓道纪。"③这是说，只要掌握了自古相传的这个道，运用它的规律，就可以驾驭一切事物。81章："天之道，利而不害；人之道，为而不争。"④37章："道常无为而无不为。侯王若能守之，万物将自化。"⑤这是讲"人之道"即人生的准则或规范。

视老子"道"为规律者，代表人物古代有韩非子，当代有张岱年。《韩非子·解老》言："道者，万物之所然也，万理之所稽也。理者，成物之文也；道者，万物之所以成也。故曰：'道，理之者也。'……万物各异理，……而道尽……稽万物之理。"⑥张岱年则指出："此虚玄微妙有象无形的道，究竟为何？所谓道，实即究竟规律或究竟所以。……一切规律都根据于一个大规律。此大规律是究竟的、总一的规律；乃万物所共，一而不二，常而不易，可以说是普遍的规律。此普遍的规律即所谓道。"⑦

---

① 陈鼓应：《老子注译及评介》，中华书局，2012，第323页。另，《老子》9章言："功遂身退，天之道也。"此处"天之道也"，陈先生亦注曰："指自然的规律"，第90页。

② 陈鼓应：《老子注译及评介》，中华书局，2009，第334页。

③ 陈鼓应：《老子注译及评介》，中华书局，2009，第113页。

④ 陈鼓应：《老子注译及评介》，中华书局，2009，第348页。

⑤ 陈鼓应：《老子注译及评介》，中华书局，2009，第203页。

⑥ 韩非：《韩非子·解老》，见高华平等译注《韩非子》，中华书局，2010，第208页。

⑦ 张岱年：《中国哲学大纲》，中国社会科学出版社，1994，第20页。

（三）"道"是宇宙万物之母

《老子》25章曰："有物混成，先天地生。寂兮寥兮，独立而不改，周行而不殆，可以为天地母。吾不知其名，强字之曰'道'。""有物混成，先天地生"，（汉）河上公注曰："谓道无形混沌而成万物，乃在天地之前。"[①]52章云："天下有始，以为天下母。"河上公注："始有，道也。道为天下万物之母。"[②]

道是宇宙万物之母，即道具有万物本原的意义，是老子哲学中"道"的最重要、最基本的含义。这类老子之道还有："道可道，非常道。名可名，非常名。无，名天地之始；有，名万物之母。"[③]（1章）"道冲，而用之或不盈，渊兮，似万物之宗。"[④]（4章）"谷神不死，是谓玄牝。玄牝之门，是谓天地根。"[⑤]（6章）车载《论老子》说："'谷神'，是'道'的写状；不死，就道的永恒性说。'谷神不死'，是指'常道'。牝，指能够生物的东西说；玄，就总的方面说，共同的方面说，统一的方面说；玄牝，是指一切事物总的产生的地方。"[⑥]"道生一，一生二，二生三，三生万物。"[⑦]（42章）"道生之，德畜之，物形之，势成之。是以万物莫不尊道而贵德。"[⑧]（51章）在这些章节中，老子认为"道"不仅在天地形成之前就已存在，而且天地万物都是由它派生的，"道"是天地之"根"，万物之母，即天地万物产生的根源。

老子的"道"作为天地万物产生的根源，高亨名之为"宇宙之母力"。他说："老子所谓道，验《道德经》所说，道家之徒所论，其理至玄，其解至难。今反玄为朴，反难为易，而予以定义曰：道者，宇宙之

---

① （汉）河上公注《老子道德经》，见影印文渊阁本《四库全书》，第1055册第58页。
② （汉）河上公注《老子道德经》，见影印文渊阁本《四库全书》，第1055册第66页。
③ 陈鼓应：《老子注译及评介》，中华书局，2009，第53页。
④ 陈鼓应：《老子注译及评介》，中华书局，2009，第71页。
⑤ 陈鼓应：《老子注译及评介》，中华书局，2009，第80页。
⑥ 车载：《论老子》，上海人民出版社，1959，第50页。
⑦ 陈鼓应：《老子注译及评介》，中华书局，2009，第225页。
⑧ 陈鼓应：《老子注译及评介》，中华书局，2009，第254页。

母力也。"又说："道既有生育天地万物之本能，而又为无形无质无声之虚体，而又为循环运行万古不息之长动者，非一种力而何哉！余故曰：道者，宇宙之母力也。"①

更有学者视"道"为"生命力"。方尔加说："许多人把'道'解读为规律、法则，这大错特错。从（老子）对'道'的形容描绘中我们体会出：'道'就是生命力。""道"是生命力，而且是最强大的生命力。为何这样说呢？他给出了五点论据："道"具有自我更新的能力；"道"是内在的最原始的驱动力；"道"不凝固僵化；道借用无穷的力量；道具有最大的包容性。②

上述所揭老子"道"三义，仅是古今中外学者解析"道"之含义中代表性的说法，可窥老子道论、道学之一斑。《老子》81章中占1/3多的章节在论道，③这一点在荆门郭店楚简本《老子》中也得到了证明，郭店简"《老子（丙）》……都与'道'和辩证法有关，同属于宇宙论一类的主题"。④

《老子》81章中对"道"展开论述的内容如此丰富，加之其富有诗意同时简洁古奥的语言，使后世学者的解释也言异义殊。正如有论者所言："中国历代学者对道之结论是：本原、元神、法则、唯物、唯心的、反动的、虚无渺茫、乌托邦、精神的、物质的、哲学核心、太一、玄学、心斋、坐忘……；而西方说道是：禅、梵、奴斯、天神、基本粒子、上帝、宇宙精神……"道之各论其是，难得共识，以致于该学者不得不无

① 高亨：《老子通说》，见《老子正诂》，古籍出版社，1956，第1页、第6页。
② 方尔加：《"道"的奥秘》，《光明日报》2010年7月15日。
③ 刘小龙著《老子原解》将《老子》全文按原来的顺序进行了内容归纳式的划分，计共有16个单元，按刘氏对《老子》81章的划分，则《老子》81章中论道即占34章之多。见刘小龙《老子原解》，新星出版社，2006。
④ 刘焕藻：《郭店楚简〈老子〉研究》，《理论月刊》1999年第5期。据悉，荆门郭店一号楚墓中发掘出800余枚竹简，其中有86枚为《老子》抄本。郭简《老子》并非同一整体，而由三册简文组成。郭简《老子》甲、乙、丙三组总共2190字，其中《老子（甲）》用简28枚，计610字；《老子（乙）》用简18枚，计410字；《老子（丙）》用简40枚，计1170字。甲组的文字对应着传世本的5章，乙组对应着8章，丙组对应着20章。另参郭沂：《从郭店楚简〈老子〉看老子其人其书》，《哲学研究》1998年第7期；高晨阳：《郭店楚简〈老子〉的真相及其与今本〈老子〉的关系》，《中国哲学史》1999年第3期。

奈地说："道其意大而深，无法用文字表述道之意。"①道既是一种超乎时空的形上存在，不能依知觉去证验，也不能用言语去称说，所以《道德经》开宗明义说："道可道，非常道。"②正如台湾学者余培林所言："我们虽很不得已地把它解析一番，也难以清清楚楚地说出它究竟是什么，并且还恐怕愈解析，离题愈远呢！因此，对道真正的体认，还在于个人的心领神悟。"③

二 "道通天地有形外"：老子道学智慧举要

但即使如上所论，也并不妨碍我们今天从老子之"道"中获得精神的力量，展现自我并自由地抒发性灵。老子道学的意义及其所发挥的影响，主要还表现在它留给后人的道学智慧上。老子道学智慧博大精深，借用宋代理学家程颢《秋日偶成》诗句来形容，便是："道通天地有形外。"④

（一） 道生万物

《道德经》25 章说："有物混成，先天地生。寂兮寥兮，独立而不改，周行而不殆，可以为天地母。吾不知其名，强字之曰'道'。"⑤视"道"为宇宙的本源，是天地万物所以生的总原理，这是老子的伟大发现。4 章曰："道冲而用之或不盈。渊兮，似万物之宗；……湛兮，似或存。吾不知谁之子，象帝之先。"陈鼓应译曰："道体是虚空的，然而作用却不穷竭。渊深啊！它好像是万物的宗主；幽隐啊！似亡而又实存。我不知道它是从哪里产生的，但可称它为天帝的宗祖。"⑥

---

① 李之濂：《简论道》，见杨廷俊主编《老子故里论老子·道论卷》，社会科学文献出版社，2009，第 248 页。
② 陈鼓应：《老子注译及评介》，中华书局，2009，第 53 页。
③ 余培林：《生命的大智慧——老子》，河北人民出版社，1990，第 157 页。
④ 程颢《秋日偶成》诗曰："闲来无事不从容，睡起东窗日已红；万物静观皆自得，四时佳兴与人同。道通天地有形外，思入风云变态中；富贵不淫贫贱乐，男儿到此是豪雄。"见（宋）吕祖谦编《宋文鉴》（卷25），影印文渊阁本《四库全书》，第 1350 册第 257 页。
⑤ 陈鼓应：《老子注译及评介》，中华书局，2009，第 159 页。
⑥ 陈鼓应：《老子注译及评介》，中华书局，2009，第 73 页。

为此，老子还创立了著名的"有无"说。道既是宇宙的本源，是天地万物所以生的总原理，当然就和天地万物不同。天地万物是事物，可称之为"有"；道不是事物，是形而上的存在，只可称之为"无"。但道能创生天地万物，怎么能是零呢？因此，道又可称为"有"。也就是说，道兼有"有"和"无"的特征，而"无"是道体，"有"是道用；但体必先于用，所以"无"的层次较"有"要高，故《老子》40 章说："天下万物生于有，有生于无。"①"无"就是道，第 1 章说："无，名天下之始；有，名万物之母。"②

关于道生万物的生成过程，老子说："道生一，一生二，二生三，三生万物。"③（42 章）就是说，道由混沌状态演化而成一气，由一气演化而成阴阳二气，再由阴阳二气交合而生和气，然后万物于是逐渐形成。

（二）道法自然

道虽生化万物，覆育万物，却无丝毫私心要主宰万物，占有万物，而完全是自然而然，无心而成化。《道德经》言："大道泛兮，其可左右。万物恃之以生而不辞，功成而不有，衣养万物而不为主。"④（34 章）"道之尊，德之贵，夫莫之命而常自然。"⑤（51 章）"悠兮其贵言。功成事遂，百姓皆谓：'我自然'。"⑥（17 章）"希言自然。"（23 章）⑦"人法地，地法天，天法道，道法自然。"⑧（25 章）

"自然"是道家思想中的一个极其重要的概念。在"自然"一词中，"然"的首要含义是"如此"，它包含了事物从产生、成长到消亡的整个过程，这一含义与西方哲学中的"存在"大致相当。然而，"然"的含

---

① 郭店简本此句为："天下之物生于有、生于无"。此后，学界对通行本："天下万物生于有，有生于无"产生了不同的解读，众说纷纭，参见陈鼓应《老子注译及评介》，第 217～219 页注释[四]。

② 陈鼓应：《老子注译及评介》，中华书局，2009，第 53 页。

③ 陈鼓应：《老子注译及评介》，中华书局，2009，第 225 页。

④ 陈鼓应：《老子注译及评介》，中华书局，2009，第 194 页。

⑤ 陈鼓应：《老子注译及评介》，中华书局，2009，第 254 页。

⑥ 陈鼓应：《老子注译及评介》，中华书局，2009，第 128 页。

⑦ 陈鼓应：《老子注译及评介》，中华书局，2009，第 153 页。

⑧ 陈鼓应：《老子注译及评介》，中华书局，2009，第 159 页。

义又不止于此，王中江便认为：“‘自’，有‘自身’、‘自己’等意义；‘然’有‘是’、‘宜’、‘成’等义。把这两个字的意思合起来，‘自然’的字面意义可以说就是‘自是’（即‘自己所是的样子’）、‘自宜’（‘自己恰如其分’）、或‘自成’（‘自己成就’）。”①可见，“自然”一词还寓示着万物自身就是它存在的缘由、价值和意义。古希腊哲学家普罗泰戈拉曾说：“人是万物的尺度，是存在的事物存在的尺度，也是不存在的事物不存在的尺度。”②而道家的“自然”所描述的是天地万物自己如此，没有外力的干涉或促动，纯然顺应自体本性的一种正常、健康、完美的生存法则和生存状态。

老子“道法自然”一句，汉代河上公③、宋代葛长庚④、元代吴澄⑤、明代焦竑⑥，以及近现代的冯友兰⑦、童书业⑧、张岱年⑨、任继愈⑩、陈鼓应⑪等，通常将这一论题解释为“道自己如此”“道无所效法”。王中

---

① 王中江：《道家形而上学》，上海文化出版社，2001，第193～194页。

② 北京大学哲学系外国哲学史教研室编译《古希腊罗马哲学》，商务印书馆，1961，第138页。

③ 河上公注“道法自然”曰：“‘道’性自然，无所法也。”见（汉）河上公注《老子道德经》，影印文渊阁本《四库全书》，第1055册第58页。

④ 葛长庚在《道德宝章》中把“道法自然”解释为：“道如此而已。”见（宋）葛长庚《道德宝章》，影印文渊阁本《四库全书》，第1055册第245页。

⑤ 吴澄说：“‘道’之所以大，以其自然，故曰‘法自然’，非‘道’之外别有自然也。自然者，无有无名是也。”见（元）吴澄《道德真经注》，影印文渊阁本《四库全书》，第1055册第278页。

⑥ 焦竑的《老子翼》接受吕吉甫注的看法，认为“自然”的意思是“无法”，“道法自然”即“道效法无法”：“以无法为法者也，无法也者，自然而已，故曰：道法自然。”见（明）焦竑《老子翼》，影印文渊阁本《四库全书》，第1055册第354页。

⑦ 冯友兰言：“这并不是说，于道之上，还有一个‘自然’，为‘道’所取法。上文说，‘域中有四大’，即‘人’、‘地’、‘天’、‘道’。‘自然’只是形容‘道’生万物的无目的、无意识的程序。‘自然’是一个形容词，并不是另外一种东西，所以上文只说‘四大’，没有说‘五大’。老子的‘道法自然’的思想跟目的论说法鲜明地对立起来。”见冯友兰《中国哲学史新编试稿》，载《三松堂全集》（第7卷），河南人民出版社，2000，第254页。

⑧ 童书业说：“老子书里所谓‘自然’，就是自然而然的意思，所谓‘道法自然’就是说道的本质是自然的。”见童书业《先秦七子思想研究》，齐鲁书社，1982，第113页。

⑨ 张岱年认为，“道法自然”即是“道以自己为法”。见张岱年《中国古典哲学概念范畴要论》，中国社会科学出版社，1989，第79页。

⑩ 任继愈直接将这句话翻译成“道效法它自己”。见任继愈《老子绎读》，北京图书馆出版社，2006，第56页。

⑪ 陈鼓应注“道法自然”为：“道纯任自然，自己如此。”见陈鼓应《老子注译及评介》，中华书局，2009，第163页。

江认为："上述各家基本上大同小异地将'道法自然'解释为'道效法自己的自然而然'，认为在'道'之外没有一个什么'自然'需要道来效法"，这种解释是有问题的，"第一个问题是，'道法自然'的'法'字被省去了。……第二个问题是，这种解释把'自然'看成是'道'自身的东西"。产生这样的结果，是因为上述各家"不能想象最高的'道'还需要去效法什么。既然'道'是万物的根源，是世界的最高实在，怎么可能在道之外还有一个'自然'需要'道'去'效法'？"①

长期以来，由于前述注解具有广泛的影响，以致人们忽视了三国魏王弼关于"道法自然"的正确注解，现在该是接受王弼关于"道法自然"注解的时候了。王弼《老子道德经》注曰："法，谓法则也。人不违地，乃得全安，法地也。地不违天，乃得全载，法天也。天不违道，乃得全覆，法道也。道不违自然，乃得其性，（法自然也）。法自然者，在方而法方，在圆而法圆，于自然无所违。自然者，无称之言，穷极之辞也。……道（法）自然，天故资焉。天法于道，地故则焉。地法于天，人故象焉。（王）所以为主，其（主）之者（一）也。"②王中江指出："'道法自然'的准确意思是：'道遵循万物的自然。'"③

（三）道常无为而无不为

老子追求清静无为，"无为"是指顺其自然而不加以人为，与之相对的是"有为"，是指统治者强作妄为。"道常无为而无不为"④（37章），"是以圣人欲不欲，不贵难得之货；学不学，复众人之所过，以辅万物之自然而不敢为"⑤（64章），"我无为，而民自化；我好静，而民自正；我无事，而民自富；我无欲，而民自朴"⑥（57章）。就是说，"无为"绝

---

① 王中江：《道与事物的自然：老子"道法自然"实义考论》，《哲学研究》2010年第8期。
② 楼宇烈：《王弼集校释》（上册），中华书局，1980，第65页。
③ 王中江：《道与事物的自然：老子"道法自然"实义考论》，《哲学研究》2010年第8期。
④ 陈鼓应：《老子注译及评介》，中华书局，2009，第203页。
⑤ 陈鼓应：《老子注译及评介》，中华书局，2009，第217页。
⑥ 陈鼓应：《老子注译及评介》，中华书局，2009，第275页。

非无所作为，而是不私为，不妄为，是按照事物的自然本性，因势利导地去做，无形中方能得到成功。"'无为'不是说'道'没有任何活动和作为，而只是说道的活动方式是不控制、不干预，目的是让万物自行活动、自行其事。"①"无为而无不为"则是"没有什么事情做不成"。为此，老子又提出了不争、不先等观念，"为而不恃"②（2 章）、"为而不争"③（81 章）、"我有三宝，持而保之。一曰慈，二曰俭，三曰不敢为天下先"④（67 章）。

（四）弱者道之用

老子说："弱者道之用"⑤（40 章），是说道的作用是柔弱的。将这一理念运之于人生方面，老子以水为喻："天下莫柔弱于水，而攻坚强者莫之能胜，以其无以易之。弱之胜强，柔之胜刚，天下莫不知，莫能行。"⑥（78 章）"天下之至柔，驰骋天下之至坚。"⑦（43 章）老子以水喻"道"得益于楚文化的生成环境，⑧他认为世间没有比水更柔弱的，然而攻击坚强的东西，没有能胜过它的。在《中庸》里，孔子就曾说过："宽柔以教，不报无道，南方之强也。……衽金革，死而不厌，北方之强也。"⑨孔子这段话用现代口语说出来就是："用宽容柔弱教诲人，有人对我横逆无理，我也受而不报，这是南方式的强。……穿着铠甲，拿着兵器，战死了也不皱一下眉头，这是北方式的强。"⑩我们看老子一再讲

① 王中江：《道与事物的自然：老子"道法自然"实义考论》，《哲学研究》2010 年第 8 期。
② 陈鼓应：《老子注译及评介》，中华书局，2009，第 60 页。
③ 陈鼓应：《老子注译及评介》，中华书局，2009，第 348 页。
④ 陈鼓应：《老子注译及评介》，中华书局，2009，第 306 页。
⑤ 陈鼓应：《老子注译及评介》，中华书局，2009，第 217 页。
⑥ 陈鼓应：《老子注译及评介》，中华书局，2009，第 337 页。
⑦ 陈鼓应：《老子注译及评介》，中华书局，2009，第 232 页。
⑧ 吴成国、程程：《楚文化与老子之道》，《湖北大学学报》（哲学社会科学版）2013 年第 2 期。
⑨ （元）朱公迁：《四书通旨》引《中庸》，见影印文渊阁本《四库全书》，第 204 册第 595 页。
⑩ 余培林：《生命的大智慧——老子》，河北人民出版社，1990，第 7 页。

"守柔曰强"①（52 章）、"柔弱胜刚强"②（36 章）、"强梁者不得其死"③（42 章）、"坚强者，死之徒；柔弱者，生之徒"④（76 章），这不正是孔子所说的"宽柔以教"吗？

（五） 反者道之动

《道德经》40 章说："反者道之动。"⑤这句话翻译成现代语就是："道的运动是循环的。"理解这句话的关键在于把握"反"字的含义，车载说"老子书说'反'，含有两层意思：第一层意思，指相反的'反'说；第二层意思，指反复的'反'说。前者含有对立否定的意思；后者含有返本复初的意思。老子全书的着重点，发挥对立否定的道理；但它的归结点，看重归根复命的作用。"⑥钱钟书亦说："'反'有两义。一者、正反之反，违反也；二者、往反（返）之反，回反（返）也。……《老子》之'反'融贯两义，即正、反而合。"⑦

老子认为，自然中事物的运动和变化莫不依循着某些规律，其中一个总规律就是"反"。"在老子哲学中，讲到事物的对立面及其相反相成的作用，亦讲到循环往复的规律性"⑧；"首先，'反'字蕴涵了对立转化的规律。……其次，'反'字蕴涵了循环运动的规律。……再次，'反'字蕴涵了消解矛盾的方法。"⑨老子书中还以大量的事例，对道的这一原理做了具体生动的说明，老子说："有无相生，难易相成，长短相形，高下相倾，音声相和，前后相随。"⑩（2 章） 这是讲相反相成；"物

---

① 陈鼓应：《老子注译及评介》，中华书局，2009，第 259 页。
② 陈鼓应：《老子注译及评介》，中华书局，2009，第 198 页。
③ 陈鼓应：《老子注译及评介》，中华书局，2009，第 225 页。
④ 陈鼓应：《老子注译及评介》，中华书局，2009，第 330 页。
⑤ 陈鼓应：《老子注译及评介》，中华书局，2009，第 323 页。
⑥ 车载：《论老子》，上海人民出版社，1959，第 217 页。
⑦ 钱钟书：《管锥编》（第二册），中华书局，1979，第 445 ~ 446 页。
⑧ 陈鼓应：《老子注译及评介》，中华书局，2009，第 217 页。
⑨ 〔韩〕李顺连：《道论》，华中师范大学出版社，2003，第 4 ~ 7 页。
⑩ 陈鼓应：《老子注译及评介》，中华书局，2009，第 60 页。

壮则老。"①（30 章）"祸兮，福之所倚；福兮，祸之所伏。"②（58 章），这
是讲物极必反；"曲则全，枉则直，洼则盈，弊则新，少则得，多则
惑。"③（22 章）"天下难事，必作于易；天下大事，必作于细。是以圣
人终不为大，故能成其大。"④（63 章），这是在讲由反入正。这种对事物
间的对立统一关系的深刻辨识，包含着丰富的辩证思维，老子是中国辩
证法思想的真正奠基者。

老子道学称得上是一座智慧宝库。葛荣晋眼里的道家道学就是这样
一种"智慧宝库"，他说：

> 道学是一种以"自然无为"为核心价值、以"反者道之动"为
> 思维方式、以构建"逍遥游"人生境界为目标的文化。它充分地体
> 现了人类文明的最高哲学智慧。道学文化具有最高的超越性和最大
> 的包容性，道学文化是一种具有超前意识的智慧宝库。⑤

三 "惟道是从"：老子道学智慧的现代价值

以老子《道德经》为代表的道学智慧所具有的现代价值，一直为东
西方学者所关注。据联合国教科文组织统计，被译成外国文字发行量最
大的世界文化名著，除了《圣经》以外，其次就是《道德经》。⑥据《中
国文物报》2002 年 7 月 5 日报道，老子仅凭 5000 余言的《道德经》，被

---

① 陈鼓应：《老子注译及评介》，中华书局，2009，第 182 页。
② 陈鼓应：《老子注译及评介》，中华书局，2009，第 279 页。
③ 陈鼓应：《老子注译及评介》，中华书局，2009，第 150 页。
④ 陈鼓应：《老子注译及评介》，中华书局，2009，第 293 页。
⑤ 葛荣晋：《21 世纪是〈道德经〉回归的伟大时代——外国人眼中的〈道德经〉》，见赵保佑
主编《老子与华夏文明传承创新——2012·中国鹿邑国际老子文化论坛文集》（上册），社
会科学文献出版社，2013，第 109 页。
⑥ 《外国人对〈道德经〉评价很高》，见中搜论坛（http://bbs.zhongsou.com/3/20110602/
1440983.html）。

美国《纽约时报》列为全世界古代十大作家之首。①韩国学者李顺连曾论及"道是人类追求真善美的本性""道能沟通东西方文化""道与二十一世纪"等；②葛荣晋则认为，"道学的哲学智慧不仅能反观人类乃至宇宙创生之初的过去，而且能预见和创造人类乃至整个宇宙的未来"。③这里，仅就"道生万物""道法自然""道常无为而无不为"谈谈老子道学智慧的现代价值。

（一） 道家道教 "三生" 思想的强大生命力

当今世界正在共同应对气候变化，应对生态危机。过去人们盲目追求经济发展，却罔顾了我们所生存的环境，轻视了和我们共同生存在地球上的其他生灵，甚至连同类的生命和自己的生命都变得不那么神圣了。拿雾霾来说，据媒体报道，2013 年 12 月 6 日，一场罕见的大雾霾笼罩了华北、东南沿海直至内地一半的国土，全国 20 个省份 104 个城市空气质量为重污染，京津冀与长三角重污染区连成了一片。④中国未来数年中仍将面临"环保基本靠风"的冷峻现实，人们不得不时时祈祷风伯常眷顾。

在中国不断发展、世界不断进步的过程中，道家道教的"三生"思想（生命哲学、生态思想、养生方法和技术）正显现出强大的生命力。老子道生万物、长生久视思想成为中国土生土长的宗教——道教重生贵生思想的源泉。首先，是老子《道德经》最先提倡非人类中心主义，与基督教的人类中心主义针锋相对；其次，道家道教主张"道法自然"，是世界上最早的绿色和平组织。道教的教义和戒规对维持生态平衡在历史上发挥过巨大的作用，以致联合国开发计划署常务主任、联合国气候

---

① 《〈老子〉在西方》，见中国国学网（http://www.confucianism.com.cn/Show.asp? id = 130861）。

② 〔韩〕李顺连：《道论》，华中师范大学出版社，2003，第 242 ~ 255 页。

③ 葛荣晋：《21 世纪是〈道德经〉回归的伟大时代——外国人眼中的〈道德经〉》，见赵保佑主编《老子与华夏文明传承创新——2012·中国鹿邑国际老子文化论坛文集》《上册》，社会科学文献出版社，2013，第 109 页。

④ 陈斌：《从今天起，学会忍受灰霾》，《南方周末》2013 年 12 月 12 日 F29 版 "评论"。

变化小组主席奥瓦·科耶文博士表示："六十岁的联合国，要向两千岁的道教学习生态智慧。"①凡是热爱自己的生命又关怀他人的生命，并进而泛爱万物生命的人，便会与大道相通，如"同于道者，道亦乐得之；同于德者，德亦乐得之"（《道德经》23 章）。②

（二）"道法自然" 的现代启示

在老子哲学中，"道"是形而上的最高实体，是产生万物的本原，它怎么还需要去效法和遵循"万物的"自然呢？正如王中江所指出的，"这正是老子哲学的奥妙和智慧所在"；"老子哲学一方面思索的是形而上学的问题，这一问题主要是围绕'道'与'万物'的关系展开的；另一方面思索的是政治哲学的问题，这一问题主要是围绕'圣王'和'人民'的关系展开的"；"在宇宙体系中，'无为'的'道'遵循'万物的自然'；在人间社会中，'无为'的'圣人'则遵循'百姓的自然'"。③

道家"道法自然"观念的核心内容即是通过"法天地"而体悟其中的"自然"之道以为人类所用。其主要目的有二：一是为人类安身立命，二是借以救治失性的病态人类。"道法自然"并非机械模仿天地万物尤其是动物的某些个别的、具体的行为，而是要学习它们的不同行为中所体现出来的某些共同的理性精神，也就是说，"道法自然"一定要透过现象抓取其本质。④它启示今天的人们：在宇宙体系中，要尊重"万物"按照自身的本性自我变化、自行表现；在政治实践中，最省心而又最有效地治理一个单位、地区乃至国家的方式，就是领导者的"无为而治"和"百姓"的"自然自治"。

① 潘存娟、刘惠：《道法自然 关注环境——中国道教界开展道教宫观生态保护活动》，《中国宗教》2008 年第 11 期。
② 牟钟鉴：《走近中国精神》，华文出版社，1999，第 159~160 页。
③ 王中江：《道与事物的自然：老子"道法自然"实义考论》，《哲学研究》2010 年第 8 期。
④ 肖玉峰：《"道法自然"的现代诠释》，《自然辩证法研究》2012 年第 9 期。

（三）"道常无为而无不为"的当下借鉴

对道家的"无为"，司马迁之父司马谈在其所著《论六家旨要》中赞誉有加："道家无为，又曰无不为，其实易行，其辞难知。其术以虚无为本，以因循为用。无成势，无常形，故能究万物之情。不为物先，不为物后，故能为万物主。"①西汉初年，奉行黄老清静无为之治，出现了"文景之治"，就是对老子无为政治的实践。

《老子》60章："治大国若烹小鲜。"②通行的解释：治国像烹煮小鱼一样，不能频繁翻动；频繁翻动，鱼就烂碎了。进一步引申，治国，政令要轻简，更不能朝令夕改，使百姓无所适从；强调清静无为，自然而治。这样的解释，自韩非子到王弼大致一脉相承。意思很明白，治国之本：尚无为，忌折腾。2008年12月18日，时任中共中央总书记胡锦涛同志在纪念十一届三中全会召开30周年大会上强调说，只要我们不动摇、不懈怠、不折腾，小康社会的目标就一定能够实现。③所谓"不折腾"，最简洁的解释就是按规律办事，在今天，就是不搞不切实际、违背科学和劳民伤财的"政绩"，适当地"无为"。有趣的是，老子这一名言，曾被中美两国元首分别加以引用。美国前总统里根在1987年国情咨文中，引用《德经》这一名言，以阐明其治国理念和方略。④2013年3月19日，出访之前的习近平主席接受了"金砖国家"媒体的联合采访。在巴西《经济价值报》记者提问时，习主席说，"这样一个大国，这样多的人民，这么复杂的国情，领导者要深入了解国情，了解人民所思所盼，要有'如履薄冰，如临深渊'的自觉，要有'治大国如烹小鲜'的态

---

① （汉）司马迁：《史记·太史公自序》，中华书局，2007，第3292页。
② 陈鼓应：《老子注译及评介》，中华书局，2009，第268页。
③ 《胡锦涛提出伟大目标 称不懈怠不折腾就能够实现》，见中国新闻网（http://www.chinanews.com/gn/news/2008/12-18/1492833.shtml）。
④ 葛荣晋：《21世纪是〈道德经〉回归的伟大时代——外国人眼中的〈道德经〉》，见赵保佑主编《老子与华夏文明传承创新——2012·中国鹿邑国际老子文化论坛文集》（上册），社会科学文献出版社，2013，第110页。

度，丝毫不敢懈怠，丝毫不敢马虎，必须夙夜在公、勤勉工作……"①

老子提出"不争""不先"，提醒当今人们，应避免为财货物欲或名利地位而抛却人格，丧失自我。所以，人们应该淡泊名利、俭啬寡欲，应克服环境的困扰，在非良好的条件下，超越生理需要、安全需要、归属需要、自尊需要这些低级的、中级的需要，向自我实现这一高层次的需要发展，才能与大道合一。②不争，其根本用意是反对不正当竞争，不为不道德的私利而争，提倡在遵循天道原则的基础上进行合理公平竞争，"不争之争利于市场良性竞争的培育，……并收到'天下莫能与之争'的效果"。③

《老子》21 章言："孔德之容，惟道是从。"④意思是说，大德之人的一切表现，唯服从于道。许医农将出版物封底的广告语（Blurb）妙译为"勾魂语"。⑤我想以胡孚琛、吕锡琛所著《道学通论》中的一段话作为本文的结语：

> 道学之道，以无为本，以因为用，以反为奇，以化为术，无成势，无常形，立俗施事，开物成务，拨乱反正，救亡图存，神妙莫测，其精华可以究天人物理，其尘垢秕糠犹可以陶铸尧舜。老子以道垂统而教天下，人能得其一隅则可以治国，可以用兵；可以成事，可以立功；可以见性明心，可以乐生益寿；可以叱咤风云，可以退藏于密；可以无往而不胜，可以随遇而能安；可以用一字而走遍天下行之万世者，其唯道乎！⑥

---

① 石家友：《习主席咋说"治大国如烹小鲜"？》，见中国共产党新闻网（http：//cpc. people. com. cn/pinglun/n/2013/0321/c241220 - 20866740. html）。
② 吕锡琛：《道家与民族性格》，湖南大学出版社，1996，第 269 ~ 270 页。
③ 高建立：《老子的商业伦理思想及其现代价值评估》，见赵保佑主编《老子与华夏文明传承创新——2012·中国鹿邑国际老子文化论坛文集》（上册），社会科学文献出版社，2013，第 127 页。
④ 陈鼓应：《老子注译及评介》，中华书局，2009，第 145 页。
⑤ 贺卫方：《我的 2013 年书单》，《南方周末》2014 年 1 月 23 日 E24 版"年度清单"。
⑥ 胡孚琛、吕锡琛：《道学通论》，社会科学文献出版社，2004，第 8 页。

《国语》德福平衡的价值观[*]

周海春^{**}

（湖北大学哲学学院）

【摘　要】　价值涉及对不同事物的价值估价，中国文化中的"德"与"福"之间就存在着一定的对价关系。德和福相平衡思想在中国文化中有悠久的历史，《国语·晋语》中就明确提出来了。"德"和"福"的内容在中国思想文化上是不断拓展的，"德"是"福"的基础，"德"平衡"福"并构成了"福"不断增长的基础和动力。在诸多的美德中，节俭是具有道德完备性的美德，而过于追求福的享受不具有善的完备性。

【关键词】　《国语》　德　福　价值观

核心价值观就是在一个既定的文化系统中生活的人关于什么是最为重要的价值事物的看法构成的心灵系统。在中国传统的价值观系统中，德的概念具有较高的地位，德福平衡观念具有一定的核心性。这一观念深入民众心灵，并发挥很大的调节个人行为的作用，有阐发的必要。

　＊　本文系湖北大学人文社会科学研究创新团队项目"'子曰'类文献与孔子哲学、先秦儒学史研究"（项目编号：13HCX04）课题成果。

＊＊　周海春（1970～），湖北大学哲学学院暨高等人文研究院教授、博士生导师，湖北大学中国文化研究中心主任，《文化发展论丛（中国卷）》主编，主要研究中国思想文化史。

一　价值即比值

价值在不同民族的语言中，含义并不一致，大约有如下含义：力量、健康、有效的、充足的、最好、至优、尊贵、高贵、价格，有地位或勇敢的人。在诸多的价值含义中，比较适合用于谈论德福关系的概念是"比值"。

"一般说来，当我们在日常言谈中提及'价值'时，指的是交换价值，或价值上的等价物。"①价值涉及对比，如果两个事物之间存在交换的关系，就可谈论价值上的等价，而价值上的等价预设着等价的价值。比如中国文化中的"厚德载物"，"德"和"物"之间就存在一定的等价关系，在谈论这种等价关系的时候，也就涉及"德"的价值和"物"的价值的一种估价。事物与事物之间的对比不全是价值关系，当涉及比值的时候就成为一种价值关系了。中国传统价值观的生发，往往就是在这种比值中完成的。

什么是价值观？价值观就是价值观念的简称。什么是价值观念，什么不是价值观念呢？价值观念是主体对客体对自身有价值和无价值、正价值和负价值、价值大小的观念。这个观念不涉及客体自身的客观事实和客观价值，不涉及客体对主体事实上具有怎样的价值关系。

这里所说的观念可以是观念的各种形式。可以是感觉，如道德感。休谟说："我们并非因为一个品格令人愉快，才推断那个品格是善良的；而是在感觉到它在某种特殊方式下令人愉快时，我们实际上就感到它是善良的。"②价值感可以称为"适意"。"适意"是对事实的价值感受。"适意"不同于一般的感觉，对糖的"适意"不同于舌头上的感性舒适感受。"'对某物'的意欲都已经预设了对这个'某物'的（肯定的或否

---

① 冯平主编《现代西方价值哲学经典·语言分析路向》（上册），北京师范大学出版社，2009，第205页。

② 〔英〕休谟：《人性论》（下），商务印书馆，1997，第511页。

定的)价值的感受。"①

可以是直觉,比如一个人对某人的价值观念可以是直觉他或她对自己有价值,而不一定感觉那个人带给自己快乐,更无充分的理由说明他或她对自己有价值。

可以是理性的判断,从而形成价值规范和价值标准、价值评价。在评价的过程中"人成为价值之源,而被评价的对象就成为价值之物。与评价的三种结果相应,被称'好'的对象属'正价值之物',被称'坏'的对象属'负价值之物',无所谓'好坏'的对象则属'中性价值之物'或'无价值之物'"。②

价值观虽然可以以感觉、直觉、判断、评价等形式表现出来,但这些形式要被主体意识到才能成为价值体系中的观念系统。"欲望一般是指人对它的冲动有了自觉而言,所以欲望可以界说为我们意识着的冲动。"③价值观中比较根本的部分是价值追求,意识着的冲动化为对价值事物的追求。其中核心的部分是意愿目的。目的性首先是一个主观的概念,是理性的概念。马克斯·舍勒说:"'目的'与那个在追求本身中、在它的方向中被给予的单纯'目标'的区别就在于,某个这样的目标内容(即一个已经作为一个追求的目标而被给予的内容)在一个特殊的行为中被表象。只有在从追求意识中'回退'出来的现象中,并且在对那个在追求中被给予目标内容的表象把握中,目的意识才实现自身。因此,所有叫做意愿目的的东西,都已经预设了对一个目标的表象!没有什么东西能够在不先已是目标的情况下就成为一个目的。目的是奠基在目标上的!目标可以在没有目的的情况下被给予,但目的却永远不能在没有先行目标的情况下被给予。"④

---

① 〔德〕马克斯·舍勒:《伦理学中的形式主义与质料的价值伦理学》(上册),倪梁康译,生活·读书·新知三联书店,2004,第162页。
② 王玉樑等主编《中日价值哲学新探》,陕西人民出版社,2004,第76页。
③ 〔荷〕斯宾诺莎:《伦理学》,商务印书馆,1983,第171页。
④ 〔德〕马克斯·舍勒:《伦理学中的形式主义与质料的价值伦理学》(上册),倪梁康译,生活·读书·新知三联书店,2004,第46页。

进入价值观系统的客体是"善业",是价值事物。"善业就其本质而言是价值事物(Wertdinge)。"①善业或者价值事物可以是具体的现实的事物,也可以不是现实的事物,某个具体的事物可以被人认为是有价值的,就构成了"善业",如果不被认为是有价值的,就不成为"善业"。价值事物和某一具体的事物事实上对主体价值的大小可以不一致,某一具体事物事实上对某个主体价值大,但这一主体可以认为其价值小。善业可以是具体的事实,也可以不是事实,而是某种信念和理想。

家庭、社团、国家、民族、文化都可以是价值事物。在价值事物中,不同的价值观都会有优先意欲的价值事物。如人本身的价值与人的德行的价值优先于物质和科学文化的价值。个体的价值和全体的价值也会有先后轻重的区别。在志向、行动和结果中也可以有不同的价值考量。因为价值观中观念系统的运作状况不同以及对价值事物的追求不同,自然就形成了不同的价值观。

二 《国语》明确表达了德福平衡思想

中国传统文化中的"德"概念内涵丰富,想全面把握其意义并不容易。"德"的一种使用方法具有相对性,德在相对价值中体现自身的至上性和意义。"德"涉及一种平衡的力量。甲骨文中的"德"还有这样一种意思:"在这个仪式中,国王作为居间的占卜者帮助另一个人康复;国王的自我献出,理想地说,具有这样的结果:不仅病人好了,而且国王也没有使自己得病,并且,因为他为了别人而自愿把自己置于危险之中,他的德是值得赞美的。"②德具有平衡力,所平衡的世俗利益就是福。德福平衡的思想源头久远,不过明确提出这一命题,并指出其较完整的思想内涵的人应该是范文子。《国语·晋语》中有两人提出了德福平衡

---

① 〔德〕马克斯·舍勒:《伦理学中的形式主义与质料的价值伦理学》(上册),倪梁康译,生活·读书·新知三联书店,2004,第8页。
② 〔美〕倪德卫:《儒家之道:中国哲学之探讨》,江苏人民出版社,2006,第26页。

的思想，一个是范文子，一个是赵襄子，其中范文子的论述较为系统。

晋国攻打郑国，楚国来救郑国，在这个过程中，范文子多次论及德福关系问题。晋国攻打郑国，楚国来救郑国，栾武子主张大力进攻打败敌人，范文子认为取胜没有什么好处。范文子不赞同争胜的理由是从德福平衡的角度来考虑问题的。"吾闻之，唯厚德者能受多福，无德而服者众，必自伤也。"（《国语·晋语六·范文子论胜楚必有内忧》）①在范文子看来，"称晋之德，诸侯皆叛，国可以少安。"（《国语·晋语六·范文子论胜楚必有内忧》）②"诸侯皆叛"是福，显然这个福从质量上来看，属于负价值。但这个负价值和晋国的德性是相配的，这个负价值反倒有利于晋国的德，这个德就是"国可以少安"。从德的角度来看，不胜才是福，胜利反倒有祸端。"战若不胜，则晋国之福也；战若胜，乱地之秩者也，其产害将大，盍姑无战乎？"（《国语·晋语六·范文子论胜楚必有内忧》）③国德的内容都包括哪些呢？从范文子的叙述来看，包括国内人际关系的和谐，"诸臣之内相与，必将辑睦。"（《国语·晋语六·范文子论胜楚必有内忧》）④范文子认为，如果晋国战胜了，君主就会"大其私昵而益妇人田"，从而制造了大夫和君主、大夫和妇人之间的矛盾（《国语·晋语六·范文子论胜楚必有内忧》）。⑤包括不伐智，范文子担心晋国如果战胜了，"吾君将伐智"，自认自己智慧高人一等从而丧失功德。包括不多力求功，范文子担心晋国如果战胜了，君主将"多力"，这样反倒为晋国带来祸端（《国语·晋语六·范文子论胜楚必有内忧》）。⑥另外一个因素是要重视德教，还要轻敛。范文子担心晋国如果战胜了，君主将"怠教而重敛"（《国语·晋语六·范文子论胜楚必有内忧》）。⑦

---

① 韦昭注《国语》，上海古籍出版社，2008，第195页。
② 韦昭注《国语》，上海古籍出版社，2008，第195页。
③ 韦昭注《国语》，上海古籍出版社，2008，第195页。
④ 韦昭注《国语》，上海古籍出版社，2008，第195页。
⑤ 韦昭注《国语》，上海古籍出版社，2008，第195页。
⑥ 韦昭注《国语》，上海古籍出版社，2008，第195页。
⑦ 韦昭注《国语》，上海古籍出版社，2008，第195页。

返回鄢以后，范文子又对自己的宗族说："昭私，难必作。"（《国语·晋语六·范文子论私难必作》）①骄泰也是失德的，"君骄泰而有烈，夫以德胜者尤惧失之，而况骄泰乎？"（《国语·晋语六·范文子论私难必作》）②

楚国的军队取得了一定的胜利，范文子的儿子主张逃跑，范文子斥责了自己的儿子。当晋国军队打败楚国军队以后，范文子把战胜理解成"福"，"吾何福以及此"（《国语·晋语六·范文子论德为福之基》）。③晋国缺乏必要的"德"来享受此福。国家有德无德还要看大臣是否贤能，范文子担忧晋国无德受福的缘由之一是："君幼弱，诸臣不佞。"（《国语·晋语六·范文子论德为福之基》）④

《晋语》的德福平衡不是偶然出现的，而是周文化的典型特征，是周文化的一种高度浓缩和概括，相关思想还见于《国语》的其他篇章。《国语》中的"德"观念的一个重要特点是德和个人的结合，德逐渐演变成个人品格性的概念。并且，德成为与财富、军事等社会力量相平衡的一种力量。从相关篇章可以看出，德所平衡的对象是很宽泛的，这些对象都可以纳入"福"这一范畴之中。

三　德福平衡原理

德福平衡思想深入中国文化传统之中，到佛教中演变成功德与福报平衡的原理。如禅宗五祖弘忍对门人说："吾向汝说，世人生死事大，汝等门人，终日供养，只求福田，不求出离生死苦海。汝等自性若迷，福门何可救汝？"⑤他在这里提出了福田与功德之不同：一个为世间法，一个为出世间法；一为有为、有相法，一为无相无为法。无为法是解决

---

① 韦昭注《国语》，上海古籍出版社，2008，第197页。
② 韦昭注《国语》，上海古籍出版社，2008，第197页。
③ 韦昭注《国语》，上海古籍出版社，2008，第197页。
④ 韦昭注《国语》，上海古籍出版社，2008，第197页。
⑤ 慧能著、郭朋校释《坛经校释》，中华书局，1983，第9页。

生死问题的，能够得到出离生死苦海结果的因就是功德；否则就是福田。在这里，弘忍已经说明了只有自性的觉悟才能有功德。中国文化传统中的德福平衡原理包括如下内容。

其一，德和福都包含丰富的内容，具有一定的普遍性。就《国语》而言，有三德说、七德说等。比如有讲"三德"的。"章怨外利，不义；弃亲即狄，不祥；以怨报德，不仁。夫义所以生利也，祥所以事神也，仁所以保民也。不义则利不阜，不祥则福不降，不仁则民不至。古之明王不失此三德者，故能光有天下，而和宁百姓，令闻不忘。"（《国语·周语中·富辰谏襄王以狄伐郑及以狄女为后》）①德包括义、祥、仁三个德性，称为三德。"德"可以和利益、福及民众的拥护进行转换。有讲七德的："尊贵、明贤、庸勋、长老、爱亲、礼新、亲旧。"（《国语·周语中·富辰谏襄王以狄伐郑及以狄女为后》）②遵守这些德性，就会增长功德，违背这些德性就会减损功德。关于增长和减损功德的方面，道家学说和佛学都提出了很多丰富的思想，具有较高的道德实践意义。

福的内容也是很丰富的。人际关系上的帮助等是福。"众以美物归女，而何德以堪之，王犹不堪，况尔小丑乎？小丑备物，终必亡。"（《国语·周语上·密康公母论小丑备物终必亡》）③在这里，能否享受美人的服务要看自己是否有德来平衡。赵衰说："欲人之爱己也，必先爱人。欲人之从己也，必先从人。无德于人而求用于人，罪也。"（《国语·晋语四·重耳婚媾怀嬴》）④就国际关系来说，他国的尊重和服从是福。"子患政德之不修，无患吴矣。……子修德以待吴，吴将毙矣。"（《国语·楚语·蓝尹亹论吴将毙》）⑤社会地位和职务是福的范畴，要靠德来平衡。"吾闻之，不厚其栋，不能任重。重莫如国，栋莫如德。……少德而多宠，位下而欲上政，无大功而欲大禄，皆怨府也。"（《国语·

---

① 韦昭注《国语》，上海古籍出版社，2008，第21页。
② 韦昭注《国语》，上海古籍出版社，2008，第22页。
③ 韦昭注《国语》，上海古籍出版社，2008，第4页。
④ 韦昭注《国语》，上海古籍出版社，2008，第164页。
⑤ 韦昭注《国语》，上海古籍出版社，2008，第270页。

鲁语上·子叔声伯辞邑》）①晋国下卿苦成家想承担晋、鲁两国的事务，却没有大的德行，他自身也保不住了，败亡就在眼前了。"而令德孝恭，非此其谁？……其德又可以君国，三袭焉。"（《国语·周语下·单襄公之论晋周将得晋国》）②晋襄公名欢，公子周是他的曾孙。而他又具有孝亲恭谨的美好德行。不是他又有谁呢？公子周的德行又可以配得上君主社稷。物质利益的分配是福，其基础是德义。"故圣人之施舍也议之，其喜怒取与亦议之。是以不主宽惠，亦不主猛毅，主德义而已。"（《国语·周语中·王孙说请勿赐叔孙侨如》）③周大夫王孙说："圣人在施与不施与问题上是要计议的，在该喜、该怒、该取、该给的问题上也是要计议的。因此，赏不是为了获取宽厚慈惠的好名声，罚不是为了以德换取名声，获取威严果毅的好名声，只是为了赏得其人，罚得其罪，按仁德道义行事罢了。"能否做好事情也与德有密切的关系。"夫敬，德之恪也。恪于德以临事，其何不济！"（《国语·晋语五·臼季举冀缺》）④在中国文化传统中，个人健康、智慧、能力，家庭关系和社会地位，社会财富和社会名声等都属于福的范畴。这些幸福的获得需要德来支撑，来平衡。

其二，福依存于德，德是福的基础，德可以带来福，德可以转换成福，二者之间具有一定的对应性关系。"夫德，福之基也，无德而福隆，犹无基而厚墉也，其坏也无日矣。"（《国语·晋语六·范文子论德为福之基》）⑤德不但是福的基础，德还能带来福。孟子认为，求"天爵"，而"人爵"也会随之而来，就是属于这类思想。中国价值观中的"义利之辨"也包含这一思想，求义因为是"德"方面的事情，虽然没有直接去求利，但是却可以获得利益。而直接去求利属于福方面的事情，如果因为求利而丧失了德，求义也不会得到理想的结果。"义以导利，利以阜

---

① 韦昭注《国语》，上海古籍出版社，2008，第81页。
② 韦昭注《国语》，上海古籍出版社，2008，第43页。
③ 韦昭注《国语》，上海古籍出版社，2008，第36页。
④ 韦昭注《国语》，上海古籍出版社，2008，第182页。
⑤ 韦昭注《国语》，上海古籍出版社，2008，第235页。

姓。"(《国语·晋语四·重耳婚媾怀嬴》)①"春秋时代的占卜文化和祭祀文化都出现了道德意识与神话思维抗衡的情形,即主张吉凶祸福不决定于神秘的联系,而决定于人的行为是否有道德。"②

其三,德福在总量确定的前提下,二者之间可以互相转换。福德总量的确定性可以从"朝三暮四"的故事中得到启发。可以认定德加上福的总数是"七",当福是"四"的时候德就是"三"。当然"七"这个总数可以增长。

总数一致性以及福和德的对应性,不意味着福不能出现过度或者不及的情形,恰好相反。如福为"二",德则为"五",福为"六",德则为"一"。后者是不平衡的情形,假设德为"四",福为"三"为最平衡的状态,福如果是"八",则德为"负一",这个"八"就是"幸"而非"福"。赵襄子命新稚穆子讨伐狄人并获得胜利,但是他却快乐不起来。他自己的解释是:"吾闻之,德不纯而福禄并至,谓之幸。夫幸非福,非德不当雍,雍不为幸,吾是以惧。"(《国语·晋语九·赵襄子使新稚穆子伐狄》)③"雍,和也"。④如果德为"八",而福报为"负一",则出现了德和福的溢出,总量上多出一个"一"。前者是福的过度使用,后者是福使用的不足。

如果有两个人恰好是上述情形,那么二者之间的总数依然是平衡的,德为"八"溢出的德量足以平衡福"八"德的不足,而福上的"负一"也能平衡福报"八",总体上保持总量的平衡。这就构成了德和福的搭便车行为。范文子认为晋国取得胜利获得较多的福,恰好是警示楚国修德。"授晋且以劝楚乎,吾与二三臣其戒之!"(《国语·晋语六·范文子论德为福之基》)⑤晋国较多的福来源于楚国较少的享有福从而支出较多的德来支

---

① 韦昭注《国语》,上海古籍出版社,2008,第164页。
② 陈来:《古代思想文化的世界——春秋时代的宗教、伦理与社会思想》,生活·读书·新知三联书店,2002,第215页。
③ 韦昭注《国语》,上海古籍出版社,2008,第235页。
④ 韦昭注《国语》,上海古籍出版社,2008,第235页。
⑤ 韦昭注《国语》,上海古籍出版社,2008,第197页。

撑世界的德和福的整体平衡。但是如果其中的一方或者双方整体总体的福的支出超过了整体德的平衡，福和德总量的等级就必须下降，相反，如果其中一方或者整体的总体福的支出减少，同时努力修德，则整体的福和德的质量等级就会提高，世界就会变得更加有道德，更加文明与和谐。

搭便车的情况不仅会在同代人之间进行，在中国文化传统看来，还可发生在代际关系中。祭公谋父认为周先王"时序其德"，"奕世戴德"，经常叙说先王的德行，世世代代继承先人的美德，不辱没前人（《国语·周语上·祭公谏穆王征犬戎》）。[1]"非德不及世。"（《国语·晋语一·献公卜伐骊戎胜而不吉》）没有德惠施于人，就传不到下一代，就不能历世久远。世世代代繁荣是很多人和国家追求的理想，如何才能有这样的福呢？就是要积累德，这个德可以给下一代带来福的影响。

其四，福德总量的增长和二者比值的调节与人力的努力有关，从中也可以体认天命。德福的平衡是天来调节的，也是人来调节的，体现了天人相因。"吾闻之，'天道无亲，唯德是授。'"（《国语·晋语六·范文子论德为福之基》）[2]天可以让人失德，进而剥夺人的福。"自幽王而天夺之明，使迷乱弃德，而即惕淫，以亡其百姓，其坏之也久矣。"（《国语·周语下·刘文公与苌弘欲城周》）《国语》在这里把幽王的失败理解成上天剥夺了智慧，从而失去了功德，进而无法很好地管理国家，从而给老百姓也带来祸端。但这不意味着功德和福的增长与人力无关，恰好相反，天的调整依据的是人力，并随着人力的调整而调整。"天因人，圣人因天；人自生之，天地形之，圣人因而成之。"（《国语·越语下·范蠡进谏勾践持盈定倾节事》）[3]天道受到人事的影响，人能够创造事物，天地能够顺着人的力量把事情变成现实，圣人根据天道，进而根据天人两个方面成就大事。范蠡强调要效仿天道，做到"盈而不溢，盛而不骄，劳而不矜其功"（《国语·越语下·范蠡进谏勾践持盈定倾节

---

① 韦昭注《国语》，上海古籍出版社，2008，第 1 页。
② 韦昭注《国语》，上海古籍出版社，2008，第 197 页。
③ 韦昭注《国语》，上海古籍出版社，2008，第 298 页。

事》）。①在中国文化传统看来，诸种美德的意义就在于它能够增长功德进而带来福的增长。

其五，节俭是具有道德完备性的德行，而骄奢是不完备的品行。节俭是中国文化比较推崇的美德，《道德经》比较推崇的美德是节俭、慈爱和不争。三者之间具有相关性，总的精神是不过分追求福，而是把福送给他人享用。儒家和墨家也推崇节俭，在此不一一论述。根据德福平衡的原理，如果一个人以慈爱之心较少地消费，奉行节俭、谦卑、不争的美德，是最为保险的生活方式。假设自己恰好没有很多的德来支持福，较少的福支出，依然可以获得足够的德支撑；假设自己有较好的德支撑，节俭则带来了福的剩余或者功德的增长，这可以有利于他人，方便他人搭便车或者德和福总量的增长，或者是给自己带来持续的福享受。从各种情形来看，节俭是完备的美德。而相反，追求财富的增长或者浪费则具有不完备的善性。财富的增长使人可以用财富有利于他人，这样可以增长德，并增加世界的福的总量，具有善性；但是财富的增长可以使功德减少，从而无法保持福的持续性，并危及自身，这是负价值。因而追求财富的增长从德与福平衡的原理看来，是不完备的。过度消费本身则更加不完备，消费当然有利于生产，能够增加福的量，但是毕竟会较多地消耗德，从而危及自身的功。另外，福的使用会带来福总量的减少，或者他人福消费的减少，从而带来不公正，具有较高的负面价值。

德福平衡原理是否是真实的，其实很难考论，但它是中国哲人提出的价值观是真实的，影响了中国人的价值选择也是真实的。价值观本身有的时候不是要从真实与否的角度来看待，而是要从实践结果的角度来看待。从实践结果来看，这一价值观具有很重要的意义，它能够给人提供奉行节俭的动力，并使人对富有者、有名望者、有地位者保持一定的理解和宽容的态度，而不是形成怨恨的气氛。这极大地调节了社会关系，给人躁动的心灵以抚慰，并最大限度地限制了暴力的发生。从这一意义上来说，对这一思想进行现代化的丰富和发展，并给予更为系统的阐释是有必要的。

---

① 韦昭注《国语》，上海古籍出版社，2008，第297页。

浅谈《楞严经》四种清净明晦的伦理价值[*]

徐　瑾　关云波[**]

（湖北大学哲学学院　高等人文研究院）

【摘　要】《楞严经》四种清净明晦主要论及的是四种道德戒律，即不淫、不杀、不盗、不妄语。不淫近于礼，不杀近于仁，不盗近于义，不妄语近于信。只有严格持守这四种道德戒律才能做到摄心为戒、因戒生定、因定发慧，才能获得大智慧，取得大成就。

【关键词】　楞严经　四种清净明晦　道德

　　《楞严经》全名《大佛顶如来密因修证了义诸菩萨万行首楞严经》，又名《中印度那烂陀大道场经·于灌顶部录出别行》，简称《楞严经》《首楞严经》《大佛顶经》《大佛顶首楞严经》。在所有佛教经典中有"开悟的《楞严》"之说。所谓"开悟"，通俗地说就是有了大智大慧，而要想有大智慧，就须在行为思想上遵循道德戒律自在而行。《楞严经》卷六"四种决定清净明晦"就是典型的道德戒律，其义理精深、文辞优

---

* 本文系 2012 年湖北省教育厅青年项目"和谐社会需要什么样的性道德"（编号 2012Q082）、2013 年湖北大学高等人文研究院项目"当代中国文化发展对宗教领域的引导作用"（编号 013 - 075056）的课题成果。

** 徐瑾（1976 ~），男，湖北大学哲学学院副教授，湖北大学高等人文研究院研究员。关云波（1990 ~），男，湖北大学哲学学院 2013 级研究生。

美，有着很强的伦理价值。

一　不淫·礼

"若诸世界六道众生，其心不淫，则不随其生死相续。汝修三昧，本出尘劳。淫心不除，尘不可出。纵有多智禅定现前，如不断淫，必落魔道。上品魔王，中品魔民，下品魔女。彼等诸魔，亦有徒众，各各自谓成无上道。我灭度后，末法之中，多此魔民炽盛世间。广行贪淫，为善知识，令诸众生，落爱见坑，失菩提路。汝教世人修三摩地，先断心淫，是名如来先佛世尊，第一决定清净明诲。是故阿难，若不断淫，修禅定者，如蒸沙石，欲其成饭，经百千劫，只名热沙。何以故？此非饭本，沙石成故。汝以淫身，求佛妙果，纵得妙悟，皆是淫根。根本成淫，轮转三涂，必不能出。如来涅槃，何路修证？必使淫机，身心俱断，断性亦无，于佛菩提，斯可希冀。"①

为什么《楞严经》讲道德戒律不是依据一般佛教五戒，即"不杀生、不偷盗、不邪淫、不妄语、不饮酒"的顺序，而是一开始就从不（邪）淫开始呢？一方面是因为本经起因是阿难示堕淫室，悔泣请示大定，佛祖方宣说此经；另一方面"万恶淫为首"，从人本身的欲望来说"淫"是最顽固、最难以克服的，所以四种清净明诲从"不淫"开始。那么为什么没有谈到"不饮酒"呢？因为四种清净明诲所说的是"性戒"，不饮酒是"遮戒"。所谓"性戒"指本身就是恶，"杀、盗、淫、妄（语）"在体性上即为恶，应当戒除；而设立"遮戒"的目的是为了防止酒醉乱性以保证性戒的持守。本卷在此强调的是"性戒"，所以"遮戒"未论及。

孔子曾说："非礼勿视，非礼勿听，非礼勿言，非礼勿动。"②并且感

---

① 释智觉：《楞严经译解》，上海古籍出版社，2013，第421页。
② 杨伯峻：《论语译注》，中华书局，1980，第123页。

慨地说："吾未见好德如好色者也。"①古人又有"英雄难过美人关"一说，可见能够做到"无欲则刚"的君子很少，而只有严守男女之间礼防的人才能希圣希贤，才能修行有成。从这个角度来说，不淫即为礼。

在知识与道德的关系上，《楞严经》强调的是道德，如果没有在思想行为上做到遵守道德戒律，就算是见闻广博，就算是"禅定现前"，只要不断除淫心也一样会堕入魔道。而从当代社会来说，能够做到坚守此戒，不犯淫心是非常困难的。因为现在社会上很多人对邪淫"不以为耻，反以为荣"，比如做小姐的、当"小三"的、将车展变成"肉展"的，甚至还有各种所谓"性博会""性文化节""成人展"等。更有甚者，一些所谓学者打着"性权利""性自由"的幌子大肆宣扬邪淫之说，真可谓"末法之中，多此魔民炽盛世间。广行贪淫，为善知识，令诸众生，落爱见坑，失菩提路"。

我国是文明礼仪之邦，面对种种不堪乱象，也有正直的市民站出来坚决加以抵制，如近期网上传播甚广的新闻是哈尔滨市民头戴防毒面具，举着"中央扫黄促万家和睦幸福大快人心，黑龙江性文化节变相贩黄顶风而上，有良心守道德的哈尔滨市民们，让我们一起抵制！"的横幅抵制日益泛滥的"文化搭台、色情推广"的歪风，而"西安大妈反色情演讲事件"甚至引起了新华社的关注。②当前社会上对同居、包二奶、养情妇、一夜情、钱色交易、权色交易等邪淫行为的容忍以及这类不良信息的无障碍传播，已经置广大人民群众（尤其是涉世不深的青少年）于色诱大染缸之中，对于情窦初开又不懂得保护自己的青少年来说，这种诱惑力和污染性更是巨大。社会风气的扭转需要各方面的努力，当前中央在反腐败运动中对落马高官罪状的描述中首次使用了"通奸"一词，这也表明了中央的态度，"不淫"是做人、为官的基本道德底线。

---

① 杨伯峻：《论语译注》，中华书局，1980，第93页。
② 新华网北京6月29日新媒体专电（记者白林），《西安大妈反色情演讲戳中"黄祸泛滥"之痛》，http：//www.sn.xinhuanet.com/2014－06/30/c_1111374762.htm。

二　不杀·仁

"阿难，又诸世界六道众生，其心不杀，则不随其生死相续。汝修三昧，本出尘劳。杀心不除，尘不可出。纵有多智禅定现前，如不断杀，必落神道。上品之人，为大力鬼；中品则为飞行夜叉、诸鬼帅等；下品当为地行罗刹。彼诸鬼神，亦有徒众，各各自谓成无上道。我灭度后，末法之中，多此鬼神炽盛世间。自言食肉，得菩提路。阿难，我令比丘食五净肉，此肉皆我神力化生，本无命根。汝婆罗门，地多蒸湿，加以沙石，草菜不生。我以大悲神力所加，因大慈悲，假名为肉，汝得其味。奈何如来灭度之后，食众生肉，名为释子？汝等当知，是食肉人，纵得心开似三摩地，皆大罗刹，报终必沉生死苦海，非佛弟子。如是之人，相杀相吞，相食未已，云何是人得出三界？汝教世人修三摩地，次断杀生，是名如来先佛世尊，第二决定清净明诲。是故阿难，若不断杀，修禅定者，譬如有人自塞其耳，高声大叫，求人不闻，此等名为欲隐弥露。清净比丘，及诸菩萨，于歧路行，不踏生草，况以手拔。云何大悲，取诸众生血肉充食？若诸比丘，不服东方丝绵绢帛，及是此土靴履裘毳、乳酪醍醐。如是比丘，于世真脱，酬还宿债，不游三界。何以故？服其身分，皆为彼缘。如人食其地中百谷，足不离地。必使身心，于诸众生，若身身分，身心二涂，不服不食。我说是人，真解脱者。"①

不杀当然包括不杀人，这是道德与法律的基本规定。"以人为本"意味着我们每个人在人格上是平等的，都是值得关爱的，这个世界上没有什么比使一个罪大恶极的人改过自新更大的"奇迹"了。而做到"不杀人"的核心是不起"杀念"，一些普通人畏惧于法律不敢杀人，但是心里却往往恶念涌动（如对自己仇恨的人"恨不得将他千刀万剐"），心地不起恶念方为真修行。

不杀在这里更多强调的是不杀生，即不能为了满足口舌之欲而杀害

---

① 释智觉：《楞严经译解》，上海古籍出版社，2013，第424页。

有情众生。《孟子·告子上》云："恻隐之心，人皆有之。"①又云："恻隐之心，仁之端也。"②上天有好生之德，爱惜物命本来就是我们每个人应当做到的道德义务，即使遇到不得不食肉的场合也要有不忍之心，所以孟子又说："君子之于禽兽也，见其生，不忍见其死；闻其声，不忍食其肉。是以君子远庖厨也。"③从这个意义上来说，"取诸众生血肉充食"这本身就是一种不道德。

不杀不仅是保全、彰显我们每个人应具道德本心的必要方法，而且从科学角度来说也是健康的需要。在自然界的食物链里，植物"吃"阳光、空气和水，动物吃植物，人吃动物，看起来食肉者处于"食物链上的顶端"。但是当今世界环境污染问题日趋严重，很多农田、牧场和水域都已被各种有害的化学物质污染，动物通过吃植物而使有害物质大量积存于体内，其体内有害物质的浓度往往比环境及食物中的要高。更有甚者，在肉食加工过程中，一些肉类食品被添加了各种抗氧化剂、防腐剂、色素、香料等添加剂以"改善"肉的色质和品味；牲畜在饲养过程中也被施用了许多化学药物，以使之加速生长和繁殖；患病的牲畜经常被检验人员所忽略，即便牲畜得了癌或肿瘤，通常也只是切除患病部位，其余部分照样出售，甚至切下来的"病肉"也会被用来制作香肠等；为了保质，肉类食品还要添加硝酸盐、亚硝酸盐及其他发色剂以保持肉的鲜红，这些都会严重危害人类健康（甚至导致癌症）。

所以不杀无论是从全吾恻隐之心来说，还是从保护我们自身健康来说都必要的，而且也是保护（野生）动物、维护生态平衡的需要。我国正在建设生态文明，生态的保护需要我们改变不良的饮食习惯，相对于肉食来说，吃素无疑是更好的习惯。印光法师曾经说："诸罪业中，唯杀最重。普天之下，殆无不造杀业之人。即毕生不曾杀生，而日日食肉，即日日杀生。以非杀决无有肉故，以屠者、猎者、渔者，皆为供给食肉

① 杨伯峻：《孟子译注》，岳麓书社，2009，第211页。
② 杨伯峻：《孟子译注》，岳麓书社，2009，第61页。
③ 杨伯峻：《孟子译注》，岳麓书社，2009，第12页。

者之所需，而代为之杀。然则食肉吃素一关，实为吾人升沉、天下治乱之本。"①也正因这个道理，《楞严经》在不杀戒中要求修行人吃素，只有断除杀心，方得成就。

三　不盗·义

"阿难，又复世界六道众生，其心不偷，则不随其生死相续。汝修三昧，本出尘劳。偷心不除，尘不可出。纵有多智禅定现前，如不断偷，必落邪道。上品精灵；中品妖魅；下品邪人，诸魅所著。彼等群邪，亦有徒众，各各自谓成无上道。我灭度后，末法之中，多此妖邪炽盛世间。潜匿奸欺，称善知识，各自谓已得上人法。詃惑无识，恐令失心。所过之处，其家耗散。我教比丘，循方乞食，令其舍贪，成菩萨道。诸比丘等，不自熟食，寄于残生，旅泊三界，示一往还，去已无返。云何贼人，假我衣服，裨贩如来，造种种业，皆言佛法，却非出家具戒比丘为小乘道。由是疑误无量众生，堕无间狱。若我灭后，其有比丘，发心决定修三摩地，能于如来形像之前，身燃一灯，烧一指节，及于身上爇一香炷。我说是人，无始宿债，一时酬毕，长揖世间，永脱诸漏。虽未即明无上觉路，是人于法已决定心。若不为此舍身微因，纵成无为，必还生人，酬其宿债。如我马麦，正等无异。汝教世人修三摩地，后断偷盗，是名如来先佛世尊，第三决定清净明诲。是故阿难，若不断偷，修禅定者，譬如有人，水灌漏卮，欲求其满，纵经尘劫，终无平复。若诸比丘，衣钵之余，分寸不畜。乞食余分，施饿众生。于大集会，合掌礼众。有人捶詈，同于称赞。必使身心二俱捐舍，身肉骨血，与众生共。不将如来不了义说，回为己解，以误初学。佛印是人，得真三昧。"②

"人为财死，鸟为食亡"这句话清楚表明了人对财物的执着，而不偷盗即是破除对财富的执着之心的。何谓偷盗？凡是所有不依照道德仁

---

① 《印光法师文钞嘉言录》，苏州报国寺弘化社，2004，第140页。
② 释智觉：《楞严经译解》，上海古籍出版社，2013，第429页。

义而获得的财物，都属于偷盗的范围。

不偷盗是道德、法律及基本人性的要求，偷盗源于对财物的贪念，一旦付诸行动，小则偷，大则盗。偷盗可以分为有形的偷盗和无形的偷盗，有形的偷盗如勒索欺诈、入室抢劫，无形的偷盗如假公济私、浑水摸鱼；偷盗又可以分为直接的偷盗和间接的偷盗，如小偷窃取是直接的偷盗，贪官徇私舞弊是间接的偷盗。所以说对于什么是"偷盗"要有深刻认识，不是说偷了别人的东西才叫偷，偷公家的东西（贪污受贿）更叫偷。

孔子曾说："富与贵，是人之所欲也，不以其道得之，不处也；贫与贱，是人之所恶也，不以其道得之，不去也。君子去仁，恶乎成名？君子无终食之间违仁，造次必于是，颠沛必于是。"①这和《楞严经》所讲的道理类似，但是在现在市场经济环境下，似乎衡量一切东西的标准都成了金钱，唯有财富才是最值得追求的。在这种环境下对于一个道德君子来说，如果不能以道德的途径获得财富，那就应当安于贫困，因为相对于外在的财富来说内在的修养更为重要。孔子有一次和弟子在陈这个地方遇到了困难，连吃的都没有了，子路就有点失望地问老师：难道君子也有穷苦的时候吗？孔子回答说："君子固穷，小人穷斯滥矣。"②什么是君子？君子就是在遇到穷困的时候能够坚守仁道，而小人遇到穷困就会肆无忌惮、胡作非为了。

世间法的君子之道尚且如此，出世间法的菩提之道更应当如此。所以世尊说："我教比丘，循方乞食，令其舍贪，成菩萨道。"为了断除对财物的执着之心，出家众都是托钵乞食，除了遮体的衣服和吃饭的钵之外什么都不积蓄，这样才能保持内心的清净，才能追求真理大道。但是，"末法之中，多此妖邪炽盛世间。潜匿奸欺，称善知识，各自谓己得上人法。詃惑无识，恐令失心。所过之处，其家耗散。"这段话其实是告诉我们如何识别真假善知识：如果一个善知识完全看破、放下，不被财、

---

① 杨伯峻：《论语译注》，中华书局，1980，第 36 页。
② 杨伯峻：《论语译注》，中华书局，1980，第 161 页。

色、名等累，那就是真善知识；否则，一方面口若悬河，另一方面接受供养，甚至大肆敛财、好色，那就一定是假的。而随着经济的进一步发展，现在社会上很多迷信现象死灰复燃甚至愈演愈烈，各种所谓"大师""菩萨转世"等层出不穷。其实判断的标准无非还是这一条：不敛财、不好色、不好名，能够超脱欲望束缚，不仅在口头上，在行动上更是行道德仁义之事的就是真善知识，否则就是假的。

四　不妄·信

"阿难，如是世界六道众生，虽则身心无杀盗淫，三行已圆。若大妄语，即三摩地不得清净。成爱见魔，失如来种。所谓未得谓得，未证言证，或求世间尊胜第一。谓前人言：我今已得须陀洹果、斯陀含果、阿那含果、阿罗汉道、辟支佛乘、十地、地前诸位菩萨。求彼礼忏，贪其供养。是一颠迦，销灭佛种。如人以刀断多罗木。佛记是人，永殒善根，无复知见，沉三苦海，不成三昧。我灭度后，敕诸菩萨及阿罗汉，应身生彼末法之中，作种种形，度诸轮转。或作沙门、白衣居士、人王宰官、童男童女，如是乃至淫女寡妇、奸偷屠贩，与其同事，称赞佛乘，令其身心入三摩地。终不自言我真菩萨、真阿罗汉，泄佛密因，轻言未学。唯除命终，阴有遗付。云何是人，惑乱众生，成大妄语？汝教世人修三摩地，后复断除诸大妄语，是名如来先佛世尊，第四决定清净明诲。是故阿难，若不断其大妄语者，如刻人粪，为栴檀形，欲求香气，无有是处。我教比丘，直心道场，于四威仪一切行中，尚无虚假，云何自称得上人法？譬如穷人，妄号帝王，自取诛灭。况复法王，如何妄窃？因地不真，果招纡曲。求佛菩提，如噬脐人，欲谁成就？若诸比丘，心如直弦，一切真实，入三摩地，永无魔事。我印是人，成就菩萨无上知觉。"①

不妄语，这是维护社会诚信以及为人处世的基本道德原则。何谓妄

---

① 释智觉：《楞严经译解》，上海古籍出版社，2013，第432页。

语？未见言见（明明没有亲眼看到事实非要说我见到了）、见言不见（明明见到了事实真相偏说我没见到）、虚伪夸张、借故掩饰等都是妄语。

"诚信"是当代社会道德所提倡的，实际上这也间接说明了社会上"诚信"这种美德的缺失。缺失的原因是在市场经济条件下，人们丧失了道德信仰，导致人们一心往钱看，金钱（而不是道德）成了衡量一切的标准。以前追求利益、追求金钱被认为是不道德的事，现在则被看作正当的、应当的事；人们不怕赚钱，而是怕赚不到钱、不会赚钱。结果是什么呢？是整个社会道德风气的日益衰落，是整个社会治安状况的日益恶化。我们都知道"狼来了"的故事，骗人的小孩最终付出的是生命的代价。而我们呢？在学习中，在找工作的过程中，在工作后的单位里，我们是否也正上演着"狼来了"的故事呢？

世尊教导我们要"心如直弦，一切真实，入三摩地，永无魔事"，做任何事情时要遵循我们的本心去做。如何遵循本心呢？通俗而言就是完全放下欲望的贪执，无染而行。我们之所以不能够显发真心、彰显佛性，不能获得大智大慧，原因就在于我们执着于欲望，执着于色（淫）、食（杀）、财（盗）、名（妄）等各种各样的欲望（而现在经济全球化的时代，各种诱惑刺激就更多了），于是我们内心的大圆宝镜（真如佛性）就被层层污垢遮蔽了，甚至连自己都不知道原来我们的真心是一面可以照天照地而毫无执着的宝镜（镜子可照见万物，但本性是"空"，因空容有）。所以放下一切虚假妄言，循道而行才是正确的方式，这也就是禅宗所经常说的"直心即道场"的意思。印祖曾说："夫尧舜之道，孝悌而已，如来之道，戒定慧而已。能于平实庸常之事而实行之，行之及极，其高深玄妙之理，岂待别求？"[①]这都说明了我们要老老实实做人、老老实实修行，诸恶莫作、众善奉行，自然能够获得大智慧、大幸福。而那些"未得谓得，未证言证，或求世间尊胜第一"的所谓"高人"，所追求的无非是"求彼礼忏，贪其供养"，由此"惑乱众生，成大妄

[①] 《印光法师文钞嘉言录》，苏州报国寺弘化社，2004，第6页。

语"。同样的，这也告诉了我们识人的方法：任何自称（或暗示）是"神仙下凡""菩萨转世""天下第一"等自我炫耀、贪求供养的人都不是善人，都值得警惕和防范。

总体而言，《楞严经》"四种清净明晦"从四种根本戒律出发，要求我们在任何时候都要把道德戒律的持守放在最高的位置上。在这个道德日益沦丧的社会里，拥有道德信仰是可贵的，也是我们在世间乱象中把握道德底线，获得人生幸福、事业成就的正道。这也正如印祖所说："法门虽多，戒、定、慧三，摄无不尽。故《楞严经》云：摄心为戒，因戒生定，因定发慧，是则名为三无漏学。而三者之中，唯戒最要。以能持戒，则诸恶莫作，众善奉行。其行与佛近，其心必不至与佛相远也。故如来于梵网经，为众生保证云，我是已成佛，汝是未成佛。若能如是信，戒品已具足。又云：众生受佛戒，即入诸佛位。位同大觉已，真是诸佛子。是持戒一法，乃超凡入圣、了生脱死之第一要道也。"[①]诚哉斯言。

---

① 《印光法师文钞嘉言录》，苏州报国寺弘化社，2004，第186页。

问题探讨

试论当代中国价值观中的困境与出路

——从"山寨现象普遍化"谈起

徐 弢[*]

（湖北大学哲学学院 ）

【摘 要】 本文以"山寨现象的普遍化"作为出发点，分析了这一现象背后的成因，指出这一现象背后真正的原因在于我们当代中国价值观中的困境——价值缺位和价值虚无主义，并且结合信息社会的特点分析了价值虚无主义产生的必然性，最后指出了当代中国价值观的重建所需要的基本条件。

【关键词】 山寨现象 当代中国 价值观 信息社会

在信息技术高度发达的当今中国，打开网络和新闻媒体，充斥我们眼球最多的是五花八门的"山寨现象"。比如，社会上各式的山寨建筑、山寨风景区、山寨手机、山寨音乐和影视、山寨版明星、山寨版春晚、山寨版讲演稿等。各种"山寨现象"和"山寨产品"可谓层出不穷，像病毒一样在民间已经呈现一片蔓延之势。[①]对于中国目前的这种愈演愈烈

---

* 徐弢（1983～），男，安徽省潜山县人，哲学博士，湖北大学哲学学院讲师，湖北大学高等人文研究院兼职研究员，主要从事英美分析哲学、中西文化比较研究等。

① 在山寨建筑中，山寨率比较高的有以下外国著名的地标式建筑：比如，美国国会大厦和白宫，澳大利亚的悉尼歌剧院，法国巴黎的埃菲尔铁塔和凯旋门，英国伦敦塔和泰晤士河，奥地利的哈斯塔特小镇，埃及的狮身人面像以及中国北京天安门、鸟巢和庆丰包子铺，等等。最近，埃及政府已经向联合国教科文组织起诉中国石家庄的山寨版狮身人面像，当地政府也已经答应拆除，另外，河南的庆丰包子铺也已经收到上级工商管理部门的行政处罚通知，责令其停止侵害商标权行为，限期整改。

的山寨现象，许多观察人士持否定态度。甚至有国外媒体记者嘲讽道："在中国一个下午就可以逛遍巴黎、威尼斯。"①

在建筑领域是这样，在其他的领域比如 IT 领域和服装生产领域，山寨电脑、山寨手机、山寨服装名牌更是如此。另外在影视、音乐、文艺创作等领域，山寨现象都极其普遍。在当今中国，"山寨现象"为什么能在人们生产和生活的诸多领域中呈现燎原之势？这背后的原因有哪些？"山寨现象普遍化"背后折射出哪些问题？这些现象与当代中国的价值观之间是什么关系？"山寨现象普遍化"需要我们从理论的角度来加以分析，揭示其内在的根源和实质。

一　山寨现象普遍化背后的成因分析

"山寨现象"在当今中国绝非个案，而已经发展成为一种极其普遍的社会现象。只要我们稍加留意，实际上在我们生产和生活的各个领域中，都或多或少地存在"山寨现象"或"山寨产品"。那么，到底"山寨"一词的本义是指什么呢？"山寨"又有哪些特点呢？"山寨"一词在古代汉语里，主要是指山林中设有防守栅栏的地方，也指有寨子的山村，引申为绿林好汉在山中的营寨。但是，"山寨"一词在今天中国已经逐渐失去了其本义，而逐渐被人们赋予了新的具有时代特征的含义。说的直白点，"山寨"意味着盗版，不正规的。一般用于某些品牌东西的假冒品。"山寨"一词也附有"恶搞""抄袭""剽窃"等含义。现代社会中的"山寨"一词源于广东话，是"小型、小规模"甚至有点"地下工厂"的意思，其主要特点为仿造性、快速化、平民化。

根据网络通常的解释，"山寨行为"指的是个人或团体对知名事物的模仿与改造而又自成一体。由此得到的事物，亦被冠以"山寨"二字。这样的事物可能是一种商品、建筑、活动或其他形式，通常表现为

---

① 《美媒讽山寨建筑：一个下午逛遍巴黎和威尼斯》，凤凰网（http://house.ifeng.com/industry/design/detail_ 2014_ 05/26/36504262_ 0. shtml）。

小规模性、非权威性，并伴随非常规性的改动，如引入特殊的材料、方法，或者增加特殊的功能等，以此迎合草根的需求。由此衍生的动词"山寨"则是指从事山寨行为，约等同于"模仿"一词。而生产和使用这类山寨产品的人则被称为"山寨党"。①对于山寨、山寨产品、山寨文化等概念及其在中国形成的社会原因，社会上的看法各异。归纳起来，不外乎正反两种观点。

赞同或认可这一行为的人认为山寨文化是对垄断行为暴利的反抗行为，值得提倡和推广，具有惠及广大民众的优点。持这种观点的人认为，山寨现象首先从高新技术行业兴起和流行起来，不是偶然的，是有着深层次的社会体制原因的。因为在他们看来，几乎所有新兴行业，特别是高科技行业和垄断行业，暴利思维已经积久成习。只有一部分人掌握了高新技术，那么这些人们就会占山头，对整个行业都形成垄断之势，获取无限的暴利。而广大的民众囿于高新技术的匮乏，只能在垄断行为面前无能为力。而广大民众又不甘心垄断行为的压榨，就从内心激起改变这一局面的决心。但是，民众在一时无法从根本上从体制上改变暴利现状的情况下，只能采用"山寨"的方式满足自己的需求，这何尝不是对行业暴利的反抗！这种反抗，持续日久之后，自然会成为暴利行业暴利行为的匡正力量。所以，持这种观点的人们看好山寨文化，认为应该任其发展。"山寨"的支持者认为，只要山寨品物美价廉就应该存在。还有网友指出，不少现在十分成功的大企业都是从"山寨"起步的。

反对这一行为的人认为山寨文化就是盗版文化，是强盗文化。持这种观点的人认为山寨文化是一种冒牌的文化，其核心就是剽窃，所以，我们应该对山寨产品进行封杀，自觉抵制各种"山寨行为"。因为，这些山寨行为是对当代知识产权的严重侵犯，对原创者智力成果和尊严的践踏，违反了相关的法律，应该予以取缔。山寨产品通过偷取别人原创产品的设计，经过简单的拼接、组合和包装，改头换面地以所谓"创新"产品的形式混入市场，必然引起市场既有秩序的混乱，对于市场经

---

① 360 百科（http：//baike. so. com/doc/1208186. html）。

济的自由是一种侵害和腐蚀。"山寨产品"早已失去了其初期的关键词——"创新"——的意义，只剩下赤裸裸的复制和利益。所以，在这种观点看来，山寨行为和现象的兴起完全是出自"强盗逻辑"，没有新意，只有利益。

以上是目前人们对于山寨现象的两种基本观点和看法，支持山寨现象的人是从体制的角度来寻找原因的，认为山寨现象的出现是反抗垄断行为暴利的必然结果，是社会发展的必然趋势，符合时代的潮流和方向，我们不应该抵制，而应该鼓励和提倡，因为正是这些山寨现象和行为的出现，使更多暴利的利益格局被打破，更多高新技术产品进入了寻常百姓之家。而反对山寨行为的人则从现存的法律与知识产权等角度，对之进行激烈的抨击，认为山寨行为是一股不正之风，会助长"粗制滥造""假冒伪劣"之气，应该加以拒斥。

笔者认为，以上两种观点对于山寨现象形成原因的分析，虽然各有各的道理，但不可否认的是，它们也都有显而易见的局限性，因为它们都没有触及山寨现象形成的根源和实质。因为，山寨现象的出现，是一种非常复杂的社会现象，我们不能简单地将之归结为现存垄断体制或知识产权或法律方面的原因，我们更应该从价值观和文化角度，来剖析山寨现象产生的价值根源。山寨现象的不断出现和兴起，本质上是与当代中国的价值观紧密相关的。山寨现象产生的最终根源在于我们的价值观出现了问题，换句话说，我们的价值观中某些价值缺位，导致了价值虚无主义，从而为山寨现象的盛行铺平了道路。

二　山寨现象与当代中国价值观的困境

不可否认的是，山寨现象在当代中国的流行，其原因应该是多方面的，比如有社会学、人类学、价值观和文化等多方面的因素，人们也可以从其他的方方面面对之进行分析和描述。但是，我们认为价值观方面的因素始终是占有主导地位的。人们对"山寨现象"或"山寨产品"趋之若鹜，追捧崇拜，正好从侧面反映了当代中国价值观方面出现了严重的危机，人们的价值系统出现了严重的混乱，所以才致使山寨现象屡禁不止。那么，我们的价值观到底出现了什么样的问题？这些问题对于山寨现象的层出不穷又会产生什么样的影响？目前，中国的价值观正处于一个价值缺位、混乱不堪的局面，看似多种价值观并存，实质上是价值虚无主义和价值相对主义。

首先，传统价值体系的崩溃。中国的传统价值体系是以儒家价值观为代表的价值体系，2000 年以来一直在中国人心中占有支配性的地位。儒家所强调的"仁、义、礼、智、信"等核心价值体系，在当代中国遭遇了前所未有的危机和挑战，特别是以市场经济为根本特征的西方思潮的侵蚀和摧毁。市场经济就像一张无形的大网，将其触角伸到社会的各个角落。社会各阶层的民众无不受到市场经济中价值观的影响。那么，市场经济的价值观是什么呢？一句话，市场经济的核心是资本和利润，市场经济将追求最大利润奉为圭臬。深处市场经济漩涡中的人们，时刻关心的是自己的利益，获取利益的手段，基本上没有多少时间去思考传统文化和价值观比如"仁义君子""修身齐家"等问题。俗话说，无奸不商，还有多少商人为了追求自己独立的品格，而放弃自己唾手可得的利益？实际上，儒家传统价值观在当代中国社会面临的被摧毁的命运是由多重因素所造成的恶果。这其中既有历史的因素，也有社会的因素。关于历史的因素，比如近代中国一个半世纪以来所经历的各种革命运动，比如"五四"时期对儒家的过分抵制和打压，以及新中国成立后的多次政治运动，比如"文化大革命"等。儒家在最近 100 多年以来，在中国遭遇了严重的信任危机，"打倒孔家店"，甚至成为专门的革命口号。关于社会的因素，一言以蔽之，这与中国在近百年以来的社会中发生的剧变有关。传统的中国是一个以农业为主的社会，中国广大的乡村社会是以宗法家族秩序为主要特点的。但是，随着西方列强对中国的侵略和半殖民化，中国传统的宗法社会和乡村政治的结构逐渐被瓦解，代之以各式各样的主义。近 30 年以来，随着改革开放的推进，中国又引进了西方的市场经济，社会结构也发生了翻天覆地的变化，以"家"为单位、以亲情血缘关系为出发点的传统儒家价值观遭到侵蚀，现在中国人没有传统所谓的"大家"，只有"小家"，并且"家"所蕴涵的意义也从传统的"家国一体"演化为现在的"家的缺位"。不但如此，传统儒家价值观如何适应现代社会的发展，并能实现伟大复兴，的确是一道大家不得不面对和思考的难题。

其次，政府意识形态宣传的效果有待加强。就算传统的儒家价值观被历史和社会的剧变所摧毁了，我们不是还有一整套国家舆论和宣传机器吗？国家和政府在意识形态方面实际上是大有可为的，通过宣传马克思主义和中国特色社会主义，不就可以填补儒家价值观缺席的空白么？我们广大民众通过自觉地接受这些官方意识形态，不就可以形成新的正统的价值观么？国家和政府的确在这些方面，花了不少的力气来处理这些问题。从理论上讲这应该是可能的，但是在实际中也遇到了极大的困难和挑战。在意识形态的宣传方面，说教、喊口号、自上而下地进行意识形态价值观的教育往往事与愿违，所收获的效果也甚微。因为很多这种意识形态和价值观的教育，只是停留在说教和宣传口号的层面，没有深入文化的肌理和血脉，很难在广大民众之间产生认同感。长期反复的这种宣传和喊口号，实际上造成了极其糟糕的效果，因为它容易导致教育对象产生逆反心理，造成事倍功半的后果。

最后，西方的价值思潮对于传统价值观的冲击，导致了现在所谓的多元价值观并存，实际上是价值虚无主义和价值相对主义。不错，我们打开国门，一方面引进了西方先进的科学技术和管理经验与方法，同时也引进了各种各样的价值观。这不是说，我们不需要引进西方的很多有用的核心价值，比如"正义""自由""民主"等，而是说我们所引进的这些外来价值在目前中国也面临着很大的困难。这实际上涉及的是西方的价值观如何与中国本土文化融合的问题。目前所面临的形势实际上并不乐观。我们往往只是从形式方面模仿和照搬一些外来的做法，但是没有学会其价值的神韵和内核，没有真正将一些西方价值系统中的重要有用的价值，根植于中国本土文化，让其生根发芽，开花结果。所以，有人说自"五四"以来，中国的启蒙运动一直没有成功过，是有道理的。所以，西方有人批评我们中国，说我们中国人虽然很富有，但是在精神上却很苍白、很空虚，这种说法其实也是有一定的道理的。西方人不理解我们中国人为什么那么盲目地追求经济发展的速度，追求物质利益，在物质利益面前蜂拥而上，不讲规则和道德，不重视人文精神的践行以及独立人格的培养。有人甚至指责中国人就是一种群体动物，只讲利益，不讲原则。当然，这话对于很多持有民族主义的人来说，或许有些刺耳，但是不能不说，它的确刺到了我们价值观和文化的软肋和痛处。我们当代中国，就处于这样一个看似价值多元，实际上却属于价值虚无主义的时代。一切所谓的原则和道义在物质利益和利润面前，突然变得黯然失色。这就是当前中国的现实。

现在，社会上的人们心态非常浮躁，一心只想发大财，买名车，购别墅，腰缠万贯，而实际上脑子中空空如也。各个阶层的人，都面临着很大的压力，变得非常焦虑，这或许和整个社会的大环境有关。因为整个社会就比较焦虑和浮躁，只追求快捷、速成和表面的东西，而不喜欢那种真材实料、厚积薄发的东西。所有这些，实际上是我们价值观中出现严重困境的必然后果。广大民众中间，大家推崇的不是道德和原则、价值观系统，而是利益、金钱崇拜，金钱万能成为人们时髦的口号。所以，在这样的一个价值虚无主义的社会中，那些所谓的"山寨现象"风起云涌、大行其道就可以理解了。因而，我们说，"山寨现象"产生的真正根源在于我们的价值观系统出现了问题，并且这种价值困境和混乱的局面为"山寨现象"的滋生和蔓延，提供了必要的土壤。

三 山寨现象、信息社会与价值虚无

最近几年以来，随着中国经济的快速增长，民众的文化需求大幅提高，而中国本土的文化核心价值观体系还没有重建起来，文化产品和文化创新相对滞后，导致了一大批"山寨产品"蜂拥而入，泛滥成灾。山寨现象的屡禁不止，此起彼伏，是与我们现在所处的社会息息相关的。我们现在的社会是一个以信息技术为根本特点的后工业社会，是一个信息爆炸的社会。在这样的社会中，大家面临着传统农业社会和传统工业社会所没有面临过的机遇和挑战。

在信息社会中，人人都可以通过网络和手机微博等新兴的信息媒介出名，人人都可以露脸，都有成功的机会。虽然信息社会为人们的成功提供了快速和便捷的方式与机遇，但同时信息社会也为我们提出了前所未有的挑战。在信息社会中，信息沟通的媒介日新月异，新媒体和新信息工具层出不穷。同时，每时每刻都有无限的信息向大家袭来，让我们变得不知所措，变得非常焦虑和烦躁不安。

我们为什么会变得比以前更加焦虑和不安呢？主要是我们在信息面前，会遇到很多信息的不确定性，信息的不对称性，以及信息量的膨胀，而我们的精力和技能又十分有限。面对海量的信息，我们怎样选择呢？面对海量的新闻和报道，我们又该如何去取舍呢？面对海量的主义和价值系统，我们又该如何去进行选择和践行呢？所有这一切都说明了一个问题，那就是在信息社会中，我们在心理上会变得无所适从，焦虑不安，并且还会加剧从众心理。

所以，在这种后工业的信息社会中，"山寨现象"的出现和流行，就是很容易理解的事情了。因为"山寨现象"得以流行的最初领域就是IT领域，而IT领域正好是信息社会前进的动力。"山寨现象"追求的是短、平、快，以极低的成本模仿和复制知名的品牌，以简单的组合和拼接来重现原创的产品，达到满足广大草根需要的目的。"山寨行为"追求的是刺激、好玩、娱乐与恶搞，而不是严肃、高大与道德和义务。"山寨"不讲究什么原则和道义，只要有市场，有需求，就可以生产和销售。当然，一开始的时候，"山寨"仅局限在个人自娱自乐以及网络狂欢的领域，但是有些别有用心的商家在这里嗅出了商机，开发了一系列所谓的"山寨产品"，为"山寨行为"起到了推波助澜的作用。

社会发展节奏的变快导致人们很难坚守某一特定的价值系统与原则。这是很明显的。人们经常挂在嘴边的话语是，你太落伍了，你的这一套不管用了，你OUT了。在信息爆炸的社会中，的确如此。我们没有多少时间安下心来研究问题，我们只知道重复别人的行为，从众心理会变得越来越强。专家说的都是对的，自己不需要也不想做判断。一切都从众就 OK 了。这实际上就是流行于广大草根之间的价值虚无主义。大家思考问题的出发点不再是追求特定的价值和系统，不再是坚守某某道义与原则，而是采取一种无所谓的态度，怎么都行，只要对我有好处就可以。这是一种自私自利的态度，他们信奉的不是什么原则和价值观，而是赤裸裸的"人不为己，天诛地灭"的个人利己主义。爱怎么样，就怎么样。深处信息社会中的广大民众，根本就没有机会来思考和认识什么践行如一的原则和道义问题。他们相信只要这个行为好玩、新鲜、刺激、有趣就可以了，不用从价值方面进行权衡和评判。

为什么大家都会变得如此的焦虑和不安，变得如此草率和不讲道义呢？这主要是因为，他们往往面临了很多生活的压力，比如就业压力、看病压力、晋升压力、住房压力、婚姻压力、上学压力等。他们需要的是释放，是解压，而不是学习和认同某些特定的道义和原则。所以，只要有别于正统的"山寨产品"出现，他们就会欣然接受，还会自觉推广和传播，甚至自觉复制和模仿。在生产领域建筑、服装设计领域都是这样，在文化艺术领域也是如此，各种微电影、微博、自拍更是如此。他们以"山寨"为时尚，认为"山寨"具有快速、简洁和平民化的特点，满足了广大草根的需求，是对草根文化权利的一种捍卫，是对传统文化秩序的一种颠覆。所以，从这个意义上来说，"山寨行为"还真有点后现代解构主义的味道。

一切传统的、高大的、道德的东西都被摧毁了，价值变成了虚无，因为从来就没有什么真正的价值。价值就是相对的。一切都可以被解构，可以被重新诠释。周星驰主演的《大话西游》系列电影就是这方面的生动案例。《大话西游》的故事情节可以说是对于《西游记》的颠覆和解构，以无厘头、恶搞为基本特色，在广大的民众和草根中间获得了经典的称号。这只是一个小小的例子，但是说明了我们的这个时代不再是唯经典马首是瞻的时代，而是一个崇尚新奇、刺激、恶搞、颠覆、解构、乱搭的时代。人们不去追求传统价值观中的谦谦君子，而是努力说"我是流氓我怕谁"。的确，现在，人与人之间没有什么谁怕谁的问题，但是，以这种流氓文化为代表的价值虚无主义和道德的相对主义已经在草根之间很盛行，没有对错和善恶，只有自私、自利与冷漠。

有人说，现代中国不是以美为美，而是以丑为美，是一个地地道道的审丑时代。传统高大的美好的行为不再有市场，比如助人为乐、老人跌倒了被人搀扶等都有被人讹诈的案例。人们受伤了倒地，没有人去关心和救助，因为人们怕自己的好心被人利用和绑架。人们之间的关系是冷漠的，大家只关心自己的切身利益。事不关己，高高挂起，似乎可以概括地说明我们这个社会的人际关系的主要特点。

所以，在这样的社会心态背景下，人们不会去关心什么道义和原则，更不用说关心什么价值观系统的重新建立问题，而只是关注能否使自己所谓"个性张扬"和是否"新鲜好玩"。游戏成了人们的主要活动。在这种玩世不恭的处世态度中，游戏人生、"恶搞"之风盛行，经典被糟蹋，原则被抛弃，正义被调侃，价值被阉割。所以，在这样的价值虚无的信息社会中，没有什么不可能，只要人们能想到的，都有可能发生，很多令人意想不到的事情也都发生了，因为在信息社会，一切皆有可能。恶搞、山寨和低俗成为常态，高雅和严肃成为过去时。

四　当代中国价值观的出路分析

通过上面的分析，我们对于当代中国社会中的价值观现状不能不感到担忧。因为，实际上，中国目前的价值观系统的确出现了严重的问题，传统的价值观特别是以儒家为代表的价值系统在今天完全成了从事儒家研究的学者们手中的专利，而不是大家普遍认同的主流价值。所以，传统价值观基本上在现代已经失去了其应有的根基和市场，面临被彻底摧毁的命运。中国目前的社会处于一个急剧转型时期，各种主义和思潮交相呼应，编织在一起，难解难分。

在这样的一个所谓价值多元化的时代和社会里，特别是受到外来价值观影响的社会里，表面上各种价值观大行其道，实际上反映了社会价值观系统中的矛盾、冲突和不协调，本质上表明了我们现存价值观中的虚无主义。一切价值都是相对的，没有什么真正的价值和意义值得大家终生追求，这就是我们在后工业社会——信息社会中所面临的严峻现实。那么，在这样的现实面前，我们到底该何去何从？我们应该如何处理价值观中的困境和危机问题？如何重新建构新的价值观？有这个必要吗？

我们认为，无论是原始社会还是农业社会，无论是工业时代还是后工业时代或信息时代，时代可以改变，技术可以日益发达，生产力可以迅速提高和发展，但是不可改变的是人类社会自身。因为人类社会本质上是由人组成的社会，只要有人类的存在，就会有价值的追求。人类社会本质上是由价值组成的系统。人类社会需要价值，就像河里的鱼儿需要水一样，就像人类需要空气来生存一样。所以，我们认为，即使处于一个急剧变化的信息社会中，我们还是应该有一整套的价值系统作为我们生活和人生的向导，作为我们做人和做事的准则。俗话说，没有规矩，无以成方圆，没有准绳，不能度量尺寸。人类社会中没有价值观作为参照系，我们人类就不能持续地发展和进步。价值是人类社会前进的指北星。

问题是，我们应该如何重新建构当代中国的价值观呢？我们应该从何处着手重新让价值观在广大民众的心里获得生机和活力呢？我们认为，当代中国价值观的重建需要做到以下几点。

其一，价值观的重建是一个极其复杂的社会过程，需要各种不同的价值系统相互碰撞，深度融合。外来文化要和我们的本土文化不断杂交，产生新的配种，然后这种新的文化要经过价值的选择和扬弃，才有可能产生一整套新的价值系统。所以，当代中国价值观的重建不是一句口号，而是需要漫长的时间和过程。只有在长期的历史发展中，我们才有可能寻找到真正需要的价值系统和价值原则，只有通过比较、甄别、选择、放弃以及重新整合等一系列价值行为，我们才有可能实现目的。是金子总会发光的，是真正的价值，总会有人们信奉的。虽然处于一个价值虚无主义盛行的时代，但我们也不能因此绝望，我们还是要有信心，坚信通过广大知识分子的不懈努力，通过一代又一代人的智慧和合作，我们终将寻找到适合我们发展目的的真正的价值观。

其二，以"自由""平等""人权""法治"以及"正义"等价值为依托，重新整合我们传统的价值资源。对"自由""平等""人权""法治"以及"正义"等价值，我们不应该盲目排斥，而应该充分认识到这些价值对于我们未来价值观的重建具有的举足轻重的影响。未来中国的价值观要有足够的胸襟，能够容纳和吸收这些价值，这些价值对于全人类都适用。我们传统的价值观具有非常丰富的资源，这些有用的资源需要我们去深度挖掘和整理，重新发现对我们的社会现实有意义和价值的东西。我们应将这些传统价值资源和"自由""平等""人权""法治"以及"正义"等价值协调统一起来，形成一种新的具有无限生机和活力的价值观。

其三，价值观的重建需要一系列配套措施。比如我们需要建立一个公正和法治的社会，在这样的一个社会中，价值观的重建才有可能。对那些无视规则和道义的行为比如"山寨现象"要重新进行划界，要明确哪些"山寨现象"是可以容忍的，比如那些自娱自乐的行为，只要不带有明显的商业目的，作为一种调侃和嘲讽，一种释放压力的个性张扬行为，我们不应横加指责和干涉，可任其发展，只要它们不要破坏法律，都是可以接受的；但是另外一方面，对于那些明目张胆地侵犯他人知识产权的和剽窃的行为，我们一定要坚决依照法律予以取缔和禁止，还市场一个公平竞争的健康发展环境。对于不同的价值观，我们需要结合具体的情形具体对待，不能一棍子打死，也不能一口气吹捧上天，需要理性对待，细致分析和甄别。如果人人都能本着这样一种平和而理性的态度来处理人和事的话，何愁价值观的重建不是指日可待。

网络新媒体与社会主义核心价值观的建构

刘柯兰[*]

（湖北大学外国语学院）

【摘　要】　网络新媒体的快速崛起，促进了话语权向平民、向大众、向社会的深刻转移，同时，也对推进社会主义核心价值观的建构提出了新的考验和挑战。它是一把双刃剑：一方面，通过监测功能、组织协调功能、议程设置功能、舆论监督功能等，网络新媒体有利于社会主义核心价值体系的建设；另一方面，网络新媒体伦理困境所呈现出的过度娱乐化、信息多元化倾向，会产生消极影响，误导公众，影响社会和谐发展。我们必须因势利导，正确发挥新闻传媒的价值引领功能，推进社会主义核心价值体系的建设。

【关键词】　网络新媒体　核心价值观　建构

一　当前核心价值观建构中网络新媒体的生态特征

十八大报告指出，要加强社会主义核心价值体系建设，深入开展社会主义核心价值体系学习与教育，用社会主义核心价值体系引领社会思

---

* 刘柯兰（1968～），女，湖北仙桃人，湖北大学外国语学院副教授，新闻学博士，主要从事媒介文化与跨文化传播研究。

潮、凝聚社会共识。在现代传播技术高度发达的背景下，新媒体无疑成为社会主义核心价值体系传播的重要途径。网络新媒体的快速崛起，促进了话语权向平民、向大众、向社会的深刻转移，加速了多元化、碎片化的传播趋势；同时，也对推进社会主义核心价值观的建构，增强社会主义意识形态的吸引力和凝聚力，提出了新的考验和挑战。

（一）贴近性、全面性

网站、论坛、博客、播客、微博、微信、社交网络等多种新媒体传播形式，更具大众化与社会化趋势，深入渗透到人们的日常生活中，覆盖社会各个层面，促使社会大众掌握了创造内容、传播内容的主动权。在新媒体中，信息准入的门槛大为降低，信息壁垒被打破，人人都有展示自我、发表意见的权利，正如土豆网的理念——"每个人都是生活的导演"。特别是手机移动博客、微博和微信等终端联系，使草根民主得以扩散到更大的社会空间，普通受众也能成为信息的创造者、传播者，实现个人思想与价值的共同分享。社会成员大胆彰显自我，发出了大量他们自己的形象信息。人们在一个全新的传播平台上获得了更多的自我满足，做出了更多的个性决定，实现了更多的自我价值。由于草根传播力量的壮大，越来越多的亚文化开始在互联网上有了自己的声音，网络红人、网络水军不断涌现，各种利益群体也开始转战互联网。民族主义、激进主义、新自由主义、消费主义、拜金主义、享乐主义、虚无主义等各种思潮，均在网络上拥有了各自的地盘。数量众多、规模不等的网上社群，在虚拟空间自由表达各种思潮，凝聚不同的意见、态度和倾向，更随意也更全面地展现了现实世界真实的话语冲动、欲望表达和利益诉求，网络空间成为现实空间的真实回声。

与传统主流媒体较高的意识形态地位不同，新媒体具有渗入社交圈子和社会群体的特征，更容易贴近群众、融入生活，对社会主义核心价值体系的传播也更具亲和力与贴近性。网络游戏、网络动漫、网络音乐、微电影、微视频、在线阅读和下载服务等，扩充了大众文化的内容。新媒体时代，相关信息往往由网络首发、传播，继而由传统媒体转载，产生更大的"溢散效应"。公共领域的边界被无形拓宽，草根阶层对热点事件和民生问题享有发言权，微博、微信的"围观""转发""点赞"，体现了个体成员对公共事务的参与，从此，权力遮蔽真相的可能性越来越小。如果说我们现存的社会架构、管理体制常被认为改革滞后、对民众的诉求缺乏回应，网络新媒体则为公民利益表达提供了途径，使"天价烟局长"、"裸聊"官员、"微博开房局长"等均被查处，民主政治思潮借助网络而崛起，在网络民意"倒逼"之下，政府也开始重视互联网渠道反馈的民意。

（二）便捷性、时效性

新媒体的便捷性、高效率、离心力和多向传播的模式，快速重构着当今的媒介生态。时尚的自我妆点、文化快餐、奢侈消费、享乐休闲等，如潮水般此起彼伏，流行的周期大为缩短。新媒体加速了社会群体的分化、裂变和重构，社会公众细分为更多的小群体、族群，从"裸婚族""捏捏族""房奴"等到"奔奔族""月欠族"……，令人目不暇接！世界观的分裂和多元性在虚拟情境中呈现无遗。

新媒体信息生产者呈现出多元化的生存方式，传统的信息传播者身份被拓展，任何人都可以借着电脑或移动终端随心所欲地读取屏幕并发布信息。数字化催生了许多新的行业、新的职业和新的人群，如网络写手、网络编辑，还有网络动漫、网络游戏、手机小说等亚创作群。他们基于自己的精神背景、生活资源、知识状态、艺术伦理等，建立了新的人与媒介的关系，玄幻穿越、耽美浪漫、游戏竞技、灵异惊悚、名人逸事、草根说史等各种类型的原创文本粉墨登场。文字、图片、声音和视频转换为非线性、超链接的文本形态传播，传统的媒体传播方式也由此被重新定义。

互动性和参与性极强的数字世界成为传递、共享文化符号与意义的重要场域，信息内容的瞬时传播与及时反馈甚至超出了传统的面对面的交流。过去，一种思想、学说或思潮要渗透到普通民众的头脑中，是十分缓慢的，书籍、杂志和报纸的受众数量有限。在新的媒介生态中，互联网、手机迅速普及，电子数据廉价传输，信息、思想成为触手可及的共享资源。"人艰不拆""喜大普奔""高大上""小伙伴们""中国大妈""点赞""女汉子""长发及腰""土豪"等热词及"主席套餐""马上体""都教授"等现象，显示了微博等新媒体制造流行话语潮的无与伦比的力量，其传播速度之快令人惊叹。新媒体改变了中国人的社会文化生活，同样改变着社会思潮的传播路径和接受方式。

（三） 碎片化、 无序性

所谓"碎片化"（Fragmentation），原意是指完整的东西破成诸多零块。"'碎片化'表现在传播领域是：一方面传统媒介市场份额收缩，话语权威和传播效能不断降低；另一方面则是新兴媒介的勃兴，传播通路的激增，海量信息的堆积以及表达意见的多元——这便是现阶段传播力量构建所面对的社会语境。"[1]一直被传统媒体话语霸权边缘化的"个人"成为新媒体的主人：他们不仅仅是消费者和用户，更是主动的生产者、创造者和建设者，每个人在网络中既是被动的又是主动的，每个人都有言说的权力与被倾听的可能。每个人都是言说主体，可以传播自己的思想，并吸引一大群人的关注。这样，"受众的分化最终形成了许许多多受传者群落的'碎片'，传播致效的一个基本前提，就是必须开始特别重视每一细分的个性化族群的特征，以及每一位单一消费者的个性和心理需求"。[2]认知模式和符号系统的转换，使人们更多地停留在事物或现象的表层，思想和价值如同碎片般播散。如此这般，传播主体，传播内容，传播的受众，传播的时间，甚至传播的方式，传播的文化效果，放眼看去，无不碎片化！

价值认同多元化、社会关系表面化是新媒体呈现的突出特点。新媒体属大众文化，同时具备流行文化、主流文化、边缘文化和亚文化的特点，是一个多元价值取向杂糅的场域。新的通信和媒介系统对传统思维

---

① 喻国明：《"碎片化"语境下传播力量的构建》，《新闻与传播》2006年第4期。
② 喻国明：《"碎片化"语境下传播力量的构建》，《新闻与传播》2006年第4期。

方式带来了挑战，个体自身的内在感受和认知质量经常变化，年青人的"频繁吐槽"，应者云集，便是思想瞬息万变的外在表象。更何况，网络的结构变得日益分散化，网民的流动性非常大，公众信息交换的速度和密度都在增长，传统的身份认同方式逐渐淡化，庞杂的象征与符号对应着混沌的现实，增加了新媒体传播的无序性。

（四）匿名性、多元性

在传统媒体传播中，因为媒介"把关人"和信息容量的限制，"另类话语"和"边缘话语"不能完全显现。新媒体是一个高度复杂的系统或场域，以往被忽视的人群和议题，在便捷、自由的虚拟社区中可以找到自己寄居的"地盘"。由于社会分层的差异，不同个体在教育、社会地位、职业、地域、收入水平等方面差别极大，"屌丝""穷矮丑"与"高富帅""白富美"的称谓正是对社会现实的折射。同时，讽刺与自嘲式的"屌丝"，显示了弱势群体的利益诉求和日常生活价值，意味着弱势、边缘的群体也获得了诠释生活的角度与权利。

新媒体传播具有底层化与匿名性、圈内交流与圈外排斥的交流特征，因意见多元，容易引起观点冲撞甚至社会分歧问题。认识论的障碍和新旧价值观的冲突，容易造成陌生感、焦虑感、挫败感和反常现象。新媒体信息空间的异质与混杂性，使不同的目的、利益、标准与价值交错杂陈，群体结构的复杂性可能催生或裂变出新的利益区隔。越来越多相同利益、身份、价值观念的人们，通过新媒体手段集合起来，采取多种形式表达诉求、争取权益，群体间的纠结和摩擦也在增加。在线沟通、虚拟交流和网络结社等社会化联系模式，也增加了群体事件、越轨行为。如白烨韩寒的"骂战"、孔庆东力挺郭德纲为"民族英雄"、周立波的"网络公厕论"、吕丽萍的反同性恋言论等，网络上此起彼伏的口水战，其实也是不同思潮的碰撞和交锋。虽然，微博的爆炸式发展已将思潮震裂为碎片，但思想对垒却很分明。更有偏激的网络愤青，往往以片面化、极端化的思维方式介入热点话题，表现出一边倒的声音和行为。尤其在涉及贪污腐败、贫富差距、收入分配、暴力拆迁、食品安全、社会公平等方面的话题时，网络上的"义愤"宣泄、正义呼唤尤为强烈。

社会主义核心价值体系的传播，不仅面临全球化时代世界多元文化思潮和多种社会思想交流、交锋、交融的新格局，也遇到了来自新媒体时代个性化、碎片化、集群式传播新形态的挑战。要将社会主义核心价值观的内容用人民喜闻乐见的形式，贴近生活的内容，寓教于乐，自然而然地渗透到人们的日常生活中，在潜移默化中内化为人们的思维习惯、行为标准和价值观念，使人们真正、自觉地认同社会主义核心价值观，自觉按照社会主义核心价值观去规范自己的行为。应充分发挥新媒体亲民性、全面渗透性、快捷性、碎片性和多元性的作用，不断扩大社会主义核心价值观的群众基础，使社会主义核心价值观真正得到普遍确立和巩固。

二 社会主义核心价值观建构中
网络新媒体面临的困境

网络新媒体无孔不入地影响着受众个体的认知和价值判定。它不仅影响着社会的意识形态，引导受众树立世界观和价值观，而且对于民族和人类生活方式的变化与进步、社会的稳定与发展都具有重要意义。然而，随着传播技术的迅猛发展，当前网络新媒体问题愈加突出：一些媒体滥用自由，炒作焦点，擅用媒体"话语霸权"，利用新媒体的"复制""粘贴"等手段，以不合格的传播技法和不正确的价值观念，故意制造事端和夸大事件，损害当事人的利益和社会利益，忽视社会责任、违反社会公德，使"自由的传媒"不再是道德价值的表征，虚假信息以扭曲本源的蛊惑力，把受众从熟悉引向迷茫，使受众丧失对自身行为的把握力，这样的信息一旦泛滥，将对社会生活造成严重破坏。[①]

网络新媒体是现代市场和高科技高度发展的产物，本质上是一种文化商业活动，受制于当代市场经济的整体运动。自 20 世纪 90 年代我国

---

① 王智华：《论大众传媒的伦理困境及价值选择原则》，《现代企业文化》2008 年第 14 期。

传媒产业化以后，媒体的规模扩大，实力增强，同时，资本介入媒体也带来了传媒的伦理难题，市场回报原则开始逐渐高于伦理道德原则，一时虚假广告宣传频出，传媒盛行娱乐风！文化的认知功能、教育功能，甚至审美功能都受到了抑制，而感官刺激功能、游戏功能和娱乐功能却得到了强化和突出，这在相当程度上背离了社会的伦理精神。为了追求经济利益最大化，网络新媒体不惜迎合利益的驱动而背离理性基础，低俗化、媚俗化的媒体产品满目皆是，给广大受众尤其是青少年带来了不可挽回的负面影响。

文化传播全球化所带来的西方文化霸权，通过媒体潜移默化地进行着西方价值观念的浸透。随着西方媒介文化产品在全球的普及，各地的媒介文化从内容到形式都发生了变化，通过网络新媒体的绝对优势力量，西方文化成为文化发展的引导者，侵蚀着本国及本民族的传统文化和民族精神。中国的大众文化对外来文化的依赖也越来越强，在影视创作中采用外来的剧情模式和演绎逻辑，以迎合全球化下的大众口味。在全球化语境中，受众——尤其是青少年，在不知不觉中接受了西方的价值观念和意识形态，享乐主义态度逐渐成为时尚。因为许多年轻人是伴着新媒体长大的，他们的生活方式、思考方式与价值观念受到新媒体的极大影响。流行文化充斥于各种各样的文艺晚会、娱乐场所、印刷品、电影、影视剧和歌曲当中，昭示着戏剧性的生活态度和价值取向。

传媒消费主义则在广告化的场景中泛滥媚俗，瓦解着传统的价值观念。传媒消费主义的概念来自西方。在消费社会，消费本身成为幸福生活的现实写照，成为人们互相攀比的话语平台，成为欲望满足的对象系统和获得身份的商品符号。消费主义利用人们的大众心理推动非理性消费，更多更好地占有和享受成为人生指南，时髦效应成为主导社会价值的取向。新媒体利用各种广告推波助澜，诱导人们追新逐俗、迎合时尚。新媒体激发了人们的想象力，为个体和族群提供价值观、信念、合法性、情趣和偏好，他们通过符号化、幻影化的虚拟实践，体验文化时尚和消费，将信息和娱乐范式转换为现实的形象，参与想象的共同体，塑造普遍的认同性。经济主义、消费主义和物质主义的价值取向，在虚拟世界中颇为流行，财富、金钱和高档商品是通用的价值符号，炫耀财富、展示奢华成为一些新富阶层遏制不住的冲动。形形色色的明星大腕、社会名流的私人化生活方式，吸引着公众的眼球和注意力。消费主义、享乐主义价值观的扩张，使过去曾具有重要意义的工作，传统的神圣价值，都失去了原有的光环。传媒消费主义文化实际上也在不断生产和出售现代消费观念和生命价值观念，在貌似繁荣的消费幻象中，人们传统的生命理想、价值关怀及民族精神，逐渐被湮没，导致传媒伦理责任面临困境。

新媒体现状令人担忧，低俗化、恶俗化泛滥。媒体为了自身的经济利益，不惜虚张声势，捕风捉影，炮制新闻，如此迎合甚至培育低俗化消费市场，完全偏离了传媒的社会责任。通俗化不等于媚俗，人情不等于煽情。作为社会价值观念的守望者，应该塑造、引导社会良好的价值观念，而不是误导迎合低俗的价值观念，甚至去摧毁良好的价值观念。如果屈从于自身的经济利益，而丧失媒体赖以生存的文化品格，可谓得不偿失。所以，当前，新媒体必须在大众传播活动中进行伦理反思，履行传媒伦理责任，协助解决我国当前传媒面临的社会责任困境，维持媒介的健康发展，使新媒体真正成为社会良知和价值公正的表征。

三　网络新媒体对社会主义核心价值观的建构功能

建设和谐社会，必须以社会的绝大部分人认同一定的核心价值观、核心价值理念为基础。建设社会主义核心价值体系的实质，是对社会价值观念的引导与整合。网络新媒体自身的性质和功能决定了它在社会主义核心价值观建构过程中的重要地位，应发挥其主观能动性，监督环境、协调社会关系、传承文化和提供娱乐，增强正向传播效果，努力传承传统主流价值观念、培育新的价值意识、塑造价值主体，建构共同价值取向、维持价值体系，并积极引导价值目标的实现，即可为构建和谐社会奠定坚实的思想基础。网络新媒体对社会主义核心价值观的建构功能体现为如下几点。

（一） 监测价值观念环境

人们的生活与周遭的环境息息相关，人类的生存与发展深受环境的制约和影响。外界环境的变化无常，时而给人类带来福音，时而带来灾难，这正是人类价值判断产生的现实条件。正值全球传播时代，信息瞬间变化纷纭，而我国又处于社会转型期，社会成员之间的利益格局也随之变幻莫测，由此必致认识错位，或认同危机及信仰迷茫。网络新媒体正可以满足人们及时了解外界社会环境的需要。网络的虚拟性、数字化、匿名性、个人化、时空压缩性等特性，以镜像的方式呈现于日常生活中，构建了一个由电子超文本营造的仿真世界。虚拟社区表达的利益诉求与现实世界的利益诉求大体是一致的，甚至比实际生活中的话语交流还要本真。

（二） 协调不同的价值主体

网络新媒体传播的交互性、开放性、匿名性、实时性等特征，使交流主体拥有很大的自由。在多元的网络中，多重性的交流主体畅所欲言，拒斥统一的思想空间和文化符码。不同的主体代表了各自不同的利益、不同的立场和兴趣及其所处的不同的经济地位和政治地位。这就需要一个中介力量来协调他们的利益，求同存异，引导、整合他们的价值观念。网络新媒体，是协调大众利益、沟通不同价值判断的重要工具。人们可由此形成共识，强化社会规范，维护或创新社会共同的价值观念。近年出现的官方微博、网络问政、微政务等形式，就充分发挥了新媒体的作用，突破了以往的意识形态说教模式，构建了对话交流的新型操作平台，有助于了解和协调民意，提高大众对主流价值的认同度。

（三） 设置价值观念议程

议程设置是大众传媒最重要的功能之一，其内容包括三点：其一，大众媒介确定自己的议题，即根据一定的标准确定价值观念传播的内容；其二，大众媒介把自己确定的议题告诉大家，让公众了解、体会媒介所谈论的事件及其价值；其三，公众在大众媒介的影响下，形成自己的议题次序，个人认识发生变化，逐渐建构并固化自己的认识和价值意识。大众传媒对价值观念的议程设置，决定着什么是主流价值观念，什么价值观念可以讨论，或不容讨论，等等。网络新媒体的议程设置功能也不可小觑。一些传播主流文化的新闻网站、政府网站、门户网站等，纷纷开展博客、微博、网络论坛、社交网站、搜索引擎、手机报刊、手机电视、网络视频、动漫游戏等新媒体业务，借助新媒体进行全面传播、扩大地盘，创新主流文化传播形态，不断巩固其领先的支配地位。在一些社区论坛（比如人民网的"强国论坛""强国社区"，中青在线的"热点论坛""青年话题"，凯迪社区的"猫眼看人""夜话""思想文库"等）里，网民可以通过发帖、跟帖回复、留言、投票、加关注等方式来发表对于某种思潮的见解。经过传统媒体和网民的合力作用，普通事件可能转化为传媒事件，进而特定的观点、思想可能凝聚为一种社会思潮。

（四）监督价值观念趋向

代表社会主流舆论行使对社会成员的价值观念及其言行的监督，是网络新媒体在建设社会主义核心价值观中的重要功能之一。可以通过集中公开宣传报道现实社会中的各种思想认识、价值判断，促使社会不同价值观念透明化，将错误的观念和行为公之于众，利用公共舆论力量消除不和谐的价值观，有利于推动国民价值观念的建构。也可以通过批评和揭露不和谐的价值意识及其行为，发挥"社会排气阀"的作用，一方面排遣民众的不满情绪，另一方面起到警诫作用，营造健康向上的舆论，维持核心价值体系的稳定发展。在网络新媒体上，个人问题往往与公共议题交相呼应，突发事件往往与群体效应同构共振。几乎每一个热点事件，都会诞生一批风靡一时的网络热词或段子，或夸张、调侃，或嘲讽、戏谑，无不彰显着网民的智慧。这些网络热词和段子强大的传播效果，抵得过洋洋洒洒万语千言。

（五） 强化价值观念导向

上述诸功能实际上是一个相互联系、相互配合、相互作用的有机系统。其中价值观念环境监测，既是传统传媒通过网络新媒体了解、把握社会价值观念状况的基础性环节，也是广大受众适应环境，适应社会发展的前提。价值观念议题的设置、价值观念的沟通与协调、舆论监督，是网络新媒体组织广大民众参与价值观念构建的重要途径，并在舆论传播中实施教化、引导作用。这些构建方式还同价值导向的引导功能一起，以不同方式、从不同层面共同建立起社会价值观念的约束机制，使社会主导的价值目标体系内化为社会主流价值观念。①我们要善于"在众声喧哗中有效地倾听那些压抑的、沉没的声音，以包容心对待'异质思维'，让不同的声音通过不同的传播途径来呈现'声音政治'的多样和错落，最终保持利益的相对均衡，奏响安定团结、和谐共处的主旋律"。②

四　社会主义核心价值观建构中 网络新媒体的伦理责任

伦理责任是主体基于一定的伦理关系和社会角色所承担的道德义务和责任，传媒伦理责任是传播主体在传播活动中从伦理的视角关注媒介问题，由此承担的道德意义上的责任和义务。这种思维方式主张新媒体淡化"工具理性"，倡导"价值理性"，既要追求经济效益，又要追求社会公正的价值取向。这就要求新媒体的传播主体以人为本，确立起伦理的尺度；在传播过程中考虑到社会公共利益和公共理性，营造出良好的舆论环境，为社会的协调发展提供有利的信息资源。

新媒体不应受消费主义思潮的冲击，必须成为社会价值观念的守护者。新媒体应担负起规范和引导文化的责任，即必须兼顾文化批判、文

---

① 王传宝：《大众传媒对社会主义核心价值观的塑造》，《南京政治学院学报》2008年第1期。
② 陈伟军：《互联网上的思潮激荡与利益诉求》，《现代传播》2011年第11期。

化建构、文化创新和文化服务的责任，从而优化新媒体的外部环境。

履行传媒伦理责任，实现伦理意义上的公正和规范，意义深远。其一，履行伦理责任，对传媒平台加以伦理层面的修护，建设公正的舆论环境，促进社会的发展与进步，有助于建构社会主义核心价值观。其二，传媒伦理责任所依据的是主观意识所拥有的道德能力，体现了道德实践精神的内在要求，是道德精神自律的社会表达，是抑恶扬善的现实手段，有助于更好地实现社会价值、文化价值以及人的价值。其三，传媒伦理责任培养的是一种对社会负责的道德品质，这种品质对于传媒从业者至关重要，关系到他们看待世界、判断世界、反映世界以及表达世界的态度和方式，关系到他们对社会道德责任的自觉担当。

我国正面临着体制大转变与社会大变革的时代任务，社会思潮的活跃、社会价值的多元化发展是必然的。作为社会价值形塑与思潮引领的重要载体，网络新媒体必须面对时代提出的新挑战，明确自己的目标，克服自己的困境，不断突出传媒的舆论导向力、提高理论透析力，不断扩大大众媒体的辐射力、强化预见力，为社会主义核心价值观的建构，发挥应有的积极作用。

培育和践行社会主义核心价值观的
群体文化路径解析

王景云*

（哈尔滨工程大学思想政治理论课教研部）

【摘　要】　培育和践行社会主义核心价值观，是社会主义精神文明建设的重要一环，是新时期思想政治教育的核心内容。基于人与文化环境的辩证关系，发挥家庭文化、学校文化、企业文化、社区文化、乡镇文化、军营文化等群体文化的整合效应对于培育和践行社会主义核心价值观具有重要的现实意义。本文具体阐述了应如何运用群体文化有针对性地在不同群体中培育和践行社会主义核心价值观，对于加强社会主义精神文明建设、提升思想政治教育实效性具有一定的参考价值。

【关键词】　培育和践行　社会主义核心价值观　群体文化　路径

党的十八大报告提出，要大力加强社会主义核心价值体系建设，"倡导富强、民主、文明、和谐，倡导自由、平等、公正、法治，倡导爱

---

* 王景云，女，哈尔滨工程大学思想政治理论课教研部副教授，法学博士，从事社会主义精神文明建设、思想道德教育研究。

国、敬业、诚信、友善，积极培育和践行社会主义核心价值观"。①培育和践行社会主义核心价值观，是社会主义精神文明建设的重要一环，是新时期思想政治教育的核心内容。当前，我国正处于经济体制深刻变革、社会结构深刻变动、利益格局深刻调整、思想观念深刻变化的社会转型时期。人们的社会生产方式和生活方式日益多样化，与之相适应，整个社会呈现出价值观多元化的态势，对社会主义核心价值观形成了一定的冲击。由于封建意识形态某种程度上沉渣泛起，加上西方社会各种腐朽、没落的思想观念的侵蚀和影响，我国社会存在"价值迷失""价值错乱""价值扭曲"现象，拜金主义、享乐主义、极端个人主义和奢靡之风一度盛行。在不成熟的社会主义市场经济文化中，面对利益问题突出、奉献精神淡化的情况，我国思想政治教育的教育观念、教育模式、教育方法明显滞后，在社会主义和谐社会核心价值观的培育上显得力不从心，其生命线的地位和作用大受影响。因此，在思想政治教育实践中，消除社会核心价值认同危机，重塑核心价值认同，对中国现代化的发展具有重大的现实意义。

人在创造文化的同时，也被文化塑造着。每个人都生活在一定的群体文化环境中，人们的思想、观念就是在现实的具体的社会关系中形成和发展起来的，而且无时无刻不受到群体文化的影响。然而，人在接受文化环境的影响时不是消极被动的。人作为能动的认识主体，能够充分发挥主观能动性反作用于文化环境，即人可以积极地改造文化环境，把文化环境中的消极因素转化为积极因素，创造出符合合格社会成员需要的文化环境。良好的群体文化能陶冶人的情操，使不同群体的人们在不知不觉中受到潜移默化的影响，并且能通过集体舆论的力量对人们的行为形成约束力，从而强化思想政治教育的作用，巩固人们良好的行为习惯。如何运用家庭文化、学校文化、企业文化、社区文化、乡镇文化、军营文化等群体文化培育和践行社会主义核心价值观，是新时期思想政

---

① 胡锦涛：《坚定不移沿着中国特色社会主义道路前进　为全面建成小康社会而奋斗》，人民出版社，2012，第31～32页。

治工作者必须面对和解决的现实课题。当前，必须大力优化群体文化环境，重视各个群体文化之间的联系，形成各个群体文化之间的有效衔接和功能互补，以使其对人的发展形成多管齐下的良好综合效应，成为社会主义和谐文化的有机组成部分（如图1所示）。

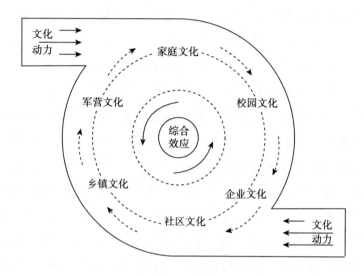

图1　群体文化建设形成综合效应

一　家庭文化建设是社会主义精神文明
建设的基础性工程

作为社会的细胞、社会生活的基本单位，家庭是人生的第一所学校，是个人成长的摇篮。由于家庭是具有婚姻关系、血缘关系或收养关系并且长期共同生活的小群体，所以，它对人的思想具有一种特殊的感染力和影响力。"思想政治教育的家庭环境，主要指家长的思想素质和行为规范对家庭成员尤其是子女思想品德的形成、发展的影响氛围。"[1]家庭教育不仅可以使儿童习得基本的生活知识和技能，而且可以使他们随着年龄的增长知道应当如何遵守社会道德行为规范。可以说，社会最基础、

---

[1]　陈万柏、张耀灿：《思想政治教育学原理》（第二版），高等教育出版社，2007，第104页。

最初级的思想政治教育是从家庭开始的。一般来说，和睦温暖、奋发向上的家庭环境有利于青少年健康人格的培育；反之，则会给青少年成长造成障碍。大量统计数字表明，青少年犯罪往往与有严重缺陷的家庭环境密切相关。家庭教育不仅是一种启蒙教育，而且是一种终身教育，基于家庭环境对人的思想品德行为的长期影响，家庭文化建设成为社会主义精神文明建设的一项基础性工程。思想政治教育要充分利用和开发家庭文化环境的教育资源，使其更好地为青少年的健康成长服务。

第一，提高家长的思想道德素质和科学文化素质是搞好家庭文化环境建设的根本。家庭文化建设应着重加强未成年子女的蒙养教育，并且形成良好家风。《易经》云："蒙以养正，圣功也。"[①]我国传统社会历来重视以家庭为中心开展思想道德教育，认为一个人长大后思想品德好坏，同幼年时养成的习惯关系极大。"教子当在幼。"儿童教育心理学研究表明，婴幼儿善于模仿，他们的意识具有极大的可塑性。家长的言传身教对子女的思想行为具有潜移默化的示范作用，会给子女留下深刻印象，他们在以后的成长中也往往以此为基础构建判断的参照系。因此，家长自身素质对家庭文化建设具有根本性影响。可考虑以社区和学校为依托举办家长学校，动员社会各方面的力量，帮助家长树立正确的家庭教育观念，使他们充分认识到养成教育在家庭教育中的重要性，了解科学的育儿知识和家庭成员之间相互影响的教育方式，学习并掌握一定的教育方法，关注子女自立、自主、自强精神的培养。只有家长以身作则，率先示范，做到"身教"与"事教"并重，才能在家庭集体中形成优良家风和健康的生活习惯，为子女创造一个良好的家庭文化氛围。

第二，发扬中华民族传统美德。随着社会结构的变化，传统的家庭模式受到极大影响，家庭结构模式出现多样化趋势，空巢家庭越来越多、丁克家庭屡见不鲜、单亲家庭数量增多等，传统家庭观念受到冲击和影响。我们要将家庭文化建设纳入社会主义大文化的建设范畴。家庭文化的现代化趋向要符合国情，适应民族的社会心理需要，要大力弘扬中华

---

① 黄寿祺、张善文：《周易译注》，上海古籍出版社，1989，第50页。

民族优秀传统，继承艰苦奋斗、勤劳俭朴、团结协作、爱国敬业、诚信友善的传统美德，并赋予新的时代内容、文化样式，吸收其他国家的先进文明成果，形成有中华民族特色的、体现时代特征的家庭美德。家庭文化建设的重要内容就是将符合社会发展的家庭美德内化为每个家庭成员的思想意识，使之在社会生活实践中能够将这些意识自觉外化为行为并产生良好的行为结果。

第三，构建家庭、学校和社会三位一体的教育体系，形成教育合力。家庭、学校和社会基本构成了人们生活、学习的整体环境。在价值取向多元化的社会背景下，思想政治教育效果被消解主要是受到来自家庭片面价值取向的消极影响、学校应试教育体制下片面追求升学率的教育观念的影响，以及社会上个人主义、享乐主义、拜金主义思想的影响。因此，把有着共同利益和愿望的家庭教育、学校教育、社会教育有机地结合起来，形成教育合力，共同创造一个有利于教育对象成长的大环境，在我国既是有益的，也是可行的。就学校教育和社会教育而言，要优化全社会德育资源配置，以教育对象为中介，进一步拓宽与家庭的沟通渠道，建立学校与家长沟通的制度；发挥共青团、少年先锋队团结和教育广大青少年的作用，根据青少年生理、心理、思想特点，开展富有教育意义、生动活泼的实践活动；加强工会、妇联、社区等有关部门对家庭文化建设的引导作用，积极开展群众性的家庭文化活动、睦邻活动等，为家庭文化建设创造健康发展的环境。

二　校园文化是青少年思想道德教育的重要载体

学校是青少年思想道德教育的主要阵地。贴近学生、贴近生活、贴近实际的校园文化，是培育学生思想道德素质和实现学生自我教育与自主实践的有效途径，因而成为这个主要阵地的重要载体。

第一，整合校园文化的育人效应。青少年是思想政治教育的重点对象。在社会主义精神文明建设中对青少年要特别加强以社会主义核心价值观为核心内容的思想道德教育，开展艰苦奋斗、勤俭建国的教育，职业道德、社会公德教育，基本国情教育和普及法律基本知识的教育；引导青少年树立正确的世界观、人生观和价值观，反对拜金主义、享乐主义、极端个人主义，抵御资本主义和封建主义腐朽思想的侵蚀。由于价值观念、理想信念、行为准则、思维方式、校风学风等是以群体心理及氛围存在于广大师生员工中的，校园文化因此具有内隐性、渗透性、实践性、群体性、持久性等特点。校园文化教育对学生知识的拓展、能力的培养、情操的陶冶、思想品德修养起着积极的促进作用，依托这一隐性载体认真做好马列主义、科学发展观、社会主义荣辱观等社会主义主流意识形态的理论教育工作，提高学生的思想道德素质和科学文化素质已成为学校德育工作的重要突破口。因此，学校德育工作要积极发挥政治理论课的主渠道、主阵地作用，帮助青少年认同、认知社会主义核心价值观。并在此基础上，根据大、中、小学教育对象的不同特点，大力开展第二课堂、社团活动、课外问题活动与社会实践教育，逐步在全社会范围内形成长效机制，进一步整合校园文化的育人效应，引导青少年积极践行社会主义核心价值观。要对知识讲座、技能培训、文体竞赛、参观访问、社会调查、志愿者服务等活动加强指导和引导，建立规范化的管理制度，把系统的理论学习与日常思想政治教育结合起来，促使校园文化健康发展。

第二，重点加强高校校园文化建设。大学生是民族的希望、祖国的未来，肩负着全面建设小康社会、实现中华民族伟大复兴的历史重任，大学生的文化素质与道德品质，直接关系到中华民族的素质、党和国家的前途命运。在多元文化的冲突中，处在知识和文化前沿地带的高校无疑将成为意识形态斗争的重点区域。事实上，高校思想政治教育的环境和态势已经悄然发生了新变化，在大学生群体中出现了价值取向多元、信仰迷失、道德滑坡和思想混乱等现象。当前，在高校思想政治教育中，构建并运用好校园文化这一文化载体，强化主流文化，培养大学生以民族文化、传统文化为荣的自信心和荣誉感，提高自觉鉴别和抵御各种腐朽落后思想文化的能力，已成为亟待解决的现实课题。具体说来，一是在高校校园文化建设中必须充分发挥社会主义核心价值观的价值导向作用，塑造与培养积极向上的精神文化载体。校园文化建设必须以社会主义核心价值体系作为理论武器，不断加强思想政治教育，帮助师生员工在价值取向上从模糊到清晰，从摆动到稳定，在多元化中做出正确的选择，形成统一、健康、成熟的校园价值体系；依据思想政治教育的优良传统和先进经验，运用校园文化载体的具体形式，对师生员工进行校园价值观、校园精神、团队意识等方面的教育，不断提升校园文化的深层次内涵。二是强化社会主义核心价值观的目标导向，健全并规范各类制度文化载体。现阶段，高校思想政治教育的目标主要是向广大师生阐明社会主义高等教育的培养目标和任务，不断提高师生员工的思想道德和科学文化素质，促进师生个体和高校自身的全面发展。高校要从培养社会主义"四有"新人的高度出发，建立和完善一套适合高校发展的新的校园制度体系，为校园文化建设提供必要的前提和基础。此外，在健全与规范各类制度体系过程中应当实现原则性与人性化的统一，体现政策性与科学性的巧妙结合。三是重视社会主义核心价值观的行为导向，建立文明和谐的行为文化载体。在构建和谐校园的过程中，要培养大学生从小事做起的行为习惯，并将其提升到行为方式的高度。在以英雄模范人物作为榜样实施行为导向教育的同时，还应积极开展各种健康有益的校园文化活动，如军训、社会实践、科技活动、文艺社团、体育竞赛、心理咨询、社会公益活动等。在建立行为文化载体过程中应注重增强行为文化活动的和谐性与针对性，以提高校园行为文化载体在育人方面的独特效果。除此之外，要根据大学生的生理、心理和行为特点，创造良好的环境文化载体。

三　企业文化是企业思想政治工作的新载体

作为一种企业管理模式，企业文化是日本、美国等发达国家经济发展到一定阶段的产物，代表了西方管理理论发展的一个趋势，其实质是以一定的价值观为核心，以人为本，以文化为手段，以激发员工的自觉行为为目的的一种企业经营管理思想。随着经济全球化进程的不断加快，在社会主义市场经济实践中，我国越来越多的企业已经认识到企业文化的重大价值，并开始有意识地培育企业文化。通过企业文化这个载体，把思想政治工作更好地融入企业的生产经营管理之中，已成为企业现代化管理的重要内容。总的来看，当前我国企业文化建设还处于初级阶段，缺乏系统理论的指导，常忽略企业文化内涵，未能实现以人为本。完善我国现代企业文化建设的有效途径主要有以下几条。

首先，树立"以人为本"的企业核心价值观。从企业文化理论的角度看，人是最重要的管理要素，是财、物的创造者和支配者，而人受价值观支配。因此，企业管理者和员工的价值观等精神文化是企业文化的核心层，企业核心价值观是企业文化建设的核心。培育企业价值观可从以下四方面入手：一要以先进的哲学文化为指导，并将其作为培育企业价值观的根本出发点；二要以民族文化为根基，继承并发扬传统文化中的优秀精华；三要根据企业形成发展的历史、所属行业的性质任务，以及所处地域环境的特殊性来选择适当的价值标准，突出企业特色；四要充分反映企业现有的价值理想和生产经营的现状，使企业价值观具有现实的存在基础和客观依据（如图2所示）。优秀的企业不仅向社会输送合格的物质产品，而且要为社会培养合格的人才。社会主义市场经济要求企业既要为社会创造物质财富，还要对民族精神、社会风貌的进步做出贡献，积极推动和促进全社会的精神文明建设。党中央提出的"以人为本""科学发展观""构建社会主义和谐社会"的理念，为当前的社会主义企业文化建设进一步指明了方向。我们要将社会主义核心价值观贯穿于企业文化建设的全过程，紧扣时代主题，牢牢把握住尊重人、关心人、理解人这条主线，大力提倡爱国主义、集体观念和责任意识，让员工的利益、前途、命运与企业的利益、前途、命运融为一体。企业文化建设绝不仅仅是搞搞文体活动，其立足点在于以人为中心，充分调动企业员工的积极性，促进员工素质的全面提高，形成积极进取和健康向上的企业精神文化，为构建社会主义和谐社会做出贡献。从这个意义上讲，运用企业文化这个载体可以显著增强思想政治工作的渗透性。

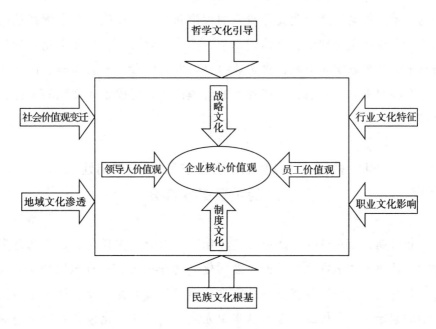

图 2　企业价值观的培育

其次，建立完善制度体系，形成长效机制。事实证明，只有把正确的价值理念转化为合理的规章制度，并为员工自觉认同，才能保障社会主义先进文化在企业核心价值观念构建过程中的引领作用。企业应根据自身生产经营的实际情况，把思想政治工作的内容和要求融入企业的规范、制度和程序中，通过不断磨合抵消员工的排斥反应，并将其逐渐内化为员工的行为准则，经过长期的制度约束和习惯养成，逐渐形成良好的文化氛围，引导员工将内化在头脑中的价值观、信念外化、固化在行为中，逐步进入一种高度自觉的能动的精神状态。也就是说，企业文化建设过程的实质就是将企业的价值观等精神文化内容内化为员工的心理需求，自觉转化为群体心理氛围，引导员工产生正确行为。

特别需要指出的是，当前要把握好企业文化的功能定位，进一步丰富企业文化内涵。企业文化作为一种文化管理模式，不是万能的，而是有适用条件的。应正确看待国外企业文化形成和发展的社会经济条件，立足于中国文化背景，将这种管理模式放置于中国现代化进程中，系统研究现代企业文化、中国传统文化、社会文化与西方文化中优秀文化成分的关系，借鉴国外企业文化研究的理论和方法，提出具有中国特色的社会主义企业文化理论。具体到每个企业，它们需要在企业文化理论的指导下，从企业实际出发，将企业自身的发展阶段、经营策略、内外环境等多种因素综合考虑，形成独特的管理模式，构成企业文化的个性化色彩。

四　社区文化建设是社会主义精神文明建设的重要组成部分

新时期，面对社会经济成分多样化、组织形式多样化、物质利益多样化、就业方式多样化的"四个多样化"的新情况，具有地域性、群众性、多元性和共享性等特征的社区文化建设显得尤为重要。社区是居民生活的起始点，是构成社会的基本单元之一。社区文化包含着约定俗成的社会心理和社会行为，对于生活在其中的每个居民起着潜移默化的教育作用。社区文化，可以作为思想政治教育的载体加以利用，它的健康发展关系到整个社会精神文明的健康发展。当前，社区文化建设主要是立足于居民的思想道德素质和科学文化素质，开展丰富多彩的社区文化活动，并把思想政治教育内容融入其中，丰富居民的业余文化生活，提高居民的文明素质，引导居民端正生活态度和生活观念，积极践行社会主义核心价值观。

首先，充分发挥社区文化的地缘优势。不同的社区文化有着相对独特的文化氛围。虽然社区内部居民的层次不一，但因为共同居住在一个社区，不可避免地会受到所居住社区文化的影响。社区文化建设要利用社区居民对社区的归属感，通过创建文明社区、文明街道、文明家庭等活动来增进社区群众之间的感情，形成良好和谐的人际关系和环境氛围，为社区开展思想政治教育创造良好条件。

其次，积极组织开展群众性文化活动。社区文化具有地道的群众性。在各种群众演出、群众创作、群众竞技、群众娱乐、群众教育等社区居民自娱自乐的文化活动中，群众既是受教育者，又是教育者；群众自己教育自己，自己提高自己，从而使社区文化建设成为群众自我教育的有效载体。

再次，尊重社区文化的多元性。目前，我国正处于社会转型期，各种结构性要素呈现出极大的流动性、过渡性和不稳定性，甚至充满了矛盾和冲突，整个社会存在许多不确定性甚至不安全因素。相应地，社区文化在居民构成、文化内容、管理体制和模式等方面均呈现出多元性特点。因此，如何在尊重文化的多元性基础上求同存异，提高社区居民对社会主义和谐社会的认同度，成为当前社区文化建设的难点。要从广大群众现有的认识和理解水平出发，从不同利益群体的不同价值观念出发，在不同的文化因子中整合社会主流的意识形态，旗帜鲜明地坚持主流文化，对不同思想层次的教育对象提出不同层次的目标要求，积极引导各种亚文化向健康方向发展。

最后，加强社区文化的共享性。社区文化建设过程中取得的物质文化和精神文化成果是全体社区居民在实践活动中共同创造的，属于社区共有文化资源，理所当然地应为社区全体成员共同享有。无论是良好的社区物质环境，还是社区的行为规范、风俗习惯和社区风气，都会以信息传递和情绪感染的方式自觉不自觉地输送给社区成员，促使人们的行为相互协调一致。党、政府与有关领导部门应加强环境立法，注意环境保护；整顿社会秩序，强化社会治安；健全规章制度和法律法规，惩恶扬善等，以保证全体社区居民可以共享社区文化成果，增强社区凝聚力，提高居民对社区乃至整个社会的归属感和认同感。

五　村镇文化是农村地区思想政治教育的有效载体

村镇文化是农村社会生活的反映。村镇文化的建设直接影响着农村居民的文化水平，关系着农村地区的精神文明建设，是农村地区思想政治教育的有效载体。随着农村经济的发展，农民物质生活水平的提高，村镇文化呈现出多元化发展格局。当前，我国村镇文化的多元性主要表现为农村经济成分的多样性及文化表现形式的多样性；各地农民生产生活方式具有多样性；各地区农民宗教信仰具有多样性；广大农民的道德价值标准、思维行为方式和审美需求具有多样性；等等。这种多样性使我国的村镇文化成为一种由各种节日文化和民俗文化、乡镇企业文化、宗教文化、影视文化、旅游文化等多因子组成的多元性复合文化。新时期，运用村镇文化培育和践行社会主义核心价值观，有利于引导广大农村群众自觉提高思想道德素质和科学文化素质，有利于增强其责任感、荣誉感和凝聚力，有利于实现建设社会主义新农村的宏伟目标。

第一，坚持社会主义主流意识形态在村镇文化建设中的引领导向作用。在我国，开展村镇文化建设其目的是为了满足农民的精神文化需求，提高农民的思想道德素质和科学文化素质，进一步推动农村精神文明建设，激发广大农民群众建设社会主义新农村的积极性和创造性。这就决定了村镇文化和其他各项事业一样，必须将社会主义核心价值体系作为根本指导思想。但是我们也必须看到，在坚持社会主义性质的前提下，允许一些非社会主义的但对社会无害的文化因素存在，从而使村镇文化的形式更加丰富多彩，更加符合社会主义初级阶段的现实。对于那些打着宗教旗号宣扬封建迷信等错误思想观念甚至反动内容的文化形式，必须坚决反对并予以取缔。

第二，继承、发展传统的节日文化和民俗文化。节日文化因其覆盖面广、不断反复强调、寓理于乐等特点成为具有无可比拟优越性的载体。每个民族都有自己的节日和庆祝节日的方式，构成了村镇文化中风格迥异的节日文化。民俗文化是在广大农村地区千百年来形成的风俗习惯以及与某种风俗习惯相对应的活动形式。民俗文化中有一部分是因节日而形成的活动形式。一方面，我们应该利用农村地区传统的节日文化和民俗文化，弘扬和培育民族精神，加强中华优秀传统文化教育；另一方面，应积极鼓励农民突破旧观念，把继承传统节日文化和民俗文化与发展农村经济、普及现代科技、改革发展农村教育、开展喜闻乐见的群众文化活动有机地结合起来。同时，对传统节日和民俗文化中消极的、陈旧过时的东西，要旗帜鲜明地反对，引导农民群众移风易俗。

第三，积极培育乡镇企业文化。乡镇企业作为村镇重要的社会经济实体，承担着物质文明和精神文明建设的双重任务。社会主义市场经济条件下，乡镇企业文化提倡的企业文化精神，即符合社会发展方向的企业价值观念、市场观念、科技观念、人才观念、竞争观念等精神内涵，正是当前中国农民所欠缺的基本素质。因此，要积极培育具有中国特色的乡镇企业文化，充分运用它的教化功能、娱乐功能、激励功能和辐射功能，提升农民群众的整体素质，为社会主义新农村建设贡献力量。

第四，充分利用其他有益文化形式丰富村镇文化内容。随着农民生活水平的提高，以及农村文化事业的发展，农村影视事业得到迅猛发展。丰富多彩的影视节目不仅大大丰富了农民的业余文化生活，而且使他们可以了解党的方针政策，获得外部信息，开阔眼界。这就要求有关部门积极组织创作优秀的、反映当代农民生活的农村题材影视、戏剧和文学作品，多方面、多层次地满足农民群众的精神文化需求。县、乡有关单位应多为农民们放映有关农业科技的电影、录像，普及农业科技知识；加大对黄色、淫秽、反动的影视作品播放的打击力度。此外，发展旅游文化正在逐渐成为村镇文化建设的重要力量。应结合各地文化资源，鼓励农民有计划地整修名胜古迹，合理开发旅游资源，发掘民俗文化，在弘扬传统文化的过程中拓宽村镇文化活动范围。

六　军营文化是军队开展思想政治工作的主要载体

军营文化是军队开展思想政治工作的主要载体。军队是党领导下的人民军队，这一特性决定了军营文化必须弘扬爱国主义、集体主义和革命英雄主义精神，宣传共产主义道德。新世纪新阶段，胡锦涛主席曾要求全军要围绕强化官兵精神支柱，大力培育"忠诚于党、热爱人民、报效国家、献身使命、崇尚荣誉"的当代革命军人核心价值观。大力培育当代革命军人核心价值观是建设社会主义核心价值体系的重要内容之一。因此，准确把握和构建当代军人的核心价值观，推进社会主义核心价值体系建设成为军队思想政治工作的重要内容。

改革开放引起了社会利益的调整和人们思想观念的深刻变化，基层官兵的思想观念也发生了变化。这就要求思想政治工作必须面对现实，解放思想，更新观念，积极拓宽思想政治工作空间与渠道，充分利用军营文化建设使广大官兵在不知不觉中接受思想政治教育的熏陶，推进当代革命军人的核心价值观建设。军营文化以其独特的方式，如饭前一支歌、整理内务等，把思想政治教育内容渗透到各项文化活动之中。应投入必要的经费、人力、物力，美化环境，改善军营生活设施，为基层官兵成长创造良好环境；充分满足基层官兵的个性多样化选择，尽量根据基层官兵的特点和专业安排工作，鼓励他们根据个人兴趣爱好参加各种学习培训；等等。新时期，科学技术迅猛发展，大众传播媒介高度发达，教育工具不断改进，仅仅依靠人际传播和组织传播等传统方式开展思想政治教育已远远不够。要充分运用现代传媒技术和网络载体，将马克思主义的基本理论和基本知识以及党的路线方针政策，通过直观的或可视的方式表现出来；运用大量的图文并茂的能代表人类先进科技、文化和思想的信息占领互联网阵地；积极推动现代化传媒手段进课堂、进班排，扩大教育的覆盖面，增强思想政治教育的吸引力，帮助官兵树立当代革命军人的核心价值观，坚定社会主义信念，自觉抵制拜金主义、享乐主义等腐朽思想，提高军队的凝聚力和战斗力。

文化是人们生存和发展须臾不可离开的环境。文化历史积淀下来的被群体所共同遵循或认可的行为模式一旦形成，就对生活于这一文化模式之下的个体的行为和社会生活具有制约作用，甚至起到决定性作用。在现实生活中，每个人的生存和发展都受到其所处的群体文化的深深影响，企业文化、村镇文化、社区文化、校园文化、军营文化、家庭文化等群体文化成为个人社会化的主要动力因素。因此，面向全体社会成员的培育和践行社会主义核心价值观，必须将群体文化作为重要的文化载体形式加以充分运用。这就要求教育本身要借助各种群体文化建设，形成合力，充分发挥文化潜移默化地感染人、影响人、激励人、警醒人的功能。而这也正是群体文化区别于思想政治教育其他载体的一个重要特征。在群体文化建设过程中，要坚持以人为本，"注重人文关怀和心理疏导，培育自尊自信、理性平和、积极向上的社会心态"。①充分发挥社会主义核心价值体系的引领作用，弘扬和培育以爱国主义为内核的民族精神和以改革创新为内核的时代精神，大力倡导社会主义荣辱观。唯有如此，才能针对不同层次的教育对象，实施不同形式的思想政治教育，切实推进社会主义核心价值观的培育与践行，使之影响到每一个人，覆盖全社会。

---

① 胡锦涛：《坚定不移沿着中国特色社会主义道路前进　为全面建成小康社会而奋斗》，人民出版社，2012，第 32 页。

文化产品的生产与主流价值
文化的建构*

陈 俊 柳丹飞^{**}

（湖北省道德与文明研究中心 武汉大学哲学学院）

【摘 要】 文化产品兼有作为精神文化的承载物所具有的社会属性和作为物质消费产品所具有的商品属性。社会属性是文化产品的最主要属性。文化产品作为价值文化传播的主要载体，对于主流价值文化的构建有着至关重要的作用。构建主流价值文化，必须着力推进文化产品的创作，全面提高文化产品的质量，着力打造和推出体现主流价值的精品力作。文化产品的生产要坚持传播主流价值与体现人文关怀相统一，坚持传承与创新相统一；文化产品的评价要坚持以体现和表达主流价值为标准。

【关键词】 文化产品 主流价值 人文关怀 传承与创新

　　主流价值文化的建构既是一个核心价值体系的凝练和形成的过程，也是一个大众对主流价值文化的接受和认同的过程。一种价值文化要得

＊ 本文系国家社科基金重大项目"构建我国主流价值文化研究"（11&ZD021）成果之一。

＊＊ 陈俊，男，湖北咸宁人，湖北省道德与文明研究中心研究员、湖北大学哲学学院副教授、中央编译局战略部博士后，主要从事政治哲学、应用伦理学研究；柳丹飞，女，湖北荆门人，武汉大学哲学学院研究生。

到大众的认可,除了需要理论自身的合理性和说服力外,还需要其传播过程的有效性。文化产品作为价值文化传播的主要载体,对于主流价值文化的构建有着至关重要的作用。推动文化繁荣发展,满足人民多样化精神需求,不论是发展文化事业还是发展文化产业,基础工作都是要创作生产更多优秀的文化产品。这既是文化繁荣发展的标志,也是文化繁荣发展的重要支撑。构建主流价值文化,必须着力推进文化产品的创作,全面提高文化产品的质量,着力打造和推出体现主流价值的精品力作。

一　文化产品的属性及其功能

文化有广义文化概念和狭义文化概念之分,狭义的文化概念是人类在改造生活于其中的世界(包括自然环境和人类社会自身)的过程中所创造的物质和精神成果的总和,包括器物文化、行为文化、制度文化、精神文化等从低到高的四个层次。这是广义的文化概念。而我们现实中所强调的"文化",则是特指精神层面(或观念形态)的文化,通常表现为一定的价值观念、思维方式、意识形态以及生活态度,它们通过一定的理论知识、宗教信仰、文学艺术、道德法律、风俗习惯以及社会制度等表现出来。这是狭义的文化概念。我们这里的"文化"是从狭义文化概念上讲的,相应地,我们这里说的"文化产品"也主要是指思想意识和文学艺术领域的产品和活动。这部分文化产品承载并展现了一个社会的精神文化价值。

文化成为产品,具有两方面的属性,即作为精神文化的承载物所具有的社会属性和作为物质消费产品所具有的商品属性。文化产品的社会属性强调的是,它的主要功能在于以"文""化"人。作为载体的文化产品的价值主要体现在其蕴涵和表达的、能影响社会成员思维方式和价值取向的思想文化内容中。所以,任何社会所生产的文化产品必须首先承担起传播社会主流价值,从而"育"人"化"人的功能。文化产品的商品属性则强调的是,它的功能在于满足不同社会成员的文化消费需求。有消费就必然会形成消费市场,从而产生经济效益。文化产品所产生的经济效益反过来可以促进文化产品的再生产。所以，在市场经济条件下，文化产品的生产已经成了一个能促进社会经济发展的重要产业。文化产品及其活动与一个社会的经济活动、政治活动相互作用，并与其共同构成了社会活动的基本内涵。当今时代，文化及其产品日益成为民族凝聚力和创造力的源泉，成为国家综合国力激烈竞争的因素。文化产业的迅猛发展正在并将继续为社会进步提供强大的动力与支撑。因此，商品属性也是文化产品的一个重要属性。

虽然文化的商品化及其所带来的文化产业化在一定程度上实现了较好的经济功能，但我们要认识到，社会属性仍然是文化最主要的属性。文化产品与其他产品不同的是，它不是天然给定的，它体现着一个社会和个人的行为规范和价值系统，呈现着民族和人类的思想精华且积淀着厚重的历史元素。这些特点决定了文化产品对社会成员的道德、思想、观念将会产生重要的影响。所以，优秀的文化产品在满足社会成员的文化消费需求（娱乐和审美需求）和实现一定的经济价值的同时，更要以充沛的激情、生动的笔触、优美的旋律、感人的形象影响人、塑造人。而文化产品的这种社会价值的具体展开就是文化产品所承担的社会功能。总的来说，文化产品的社会功能主要体现在两个方面。

其一是其"育"人功能。丰富多彩的文化产品是满足人们日常生活情感释放、道德诉求和精神需要不可或缺的东西，同时也是在满足需求过程中塑造社会成员积极健康的精神面貌和价值取向最为重要的手段。文化产品的这种塑造功能的实现实质上是社会成员对其所倡导的价值观的心理认同。一种文艺作品能否打动人关键在于它是否能引起人们心灵上的共鸣。人们的情感、情绪、性格、动机、愿望、好恶乃是人们对涉及自身利益等问题的直接感受。如果文化产品不能反映和表达人们对自身的利益和精神满足的追求，那么，这样的文化产品即使具有再高的艺术水准和表现形式，也会出现"曲高和寡"的局面。因此，作为社会心理和人文精神的容器和出口，文化产品必须折射出社会的心理和意识，渗透强烈的人文和道德关怀。一部出色的文艺作品之所以成为经典作品，常常在于它不仅反映和表达了人们的真实情感，而且对人们境界的提升和道德的牵引起到了重要作用。

正因如此，我们必须正确把握文化产品的价值取向，充分发挥它的引领和塑造作用，培植文化工作者的使命感和责任感，通过自己创作的文艺作品提高人们的精神境界。文化对人的塑造主要是通过"教化"来完成的，但我们也应承认，文化产品对于社会成员的精神塑造是有其特殊规律的。文化和文艺作品的"补察时政""泄导人情""讽喻劝诫""托事以刺"等，都须得在感人肺腑的艺术形象和韵味盎然的审美形式中去实现。那种流于道德说教、不顾人的审美享受和娱乐需求的艺术作品和文化产品是脱离群众也是没有力量的。

其二是"化"人功能。一个社会的主流价值文化提供了生活在这个社会中的成员自我认同和相互认同的价值基础。这种共享的认同提供了把人们联系在一起的历史纽带，是社会团结的必要条件。分享某种主流价值文化就是分享某种一个人从历史和文化的角度介入人类生活的视野或立场，就是分享某种一个人借以形成、追求、评估并修改自己的生活目标与目的的文化框架。因此，从某种意义上讲，一个国家又可以被称为"文化共同体"，在这个共同体中，人们获得并培养了个人的道德动机和道德能力以及相互认同的道德基础，从而使共同体的形成成为可能。所以，共同的文化认同是集体的自豪和羞辱、共同的历史、共同的同情感的基础。这个基础又为人们提供了建立并参与共同政治制度的动力。也就是说，一个国家政治团结与否在很大程度上取决于是否建立起了为绝大多数成员所认同和接受的价值文化。为了强化社会成员与共同体以及成员之间的义务感，国家应当积极地在其成员之中反复灌输一种共同的主流价值文化。

把国家视为"文化的共同体"并不意味着，国家认同是自发形成的。构建并宣传有利于国家团结和人民相互认同的主流文化是任何一个国家都必须采取的政治举措。所以，一定的文化必然要服务于一定的政治。文化产品作为文化的载体，必然也有其意识形态性，具有一定的政治"化"人功能。在我国，文化产品的"化"人功能主要体现在以下几个方面：一是通过文化产品及其活动传播中国特色的社会主义理论以及执政党的路线、方针和政策，为人们凝聚政治共识提供理论基础和行动规则；二是通过文化产品及其活动向社会传递正确的价值观念，培养人们相互之间的义务感，从而营造良好的社会风尚；三是通过文化产品及其活动向人们展现正确的生活态度，从而培养个人的道德动机和道德能力。

二 文化产品的生产：坚持传播主流价值与体现人文关怀相统一

文化产品作为价值文化的承载体，既担负着体现并弘扬主流价值的重任，又担负着满足作为一般的人的精神需求和培养个人道德感的任务。所以，一个好的文艺作品既要自觉地在其创作过程中体现和弘扬这个社会所倡导的主流价值，同时也要注重通过文艺作品培养个人的道德动机和道德能力。这就要求文化产品的生产过程既要自觉接受这个社会已经确立的主流价值的引导，又要在文艺作品的创作过程中坚持人文关怀，把每个社会成员首先看作一个个体的"人"。这两者应该不是相互矛盾的，而是两个不同层次的任务。前者强调的是文化产品的生产必须坚持正确的政治方向，后者强调的是文化产品的生产要满足不同层次和价值取向的个人的精神需求。

主流价值的建构要解决的是在国家和社会层面形成和凝聚价值共识的问题。所以，它本质上是一个政治问题，一个社会发展方向的问题。在当代中国，坚持中国特色社会主义方向，坚持改革开放，实现伟大的"中国梦"是实践证明了的，适合中国这样一个有着13亿多人口的大国发展的正确道路。体现这一共识的中国特色社会主义文化必然成为当代中国的主流价值文化。作为当代中国主流价值文化传播载体的文化产品和各种文化活动理应为整个社会形成和凝聚共同的社会理想、营造团结和谐的社会氛围、培养人们正确的行为方式承担起自身的历史任务。随着市场经济的逐步深入发展，文化产品的生产日益产业化。不可否认，文化的产业化极大地推动了我国文化事业的发展，但我们也应看到，在经济效益的驱动下，文化产品的商业化、娱乐化趋势日渐突出，而文化本有的社会功能却日渐淡化。文化产品的商业化极有可能使文化产品的生产和传播失去其引领社会主流价值的地位。这是产品的商品属性所决定的。对利益最大化的追求必然使产品的生产必须迎合大众的审美趣味和价值取向。但在社会利益诉求多元化以及随之而来的价值取向多样化的背景下，大众的审美趣味和价值取向并不必然与社会整体的价值取向相契合。也就是说，社会成员的个体利益并不一定与社会的整体利益相一致，进而，个人多元的价值取向也并不一定能与社会整体的价值取向形成共识。而且，极有可能的是，许多个人的价值取向和审美情趣并不是合理的。这也就是为什么，随着文化产业化的发展，文化"三俗"现象日益凸显。所以，坚持以主流价值引导文化产品创作已成刻不容缓之事。作为当前文化建设的重要任务，主流价值文化也需要借助更多的能自觉体现和弘扬主流价值的精品力作来"育"人"化"人。

　　主流价值文化的建构除了强调文化产品内容上的"正确"外，也要强调文化产品传播形式上的"有效"。要把以往被动的"灌输"式接收方式转变为一种潜移默化式的主动接收方式，这样主流价值文化才能逐渐成为广大人民群众的自觉追求，从而也能保证主流价值文化的主流地位。然而，就我国现有的情况看，国家确实是通过对文化产品的巨资投入来倡导和弘扬主流价值文化的，但过于狭窄的题材和刻板的模式却使主流价值文化越来越丧失了影响力和感染力。因此，在以主流价值引导文化产品创作的过程中，我们还必须尊重文艺创作的内在规律，以增强文化产品的活力和艺术魅力。"文艺这种复杂的精神劳动，非常需要文艺家发挥个人的创造精神。写什么和怎样写，只能由文艺家在艺术实践中去探索和逐步求得解决。在这方面，不要横加干涉。"①文化虽与政治有着密切的关系，但它并不是政治的附属品，相反，它有着自身独立的发展规律。如果单纯以政治来统治文化的发展，使文艺创作"从属于临

———————

① 《邓小平文选》（第2卷），人民出版社，1994，第213页。

时的、具体的、直接的政治任务"，必然使文艺创作失去其原有的创作活力。我国文化发展历史上，政治挂帅的现象并不少见，其中特别是"文化大革命"时期"四人帮"对文艺界的压制，使文化领域长时间处于一种万马齐喑的境地，知识分子们也无所适从，噤若寒蝉，文艺界从此一片死气沉沉。历史给我们以启示：不按照文化自身发展规律来领导文艺创作，而对文化工作"乱加行政干预"，必然不利于文化的繁荣发展。同时，尊重文艺创作的内在规律也是满足人们不断增长的精神文化需求的条件。文化产品的创作是一种极具个性化的创造性活动，它需要艺术家和文化工作者充分发挥自身的创造力和想象力，而这一特点也决定了文艺创作的多样性和丰富性特征，这恰好是与人们多层次的精神文化需求相适应的。

　　"弘扬主旋律，提倡多样化"是我国文艺工作的指导方针，也是处理我国主流价值文化与其他非主流价值文化之间的关系必须长期坚持的文化战略。所谓主旋律，是指在精神文化领域占主导地位的核心思想，我们可以将其理解为主流价值。而所谓多样化，则是精神文化领域各种文化样态和价值取向兼容并包。文化产品不仅具有政治功能，还具有作为文化承载体本身所具有的人文功能。文化产品的政治功能要求体现主流价值、弘扬主旋律，而其人文功能则要求尊重文艺创作的内在规律、提倡多样化。主旋律和多样化就其实质而言是密不可分的。没有主旋律，多样化就会失去指导，变成缺乏深刻思想、没有灵魂的文化产品；而没有多样化，主旋律也会失去活力，变成一些晦涩、生硬的概念，也就不能受到广大人民群众的欢迎。二者缺一不可，强调主旋律，并不排斥多样化，恰恰相反，主流价值的体现需以尊重文艺创作内在规律为前提，而且，主旋律往往在多样化中得到体现，多样化本身就是主旋律的特点之一。文艺创作必须坚持弘扬主旋律和提倡多样化的辩证统一，即在文艺创作的过程中，文艺作品既要着力体现并弘扬主流价值，又要遵循文艺创作自身的发展规律。只有将二者辩证地结合起来，才能打造出精品力作，在保证文艺创作活力的基础上，促进文艺作品对主流价值文化的弘扬。

三 文化产品的生产：坚持传承与创新的统一

坚持体现主流价值与人文关怀的辩证统一，是立足于现阶段对文艺创作提出的要求。但文化产品的创作和生产是一个历史的动态发展的过程，对精品力作的打造还需坚持传承与创新的统一。文艺作品的本质应该是人的观念、情愫、魂魄的文化表达，离开人的情感和精神，再好的形式技巧都与文艺作品的艺术性无关；民族性、传统性应该是文艺作品的根和本，任何文化艺术之花如果丢了根脉是必然会枯萎的。

一个民族的传统文化为生活在这个民族共同体之中的个体提供了成员身份感，这种成员身份感是一个国家中的共同公民身份或成员身份的基础。这种共享的认同提供了把追求不同生活方式和价值观念的个体联系在一起的文化纽带。共同的民族文化身份的形成是国家团结和文化软实力的象征，它们为人们提供了建立并参与共同政治制度的动力。所以，分享民族传统文化，就是分享某种一个人从历史和文化的角度介入社会生活的视野或立场，就是分享某种一个人借以形成、追求、评估并修改自己的生活目标与目的的文化框架。正如戴维·米勒所说，"认同于某个民族（传统文化），感到自己与它密不可分，这是一个人理解自己在世界中的位置的一种合法方式"。[①]正因如此，一个民族国家可以被称为"文化共同体"，在其中，人们获得并培养了自己的道德动机和道德能力，而且，该共同体的成员认为他们彼此之间能够相濡以沫、同舟共济，从而形成强大的凝聚力。

所以，任何一种价值文化的存在都离不开其特有的社会结构和民族传统文化土壤。我国传统文化是中华民族在几千年历史演变中逐步积淀下来的文化成果，它是维系亿万炎黄子孙的根本纽带，并从根本上塑造着人们的生活方式和价值信仰。抛弃作为文化之根的传统文化就等同于割断了自身的精神命脉，也会丧失一个民族的文化所具有的特质。另外，

---

① D. Miller, *On Nationality*, Oxford: Oxford University Press, 1995, p. 11.

对传统文化的传承也是确保一个民族主体性的必然要求。民族主体性是一个民族存在的基本前提。一个民族一旦丧失自身文化发展的主体性，也就失去了其独立存在的价值，而这个民族的人民也会相应失去其安身立命的文化根基，这个民族也就成了一个涣散的民族。主流价值文化与我国传统文化实际上是相通的。所谓主流文化也是作为一个国家或民族之根基性的东西，它所代表的也是一个国家或民族的向心力和凝聚力之所在。因此，构建当代中国社会主义主流价值文化，必须重视文化产品之传承。

就当前我国文化发展的现状来看，传承已有优秀文化以构建我国的主流价值文化也已迫在眉睫。一方面，随着全球化在世界范围的逐步扩展，人类开始真正进入马克思所说的"世界历史"的普遍交往时代。各国在增进彼此之间文化交流的同时，不同制度体系、生活方式及其背后所蕴涵的价值观念的相互影响也在日益加快，由此产生的各种价值观念之间的冲突也越来明显、越来越频繁。这种价值冲突在全球化背景下，更多表现为一种"普世价值"与本土价值之间的冲突。其中尤以西方发达资本主义国家对其他非发达国家，特别是我国的意识形态渗透最为典型。在全球化交往中，发达资本主义国家凭借其发达强势的传播媒介向我国输出知识文化产品，这种资本主义价值本位的灌输，极大地冲击了我国人民所固有的文化传统和社会主义价值观念，甚至还造成了人们对原有本位价值认同感的逐步消解和丧失，这种主流价值文化认同危机的出现迫切需要我国重拾本民族传统文化，以抵制外来意识形态的渗透。另一方面，我国国内市场经济的发展也带来了人们价值理念的改变。在市场经济条件下，传统的重义轻利的道德观念被破除，个人的经济动机得到了合法化，每个人都可以从自我本位出发追求自己的私人利益。这种以个人为主体或以个人为中心的现象凸显反映到价值观上，必然引起对个人权利和利益的强烈认同。市场经济承认利益主体的多样化，这必然也造成价值主体的多样化，由此也会形成对主流价值文化的挑战。上述种种，都要求我们着力扩大主流价值文化的覆盖面，增强其吸引力、感召力和影响力，使它最大限度地在全社会形成共识。文化创作传承之必要性和紧迫性由此显现。

然而，主流价值文化的构建并不是一个简单的回到传统文化的过程。实际上，建构主流价值文化的核心应该是利用自身文明的成就来创新和引领社会先进价值观念的形成和认同。这种价值观念不仅建立在自身民族传统文化的价值基础上，而且能够适应时代发展的现实要求，回应时代发展中出现的重大问题。正如党的十七大报告所指出的："要全面认识祖国的传统文化，取其精华，去其糟粕，使之与当代社会相适应、与现代文明相协调，保持民族性，体现时代性。"而这就需要文艺创作的创新。

创新是文化发展的动力。党的十七届六中全会在为文化制定发展战略的同时，也赋予了文化以创新的内涵，要求"把创新精神贯穿文化创作生产的全过程"。实现文化的繁荣与发展是一个重大时代命题，而如何才能真正实现文化的繁荣与发展，如何使中国特色社会主义文化成为当代中国的主流文化，创新文化产品的生产内容与传播方式尤为重要。没有创新就没有文化的生存条件和发展空间，创新不到位，文化的发展就会失去应有的活力与魅力。

近年来，如果从文化产品的数量和热闹的程度来看，我们的文化发展无疑是繁荣的。但从创新的意义上来看，能体现时代要求和令人民群众满意的精品力作并不多见。正是创新不够，才造成了大量文艺作品思想力、艺术力的羸弱和感染力、影响力的式微；重复、复制、模仿、翻拍以及题材撞车、手法雷同、扎堆抢"戏"、群起趋"摹"等成为文化发展中的普遍现象。比如，我们的影视制作虽然数量年年都在递增，但真正能够打入世界市场的产品很少。我们的文学作品产量在激增，但真正阅读文学作品的读者在减少。创新之所以对文化发展具有不可或缺的重要性，完全是由文化的本质特征与内蕴规律所决定的，同时也因受众的接受习惯而在长期的实践中形成。任何文化形态在本质上都是要反映和表现时代走向与时代精神的，区别只在于这种反映和表现的具体形式和内容有所不同。因此，文化要实现创新，就必须切中时代脉动的特质、规律与走向，就必须真实而具体、生动而艺术、典范而新颖地为时代立言，为时代镌史。只有这样，文化产品和文艺作品才会有新意，有深度，有内涵。否则，只在时代洪流的表面或边沿上捞取一些腻沫和水泡而加以包装，贴上文化标签而匆匆面世，那注定只能是文化的秽物与庸品了。

创作出无愧于时代的精品力作是文化产品创新的核心。从创新的内容来讲，需要做到：第一，要让人民群众成为创作的表现对象，成为文艺作品的主角。在文化产品创作过程中，坚持以人民为中心的创作导向是坚持文化发展正确方向的关键。让人民群众成为创作的表现对象，成为文化篇章的主角，热情讴歌人民群众所从事的改革开放和社会主义现代化建设的伟大实践，生动展示人民群众奋发有为的精神风貌和辉煌业绩，叙百姓事，抒人民情，这样的创作才会得到人民的激赏。偏离这个中心，自我至上，即便制造了再多的噱头，编造了再离奇古怪的情节，终究会因为距离人民群众太远而断了地气，遭到抛弃。所以，只有文化创作接地气，沉进生活，以人民为创作对象，及时把握社会变化，善于因势利导，文化产品才能由更多更好向更好更多跨越，赢得人民大众的关注和喜爱，实现价值和意义。坚持以人民为中心的创作导向，要求文化产品的创作生产者必须及时准确地把握变化了的生产生活实践，适时而变，与时俱进，遵循先进文化前进方向，让文化成为激励人民前进、推动社会进步的精神引领。

第二，要求文艺作品真实而贴近生活。文化产品在内容上选择贴近生活、贴近大众、贴近实际的主题，为人们答疑解惑，必然能增加文化产品自身的吸引力和感染力。凡是有创新、有价值、有内涵、有意义的文化创造与文艺创作，都无一例外是对社会生活本质和人性的艺术化反映与典型化表现。文艺作品的创造者们从社会生活底层发掘和撷获的素材越丰富、越本真、越优渥，其实现创新的幅度就会越大、程度就会越高。怎样才能达到这个目标呢？关键在于沉潜。走马观花不行，浮光掠影不行，空中俯视和道听途说更不行，只有"走、转、改"，走进生活，沉潜于社会生活的底层，才能获得创新的不竭源流。创新不仅需要生活基础和社会认知，也需要思想升华与知识转换。任何创新，都是独特的发现和个性化的创造，这个过程，是破茧成蝶，是一个从积累到飞跃的过程。为了创新，必须在思想、艺术、知识和经验诸方面进行长期而刻苦的砥砺，不断地转变思维方式，开拓艺术宏庑，实现经验转换与实践升级，以利厚积薄发。

四 文化产品的评价要坚持以体现和表达主流价值为标准

创作生产更多无愧于历史、无愧于时代、无愧于人民的优秀作品，是文化繁荣发展的重要标志，也是构建主流价值文化所不可或缺的。人民群众的文化需要得到极大的满足，人民群众的文化素质得到普遍的提升，文化建设与文化交流盛况空前，对于推动文化的繁荣发展当然是重要的。但拥有阵容强大的文化高端人才，拥有无愧于伟大时代的经典著作、高端文艺作品同样是重要的，也许是更重要的。文化强国的"强"字应该是指拥有一大批具有世界影响的学术（艺术）大师，一批具有深远影响且经得住历史考验的学术（艺术）作品以及整个民族强大的文化创造力。只有这样，一个国家的文化才能够长久地矗立于人类的生活与精神领域中。然而我们以什么标准来衡量文化产品的创作质量以及文化发展的程度呢？

其一，文化产品的创作不能用"以大为好"作为衡量其好坏的标准。当前，我国文化产品的创作流行"大"字当先，大主题、大投入、大制作、大场面，试图以形式上的壮阔直接诉诸视听震撼，奢望以体量上的庞杂博得受众的垂青。于是，大量的文艺创作专注于"大"的营造，以远而空的视野，追求技术的奢华和场景的恢宏。但事实是，一旦我们将文化发展理解为对"大"的追逐，其结果往往是丢掉了"思想"和"意境"，进而最终丢掉了真实的"人"本身。丢了"思想"，就让文化产品的创作没有了存在的价值，无法使受众得到心灵的激荡与境界的提升；忘了"意境"，场景再壮观、篇幅再绵长，面目依然可憎，靠近不得，亲切不了；忽略了"人"，就模糊了文艺创作的本源，就找不到文艺创作的基点，必定摇摇欲坠，迷失方向。出现这种状况，究其根本原因，恐怕是没有真正理解文艺创作的本质，没有正确把握文化产品评价的标准，犯了急功近利的毛病。我们越"重视"文化建设，就越容易导致文化浮躁、形式主义和急功近利。浮躁本身是一种"魂不守舍"的文化，它往往越想在文化建设上做出成绩，就越显得"没有文化"。所以，我们必须尊重文艺创作的内在规律，把文化产品生产的重点放到对现实社会的深刻理解上，放到对活生生的"人"生的体悟上，潜心社会和生活的深处，挖掘出时代的精神内核，用合适的形式加以艺术化的提炼，成就触动灵魂的华章。文艺创作追求过分的"大"，最终的呈现却往往是"小"和"虚"。

其二，文化产品的创作不能用"以量取胜"作为衡量其好坏的标准。当前，过于强调文化产品的商品属性往往导致人们产生这样一种趋向，认为文化的繁荣就是大量文化产品的推出、文化市场的壮大，甚至把文化产品的经济效益作为衡量文化产品好坏的标准。文化产品不同于一般的商品，除了商品属性外，它还有作为文化的承载物所具有的社会属性，而市场也存在着其自发性和盲目性的一面，因此，仅靠市场这个可量化标准是不能完全说明文化产品的真正价值的。对文化产品进行评价，更多地需要从文化产品的社会效益和艺术水准这个角度来进行。我们必须认识到，推进主流价值文化认同，促进文化大发展大繁荣，不只是促进文化产业的 GDP 增长，更重要的是要从根本上增强作为主流文化的中国特色社会主义文化自身的感染力，提升中华文化的整体水平和对世界的影响力。从这个意义上，推进文化产品向高品质方向发展就显得至关重要。如果文化繁荣发展只是一些低水平的文化产业和娱乐文化大行其道，虽然也能带来经济上的成功，但根本成不了大气候，不能使中华民族在 21 世纪对人类有较大贡献。提升文化产品的影响力和感染力重要的是它的内在亲和力。而一个文艺作品的亲和力是离不开它的人文根基的，没有人文根基，文艺作品便失去了其创作的意义和价值感召力。提升文化产品的品质就是指提升具有本民族传统内涵的、具有世界性面向的、能引领人类积极向上并始终关怀人自身生活的文化。因此，提升文化产品的品质并不是回到高雅文化的老生常谈，也不是要制造一批阳春白雪，根本的要义在于：这样的高品质可以体现能为人类普遍认识和接受，与人类历史中的积极力量一脉相承的那种价值。

其三，文化产品的创作不能以"大众""流行"作为衡量其好坏的标准。当前，我国文化产品的生产越来越趋向猎奇、盲从和跟风，越来越受制于消费以致低俗文化产品大行其道。在引导大众或强化大众的认同方面，主流文化的力量显得有些弱或力不从心。由娱乐而至愚乐，主流文化不断被低俗文化侵蚀着，导致了社会中价值观的扭曲。主流文化的价值观本应成为社会的一个尺度，但当前一些所谓的主流文化产品和主流媒体却被时潮裹挟着炒作热点，致使某些打着大众文化旗号的作品一时间成了主流文化的榜样，这些原本是主流文化要引导的对象反而使主流文化成了它的注解。很显然，低俗文化产品的流行，折射出当前文化产品的生产缺失明确的价值诉求和清晰的价值观。我们应该清醒地认识到，对文化产品的评判绝不单纯是大众个人价值偏好满足的问题，绝不能以"流行""时尚"作为衡量其好坏的标准。文化产品的生产和传播是一个关乎社会公共空间的价值引导的问题！所以，文化产品的生产首先必须自觉地体现和表达为社会所认可的主流价值。文化的大众化绝不是全民的娱乐化。满足人民群众日常文化需求固然重要，但切不可让娱乐偏离了社会的基本价值共识。文化产品中价值观的不清晰，低俗文化的盛行，会使大众模糊应有的价值诉求。结果，在各种乱象中看到的是引人注目的道德滑坡、底线的一再后移、精神沙化、人格矮化，这与主流文化中缺失鲜明的价值诉求，以及在多元文化思潮博弈中主流文化产品的自我调节、自我调适功能弱化，难以在舆论信息高地和道德价值高地产生强势的凝聚力和吸引力不无关联。因此，在当前的文化产业热潮中，我们要谨防以所谓产业化、大众化之名，以商业维度侵蚀文化的价值维度。我们要清醒地意识到现实中那些所谓"流行""时尚"的文化产品把严肃的话题作为娱乐的噱头，旨在赢得更多的眼球、更多的点击率以及更多的经济收入。文化发展的无序、失序现象扭曲了社会的主流价值，颠覆了人们持守的道德底线。文化的娱乐化不是"大众"的错，而是文化生产者和传播者缺乏基本的责任担当，缺失中流砥柱精神！这需要全社会尤其是主流文化生产者的努力，需要每一个现代公民的文化自觉，共同使主流价值文化在社会中获得真正的认同。

挑战与危机：高校德育的文化境遇[*]

——以建设中华民族共有精神家园为背景

黄　平

（湖北大学教育学院　湖北大学当代中国主流文化研究中心）

【摘　要】　自党的十七大以来，建设民族共有精神家园日益成为中华民族的自觉意识和神圣使命，既是当代主流文化建设的核心目标，也是高校德育面临的时代课题。本文以建设中华民族共有精神家园为背景，从民族精神家园遭遇的主要挑战和学生民族精神的"我性"偏移两个层面描述分析了高校德育所处的时代境况，从现实的紧迫性提出了高校德育的民族精神使命问题。

【关键词】　主流文化　民族精神　挑战　危机　高校德育

　　注重保证和提高有效性的高校德育，总是以敏锐的触角感知社会文化环境，勇于直面时代挑战和现实问题。党的十七大明确提出"弘扬中华文化，建设中华民族共有精神家园"的战略任务，建设民族共有精神家园日益成为中华民族的自觉意识和神圣使命，这既是主流文化建设的核心目标，也是高校德育面临的时代课题。以建设中华民族共有精神家园为背景，我们想从民族精神家园遭遇的主要挑战和大学生民族精神的

＊　本文系湖北省教育厅人文社科研究项目"大学教学管理制度化研究"及湖北省教学研究项目（2012204）的阶段成果。

"我性"偏移两个层面分析高校德育所处的文化境况。

一 民族共有精神家园面临严峻的挑战

中华民族共有精神家园面临的挑战非常复杂，可以从国际政治、民族精神、价值观念、社会信仰、文化发展、科技进步等不同维度进行分析。这里我们针对民族精神家园的核心内容，主要在民族精神的总体层面上论述民族共有精神家园面临的三大挑战。

（一） 文化全球化的挑战

全球化是构建中华民族共有精神家园首先必须面对的时代境遇，是提出构建中华民族共有精神家园的宏观背景。从空间来看，全球化意味着地球变成了一个整体，全球在空间意义上一体化；从内容来看，全球化既是一个客观的事实，也表达了参与全球化的主体的价值取向。[1]作为一种事实，全球化是"由于生产力和科技的发展导致人类活动突破时间和空间的局限，人们活动之间具有了极强的相关性，世界各国人民之间交往的机会增加"；[2]作为一种价值取向，"全球化总是在一定的价值主体推动下，以某种价值为其向度的社会历史过程"。[3]当国家、民族仍然是构成人类的基本单位，仍然是具有不同利益的价值主体时，参加全球化的民族国家，不管是处于主导地位，还是处于依附地位，都会为了自己的利益有不同价值取向的全球化追求。因此，作为不同利益主体的民族国家，为了论证各自价值取向的合理性，都会对全球化做出不同的意义诠释，由此形成具有不同价值核心的"全球化文化"。这样，"全球化文化"必然呈现多样化的形态，这既是事实，又是人为选择的结果。

西方民族国家在全球化进程中处于有利地位，"某种程度上讲，现

---

① 欧阳康：《全球化与民族精神》，《华中科技大学学报》（社会科学版）2005年第1期。
② 李太平：《论全球化与民族意识》，《华中科技大学学报》（社会科学版）2005年第2期。
③ 鲁洁：《当代德育基本理论探讨》，江苏教育出版社，2003，第181页。

代国际关系的演进过程，是一部西人主宰的、靠科技进步为主要驱动力和润滑剂的、以沟通各国各民族间的联系并使之臣服于资本主义的国际规范为基本内容的、伴随着西方大国由于发展不平衡而衍生的、此起彼伏的、摩擦争斗的历史"。①居于强势地位的西方发达国家是全球化的主要推动者，同样也是全球化意义与文化的主要生产者，他们描绘的全球化是"同质一体"的世界图景：世界已经成为一体，在这个一体化的世界中存在同质的秩序、同质的文化和同质的价值追求，全球化也就是整个世界合而为一。所谓"同质化""一体化"其实就是"西方化"。在西化为主导的全球化过程中，发展中国家的文化越来越失去固有的空间，民族国家的文化边界正在被消解，国家文化主权受到严重的威胁和挑战。

　　民族共有精神家园必须依托民族文化才能存在，这不仅仅是从内在构成来看的，更是从主体生存而言的根本依托。因此，在全球化背景下，保持和维护民族文化的个性特征，促进文化认同变得益发重要了。民族文化是一个民族的自我意识，是一个民族生存和发展的核心，是保持民族个性的本质要素；每一个民族的文化，都是在长期的生产生活过程中形成和演进的，具有自身独特的理解宇宙、社会、人生的不同方式，不仅积淀着一个民族国家过去的全部文化创造和文明成果，而且蕴涵着它走向未来的一切可持续发展的文化基因，是民族存在和发展的全部价值与合理性之所在。民族文化若被消解，这个民族就会因失去共同的价值信仰、符号体系而分崩离析，民族国家也必然出现生存危机。"如果一个民族丧失了文化上的自主性，不能用自己的文化解读自身的历史、自身的经验，听任其他文化超越其限定来解读来裁剪时，必定产生对自身生活世界的误读与误导，引发出民族生存的危机。"②当前，中华民族正面临着丧失文化自主和文化个性的危机。有学者指出，今天的"中国任何一种现象都只能在别人的概念框架中获得解释，好像离开了别人的命名系统，我们就无法理解自己在干什么，我们的生活意义来自别人的定

---

① 王逸舟：《当代国际政治析论》，上海人民出版社，1995，第138页。
② 鲁洁：《当代德育基本理论探讨》，江苏教育出版社，2003，第187页。

义"。①这种严峻现实已经威胁到保持中华文化的独立性问题,威胁到中国人的民族性问题。对中华民族共有精神家园而言,这种挑战更是一种根本性的挑战,没有中华民族的独立性和民族文化的个性,从何而言民族共有精神家园呢?因此,提升文化自觉和维护文化个性成为中国人作为自觉生存主体的必然要求,成为决定中华民族共有精神家园是否成立的主体依托问题。

在全球化背景中,所谓文化自觉,是一种自主构建"世界形象"的自觉。提升文化自觉作为中华民族面临的时代课题,需要全民族的共同努力,学校教育尤其是德育则要承担更为重要的职责。教育作为文化传递的工具,应该引导人们对民族文化的自觉,实现其以文化传递为中介培植中国人的功能。教育提升中国人的文化自觉,就是要使人认识到当今世界并不是已经趋于同质化的世界,而是一个多极多样的世界,不同民族国家共同参与、平等对话才是推进全球联系的合理选择。学校教育尤其是德育要警惕全球化文化的扩张,提高文化防御意识,防止在西方全球化的意义解释下将民族文化引入误区,丧失民族文化的独立性。

(二) 价值多元化的挑战

从国内情况来看,价值多元化是中华民族共有精神家园当前面临的又一个重大挑战。中国实行改革开放政策以来,价值多元化一直是社会发展的趋势和主动追求的目标,特别在20世纪90年代推行社会主义市场经济体制以后,价值多元化似乎得到更多的认同,并成为社会进步和走向民主的标志。2009年一项对天津高校近2000名大学生的调查发现,大学生的价值观及价值取向呈现明显的多样化特征,主导价值观呈弱化趋势。大学生对"目前最关注的问题"一项的回答分别是:个人的成长与发展(50.1%)、就业(19.9%)、学业(15.9%)等,仅有9.8%的大学生关注国家大事和民族安危;关于"学习动力"一项,33.4%的大

---

① 张洁宇:《全球化时代的中国文化反思:我们现在怎样做中国人——张旭东教授访谈录》,《中华读书报·文史天地》2002年7月17日。

学生认为自己学习的动力来源于日后建立一个美满的家庭，26.4%的人更看重发展自己、实现自我，只有5.8%的大学生将报效祖国和服务人民列为自己学习的动力；在人生构成因素的重要性上，排在前四位的是健康（66.5%）、家庭（58.9%）、金钱（46.2%）、爱情（40.2%）等因素；在自我实现与奉献社会的关系上，41.9%的人认为在奉献社会的同时应该适当地满足自己的需要，有9.2%的人只考虑到是否关乎个人的发展，仅有8.3%的人将"只求奉献，不求回报"作为自己的人生目标。①

到底如何理解和评价价值多元化？价值多元化与中华民族共有精神家园是什么关系？高等教育中如何处理二者之间的关系？这些问题关系到构建中华民族共有精神家园的必要性问题，也关系到高校德育的价值选择问题。

价值多元论把价值多元化看作所谓民主的象征，认为一个良好的社会应该允许各种不同的甚至对立的价值观并存。这种观点是否可取呢？从中国历史上看，有三个时期符合价值多元论的观点：一是春秋战国时期；二是魏晋南北朝时期；三是鸦片战争以后一百多年的时期。但是，这三个时期，中国作为价值多元化的社会，不是处在社会安宁、人民富足的状态，相反，是国家四分五裂、天下大乱、生灵涂炭的社会。与此形成明显对照的是，价值多元化的当代欧美国家却没有产生类似中国的剧烈社会动荡。如何理解这种巨大的中西差别？价值多元论的关键何在？这里有必要从价值结构的性质进行分析。

一个社会的价值状况有表层和浅层的分别。表层价值状况是一个社会显现出来的价值观结构和特征，可以用一元化还是多元化来区别。中国春秋战国时期，表层价值观多元化，而到西汉则呈一元化局面。深层价值观状况指文化心理结构，是内隐的世界观、价值观和思维方式等。中西价值多元化的不同主要表现在深层价值状况的差异。在西方当代社

---

① 杨燕、韩善光：《当代大学生价值观取向的问题分析及对策》，《道德与文明》2010年第3期。

会，虽然表面上不同的价值观乃至不同的政治派别并存，但其深层价值观是统一的而不是多元的。西方国家的国民对法治、民主、人权等观念有深刻的认同，不仅在观念上将其接受为合理的，而且使其成为自觉的行为习惯。因此，中西价值多元化社会在性质上是不同的，西方社会仅仅是表层价值观状况多元化，而中国社会是表层和深层价值观均是多元化的。①由于缺乏作为文化核心的共有价值观作为凝聚人心的黏合剂，中国社会呈现出动荡混乱的局面。

以上简短的比较分析表明，价值多元化是一个辩证的概念，是表层价值的多元化与深层价值的一元化的统一。只有表层价值的多元化而无深层价值的一元化，不仅不利于形成"良好"的社会，而且可能导致社会的混乱。只有将表层价值多元化和深层价值一元化结合起来，才有利于促进社会的稳定和繁荣。深层价值的一元化可以为表层价值多元化发展提供必要的基础和保障，表层价值多元化则可为深层价值一元化提供源泉和活力。因此，价值多元化不等于价值多元主义。价值多元主义是一种彻底的价值相对化，价值多元论就是一种价值多元主义的观点。我们可以提倡价值多元化，但不能推行价值多元论的主张。

根据以上对价值多元论的分析，我们就能够理解当前构建中华民族共有精神家园的深刻意义。价值多元化在我国已经是一个事实，不仅表层价值呈现出多元化状况，深层价值也存在一定程度和范围的多元化。表层价值的多元化，可以增强社会的活力，这对社会的发展是有利的。但是，深层价值的多元化，却可能对我国的稳定发展具有很大的破坏性。党的十七大明确提出构建中华民族共有精神家园，主要就是加强中华民族深层价值的建设，寻找能够为各民族接受和认同的共有价值。因此，构建中华民族共有精神家园不仅是一项文化事业，更是增强国家软实力、促进社会健康发展的战略举措。高校德育积极参与这项文化事业，可以发挥价值引领作用，传承民族传统文化精神，促进社会核心价值理念建立并获得认同。

---

① 刁培萼：《教育文化学》，江苏教育出版社，2000，第 277～279 页。

（三） 信仰危机的挑战

信仰是关于生命和宇宙最高价值的信念，是主体对其认定的、体现着最高生活价值的某种对象的由衷信赖和矢志不渝的追求。信仰是所有文化的基本构成要素，是民族精神家园的根基。虽然中华传统文化缺少宗教信仰意识，但并不缺少信仰的内涵。当代著名学者张世英曾说："我以为有了中国传统哲学所讲的'万物一体'的领悟，再加上对它的敬畏、仰望、崇拜之情，就足以构成宗教。"①马克思主义传入中国以后，中国共产党人确立了共产主义信仰，中国人的精神家园又增添了新的信仰内涵。建设中华民族共有精神家园，要以优秀的中华文化为根基，把构建中华民族成员普遍认同的信仰体系作为其中的核心要素。

信仰对每个人都具有十分重要的意义。"信仰的核心意义是指人对人生最重要的价值的追求。"②信仰是精神领域的最高主宰，统摄指导着个体的整个精神世界，是个体的精神支柱和行动指南。但是，我们必须看到，当前中国人存在信仰危机，这是中华民族精神家园建设面临的又一大挑战。当前中国人的信仰危机表现为传统信仰的失落、主流信仰的弱化以及信仰的迷茫和非理性化等不同方面。五四运动以来，打倒孔家店以后，尤其是"文化大革命"之后，中国传统文化被彻底摧毁，传统的精神信仰荡然无存；苏联东欧社会主义国家易帜以后，世界共产主义运动经历巨大挫折，一些中国人，甚至共产党人放弃了共产主义信仰；中国进入全球化社会以后，尤其是市场经济发展以来，各种宗教和其他有神论纷纷登场，中国人面临巨大的信仰困惑。

在学校教育领域，当前我国中小学生的精神状态是积极的，大学生的信仰主流是科学健康的，但是我们也必须正视一些学生存在一定程度的信仰危机问题。当前，大学生的信仰选择呈现多元化的特点。大学生选择的信仰，既有马克思主义的信仰，又有非马克思主义的信仰；既有科学的信

---

① 张世英：《境界与文化——成人之道》，人民出版社，2007，第91页。
② 李太平：《论信仰教育》，《教育评论》2001年第1期。

仰，又有非科学的信仰；既有理性信仰，又有非理性信仰。2010 年对江苏省 10 所高校的"90 后"大学生的一项调查显示，1150 名学生在回答"哪一种信仰说法最接近您的想法"时，选择"信仰共产主义"的占 37%，选择"信仰民主、自由、平等"的占 26%，选择"什么都不信，不知道信什么好"的占 15%，选择"信仰宗教"的占 12%。[①]2007 年的另一项调查显示，在 138 名认为自己有信仰的大学生中，选择共产主义信仰的有 58 人，占有信仰者总数的 42.0%，而没有选择共产主义信仰的有 80 人，占有信仰者总数的 58.0%。[②]主流信仰严重弱化。

近些年，由于大学毕业生就业形势严峻，高校内部竞争和外部压力加剧，加上存在社会不公正现象，部分大学生对激烈的社会竞争难以适应，因而对现实感到失望，对前途、命运感到迷茫，转而向神灵寻求庇护，使神秘主义和有神论在高校学生中蔓延。在对 228 名大学生对待命运的态度的调查中，有 12.7% 的人认为自己相信命运；有 46.1% 的人认为自己有点相信命运；有 16.7% 的人认为自己对命运说不清楚；仅有 24.6% 的人明确表示自己不相信命运。

中国人的信仰危机，迫切呼唤加强信仰教育，重建中华民族共有精神家园。高校德育首先应帮助学生理解信仰的必要性。信仰教育可以对信仰的存在和必要性作根源性说明。信仰作为人类精神的一种状态，是人类对自身与宇宙关系的自觉体认与主观调整，是人类对其生存条件、生存结局的全面反映，是人类对其生命本质和存在意义的意识和追求，是对人类自身生存局限性的主观弥补和超越。人类不能脱离信仰，人类需要信仰。在说明信仰必然存在的基础上信仰教育可以指导学生进行信仰选择，引导大学生树立正确的信仰，引导学生理解、认同和参与创建中华民族共有精神家园。

以上从民族文化、价值观念、精神信仰等精神家园的背景和主要构成方面对中华民族共有精神家园面临的挑战进行了分析，已经从文化整

---

① 丁静：《时尚文化对当代大学生价值观的影响》，《学海》2010 年第 5 期。
② 肖欢、夏韬：《当代大学生信仰问题研究》，《教学研究》2007 年第 1 期。

体层面描述了高校德育的时代境遇，至于其他挑战如市场经济的消极影响、网络文化的冲击、现代科技的意识形态化以及生活的物质化世俗化等，这里就不再更多地展开分析了。

二　大学生民族精神的"我性"偏移：文化认同危机

从民族共有精神家园的角度来说，大学生的民族精神素养具有基础性的地位，不仅影响到精神家园的现状，而且对未来的发展状况有决定性的意义。我们认为，大学生的民族精神存在"我性"偏移的问题。"我性"偏移主要是指学生对民族精神缺乏理解和认同，对民族文化自觉或不自觉地疏远了，没有很好地继承和发扬民族文化的个性。这里强调"我性"偏移而不说民族文化精神的丧失，除了表示程度轻重的差异外，主要是因为我们认为民族文化不是一种封闭孤立的体系，尤其在全球化背景下，不同民族文化相互交流、相互碰撞是比较普遍的，任何民族都不会对其他文化简单加以拒绝和隔离。因此，民族精神的内涵既有传统的继承性，又会根据新的时代需要发展变化。正如有学者指出的，"文化普遍主义和文化特殊主义的关键要害之一是，它们都不认为文化本身是不断生成变化的，而不是凝固不变的。……从社会个体生成论的基本立场出发来看，文化和文明作为人类社会所不可或缺的诸维度之中的一种维度，本身既是由现实的人在社会实践基础上不断建构和重新建构而成的，也因此而处于持续不断的生成和发展过程之中"。①下面我们从文化认同危机的角度来看大学生民族精神"我性"偏移的几种现实表现。

（一）在语言学习方面，学生存在轻视母语热衷外语的现象，学校流行缺乏民族文化自尊的外语热

语言是文化的基本要素，民族文化是靠语言承载和传递的。每个民

---

① 霍桂桓：《论文化发展的辩证运动——超越文化普遍主义和文化特殊主义》，《江苏行政学院学报》2003 年第 1 期。

族都有自己的语言，即使没有文字，也不能没有语言。不同的民族会使用不同的语言。社会语言学家萨丕尔和沃尔夫认为，语言上的差别不仅反映了说话者的环境，而且决定了他们看世界的方法。正是有语言和文字作为载体，文化才得以传递和积累。一个民族的语言，对于培育民族精神，孕育民族情结，发扬民族文化具有工具和存储凝聚的作用。一个民族要保持自己的文化个性，必须高度重视语言的学习和使用。就个人而言，一个人对民族语言的态度，在一定程度上就是对民族的态度。我国的母语教育，虽然有很多成绩和亮点，但也存在令人担忧的现象。比如各级学校中，外语特别是英语备受宠爱，英汉双语教学很受追捧，汉语却不被很多人重视，以至有的学生汉语水平尤其是写作水平非常低下，甚至不能规范正确地写作日常的一些应用文。

改革开放以来，我国的国际交流日益频繁，范围日益扩大，外语特别是英语作为交流工具，变得越来越重要。因此，重视外语学习是很有必要的。但是，在我国，无论大学还是中小学，外语热持续维持在偏高水平，甚至一些大学生把外语作为大学学习的主要内容，这就失之偏颇了。目前，英语已经成为中学和大学教育的第一学科，小学从三年级开始也把英语列入必修课程，甚至很多幼儿园也把英语教学列为自己的特色和优势。从学习时间来看，英语在中小学要占 1/4～1/3 的学习时间，对一些大学生而言，英语甚至占了大部分的学习时间。从语言行为来看，我们现在已经造就了一种以洋为荣的殖民地文化心态，无论是说话还是唱歌，能够用点外语成为一种时尚。从教学方法来看，我国外语教学中缺乏民族文化教育，只重视目的语文化的学习。"英语，作为一种强势语言，以其所携带的西方文化和价值观弱化了学生的母语文化能力和民族认同感。中国民族文化遭遇到巨大冲击，母语文化的保持与发扬面临极大挑战。"①西方文化在不经意间左右着中国学生的生活方式、价值观念和行为准则。相当一部分学生认为西方文明优于中国东方文明，西方文化优于中国文化，他们的民族精神在逐渐丧失。美国一本专门从事中

---

① 李俊英：《母语文化与外语教育》，《攀登》2007 年第 4 期。

国研究的权威杂志载文说："在中国面临的各种危机中，核心的危机（core crisis）是自性危机（identity crisis），中国正在失去中国之所以为中国的中国性（Chineseness）。"①这种所谓的"自性危机"实际上就是民族文化认同的危机。

（二）在书籍阅读方面，大学生存在疏远文化经典的倾向，尤其课外阅读的消遣化倾向突出

一个人的生命是短暂的，生活的空间也很有限，即使跑遍全世界，真正获得直接体验的生活也是有限的。相对于人类的文明来说，每个人的人生阅历与知识是微乎其微的。经典作品是经过时间的汰选留存下来且历久弥新的典籍，记录了人类文明社会的历史和文化，积淀着人类千百年来关于人生的思索和生活的智慧。阅读文化经典，可以丰富精神生活，提高生命层次。文化经典是保存民族文化的主要载体，阅读文化经典是学习优秀民族文化的基本途径。

前芝加哥大学校长赫钦斯是一位以提倡经典阅读闻名的教育家。作为永恒主义教育哲学的代表人物，赫钦斯认为教育的中心应该是体现在"名著"之中的西方伟大传统和智慧。他反对20世纪30年代众多美国大学忽视经典阅读课程的做法。他在《美国高等教育》一书中说："课程应当主要地由永恒学科组成。……永恒学科首先是那些经历了许多世纪而达到古典著作水平的书籍。"②因此他在芝加哥大学推行名著教育计划。赫钦斯认为学生应该学习那些具有永恒精神的西方伟大著作，它们代表人类的理智精神，是人类的最高遗产。赫钦斯说："一本经典名著在任何时期都具有现实意义，……它们是我们所知道的最好的著作。如果一个人从来没有读过西方世界的任何名著，我们如何能称他是一个受过教

---

① 李慎之、何家栋：《中国的道路》，南方日报出版社，2000，第148页。
② 华东师范大学教育系、杭州大学教育系：《现代西方资产阶级教育思想流派论著选》，人民教育出版社，2000，第203页。

育的人？"①赫钦斯是美国人，当然强调阅读西方文化经典。但他的观点同样适用于东方民族。因此，中国的大学生亲近中国传统文化，阅读中国的文化经典是非常有必要的。当前的现实情况又是怎样的呢？

一项调查显示，在对传统文化的现实影响力的认识上，只有近17.4%的大学生认为传统文化仍很强大，相比之下，有约40.0%的学生认为传统文化只不过是"还有些影响"罢了，而29.7%的被调查者认为传统文化的影响正在逐渐消逝，甚至有2.1%的学生认为传统文化"已荡然无存"了，另有8.7%的学生对此表示很难判断。对于有学校要求学习《论语》《老子》等传统文化经典，约60%的大学生对此表示赞同，但是也有7.2%的学生认为这些已经落后于时代，剩下的约1/3学生对这一问题的回答是说不清楚。②

从文化认识上看，这项调查结果应该说是喜忧参半的，一方面表明当代大学生知道民族优秀传统文化对自己、对社会、对国家的作用，另一方面我们又感到大学生有疏远传统文化的倾向。虽然大学生对传统文化有积极的认知，但是，当代青年在对传统文化的观念选择与行为实践上有背离的现象，而且文化层次越高，越表现出对中国传统文化的离心取向。③从文化选择和阅读实践来看，大学生明显地表现出疏远文化经典与课外阅读的消遣化倾向。

华中科技大学的一项研究表明，当代大学生虽然深知民族优秀传统和世界优秀文化的价值，但是不能够积极主动地去吸收这些先进文化，而是沉迷于大众通俗文化，甚至是垃圾文化之中。在该项研究的深度访谈及调查中，有73人对中国古典文化最感兴趣，占调查总人数的49%；43人对西方经典最感兴趣，占调查总人数的29%；35人对消遣性读物最感兴趣，占调查总人数的24%。一些学生坦率地说："我喜欢读消遣

---

① 〔美〕罗伯特·M. 赫钦斯：《美国高等教育》，汪利兵译，浙江教育出版社，2001，第46页。
② 张胤：《对高校学生文化本真状态的一次实证发现及其解析》，《教育与现代化》2009年第2期。
③ 浦伟忠：《中国传统文化对当代北京青年的影响》，《青年研究》1994年第4期。

性读物，简单易懂，并且有很多搞笑的情节。中国古典文学太过深奥，难懂，读起来花费太多时间，而西方经典由于对其文化背景不熟，不太感兴趣。"①一项对北京市大学生连续四年的调查也发现，大学生阅读书籍的种类主要以"文学小说""休闲时尚类""专业参考书"为主，所占比例分别为：23.6%、18.5%、16.3%，"文学小说""休闲时尚类"占到了读书总量的四成以上。②

疏远文化经典，是大学生精神生活浅表化的一种表现，而这正是大学生课外阅读消遣化的内在原因。阅读文化经典，需要大学生具备严肃的态度和思考的习惯，在某种程度上是一个比较困难的思想磨砺过程，真正要从文化经典阅读中获得精神的享受，不是轻而易举能够实现的。因此，阅读文化经典，不能抱有享乐主义的态度。但是，这种阅读要求对一些大学生而言是太高了。大学生课外阅读的消遣化，既是与享乐主义相适应的态度行为，又在反复的实践中强化了享乐主义的观念，这就正好陷入了西方文化观念的美丽陷阱。

（三）在节日与习俗生活方面，大学生对过洋节的兴趣大于对民族节日的兴趣。

传统节日是一个民族在长期的历史发展过程中逐渐形成的，是一个民族最隆重、最热烈、民众参与最广泛的文化象征，过节是传承民族文化的有效方式。在人类社会的文明发展过程中，民族节日对塑造民族性格、凝聚民族情感起到了重要作用。一个节日的产生、流传、演变，都有着民族心理与文化形态的背景。例如，在我国春节的礼庆活动中，掸尘的习俗反映了我国劳动人民勤劳、爱清洁的良好习惯，吃年夜饭的习俗体现家庭和睦的精神，舞狮子的文娱活动又象征着中华民族的威武雄壮；清明节的禁火寒食和扫墓体现着尊老敬祖的精神；重阳节的登高、

① 何放勋、孙华：《论当代大学生接受文化的困境与对策》，《湖北社会科学》2006 年第 6 期。
② 冯琦：《合理导向大学生文化消费——北京市大学生文化消费调查分析报告》，《统计教育》2005 年第 3 期。

吃重阳花糕等含有敬老、祝贺长寿之意；等等。①

当前，西方文化正依托其强大的经济实力在世界各国大行其道。20世纪 80 年代以来，随着对外开放大门的敞开，西方文化包括节日文化也像潮水般涌入了我国。改革开放的本意主要是学习西方发达国家的经济发展成功的经验，加强相互之间的经贸往来，促进我国的经济发展。与此同时，由于存在与经济发展的紧密联系，西方国家的生活方式和节日文化也受到了我国人民特别是年轻人的青睐。最近一些年来，西方节日越来越多地渗透到人们的文化生活中，在不知不觉中改变着人们的生活方式、价值观念及行为取向。由于受到习俗文化中西方节日热的影响，不少大学生追逐新潮，迷恋过洋节，盲目追随西方习俗。相当一部分大学生觉得春节没有圣诞节重要，月饼没有"麦当劳""肯德基"好吃，热衷于过圣诞节、情人节、愚人节等西洋节日。

与中小学生相比较，大学生与社会的接触更为紧密，生活独立性和自主性比中小学生更强，如今过"洋节"在新生代大学生中似乎已成为一种习惯。调查显示，之所以要过这样的节日，40% 的学生是想放松心情，18% 的学生是为了赶时髦，而 42% 的学生则期望通过"洋节"来获得一个展示自我的机会，寻得一份自我认同。他们认为"洋节"才是学生表现自己的舞台，是真正属于年轻人的节日，可以放纵地狂欢，发泄热情，能无拘无束地表现快乐，展现个性。②大学生提出的这些理由和目的虽然没有明确涉及西方文化问题，但是，我们不能忽视，任何节日都包含有深厚的民族文化内涵，过节本身就是文化表现的形式，节日生活过程中人们会潜移默化地接受西方的文化。特别是一些学生只重视西方节日而轻视中国传统节日，这可能导致他们产生崇洋媚外的心理，对传承中国传统文化、增强民族自尊和自信将带来消极影响。

---

① 邱伟光：《公共关系礼仪文化》，高等教育出版社，2000，第 253 页。
② 樊娟：《新生代大学生文化认同危机及其应对》，《中国青年研究》2009 年第 7 期。

（四）在休闲娱乐等文化生活方面，大学生热衷于西方文化消费

中国加入WTO后，根据世界贸易组织关于引进电影的框架协议，最初每年引进分账大片10部，2003年后增加到20部，其中包括16部美国影片和4部其他国家影片。除了分账大片，中国每年还引进一些其他外国影片。因此，总的来看，近些年中国每年进口的电影总数超过20部，2005年进口的电影总数达到了50部。[①]作为一种文化贸易，外国电影特别是美国电影流入中国，大大提高了他们的票房收入，这个无可厚非。值得注意的是，这些美国电影正在培养中国观众特别是年轻学生的欣赏口味，通过故事化、人情味、贴近人性的手段吸引打动观众，同时也将意识形态潜移默化地融入他们的血液。如广受欢迎的电影《007》，最后被战胜和消灭的敌人都有明显的政治文化倾向：一是苏联的克格勃；二是阿拉伯原教旨主义者。

近年来的一些调查表明，中国的大中学生对西方影片尤其是欧美影片有明显的偏爱。一项对大学生的调查显示，在日常休闲中，48.2%的学生选择欣赏好莱坞大片作为娱乐，13.3%的学生选择其他西方影片，19.5%喜欢看港台片，14.9%选择欣赏大陆影片。[②]另据中共中央宣传部和教育科学研究所教育理论研究室对全国13市中学生的一项调查，喜欢译制片和港台片的中学生分别为47.4%和44.9%，其中30%的学生常听外国音乐。上述数据说明，在影视和音乐消费方面，西方文化、港台文化已成为青少年消费的热点，青少年的文化活动在向西方文化和港台文化倾斜，这是与社会文化生活中外来文化影响的上升相联系的。[③]另外，从学生选择和观看西方电影的主动性上，也说明了他们的偏爱倾向。一

---

① 丁汉青：《中国电影市场特点分析》，《青年记者》2010年第10期。
② 张胤、张燕萍：《对高校学生文化本真状态的一次实证发现及其解析》，《教育与现代化》2009年第2期。
③ 言玉梅：《全球化背景下西方文化对我国青年价值观的影响》，《湘潭师范学院学报》（社会科学版）2003年第9期。

项对大学生的调查显示，通过网络、图书、音像和直接观看等途径接触西方电影的大学生比例高达94%，仅有6%的学生是被动接触的。[①]

值得关注的是，很多学生接触欣赏西方电影，不仅仅停留在休闲娱乐的层次，他们对西方电影所宣扬的价值观和生活方式有很高的认同程度。看过西方电影的大部分大学生会在思想上产生明显的冲击和反应。调查显示：32%的大学生看完电影后"要激动一阵"，44%的学生有人物和情节在内心盘踞几天，28%的学生在现实中模仿过欣赏人物的外形、生活、处事方式，有90%以上的学生对曾经看过的西方影片中的情节或人物产生过自己就成了其中角色的幻想。西方电影对大学生思想影响的大小顺序依次为：爱情观、生活方式、个人主义、金钱观和性观念。可见，西方文化通过电影这个媒介渗透到了大学生的思想意识之中。[②]

（五）在日常物质生活方面，大学生对传统的节俭朴素、细水长流的观念淡漠，消费主义倾向明显

我国传统的物质消费观念主张节俭朴素，反对奢侈浪费，注重长远利益，同时把节俭与道德修养结合起来，提倡"俭以养德"。就日常物质生活来看，大学生对传统的物质消费观念缺乏认同，消费西化是一个比较突出的现象。

在消费观念上，大学生在不同程度上接受并形成了消费主义观念。消费主义是西方世界的主流观念，是"二战"以后推行凯恩斯主义经济政策的社会效应。西方学者鲍曼曾形象地描述了当代人精神状态已被消费主义所物化，把自我价值的实现归于消费的状况："在一个运转正常的消费社会中，消费者千方百计、争先恐后地被诱惑。作为生产者的他们的祖辈们生活在传送带的转动中，一圈圈的转动相差无几，而他们自己为了改变花样，生活在从一种吸引到另一种吸引，从一种诱惑到另一种诱惑，从嗅出一种珍馐到另一种珍馐，从吞下一种诱饵到四处寻觅另

---

① 张弛：《大学生对西方电影的接触程度与评价的调查》，《青年探索》2002年第3期。
② 张弛：《大学生对西方电影的接触程度与评价的调查》，《青年探索》2002年第3期。

一种诱饵之中——每一次的吸引、诱惑、珍馐和诱饵都是新的，不同的，而且比上一次更加夺人心魄。"①我国作为一个发展中国家，本来应该像资本主义初期所奉行的新教伦理那样，提倡消费节约，为扩大再生产积累资金。但是，中国在时空压缩的现代化过程中，既引进了先进的科学技术和生产方式，也超前引进了消费主义、享乐主义的观念和生活方式。这种社会环境对学生产生了很大的影响，他们也不同程度地接受并形成了消费主义观念。一项对大学生的调查显示，一批学生持有明显的消费主义观念，认为"没钱消费，可贷款消费""大学生就应当超前消费""有钱不花是傻瓜"和"今朝有酒今朝醉"的学生比例分别为28%、12%、13.4%和24%。②

在消费行为方式上，大学生中间存在消费符号化倾向。近年来，我国消费领域出现了消费符号化的趋势，与传统讲求实惠的观念不同，一些人消费的不再是商品的使用价值，而是为了获得商品的符号象征意义。这种现象不仅发生在社会生活中，而且进入了纯洁的校园。对一些大中学生而言，符号消费已经成了重要的消费特征和生活理念。他们追求品牌、时髦、前卫，消费讲排场，花钱出手阔绰。在我国，麦当劳、肯德基的连锁店遍及全国各主要大中城市，是我国城市青少年经常光顾的场所。很多学生喜欢到这里消费，不是为了美食，更不是为了填饱肚皮，而是为了体现他们的品位和个性。另外，"耐克""阿迪达斯"等是青少年学生趋之若鹜的体育品牌；"可口可乐""百事可乐"是广受学生喜爱的饮料。这些商品已经成为具有象征意义的消费符号，美国文化就在不知不觉中逐渐改变了我国青少年学生的生活观念和消费习惯。

---

① 〔英〕齐格蒙特·鲍曼：《全球化》，郭国良译，商务印书馆，2001，第81页。
② 张永新、杜柏芳：《对当代大学生消费文化生活的调查分析》，《辽宁工程技术大学学报》（社会科学版）2003年第3期。

从"和谐鄂西"论品牌文化建设
需要处理的三个关系

周大华*

（湖北省交通运输厅鄂西高速公路管理处）

【摘　要】 品牌文化建设是一个单位"文化软实力"的重要体现。在构建品牌文化过程中，应当着力处理好以下三个关系：理论构架与实证调研的关系，理论来源于实践并反过来指导实践，基于实证调研的实践活动是理论构架的基础；传统继承与时代创新的关系，品牌文化需要对传统的继承，同时又必须适应时代的发展以继往开来；坚守原则与开放包容的关系，坚守原则指品牌文化中相对固定的部分，即诸如核心价值观、愿景等保持相对不变，但同时又必须保持开放包容的姿态以吸收新的成果，从而不断完善品牌文化建设。

【关键词】 和谐鄂西　品牌文化　三个关系

　　品牌文化建设是目前企事业单位都非常强调的增强"文化软实力"的重要方面，在品牌文化建设的过程中，需要处理好下面三个方面的关系，以完善其合理性，提高其公信力、凝聚力。

---

* 周大华（1964～），男，湖北省嘉鱼人，湖北省交通运输厅鄂西高速公路管理处处长，高级工程师。

一 理论构架与实证调研

理论构架与实证调研的关系本质上关涉的是理论与实践，要正确认识两者的辩证统一关系，理论来源于实践并指导实践，实践是理论构架的根基。在这个问题上，有两方面的错误认识必须纠正。

一是片面强调理论构架。这又分为两种情况：一种是将国内外一些被认为是"先进的"理论拿过来在本单位套用，而忽视了本单位的实际情况。这种情况很普遍，因为这些被认为是"先进的"理论并非我们头脑中杜撰出来的而是被国内外所证明了的先进思想，甚至有很多成功的例子（因此被拿来广泛应用也是顺理成章的事情）。但正如即便是马克思主义也需要"中国化"一样，再好的理论也必须根据单位的实际情况来加以"本地化"。另一种是尽管了解本单位的实际情况，比如通过调研访谈等各种方式详细掌握了本单位品牌文化建设的各种相关信息，但是忽视或贬低实证调研取得的资料、数据的重要性，仍旧认为应当用"已经被国内外广泛认同的先进理论"来对本单位进行改造革新，从而走向极端。

二是片面强调实证调研。这又分为两种情况：一种是对外来的一切理论都加以贬斥，认为那是"外国人的或别人的东西"，和本单位"完全没有可比性"，主张就目前现实状况加以"拍脑袋"式的文化建设，这是完全缺乏长远眼光的自闭做法。另一种是尽管对品牌文化建设的理论有所了解，但拘泥于目前的实际状况，不愿意接受"过于开拓创新"的理念，并以调研取得的数据资料为支撑，认为"太新"的理论不适应本单位实际，或者认为当前只需要进行"水泥工"式的修补，不需要重新构建。

我们以"和谐鄂西"品牌文化建设来看，首先品牌文化建设必须建立在充足调研的基础上，其次才能在调研基础上提出合理性建设方案。

在实证调研的过程中，我们共收集统计问卷 574 份（其中有效问卷570 份）。基于工作岗位的不同以三种工作岗位分别进行统计：管理人员系列（共收到 131 份有效问卷）、技术人员系列（共收到 154 份有效问卷）、生产人员系列（共收到 285 份有效问卷）。生产人员定义为一线员工，技术人员定义为技术保障人员（技术人员与生产人员有少数重叠），管理人员定义为处机关及下属站所领导干部，统计数据以三个系列分开统计以便对比其异同，同时对主要问题予以综合统计。从数据分析中我们看到，虽然在很多项目选择上管理人员系列与技术人员、生产人员系列相同，但是也有很多项目管理人员与技术人员、生产人员存在较大分歧。这其中的原因一方面是管理人员（客观上）长期脱离一线工作，难以完全了解一线员工的真实想法；另一方面是管理人员所处位置不同、所考虑的立场不同，"在其位谋其政"，导致管理人员与生产、技术人员想法不同。如调研中"管理处各部门之间沟通与协调机制很畅通吗？"表示非常畅通的有：管理人员 25.95%，技术人员 11.69%，生产人员 14.04%。数据差别就非常大。

　　对员工基本情况的了解是品牌文化建设的基础。统计显示有 48.25% 的员工工作时间不足三年，在访谈中也了解到鄂西管理处是一个新员工较多、年轻员工比例较大的单位。从学历层次来看，具有本科学历的员工占 27.89%，研究生学历的占 0.7%，而大部分员工（71.41%）的学历为大专及以下。从进一步的访谈调查可知，很多员工是通过高教自考的方式取得本科文凭证书的，直接大学四年本科毕业进入管理处工作的员工不多。相对而言，管理人员序列的学历较高，这也进一步反映出大多数普通员工的学历层次不高，加强文化培训和宣贯以提高员工认识和素质显得非常必要。员工对品牌文化建设是普遍赞同的，如："您觉得和谐鄂西品牌文化建设是否必要？"87.02% 的管理人员、82.47% 的技术人员、74.74% 的生产人员选择"很有必要，可以提高管理处的文化品位、美誉度和向心力"。其中可以看到管理人员赞同率更高，而在一线员工这里，由于文化程度、工作年限以及工作岗位的原因，对于文化建设重要性的认识不如管理人员深刻。对于管理处目前的处境："您认为目前制约单位发展的主要因素有？"选择排序依次为员工积极性不高 60.31%，人才短缺员工素质不高 60.31%，缺乏团队意识和学习气氛

58.78%，管理制度不健全 42.75%，缺乏系统、先进的品牌文化 40.46%，铁路、航空及同业竞争激烈 19.08%。

没有调查就没有发言权，通过实证调研我们得以对 "和谐鄂西" 品牌文化建设所面临的优势和劣势进行全面了解，从而在此基础上借鉴、吸收国内外先进的品牌文化建设理念，提出自己的品牌文化建设体系。

二 传统继承与时代创新

品牌文化建设是一个继往开来的系统性工程，每个单位都有自己值得继承的传统，"和谐鄂西" 这个品牌就是历史的产物，因此在品牌文化建设中必须坚持历史性原则，即对传统的继承。

对传统的继承主要包括对鄂西管理处在创建和发展中形成的内在精神气质和文化理念的继承。文化是一个潜移默化的影响过程，只有继承以往的优秀传统，使文化能够一以贯之、与时俱进，才能达到凝聚人心、不断前进的目的。品牌文化一旦确立，在得到员工的理解和认同后，其精华就应当相对稳定下来，转化为员工的自觉行为并不断地传承下去。而且，品牌文化建设不能因为领导者的改变而随意改变，不仅不能在某届经营者任期内随意更改，而且在不同届次的经营管理者之间也应该保持连续性和继续性，后届管理者应努力从往届那里传承企业文化建设的优秀成果。概而言之，继承性原则主要指在品牌文化创造的过程中对于企事业单位已经形成的文化理念必须继承和进一步发展，从而保持文化的传承性，不至于造成由文化理念的截然不同而导致的员工思想混乱，从而不断增强品牌文化的凝聚力。

具体来说，这种对传统的继承反映在各个方面，如对鄂西管理处所处平台优势的继承就是这样：湖北沪渝高速公路是迄今为止湖北省投资最大、工程最为艰巨、地质最为复杂、建设周期最长的高速公路建设工程，也是目前全国建设难度最大的高速公路项目之一；鄂西高速公路在建设过程中创造了多个 "世界第一" 和 "世界奇迹"，获得了众多国家级、省部级奖项。因此品牌文化的创建要对这些历史形成的优势加以继承和发展，对已经形成的"鄂西精神"要进一步发扬光大。在培育、形成品牌文化的过程中，人的因素是最不可忽视的。代表文化宣贯的"鄂西精神"在管理处得到了很好的继承和发扬，我们在访谈中看到即使是新进来的员工对"鄂西精神"也非常熟悉和认同，具有较高的文化自觉。管理处所有员工对品牌文化建设的重要性有充分认识，对于当前正在使用的"和谐鄂西，与您同行"以及相关宣传口号非常认可。鄂西地处土家族山区，也有着自己非常鲜明的特色值得传承下去："生态鄂西"——鄂西高速公路网从海拔 50 米的宜昌到海拔 1443 米的齐岳山，险峰脚下踩，高路入云端，被称为"中国最美的高速公路"。管理处更是将生态环保理念植入服务与管理之中，以火红的热情着力打造一条环保绿色路。"平安鄂西"——面对山区高速路况复杂、桥隧多、纵坡大、弯道急、气候多变、管理难度大的困难，管理处迎难而上，从提升道路运行能力入手，加大科技投入，加强道路安全维护，完善应急反应机制，建立了一套行之有效的山区高速公路安全管理模式。"智慧鄂西"——以便民、利民、惠民为根本出发点，管理处在多元化信息服务、视频监控、车辆监测等领域取得了实质突破，信息化建设正有序推进，已经初步形成了高速公路运营管理、工程建设、客户服务等现代化信息管理体系，建立起了一支具有丰富经验的高素质员工队伍。"特色鄂西"——管理处在站所、窗口等服务形象设计上结合地域、民族特色不断推陈出新，通过"一所一品"活动打造"温馨始发站""幸福终点站""民族特色站"，通过让高速公路"点点载美景、处处出特色"将文化理念辐射开来，让管理处的品牌形象在社会上产生出越来越大的影响。

在继承传统的基础上，品牌文化也需要体现时代创新的特色，即在继承优秀文化传统的同时，根据时代的变迁对已有的品牌文化进行优化和发展，并增加新的文化要素。如品牌文化面临自身定位的问题，"品牌文化应当处于一种什么样的地位？应当起什么作用？应当达到什么样的目标？"在调研过程中，一方面员工都非常赞同进行品牌文化建设，但是另一方面对品牌文化建设的定位模糊不清，即使是在管理层那里，对品牌文化的定位也不是非常清晰。因此，我们结合国内外品牌文化建设成功案例的经验认为，品牌文化建设至少应当有如下定位：对外，要展现管理处整体风貌，具有强烈的品牌效应。对内，一是要能够充分调动员工的积极性、增强其自豪感，让员工在现有制度下提高思想认识和政治素质，增强主人翁意识与责任感；二是要能够推动并指导管理制度上的优先与创新，最大限度地激发员工的创造力。同时，时代创新需要正视单位存在的问题，尤其不能"讳疾忌医"，一方面当然要继承传统，另一方面对于新出现的问题也要客观审视、深入思考以找到解决办法。如提升凝聚力的问题，在"对单位有认同感、依赖感、归宿感"的调研中，表示非常赞同的有：管理人员 29.77%，技术人员 18.83%，生产人员 17.54%。这反映出单位的凝聚力还有进一步大力提升的空间。相对于建设时期更强的凝聚力来说，时代的发展（尤其是市场经济的快速发展）、员工交往面及知识面的扩大都使他们在横向、纵向的工资待遇等各方面的比较中或多或少产生了心理落差和问题，从而导致工作积极性不高，凝聚力有下跌趋势等结果。在这种情况下，我们首先要做的就是正视问题，积极思考，大胆实践，探索有益的途径去解决这些问题，而这也是品牌文化建设所要达到的目的。

三 坚守原则与开放包容

品牌文化不仅是对当前企事业单位精神的概括、凝结和提升，更是指引全体员工不懈奋斗的远大目标。所以品牌文化必须有"不变性"，即一旦制定下来，其核心内容（比如愿景、核心价值观）是不能轻易变动的，否则就失去了指导意义；品牌文化还必须有"可变性"，即要有开放包容的姿态，能够与时俱进、开拓创新、不断完善。

对于坚守原则的"不变性"来说，战略、制度、文化是单位前进的"三驾马车"，要想打造"百年老店""世界精品"，三者缺一不可。一个单位的文化是长期沉积下来、非常独特的，更是不可复制或仿造的，而一旦确立下来就要保持其稳定性。具体来说，在品牌文化创建的过程中要处理好一个关系，即制度管理与文化管理的关系。文化和制度并称为管理的两大手段,制度管理是"硬管理"(刚性管理),注重外在的激励和约束;文化管理是"软管理"(弹性管理),注重内在的激励和约束。提高管理处的管理水平和效率需要融合这两种管理手段,打造具有自身独特性的人性化的能够促使全体员工自我激励、自我约束、自发进取的文化管理模式。同时要开展三项系统工程,即建立员工高度认同的统一的品牌文化体系(无论是高、中层干部还是基层员工都能够高度认同,只有这样才能"入脑""印心";并且品牌文化体系应当是完整的、系统的、长效的,而不是片面的、零散的、短期的)、规范和健全品牌文化建设机制(加强品牌文化宣传阵地建设,加强品牌文化的转化工作,加强党政工作在品牌文化建设中的推动作用,避免文化建设和实际工作形成"两张皮"的尴尬局面)以及创建基于"一主多元,三级管控"的文化管理模式(即基于品牌文化管理的"管理处——二级单位——基层班组"管理处文化三级管控模式,以及品牌文化的"一主多元"模式)。同时建设完善三项配套制度,即沟通制度、培训制度、激励制度。在这些文化、制度建设及完善的过程中,很多原则是必须坚守的,只有在大原则的背景下才能对具体事务进行合情合理的修改。比如"愿景"(打造全国山区高速公路管理的行业典范和标杆)就是管理处全体员工共同追求的具有挑战性的远大目标和发展蓝图,就是需要坚守的重要内容。一个单位的愿景如果经常变动,那只能导致员工思想的浮动和混乱。在愿景的指引下,我们致力于成为管理卓越、深受公众喜爱、富于人文底蕴的全国山区高速公路管理的行业典范和标杆,打造一条绿色和谐、爱心责任、科学发展之路。核心价值观也是不能轻易变动的内容,如"鄂西精神"(拼搏、进取、务实、奉献),是鄂西管理处正式成立之前就在建设和创业的艰难过程中形成的凝聚人心的重要精神支柱,是值得继承的光辉传统,是全体员工在建设发展过程中形成的群体意志、思想境界和理想追求。其他还有使命、宗旨以及"和谐鄂西"品牌诠释等,都属于坚守原则的内容。

如果说传统与时代是关于纵向问题的话,那么坚守与开放是关于横向问题的。在这个"地球村"时代,各种新鲜事物层出不穷,各种理念不断创新，品牌文化建设必须从优秀的世界文化中吸取营养，应当具有国际视野和战略眼光。在知识化、信息化引领的全球化背景下，一个单位很难脱离世界而单独存在，单位的发展也离不开世界的发展，而且品牌文化和世界文化是相互影响、相互促进、密不可分的。一个志在与世界接轨的单位必须和世界文化保持紧密联系，暂时没有直接和世界经济接轨的企事业单位也会间接或直接地受到世界文化的影响。此外，由于除意识形态以外，相同的文化形态在世界范围内具有同构性，因此，与世界同步是品牌文化建设的必然要求。具体到鄂西高速来说，高速开通之后，现在又开通了铁路、高铁，以往航空业的竞争依旧存在，加上国家每隔几年经济建设大政方针的调整和改变，以及国际经济政治的风云变幻，都会对单位的发展构成巨大影响。在这种情况下，我们必须保持开放包容的态度，见到好的，吸收别人的长处，见到不好的，反省自身存在的不足，既不狂妄自大，也不怨天尤人，既不消极等待（上级的关照），也不盲目冒进。开放包容还意味着我们要保持"前瞻性"，要通过文化建设提升效率，为管理处发展提供不竭的原动力。发展是一个不断适应周边环境，不断调整自身，以更适应发展环境的过程，而文化建设是我们有效调整发展思路，保持发展弹性和张力的重要手段。所以说，品牌文化建设是一项长期而艰巨的系统工程，它需要在实践中不断发展，既需要原则的坚守也需要更新、修改与完善。

文化建设是高速公路管理单位服务理念的直接反映，一流的管理靠文化，一流的形象是品牌。文化理念是鄂西管理处的精神指引和奋斗方向，行为规范是全体员工应当达到的职业素养，品牌形象是管理处对外展示的统一载体。在品牌文化建设的过程中，我们在正确处理上述三种关系的基础上始终坚持可行性原则，使我们的文化建设既符合经营管理的实际需要，又充分彰显高速公路的行业特性，既得到职工的广泛认可，入脑入心，又能够在传播中特色鲜明，为社会认可。无论是文化理念、行为规范还是品牌形象，我们都力求使其易懂、易记、易传播、易执行，使之内化于心、外化于行，成为职工的基本行为守则。

可以说，品牌文化的建设是一个单位过去运营管理实践经验以及优秀文化传统的继承，是一个单位现在和未来适应社会发展不断取得进步的理念指引。品牌文化建设的过程就是提升单位的外在公信力、内在凝聚力的过程，就是单位不断迈向新的高峰、不断超越自我的无尽征程！

湖北工业文化遗产的现状及保护利用

严雄飞　　唐姗姗*

（湖北工业大学经济与政法学院）

【摘　要】　湖北是中国近代工业的发祥地之一，也是中国制造业的重要
聚集区，工业文化遗产资源丰富。湖北工业文化遗产保护起步较晚，
保护措施单一、创新性凸显不足，公众认知度也不高，保护进程比
较缓慢。因此，首先要树立对历史和未来负责的理念，高度重视工
业文化遗产保护，特别要坚持以原真性工业文化遗产保护为主，健
全工业文化遗产保护机制，创新工业文化遗产保护模式，寻求保护
工业文化遗产与城市现代化建设的最佳契合点。

【关键词】　工业遗产　工业文化遗产　工业文化遗产保护利用　模式

1925 年，德国莱茵省文物保护专家保罗·克莱曼提出，也许在将来
当人们回顾 20 世纪第一个 25 年的时候，会认为最具有代表性的建筑遗
迹不是那些传统意义上的高楼，而是那些雄伟并且很有特色的工厂建
筑。①现代工业每时每刻都面临着技术更新和设备更迭，而工业遗产造就

---

* 严雄飞（1963～），男，湖北天门人，湖北工业大学经济与政法学院教授，历史学硕士。
研究方向：湖北工业史，清代民间教育、政治文化。唐姗姗（1983～），女，湖北武汉人，
湖北工业大学经济与政法学院政治学理论硕士研究生。研究方向：企业政治，工业文化。

① 马航、苏妮娅：《德国工业遗产保护和开发再利用的政策和策略分析——以北威州鲁尔区
为例》，《南方建筑》2012 年第 1 期。

的人类工业文明又"细无声"地浸润着我们的现代城市。处于工业化中后期的湖北随着产业升级，产业结构调整，尤其是工厂的异地搬迁，工业遗产保护与工业文化的传承问题已显得十分突出。

一 "工业遗产"的内涵

2003 年国际工业遗产保护协会 TICCIH（the International Committee for the Conservation of the Industrial Heritage）通过了旨在保护工业遗产的《下塔吉尔宪章》，并对工业遗产做了界定。认为工业遗产是具有历史价值、技术价值、社会意义、建筑或科研价值的工业文化遗存。包括建筑物和机械、车间、磨坊、工厂、矿山以及相关的加工提炼场地，仓库和店铺，生产、传输和使用能源的场所与交通基础设施，以及与工业生产相关的其他社会活动场所，如住房供给、宗教崇拜或者教育等。

工业遗产是具有历史学、社会学、建筑学和技术、审美启智、科研价值的工业文化遗存。

国外学者在 20 世纪 50 年代就开始了工业遗产保护研究，60 年代取得较快发展。而我国对于工业遗产的价值认识较为滞后，相关研究直到 20 世纪 90 年代中期才起步。2006 年 4 月 18 日，由国家文物局主持，在无锡召开了首届中国工业遗产保护论坛，会上通过的关于工业遗产保护的行业共识性文件《无锡建议》，标志着中国工业遗产保护工作正式提上议事日程。2006 年 5 月 12 日，国家文物局下发《国家文物局关于加强工业遗产保护的通知》。2007 年全国第三次文物普查首次将工业遗产纳入普查范围。2009 年 8 月，文化部颁发了《文物认定管理暂行办法》，首次将"工业遗产"列入文物范畴。①

从近代工业到新中国走上社会主义工业化道路，从改革开放由"中国制造"到"中国创造"的嬗变，我国经历着较为复杂的工业化历程，并遗留下了历史文化内涵丰富且形式多样的工业遗产。但随着城市现代

---

① 李萌：《静止的音符——工业文化遗产》，《文化月刊》2012 年第 3 期。

化建设的突飞猛进，与城市发展血脉相连的工业遗产也在以越来越快的速度消亡。现任故宫博物院院长单霁翔指出，工业文化遗产在旧城改造的热潮中、在推土机的轰鸣中快速消失的一幕，依然在全国多座工业城市不停地上演，烟消尘散后，留下的是伤痕累累的城市记忆。而且我国城市现代化进程在加快，工业设施的更迭在加快，工业遗产的产生速度也就在加快。因此，必须寻求到工业遗产保护与城市现代化建设的最佳契合点，才能更好地传承工业文化遗产，建设美丽城市。

二 湖北省工业文化遗产保护的现状

（一）工业文化遗产资源丰富

湖北省是中国近现代工业的发祥地之一，也是近现代中国制造业的重要聚集区。19世纪60～90年代，清朝统治阶级中的洋务派打着"自强""求富"的旗号，办起了一批近代军事工业和民用企业，开启了中国近代工业的发展历程。汉冶萍公司则是其中最有代表性的钢铁工业遗产。

汉冶萍煤铁厂矿有限公司（简称"汉冶萍公司"）建于1890年，位于湖北省黄石市西塞山区和黄石港区，是中国历史上第一家用新式机械设备进行大规模生产的钢铁企业，是近代中国洋务企业中绝无仅有的集冶铁、炼钢、轧钢于一体的联合企业，也是亚洲最早最大的钢铁联合企业。武汉汉阳铁厂、黄石大冶铁矿、萍乡安源煤矿是汉冶萍公司的三个主要组成部分，这也是"汉冶萍"名称之由来。①其初创的动机是"开辟利源，杜绝外耗"，"举凡武备所资枪炮、军械、轮船、炮台、火车、电线等项，以及民间日用、农家工作之所需，无一不取资于铁"，而在洋铁充斥的年代，必须自行设厂，购置机器，借用洋法。

1893年创办的汉冶萍主体工厂汉阳铁厂，是当时仅次于德国费尔克

---

① 田燕：《文化线路视野下的汉冶萍工业遗产研究》，武汉理工大学硕士学位论文，2009。

林根钢铁厂的世界第二个现代化钢铁企业，被视为中国觉醒的标志。可见，在中国近代工业文化遗产中，以"汉冶萍"为代表的武汉近代工业文化遗产占有十分重要和独特的地位。它的"自救求生存"的企业文化穿梭于特定的历史时空之中，是中西方技术、文化共同凝练成的优秀成果，是湖北工业文化的首要代表。

与之相呼应的是汉口既济水电公司。创办人宋炜臣察觉到张之洞有拒绝外交办水电之意，于是便邀集王仿予等浙江、湖北、江西巨商合办汉口水电业，于1906年6月成立"汉口既济水电公司"筹备处。3年建成投入使用的水厂建在汉口宗关汉水边，至1923年夏季已达到每日700万加仑的供水量；电厂建在龙王庙附近的汉水边，共5部电机，发电总量达到10500千瓦。建宗关水厂同时，宋炜臣等还于1906年投资、1909年建成了汉口水塔。既济水电公司是当时武汉最大的公用事业，宗关水厂为武汉水厂之始。此外，宋炜臣还与顾润章、李维格等人于1907年在汉口谌家矶创办了杨子机器厂。杨子机器厂是当时武汉最大的机器厂，在民营工厂中占有重要地位。

不仅如此，白沙洲造纸厂、湖北针钉厂、武昌制革厂、湖北毡呢厂、湖北官砖厂、湖北印制局等以冶金、矿业、军工、纺织等行业为龙头的近代大工业体系的建成，使武汉一跃成为晚清全国最重要的工业中心之一。

武汉还是近代中国的"铁路城"。我国第一条铁路干线京汉铁路（1906年）和粤汉铁路（1936年）的重要枢纽站便设在武汉。位于汉口大智门的武汉老火车站候车厅，作为国家文物保护单位，是我国唯一幸存的百年老火车站。①

此外，南洋大楼、汉口电灯公司、和利汽水厂、赞育汽水厂、亚细亚火油公司、平和打包厂旧址、福新面粉厂、第一纱厂办公楼、武汉重型机床厂、武汉铜材厂、南洋烟厂、武汉重型机床厂、鹦鹉磁带厂、汉阳特种汽车制造厂等涵盖了汽车、冶金、机械、电力、化工、轻纺、建

---

① 姚伟钧：《张之洞与武汉近代工业遗产及其保护》，《武汉文博》2011年第2期。

材等行业，是门类较为齐全的近代工业体系建立之标志，是极具时代、地域特色的代表性企业，是孕育和传承弘扬湖北工业文化的"利器"。

在大力倡导产业升级改造的今天，湖北坚持"工业兴省"的指导方针，着力转变经济增长方式，以建设现代制造业聚集区和高新技术发展区为目标，以加快形成电子信息、汽车、钢铁、石化等支柱产业为重点，强力推进新型工业化，整体提升工业竞争力。汽车、钢铁、石化、电子信息、纺织、食品、装备制造、光纤通信、生物制药等高科技领域技术实力居全国领先地位。这些技术革新，意味着新型工业剧变下新的工业文化酝酿，也意味着新的工业遗存的积淀。

（二）湖北工业文化遗产保护进程缓慢

目前，《世界遗产保护公约》的 182 个签约国中，有 137 个签约国拥有世界遗产项目，其中有 23 个签约国拥有 43 项世界工业遗产。我国于 1985 年 12 月 12 日加入该公约，目前共有 37 个项目列入《世界遗产名录》，其中工业文化遗产只有都江堰 1 个。[1]

国家推出的首批"全国工业旅游示范点"，涉及全国 27 个省市自治区，共计 103 个示范点，涵盖了从传统手工艺、民族特色工业到现代工业、高科技等的各类工业生产领域。其中，湖北省仅有长江三峡工程坝区一个。[2]2006 年，全国工业旅游示范点名单中又新增了湖北省的鹤峰八峰药化工业园和黄石国家矿山公园大冶铁矿主园区。[3]

通过分析研究"全国工业旅游示范点"，笔者发现我国目前开发的工业旅游项目，主要是依托运营中的工厂、工程和工业园区，以展示工业产品及生产过程、生活场景为主，开展体验、游览、购物等活动，涉及废弃旧工厂的更新改造、遗址保护的成功案例并不多。

---

① 李萌：《静止的音符——工业文化遗产》，《文化月刊》2012 年第 3 期。
② 百度百科：全国工业旅游示范点（http：//baike.baidu.com/view/10137476.htm）。
③ http：//www.cnta.gov.cn/html/2008 - 6/2008 - 6 - 4 - 10 - 31.html。

（三） 湖北工业遗产保护起步较晚， 公众认知度不高

国外学者是在 20 世纪 50 年代开始工业遗产保护研究的，60 年代取得较快发展。而国内理论研究相对滞后，直到 90 年代中期才起步，比国外晚了 40 多年，在实践上也未形成完善的工业文化遗产评价体系与保护机制，不利于工业文化遗产保护工作的开展。

公众对工业文化遗产相关概念认知度不高，致使湖北保护工业遗产的群众基础薄弱。笔者在日常工作学习中，以面谈的方式对身边群体进行过调查研究，被调查人群涉及笔者所在院校的同学、亲友，基本上是年龄在 20～40 周岁、具有本科及以上学历的中青年知识分子群体。根据初步调查的结果可知，被访人群对于工业文化遗产的相关概念知之甚少，甚至有的完全没有听说过。

（四） 工业遗产保护措施单一， 创新性凸显不足

湖北省乃至国内对于工业遗产保护的手段基本上沿袭国外，特别是英国、德国这样一些起步较早、工业化色彩浓厚的代表性国家。在理论研究本就不丰富的平台之上，没有对本国工业遗产的历史渊源进行深入细致的研究，急于对国外的遗产保护办法进行照搬照抄，逐渐形成了博物馆、旅游餐饮为主打的"套路"模式。

三 对湖北省工业文化遗产保护的建议

（一） 以对历史和未来负责的理念， 高度重视工业文化遗产保护

工业文化遗产同其他文化遗产一样具有易逝性和不可再生性这样一个"严苛无情"的特点，如果不在第一时间高度重视，处理好城市建设与工业文化遗产保护的关系，一味地为城市建设和经济发展让路，毫不留情地加以撤除，损失将无法弥补。即便是复原或重建，基本上也不可

能原汁原味了。

湖北省工业文化遗产资源丰富，新的工业遗产也正随着工业的发展而不断地积淀着它的能量，但部分工业遗产的消亡已成不可挽回的客观事实。因此，各级政府及企业必须高度重视城市历史文化及各类文化遗产所具有的独特价值，传承、保护和利用好包括工业文化遗产在内的所有文化遗产，给世代生活在这座城市的人民留下宝贵的物质和精神财富。

（二）以原真性工业文化遗产保护为主，创新工业遗产保护模式

工业文化遗产的原真性是衡量文化遗产的表现形式和文化意义的内在统一程度的重要标准，遗产的客观实在性是其主要的构成特征。[1]工业文化遗产浓缩着独具特色的城市文化，承载着厚重的城市记忆，是构成城市地域文化特征的重要标志，保存与维系工业文化遗产的原真性就是对城市千百年来历史、社会、经济、文化、技术等各方面演变信息的自觉维护，就是对国家和民族的自我尊重。[2]原真性秉持原则应成为制定保护方针、确定保护方案、执行后续补救措施的首要思想定位。

1. 新型博物馆模式

通过建造博物馆，对工业遗产进行保护、展示和宣传，但不要局限于单一的传统博物馆建筑形式。可以结合工业建筑本身，延伸扩大至周边地区，从一个点扩大到一个地区，甚至可以营造具有工业历史"文化味道"的"名片式"城市整体氛围。博物馆除了展览区外，还可以外延诸如音乐厅、会议厅、运动场所和艺术创作工作室等办公功能区。

2. 活的工业旧址公园

这是一种面向公众开放的公园型工业遗产项目。某些工业旧址的前身在生产的过程中，由于产业特殊性、技术局限性等多方面原因，给当地带来了一定的环境污染。如今它已不存在生产任务，那么完全可以凸

---

① 阮仪三、林林：《文化遗产保护的原真性原则》，《同济大学学报》（社会科学版）2003 年第 14 期。

② 赵智慧：《我国工业遗产原真性的保存与维系——文献回顾与思考》，《未来与发展》2012 年第 11 期。

显环境效应而将其改造成"生态主题公园"。

位于盖尔森基兴（Gelsenkirchen）的"北极星公园"（Nordstern Park）属于一种面向公众开放的公园型工业遗产项目。这个公园建立在一个煤矿废弃地上，该地视野开阔，可以举办各种大型的户外活动。原先的厂房被改造为公司总部办公大楼，原先的工业废渣堆积成山，在表面覆上有机土壤，种植根系发达的植物，既减少了土方工程量，也美化了生态景观。原来污染严重的埃姆舍尔河（Emscher）被改造为景观河道，①过去造成环境污染的企业如今被全新演绎成为绿意盎然的"城市花园"。它在人们眼中的"重生"使人们不禁对比它的今昔，感受到工业发展的进步，审视城市未来的发展方向。硬件改造给人带来的精神启迪正是工业遗产所要起到的核心作用。

（三）完善工业文化遗产保护机制，健全管理制度

1. 确立工业遗产的评判标准，完善挖掘机制，制定申报流程

工业遗产的评判标准、挖掘机制和申报流程是规范、指导工业遗产保护工作的"全程护卫"。湖北省要坚持工业遗产保护的原真性和时效性原则，借鉴和吸取国内外的经验教训，结合区域特点及实际，因地制宜，制定好相应的标准和流程，并建立严格的工业遗产保护和利用的管理制度，以规范对待本省工业遗产的不当行为，使工业遗产保护有切实可行的制度保障。

2. 因地制宜实行分级管理体系

在工业遗产保护的立法方面，制定《工业遗产保护办法》是必不可少的。但每个城市应因地制宜地制定不同的保护、利用办法。如柏林建立了关于工业遗产的三级管理体系：城市发展规划局（Oberste Denk-malschutzbehoerde）是柏林最高文物保护行政机构，主要职责是对柏林的文物保护和管理进行工作和技术上的监督；州文物保护局，作为城市发

---

① 马航、苏妮娅：《德国工业遗产保护和开发再利用的政策和策略分析——以北威州鲁尔区为例》，《南方建筑》2012年第1期。

展规划局的下级机构，主要职责是负责柏林文物保护的具体管理事务；柏林 – 布兰登堡的普鲁士宫殿和园林基金会是下级文物保护机构，主要职责包括发布与文物保护法律相关的批文或批示，发布与文物保护相关的规定，提供专业和公共事务咨询。①这种区域性、部门区划的管理模式，有效地避免了规划系统中职责不清、相互不衔接又相互冲突的问题。这种分级管理的方法很值得湖北学习、借鉴。

（四） 定期开展工业文化遗产普查，为保护利用提供依据

工业遗产普查是一项烦琐而极其重要的工作。对湖北工业遗产进行普查，便于梳理工业遗产的历史脉络，全面掌握湖北工业遗产，特别是社会主义建设时期工业遗产的数量、分布、特征、保存现状、环境状况等基本信息。在此基础上，应围绕企业的历史演变、改造经历和现状三个主要方面对工业遗存旧址状况建立科学数据库，为制定相关保护政策和规划提供相应的数据支撑。湖北 2009 年 3 月开始了为期一年的工业遗产专项调查，全面清点全省 1949～1977 年的工业遗产，但对于新中国成立前及改革开放以后梳理得还不够。因此，湖北要常抓不懈，定期进行资料的丰富和更新，必须以严谨负责的态度重视这项基础性工作，一旦出现失误，就会导致上报信息失真，进而有可能造成国家工业遗存不可逆转的损毁。

（五） 寻求工业遗产保护与城市现代化建设的最佳契合点

湖北省在中国快速经济发展的大环境下，已进入城镇化加速发展和产业升级改造的新的发展时期。城市建设规划、工业突破发展的地域限制、异地重建与工业遗存保护的矛盾成为摆在各级部门面前的博弈难题。城市资源紧缺的挑战，经济利益的巨大诱惑，这些因素夹杂在一起，迫使我们无以回避地需要找到工业遗产与城市现代化建设的最佳契合点。

---

① 马航、苏妮娅：《德国工业遗产保护和开发再利用的政策和策略分析——以北威州鲁尔区为例》，《南方建筑》2012 年第 1 期。

最佳契合，就是企业价值观与各利益主体的价值观达到最大程度的统一，更是社会效应与经济效应的契合，从而得到可观的价值回报和经济回报。只有这样才能使"再无人声的喧沸、机器的轰鸣、浓烟的滚滚，洗尽铅华，尘埃落定之后的厂房和高塔，默默述说企业的过去，彰显企业的价值观"。

应将工业遗产的特色元素融入城市建筑的设计之中，创造具有湖北特色的"名片式"建筑，营造地域大文化。当人们驻足于这样的建筑之前，必定会回忆起隐含在建筑之下的那些过往，那些轰隆的机鸣也会萦绕于耳畔，工业遗存带给我们这个城市的物质、精神财富也会铭记于心。

论环境道德突出的崇高性[*]

论环境道德突出的崇高性[*]

陈翠芳[**]

（湖北大学马克思主义学院）

【摘　要】　环境道德将自然纳入道德关怀的范围，是人际道德的扩展和延伸，更是对人际道德的超越和升华，具有更加突出的崇高性。环境道德超越物质生活条件而追求高尚的道德境界，从社会、人类和子孙后代的角度反省人与自然相关的行为和态度；它要求人们控制自我的强大能力而对被动柔弱的自然物广施仁爱；它依赖道德主体内在的自我激励而促使主体自觉向善。强调环境道德突出的崇高性可以完善和强化环境法的功能，有助于形成良好的社会风尚，增强环境道德宣传的有效性，推动生态文明建设。

【关键词】　环境道德　人际道德　崇高性　生态文明

在生态危机日益普遍和严峻的情形下，人们从不同角度寻求应对之策，提倡环境道德正是应对生态危机的一个重要策略。各国政府和学者表达了对环境道德的高度关注和急切需求，纷纷强调环境道德的重要性，

---

  * 本文系教育部人文社科研究一般项目"生态文明视野下科技生态化研究"（编号13YJA710002）、2013 年湖北青少年思想道德教育研究中心重点项目"湖北青少年环境道德教育研究"的阶段性成果。

** 陈翠芳（1962~），女，湖北大学马克思主义学院教授，哲学博士，主要研究历史唯物主义、生态文明。

论说环境道德的特点和功能。然而，环境道德的实质是什么，与调节人际关系的传统道德相比，其独特性何在，这类根本性问题并未得到很好解决。充分认识环境道德突出的崇高性，将有助于理解环境道德的独特性，有助于环境道德的倡导和践行。

一 环境道德与人际道德的崇高性比较

道德与人类相伴而生，是人类用以调节各种关系、处理各种矛盾的行为规范。道德内涵一般被理解为"以善恶评价为形式，依靠社会舆论、传统习俗和内心信念，用以调节人际关系的心理意识、原则规范、行为活动的总和"。①这类理解侧重于道德的现实形态，而隐去了道德的宗旨和目的。道德的宗旨和最终目的主要有两个层面：一是人类社会的和谐有序，二是个人臻于高尚的道德情操和道德境界。为此，道德的宗旨要求人能超越自我：一方面超越人的动物性，要求人不仅有高于动物的能力，更要有高于动物的道德品质；另一方面超越人自身的局限性，超越狭隘的自我及自我利益，关心他人和社会，甚至为他人和社会的整体利益和长远利益而限制或舍弃自我利益。这种双重超越体现了道德的崇高性。道德的崇高性是道德的内在特质，无论道德领域是大是小，无论道德关怀的对象是什么，举凡道德，都具有崇高性，否则，就难以配得上"道德"之美名。

环境道德是道德在当代发展的新形式、新领域，必然具有道德固有的崇高性。环境道德所调节的直接对象是人与自然的关系，其间接对象或实质是人与人的关系，但它不等于人际道德，而是道德关怀对象的扩大，是人的道德义务和道德责任的扩大。由于在人与自然的关系中，人是主动者，是强者；而自然是被动的，是"弱者"，人与自然之间的道德义务和道德责任是单向的，是人单向地对自然承担道德义务和道德责任，这就要求作为主动者和强者的人具有更高的道德意识和道德境界，

---

① 朱贻庭主编《伦理学大辞典》，上海辞书出版社，2002，第15页。

才能自觉地担负这种不对称的道德职责。因此，相对于单纯调节人际关系的传统道德，环境道德具有更加突出、鲜明的崇高性。

对于环境道德的突出、鲜明的崇高性，人们并没有很好地理解，主要存在两种错误倾向：一种是忽视它，按传统道德的标准和特征界定环境道德；另一种错误倾向是夸大环境道德的独特性，甚至以此明确或变相地否定传统道德的崇高性，贬低传统道德。

第一种倾向承认环境道德的存在并对其进行了界定，或者侧重于主体，将环境道德规定为环境道德意识、道德情感、道德意志和道德行为等的总和；或者侧重于社会客体，将环境道德理解为由环境道德原则、道德规范、道德范畴和道德评价构成的体系；或者将主体和社会客体相融合而综合地界定环境道德。这些界定肯定并说明了环境道德的对象、存在范围和基本构成要素，是一种大的进步。但是，这类理解仍立足于人际道德，只是扩展了道德的范围，增加了道德关怀的对象，对于环境道德的独特价值强调不够，甚至模糊不清，没有突出环境道德对人际道德的超越性和在整个人类道德发展中的里程碑地位。

对环境道德崇高性理解的第二种错误倾向主要存在于西方现代环境伦理学和囫囵吞枣地接受这种伦理学的中国学者中。西方现代环境伦理学包括人类中心主义和非人类中心主义两大派别，但非人类中心主义占主导地位，影响广泛。非人类中心主义，无论是动物解放论或权利论、生物中心论，还是生态中心论，都致力于为非人的自然存在物争取道德权利和享有人类的道德关怀。施韦泽指出了纯粹人际道德的局限性，他认为：过去的伦理学只涉及人对其同类的道德责任，是不完整的，只有敬畏一切生命的伦理学才是完备的。他佑护宇宙间一切生命，提出了"敬畏生命"的伦理学，并强调："善是保持生命、促进生命，使可发展的生命实现其最高的价值。恶则是毁灭生命、伤害生命，压制生命的发展，这是必然的、普通的、绝对的伦理原理。"[①]利奥波德的"土地伦理"

---

① 〔法〕阿尔贝特·施韦泽：《敬畏生命》，陈泽环译，上海社会科学院出版社，1992，第9页。

主张，土地是一个共同体，包括土壤、水和各种动物、植物，其中的"每个成员都相互依赖，每个成员都有资格占据阳光下的一个位置"。①他针对人从前的征服者形象进行了批判，要求将人改变为自然共同体中的平等一员，认为：土地伦理"暗含着对每个成员的尊敬，也包括对这个共同体本身的尊敬"。②土地伦理是生态中心论的早期形态，也是生态中心论的重要代表，它的提法不同，但与深层生态学和自然价值论的实质一致，都是将整个自然存在物纳入道德关怀的范围，最大限度地突破限于人际关系的传统道德的边界。随着我国环境问题的突出，国内学者从西方现代环境伦理学中吸取营养，肯定其"自然价值观""自然权利论"等，力图从环境道德上寻求解决之途，但从概念到理念，并没有多少创新，大多是对西方环境伦理思想无批判的模仿和借用。对环境道德崇高性理解的第二类倾向着力突出环境道德的价值，突破了单纯的人际道德，扩展了道德的范围，也适应了时代需求，但它夸大了环境道德的作用，不当抬高了环境道德的地位，并将环境道德与传统人际道德相对立，否定传统人际道德，最终使环境道德孤立于人际道德、外在于人类社会，至高无上，却虚幻缥缈，而其实现的前提却是否定人，结果常常变成反人道的呓语。

正确理解环境道德突出的崇高性，关键是要正确认识环境道德与人际道德的关系。一方面，环境道德与人际道德有内在联系，它以人际道德为基础和依据，是人际道德的扩展和延伸，从道德本性和现实需要而言，也是人际道德合乎逻辑的发展。在这种意义上，人际道德是环境道德的基础，人际道德的目标、特性等也适用于环境道德，人际道德的基本德目也可延伸到环境道德，如公正、平等、关爱、友善等也可体现在人类协调人与自然之间关系的行为上，成为环境道德的准则和规范。相应地，人际道德的超越性和崇高性也能扩展到环境道德，成为环境道德的崇高性。但另一方面，环境道德具有不同于人际道德的独特性。环境

① 〔美〕奥尔多·利奥波德：《沙乡年鉴》，侯文蕙译，吉林人民出版社，1997，第216页。
② 〔美〕奥尔多·利奥波德：《沙乡年鉴》，侯文蕙译，吉林人民出版社，1997，第194页。

道德所直接调节的是人与自然的关系，它将自然物作为道德关怀的对象，强调尊重自然、关爱自然、呵护自然。但是，自然，即使是与人亲近的少数动物，毕竟与人不同种类，与人异质，因而，道德关怀由人际延伸到自然，是巨大的跨越，不是轻而易举能实现的，它需要浪漫主义的想象和多情，更依赖悲天悯人的爱心、博大的胸襟和高尚的情操。在此意义上，环境道德的崇高性高于人际道德的崇高性，更为突出，更加弥足珍贵。

二　环境道德突出崇高性的体现

环境道德将人的道德关怀对象扩展到自然，也呈现出超越人际道德的崇高性。这种特性体现在不同方面，也为我们理解它提供了多维视角。

（一）超越物质生活条件而追求道德境界

物质生活条件是人生存和发展的基本前提，也是人丰富生活的基础，它决定了人的精神需求和精神活动：情感、审美、道德、政治思想和法律思想、哲学、文学艺术等。这是人类现实生活和历史发展的客观状态，马克思恩格斯明确揭示了这一真理："不是人们的意识决定人们的存在，相反，是人们的社会存在决定人们的意识。"[①]然而，道德等意识并不是毫无价值的被动者和附属物。恩格斯晚年批判了将唯物史观理解为"经济决定论"的观点，强调：经济只是归根到底意义上的历史决定因素，如果有人执意否定这一点，"他就是把这个命题变成毫无内容的、抽象的、荒诞无稽的空话"。[②]恩格斯指出，历史是各种因素相互作用的结果，政治、法律、哲学、宗教、道德等思想观念都参与历史的创造，影响历史的进程。人的特性、人的丰富需要等决定了道德意识观念并不是亦步亦趋地跟随在物质生活条件之后的，相反，它具有相对独立性，可以相

① 《马克思恩格斯选集》（第 2 卷），人民出版社，1995，第 32 页。
② 《马克思恩格斯选集》（第 4 卷），人民出版社，1995，第 696 页。

对地超越物质生活条件,在一定程度上成为人类生活的引领和指导。这正是人类的目的性和自觉性所在。

环境道德将道德关怀扩展到自然物乃至整体自然,其现实原因主要是生态危机的困境,生态危机对环境道德提出了迫切要求。环境道德作为人际道德的扩展,也同样具有超前性和能动作用,在一定程度上,环境道德的这一特点胜于人际道德。环境道德不仅如同人际道德一样,相对于物质生活条件有一定的独立性、超前性,体现人的精神需求,而且,它关心人类物质生活条件的创造和享用的环境影响。一般而言,人是现实存在物,温饱之后,才会有美的追求,才会有长远的目标,才会讲究自然环境的舒适与优美,才能忧虑整个社会和子孙后代。然而,在严峻的生态危机面前,人不得不"越级"地关心物质生活的基础自然环境,不得不超越眼前的发展程度而更多地思虑未来、忧心子孙。环境道德正是这种超前忧虑的重要体现,它要求我们能够从社会、人类和子孙后代的利益反省我们对自然的行为和态度,选择造福于后代和人类的行为方式和价值目标。这对今天仍竭力追求物质利益的人类而言,是更高的要求,是更大的超越。如果说,人际道德对物质条件的超越也源于现实困境所施加的压力,现实也创造了道德超越所需的较充分条件,那么,环境道德对物质条件的超越更主要的是因为生态危机的逼迫,而社会为环境道德践行所创造的现实条件却较为欠缺。这意味着环境道德更依赖于人的理智判断,更依赖于人的道德自觉。这种情况即使在物质生活条件好的发达国家也存在,在发展中国家则更为突出。目前,包括中国在内的发展中国家的经济发展水平和经济实力还较有限,民众的物质生活条件还较差,一些落后地区和特定人群还很贫穷,为了生存,贫穷的个人甚至地方政府不仅无力保护环境,甚至还以环境换生存。世界环境委员会早就揭示道:"贫穷本身污染环境,以不同的方式制造出环境压力。"① 而落后地区的政府为了解决眼前的就业、地方建设和经济发展等问题,

---

① 世界环境与发展委员会编著《我们共同的未来》,国家环保局外事办公室译,世界知识出版社,1989,第4页。

常常默许和放纵污染和破坏环境的行为。在我国，贫困的个人和地方政府以环境换取经济利益、以破坏环境谋生存的现象并不少见。在这种背景下，提倡保护环境、为子孙留下绿茵和蓝天的环境道德，就显得不合时宜，仿佛是高不可攀的美好愿望。然而，严峻的生态危机警示我们：珍惜资源、保护环境、关爱子孙，倡导和践行环境道德势在必行。相对于现有物质生活条件，特别是贫困地区人们的生活条件而言，环境道德是伟大而崇高的品德，其超越性十分醒目，高于人际道德。

（二）拥有驾驭自我的强大能力而广施仁爱

道德都内在地蕴涵着平等地对待他人、尊敬他人、关爱他人、维护社会公正的意思。但是，在现实生活中，人际社会中的平等、公正、关爱等品性和行为，直到今天，仍具有较大的理想性，仍是社会在极力倡导的。如种族之间、富人与穷人之间、城市人与农村人之间、富强国与穷弱国之间，实现正义、公正和平等仍是较高的目标，需要艰苦的斗争。现代各种规模的战争的起因都与人际社会的残暴、自私、不平等、不公正等有直接关系。可见，在人际社会，强者自我约束，公正地对等弱者，关爱弱者，人与人平等、互爱，国与国和平相处，这一切都还未真正实现。

环境道德是人际道德的延伸和扩展，也要求人们具备高尚的道德品性和道德行为，将这些品性和行为体现在自然上，并通过善待自然而施德于他人和社会。这意味着环境道德既要实现人际道德的目标，更要在自然环境中博爱万物。这对人来说无疑是更高的要求。众所周知，启蒙运动以来，人凭借科技，改造自然的能力日益增强，在自然界中的地位不断提升。人在自然界中的优越感日益突出，成了期望中和事实上的自然界的征服者和主宰者。长期以来，人类因此而自豪。可以预见，随着科技的进一步发展，人控制自然的能力会更加强大。现在，要人类尽力约束自身力量，放弃某些改天换地的活动，为了他人和子孙而调整和限制自身对自然的部分改造能力，这是更高层次的要求，它要求的不仅是人高超的智慧，更是人慈悲博爱的胸襟。更为重要的是，环境道德要求人重新认识自己在自然界中的位置，承认自己是自然界中没有任何特权的普通一员，改变从前仅从功利意义上对待自然的态度和行为，在约束破坏自然的能力的前提下，将征服和破坏自然的能力转换成保护自然和关爱自然的意愿和能力。这种转变需要浪漫主义情怀，更需要崇高的道德情操。

与人际道德相比，环境道德将道德关怀的对象扩展到自然，将道德关怀的内容由最基本的人际社会利益扩大到人们在自然环境上的利益。它需要人能有效驾驭自己获取现实利益的强大能力，更需要人对万物广施仁爱的慈悲。西方环境伦理学家施韦泽主张把爱的原则扩展到一切生命，这样，"人们就会认识到，伦理就其全部本质而言是无限的，它使我们承担起无限的责任和义务"。[①]这种无限的伦理学对人超越自我提出了很高要求，超出了人际道德的范围和高度，却体现了环境道德的特质。

（三） 依赖道德的内在激励而自觉向善

对道德与利益的关系，历史上有多种不同观点和激烈争论。道德与利益的关系问题实质上是道德的动机和源泉问题，包括道德的最终追求是什么，道德的动力是什么，人们为什么要道德，如何能够有道德等内容。事实上，道德需要利益来激励，或者通俗地说，道德需要利益的"回报"，从中获得激励。带着这种激励，人们会更强烈地向往善，更自觉地追求善。

与人的需要的丰富性相一致，利益的内容也多种多样，总体上可分为物质性利益和精神性利益。相应地，在道德领域，道德行为可获得的"回报"或激励大体上也包括物质性的和精神性的。在道德行为之后，物质性利益的回报极为重要，对道德行为者而言是必要的鼓励，它能让从善者的道德意识得到强化，引导他或她更多地善行；对社会大众也会

---

① 〔法〕阿尔贝特·施韦泽：《敬畏生命》，陈泽环译，上海社会科学院出版社，1992，第76页。

产生示范作用，让人们明白：社会提倡什么，遵循社会道德规则有重要价值等。强调物质性利益回报，并不会贬低道德的价值。中国古代倡导重义轻利，康德推崇绝对的"道德律令"，虽然强调了道德的高尚，但忽视甚至否认物质利益，难免空幻。马克思从经济关系规定利益，进而确立道德的现实基础，指出："财产的任何一种社会形式都有各自的'道德'与之相适应。"①这样，道德的能动性和超越性也就有了客观基础。在现有市场经济条件下，物质性利益回报更符合时代特性，更重要的是，它能实现德福统一，避免德者而无福的悲剧。我国曾有少数见义勇为者，因在德行中受伤或致残，生活艰难，处境悲凉，被描述为"流血又流泪"。这种德福分离状况是不正常的，无论对德行者本人还是对社会大众都会产生负面效应，让人们"望德生畏"而远离道德。道德的精神性利益回报主要包括社会赋予的美好名誉和德行受益者的成长或成效。社会授予德行者各种荣誉，对德行者是莫大的鼓舞，其力量是无穷的，会伴随德行者一生；而德行受益者可能是个人或群体，也可能是某类现象或环境，其成长或成就或成果，是德行的成效，是德行价值的有力见证，对德行者是极大安慰，它让德行者自我肯定，并富有成就感。在文明进程中，道德正是在物质性和精神性的利益回报中，在社会和德行受益者的种种激励下，不断被认可、强化和传承的。

环境道德与人际道德一样，也依赖各种内容和各类主体的激励。但是，环境道德关怀的直接对象即自然有独特规律，德行者获得利益"回报"更为困难。一种困难在于自然环境的特性与人的特性的反差。自然十分广泛，从其具体存在物而言，种类繁多，数不胜数；从整体而言，自然广袤无垠。人保护和珍惜自然，其力量显得十分弱小，其成果短期内甚至是无法体现的。例如，保护某种鸟类，理论上有利于生物多样性，但这种成效在人活动的范围内很难呈现；个人减少汽车尾气排放，理论上有利于空气质量改善，但在我们居住的城市或地方，要见到个人节能减排行为的实效不太容易。同时，自然界的各种效应都具有不同程度的

---

① 《马克思恩格斯全集》（第17卷），人民出版社，1963，第610页。

滞后性、长期性，人破坏自然环境的负面效应如此，人保护自然环境的正面效应也如此，甚至比负面效应更为滞后。因此，一个有利于自然环境的行为通常具有长远的价值，短期内其价值难以体现，如我国治理沙漠的英雄们，通常是几十年的艰辛才能换得一点点绿色，有的甚至是辛劳一生而其价值仅是为后来者作铺垫。自然的这些特征使有利于环境的德行很难在短期内见到明显成效，也就难以得到社会的物质性和精神性的激励。因为在现实中，社会和个人总是从某种德行的可见成效中认识到该德行的价值，进而给予褒奖。这一点无可非议，"人类的天性就是不去理会与我们今日需求和愿望有关的未来的重要性"，因此，"在空间和时间两者上，直接的总优先于远距离的"。①在环境问题上，人类的这种"天性"的影响更为明显，人们更关心自己生活区附近的环境而不是几千公里外的环境，更关心自己眼前的环境状况而不是十年、几十年后的环境状况。自然环境的广泛性、环境行为效应的滞后性和人类的天性特点，使环境道德及时得到应有的肯定和激励较为困难，通常也与环境行为效应一样具有较大的滞后性。但是，与人际道德相似，环境道德也需要获得肯定和激励，拥有发展的现实动力，才能持续和强化。那么，环境道德的激励主要源于何处？它更多地来自德行者精神上的自我肯定和自我激励，这种激励是内在的，需要德行者的坚定信念、顽强意志、远见卓识、博大胸襟，也需要德行者淡泊名利、不计得失、无私奉献，具有高度的道德自觉性和高尚的道德情操。

环境道德者获得利益"回报"的另一困难是环境道德受益者的被动与柔弱。道德虽是高尚的，但道德涉及社会各主体的利益，因而传统上，道德的进步也是利益各方相互斗争、相互激发的结果。在这一过程中，道德主体虽有实力上的差距乃至差异悬殊，但都是有意识、有智慧的人，都能竭尽所能地为自己争取利益。辩证地看，这种斗争也是道德的激励因素。环境道德在直接意义上是人与自然的道德关系，在这种道德关系

---

① 〔美〕西蒙·A. 莱文：《脆弱的领地》，吴彤等译，上海科技教育出版社，2006，第220页。

中，自然一方算不上真正的主体，即使是与人相近的较高等动物，也不是与人相对等的主体，它们无法伸张自己的权利，无法自觉地维护自身的利益。因此，这种道德关系具有单向性，是人对自然的单向道德关怀，道德主体人无法获得自然的自觉回应或回报。环境道德固然也涉及子孙后代这一人类主体，但这里的子孙后代更多的是一种虚设，还不是现实的主体，其权利和利益也只能依靠当代人的单向给予。因此，环境道德缺乏来自道德接受者的正反激励。西方环境伦理学者极力为动物、植物和整个生态系统争取权利、内在价值和与人平等的地位，但在论及自然的权利、价值和平等地位如何获得和实现时，他们最终也只能求助于人的理性、智慧和同情心等。确实，环境道德的落实、环境道德的激励因素只能来自人，依赖人的理性，依赖德行者的怜惜之心、博爱之情，更依赖德行者的道德自律和道德自觉。

环境道德主要从德行者的自我激励中获得动力，它更依赖德行者的高尚道德情操和高度道德自觉，其崇高性也更加鲜明、更加醒目。

三 强调环境道德突出崇高性的意义

为了解决生态危机，各国都提出了建设生态文明的战略，而环境道德也是生态文明战略实施的内在要求和重要保障。但是在现实中，人们要么侧重于现实，将环境道德单纯理解为应对生态危机的选择，是为现实所迫的无奈之举，忽视了它产生的理论必然性；要么一般性地说明环境道德是人际道德向自然的扩展和延伸，并没有充分肯定这种扩展和延伸的价值。不可否认，环境道德的产生有生态危机的现实根源，正如美国学者布朗指出的："环境伦理……并不是可有可无的。假使没有一个环境伦理来保护社会的生物基础及农业基础，那么，文明就会崩溃。"[①]更值得重视的是，在道德发展上，环境道德是一种巨大的跨越和质的飞

① 〔美〕莱斯特·布朗：《建设一个持续发展的社会》，祝友三译，科学技术出版社，1984，第281页。

跃,它提出了更高的道德目标和道德境界,也需要人能在更大程度上超越自我、摆脱狭隘的私利和当下,以博大胸怀去关爱自然万物,关爱子孙后代和整个人类。要理解这一点,必须充分肯定环境道德的崇高性,否则,会贬低环境道德的价值,也会影响环境道德行为的社会感染力和示范效应。

强调环境道德突出的崇高性具有重要现实意义。首先,强调环境道德突出的崇高性可以使道德与法律互补,充分发挥道德的重要作用。对于污染和破坏环境的行为,我国制定了严厉的法律条文,也对违法者进行了严厉惩处,取得了一定成效。但是,环境问题仍在增加,被处罚者并没有多少犯罪感和悔改意愿,而往往存有侥幸心理,难免会寻找机会再次破坏环境。因为单纯的法律惩罚行为者只能被动地接受,不足以使环境道德规范内化成主体的自觉意识,也难以产生长远的根本性作用,其结果,人们要么是冷淡和排斥,要么是寻机逃避责任。强调环境道德突出的崇高性,在人们心目中形成对生命和整个自然的崇敬,让环境道德产生无形的威慑力,可以强化和巩固环境法的功能,也能弥补法律的局限。

其次,强调环境道德突出的崇高性有助于形成良好的社会风尚。在现实中,人们对环境道德的品质和行为有两种错误评价,一种认为它是理所当然、轻而易举的事,甚至是每个人都能做到的最基本的行为;另一种将保护环境的行为当作怪异之举,将保护环境的人视为疯子、精神病。这两类现象都与忽视环境道德突出的崇高性有密切联系。充分肯定环境道德的崇高性,使环境道德成为人们仰慕的内容,使环境道德行为及其行为者更加受到尊重和敬佩。如此,环境道德的价值才能充分体现,环境道德的品质和善行才会引起人们竞相效仿,爱惜自然、保护环境才能成为社会风尚。

最后,强调环境道德突出的崇高性能增强环境道德宣传的有效性。对保护环境的德行善举,我国也进行了各种形式的宣传,但收效甚微。对环境道德突出的崇高性重视不够是其重要原因之一。充分肯定环境道德突出的崇高性有一个潜在的前提,即环境道德品质和行为不是很容易养成和实践的，这种难度往往大于人际道德。因此，必须采取种种措施，来彰显环境道德突出的崇高性。最重要的措施是以正面鼓励为主展开环境道德宣传，对保护环境的德行善举进行大张旗鼓的宣传，并给予较高的精神荣誉和物质奖励，高度肯定环境道德及其行为者，让德行善举者感到光荣，并去感染他人，引导人们学习和效仿，从而使环境道德宣传结出硕果。

中国社会环境治理与可持续发展

杨海军[*]

（湖北大学哲学学院　高等人文研究院）

【摘　要】　本文对中国社会环境问题进行了现象描述、原因分析，探讨了中国解决环境问题的两难措施，提出了中国解决环境问题的基本思路、客观基础和主观基础，指出新型城镇化是中国社会可持续发展新的着眼点，期望通过中国社会的环境治理，达到中国社会的可持续发展。

【关键词】　环境治理　可持续发展　新型城镇化

我国是一个发展中国家，目前正处于经济快速增长的发展阶段，正在努力完成"提高社会生产力、增强综合国力和提高人民生活水平"的历史重任。但是，我国面临着相当严峻的"环境"困难和问题，如人口众多、资源短缺、人均资源拥有不足、资源利用效率低下、环境破坏和环境污染相当严重、经济技术整体水平不高以及经济增长方式的粗放性等，这些对当今中国的经济和社会发展带来了巨大的压力。面对资源约

---

[*]　杨海军（1979~），哲学博士，现为华中师范大学政治学博士后，湖北大学哲学学院暨湖北大学高等人文研究院讲师，兼任湖北省道德与文明研究中心、湖北农村问题研究中心讲师，湖北省伦理学学会理事，主要从事哲学和政治学研究。

束趋紧、环境污染严重、生态系统退化等严峻形势，首先应当理解并接纳"自然中心主义（环境逻辑）"的合理观点，树立尊重自然、顺应自然、保护自然的生态文明理念，把生态文明的建设放在突出地位；其次，应当扬弃"人类中心主义（资本逻辑）"的思想，在经济建设、政治建设、文化建设、社会建设与生态文明建设过程中，在提高科学技术水平以促进环境保护与人类自身发展的同时，改变人们目前的生活方式以引导其走向"生活逻辑"。我国的基本国情和发展战略目标也决定了我国必须在着眼于在"人与自然的和谐共生、共荣"的理念指导下，纠正不正确的发展方式，改善目前的发展模式，正确处理人与自然的关系，最终达到可持续发展的目的。

一　中国社会环境问题的现象分析

（一）中国社会环境问题的现象描述

环境问题已经成为当今国际社会的普遍问题，这一问题在中国社会显得特别突出。"'近两年来，我国的环境问题严重'已经成为调查中受访者的共识，这种说法的支持率达到94.8%。在梁从诚主编的《2005年环境绿皮书》中，可以看到这样一些统计数字：4月14日，《人民日报》报道，山清水秀的四川省每年因酸雨造成的损失高达113亿元；8月2日，《光明日报》报道，到2025年前后，我国的二氧化碳排放量将居世界第一；11月29日，新华网消息，当前我国农产品产地正遭受从水体－土壤－生物－大气的全方位立体污染；12月27日，中新社电，中国90%的城市地下水不同程度遭受有机和无机有毒有害污染物的污染。从空气、水源到土壤、粮食，我国的环境问题渐渐从'局部潜在'走向'全面爆发'。调查中，公众最担心的是水污染，87.1%的人认为水污染对生活影响最大。接下来依次是空气污染（85.6%）、生活及工业垃圾污染（73.0%）、食品污染（63.0%）、植被减少和荒漠化（57.2%）、噪声污染（52.1%）等等。"①

概括起来，中国社会的环境问题主要分为环境污染、资源短缺和商品安全三个方面。中国不仅受到国内环境问题的困扰，同时面临全球环境问题的挑战。可以说中国环境问题的现状及发展趋势异常严峻。②我国的环境污染、资源短缺和商品安全已经构成制约我国经济和社会发展的主要瓶颈。

1. 环境污染

（1）水体污染加重。根据中国环境科学出版社出版的《2006—2010中国环境质量报告》，"2010 年，我国废水排放总量 617.3 亿吨，比上年增加 4.8%。工业废水排放量 237.5 亿吨，比上年增加 1.3%；工业废水排放量占废水排放总量的 38.5%。生活污水排放量 379.8 亿吨，比上年增加 7.0%；生活污水排放量占废水排放总量的 61.5%，高于上年"。③

（2）固体废物污染严重。所谓固体废物也叫固体垃圾，是指人类一切活动过程中产生的且对所有者已不再具有使用价值而被废弃的固态或半固态物质。我国固体废物的污染也十分严重。2010 年，我国工业固体废物产生量为 240944 万吨，比上年增加 18.1%；工业固体废物排放量为 498 万吨。全国危险废物产生量为 1587 万吨，比上年增加 11.0%。工业固体废物综合利用量为 161772 万吨，比上年增加 16.9%；工业固体废物储存量为 23918 万吨，比上年增加 57264 万吨，比上年增加 20.5%。其中危险废物处置量为 513 万吨，比上年增加 19.9%。④

（3）噪声污染日益突出。《中国环境公报》显示，1997 年，我国多数城市噪声处于中等污染水平，其中生活噪声影响范围呈现扩大趋势，交通噪声对环境的冲击最强。在有关部门检测的 401 个城市中，21% 的

---

① 《近九成半的公众确认近年来我国环境问题严重》，《中国青年报》2006 年 11 月 20 日。
② http://wenku.baidu.com/view/1ecd4f365a8102d276a22fb5.html
③ 中华人民共和国环境保护部编《2006—2010 中国环境质量报告》，中国环境科学出版社，2011，第 1 页。
④ 中华人民共和国环境保护部编《2006—2010 中国环境质量报告》，中国环境科学出版社，2011，第 8 页。

道路交通噪声超标，352 个城市中近一半区域环境噪声超标，有些城市属于重度污染。噪声会干扰居民的正常生活，也会对人的听力造成损害，噪声对人的神经系统和心血管系统等也有明显影响。

（4）大气污染严重，雾霾现象凸显。①2010 年，全国工业废气（标态）排放量为 519168 亿立方米，比上年增加 19.1%。全国二氧化硫排放量为 2185.1 万吨。其中，工业二氧化硫排放量为 1864.4 万吨，占全国二氧化硫排放量的 85.3%。2010 年氮氧化物排放量为 1852.4 万吨，比上年增加 9.4%。其中，工业氮氧化物排放量为 1465.6 万吨，比上年增加 14.1%，占全国氮氧化物排放总量的 79.1%。2006～2010 年，全国氮氧化物排放总量、工业氮氧化物排放量和生活氮氧化物排放量总体呈上升趋势。②

（5）土地污染。目前中国因矿产资源开发等生产建设活动，挖损、塌陷、压占等各种人为因素造成的破坏废弃的土地约达 2 亿亩，约占中国耕地总面积的 10%。我国土壤污染问题不容乐观。据估计，我国受农药、重金属等污染的土地面积达上千万公顷，其中矿区污染土地达 200 万公顷，石油污染土地约 500 万公顷，固体废弃物堆放污染土地约 5 万公顷。化肥、农药等农用化学物品的使用是我国提高农业产量的重要手段。但目前，不合理使用化肥、农药、地膜所造成的农业自身污染在我国农业环境总体影响中已占相当比例。

（6）重金属污染。部分区域重金属污染事件呈高发态势。2010 年，全国地表水国控断面中有 5.3% 的断面有重金属超标现象。据统计，仅 2009 年环保部就接报 12 起重金属、类金属污染事件，4035 人血铅超标，182 人镉超标，引发 32 起群体事件。③总之，"十一五"期间，重金属污染事件时有发生，地表水中重金属屡有超标，土壤中重金属污染也较为

---

① 360 百科："雾霾天气"（http：//baike. so. com/doc/599005. html）。

② 中华人民共和国环境保护部编《2006—2010 中国环境质量报告》，中国环境科学出版社，2011，第 8 页。

③ 中华人民共和国环境保护部编《2006—2010 中国环境质量报告》，中国环境科学出版社，2011，第 7 页。

严重。

2. 资源短缺

(1) 水资源越来越贫乏。我国是世界上 13 个贫水国家之一，我国的水资源总量为 2.8 万亿立方米，居世界第 6 位，年均河川径流量约 2.7 万亿立方米，但是，由于我国人口众多，人均水资源占有量不足 2200 立方米，只有世界人均占有量的 1/4，全国 600 多座城市中有 400 多座城市供水不足，其中 108 个城市严重缺水，我国平均日缺水 1000 万吨以上，造成直接经济损失 200 余亿元。人口的急剧膨胀和社会经济的高速增长，对水资源的需求迅速上升，供需矛盾日趋尖锐。[①]

(2) 土地资源越来越紧缺。水土流失是我国生态环境最突出的问题之一。根据计算，全国水土流失面积已从新中国成立初期的 116 万平方千米增加到现在的 367 万平方千米，约占我国国土面积的 38%。长期以来，由于规模不断扩大的滥垦、滥伐等违背自然规律的掠夺性开发，我国的水土流失越来越严重。当今水土流失总的状况是：小片治理，大片加重；上游流失，下游淤积；灾害加剧，恶性循环，水土流失面积有增无减。

(3) 森林资源不容乐观。当今的中国已成为一个典型的少林国，我国的森林覆盖率和人均占有量居世界后列。据第三次全国森林清查(1984~1988 年)，我国森林面积为 12465 万公顷，覆盖率 12.98%，远低于世界平均水平 (1987 年为 31.1%)；人均林地面积不足 0.114 公顷，只有世界平均水平的 14.2%；人均占有森林蓄积量 8.30 立方米，只有世界平均水平的 13.7%。此外，我国的天然草原存在不同程度的退化 (约退化 30%)。

(4) 生物多样性锐减。由于森林砍伐、草原退化、环境污染、自然灾害以及过度捕猎、捕捞等，我国大量动植物的生态环境遭到破坏，种群数量减少，很多物种已经或濒临灭绝。我国共有濒危或接近濒危的高

---

① 张忠伦：《人类文明的起落及中国生态文明建设纲要》，东北林业大学出版社，2005，第 129 页。

等植物 4000～5000 种，占我国高等植物总数的近 20%。已经确认 258 种野生动物濒临灭绝。据估计，我国的植物物种中 15%～20% 处于濒危状态，高于世界 10%～15% 的平均水平。

（5）煤炭后备资源短缺。中国煤炭工业协会第一副会长、原煤炭部部长濮洪九在"全国煤炭企业集团母子公司关系高层研讨班"上指出，从自然条件看，我国煤炭资源保障程度低，供大型煤炭企业集团战略后备开发的资源严重不足。一是精查工作严重滞后。由于资金不足，近 10 年来煤田地质工作的钻探工作几乎为零，建矿必不可少的精查报告几乎告罄。二是整装资源破坏严重。由于资源管理滞后，资源浪费和破坏严重，一些可供建设大型煤炭基地的整装煤田被随意分割划分，大型煤炭企业后备资源匮乏。①

（6）石油资源短缺。有关资料显示，中国石油储备量仅占全球的2%，专家预计全球现有石油储备量仅可以维持 100 年左右的消耗，而中国如果按现有消耗量，不到 50 年国内原油资源将消耗殆尽。从总体考量，我国石油资源依旧短缺，每年仍然要进口过亿吨原油，才能保障石油供应。随着经济规模进一步扩大，工业化、城镇化进程加快，居民消费结构升级，我们对石油资源的需求还将持续增加。用发展的眼光从长远看，需求与供给的矛盾也会日益突出。②

3．商品安全

当前，造假和不合格商品范围越来越广，商品安全令人担忧，假冒伪劣和不合格商品已到了无孔不入的地步。近几年来不断发生的社会黑心病，就是在各种食品中非法添加化学制剂以牟取暴利，诸如毒奶粉、瘦肉精、地沟油、彩色馒头等恶性事件，就是典型的例证。假冒和不合格商品从国民日用必须消费品，如粮油、奶粉、药品到农药、种子、化肥等生产资料，向大商品和高技术产品方向发展。造假和不合格商品对国民的人身安全、经济和精神造成了巨大的伤害，如果不着力解决，商

---

① http://www.sxcoal.com，《中国矿业报》2004 年 6 月 2 日。
② 冉永平：《我国石油资源依旧短缺 节约用油不能忘》，《人民日报》2007 年 5 月 14 日。

品安全问题势必影响我国国民经济持续、快速、健康发展,影响国民的生存和生活质量的提高。

(1)食品安全。食品安全是关系人民健康和社会稳定的重要公共卫生问题。近年来,我国媒体将"三聚氰胺奶粉""塑化剂事件""血燕窝事件""地沟油事件"等一系列重大食品安全事件曝光于公众视野,有人用"井喷"来形容我国目前食品安全事件频发的现状,并无奈地调侃"中国人在食品中完成了化学扫盲"。食品安全问题的影响力和受关注程度可见一斑。

据统计,2004年1月1日至2012年12月31日,9年时间里,我国被各类媒体曝光的食品安全事件共计2489起,平均每年276起。被曝光的问题中有64%产生于食品生产加工环节,其中相当一部分要"归功"于食品添加剂之"过";13.4%涉及初级农产品的生产;10.5%与流通销售相关;餐饮消费所占比例约为9.2%。从地域上来看,华北地区曝光的食品安全事件数量最多,约占总数的1/3;其次为华南地区,所占比例为19%;华东地区排在第三,占总数的18%。数据还显示,2005年和2011年,各类食品安全事件相对高发。①

(2)药品安全。2012年4月15日,央视《每周质量报告》曝光河北一些企业用生石灰给皮革废料进行脱色漂白和清洗,随后熬制成工业明胶,卖给浙江新昌县药用胶囊生产企业,最终流向药品企业。经调查发现,9家药厂的13个批次药品所用胶囊重金属铬含量超标,其中超标最多的达90多倍。铬是一种毒性很大的重金属,容易进入人体内蓄积,具有致癌性并可能诱发基因突变。救人的药品变成了害人的"毒药",不法企业的行为之恶劣让人震惊。从硫黄熏制生姜是行业"潜规则",到泔水油炼制食用油成油脂行业"潜规则",再到这次有毒工业明胶生产药品胶囊成这一行业的"潜规则",我们不禁想问,到底有多少"潜规则"在危害公众健康与安全?那些生产有毒药品胶囊的人,敢说自己不生病不吃药?那些用硫黄熏制生姜的人,能保证就不会遭遇到地沟油?

① 《我国食品安全状况究竟如何?》,《东方早报》2013年12月16日。

在"潜规则"下，人人都是受害者。①

（二） 中国社会环境问题的原因分析

经过分析，其原因是多方面的。既有经济因素，也有自然地理、人文社会等因素，同时我国的具体国情又使环境问题具有特殊性。概括起来，主要分为客观因素和主观因素。

1. 客观因素

我国社会的环境问题客观上是由长期的粗放式经济发展方式造成的。传统的粗放式经济发展方式之所以能够一直延续很长时间，是有一定客观原因的。首先，1949 年中华人民共和国成立时，我国是一个一穷二白的落后国家，国民经济处于瘫痪状态，国民的基本生存问题难以满足。为了有效地解决内需，满足国民基本的温饱问题，国家不得不大力发展经济。其次，在人们生活水平还比较低的时候，国家重点解决人们的温饱问题并致力于改善物质生活条件，对于环境质量没有特别的要求，致使环境质量的退化没有引起人们的普遍重视。

2. 主观因素

造成我国环境问题的原因除了粗放式经济发展的客观因素外，也有人文社会方面的主观因素。

（1） 人口的不断增长产生环境问题。我国人口众多，环境的资源压力大，环境问题与人口有着密切的互为因果的联系。如果人口过多超出环境本身的承受力就会对环境造成破坏，而环境的恶化反过来也影响人们的日常生活。人口数量的不断增长，对环境造成了巨大的负担。人口问题导致了我国资源的绝对短缺，因而出现了对资源的无节制开发的现象，这种现象伴随着惊人的浪费，给我们经济可持续发展战略的实施造成了极大的压力。

（2） 公众的环保意识较差导致环境问题恶化。目前我们国家的大多数人对于环境问题的客观状况缺乏一个清醒的认识。2000 年"世界环境

---

① 《新京报》2012 年 4 月 16 日。

日"前后，国家环境保护总局和教育部联合进行的对全国公众环境意识的调查报告得出的结论是，我国公众的环境意识和知识水平还都处于较低的水平，环境道德意识较弱。我国公众的环境意识具有很强的依赖政府的特征，政府对于强化公众环境意识具有决定性的作用。从生产企业来看，现在许多企业在生产的过程中并没有认真贯彻执行国家的方针政策，更注重的是追求企业的利润，获得更多的经济收益，对环境保护重视较少，使环境问题越来越严重；从个人的角度来说，我国居民对环境问题缺少了解，环保意识较弱。从这些大量的调查中，我们可以看到，我国公众的环保意识较差，所以要有效地解决我国的环境问题，就必须提高公众的环保意识。

（3）我国的具体国情影响环境问题。环境问题与贫困等其他社会问题交织在一起，又有形成恶性循环的趋势。作为一个发展中国家，我国的特殊国情决定了我国环境问题的特殊性。在平原、沿海及大城市等经济发达的地区，环境问题以环境污染为主，如今经过不断治理已经有所缓解；而西部相对贫困地区，环境破坏引起的生态环境恶化十分严重，且日益呈现出环境问题与贫困同步深化、形成恶性循环的趋势。

二 中国环境治理的两难措施

从我国的发展历史来看，我国面临着经济必然要增长和环境必然会污染的历史困境。从这种历史困境出发，中国政府若严格从保护环境的角度来治理环境，治理费用会很高，同时环境治理会制约我国的经济发展，从而影响国民应有的物质文化生活水平。另外，环境问题已经成为我国不得不正视的重大问题，中国政府若是不去治理环境，就会严重影响中国的社会发展和人民的正常生活。因此，我国在环境治理问题上又陷入了现实困境。这就使中国政府在环境治理时陷入了两难境地。

从本质上来说，这种两难境地反映的正是本文所关注的"新的可持续发展"的问题，《管子·牧民》中说："仓廪实而知礼节，衣食足而知荣辱。"①社会发展的基础是经济，没有经济建设所带来的衣食住行方面的各种便利条件，人们难以生存。正是基于这个原因，多年以来，我国一直强调"以经济建设为中心"，在很长一段时间内这确实是符合当时的建设状况的，毕竟社会的发展首先要以生存为基础，这就是"资本逻辑"的合理性。但是这种"资本逻辑"的发展模式直接导致的后果就是对自然环境的破坏。自然资源不可再生，破坏的自然环境很难恢复，由此导致环境灾难的发生日益频繁。面对"资本逻辑"带来的各种危害，人们开始反思自己，于是便有了"环境逻辑"的出现，有了"自然中心主义"的提倡。我们希望通过对环境内在价值的尊重，通过对人类自身发展的克制来达到可持续发展。我国社会的发展陷入了一种两难境地：必须发展经济，但又必须保护环境。

（一）资本逻辑下的经济社会发展带来了严重的环境问题

1. 解决人民的生存问题，经济必须增长

1949 年，我国是一个一穷二白的新中国，直到改革开放之前，我国的生产力发展水平异常落后，人民的生活水平极其低下，甚至生存和温饱问题都长期得不到很好的解决。为了解决中国人民的生存问题和温饱问题，我国不得不发展经济，并且以超越常规的速度发展经济。改革开放后，我国的国情决定了我国必须加快经济建设。为了使经济发展得更快，我国的经济发展基本上是在资本逻辑下运行的。

2. 传统的粗放型经济发展，环境必然会污染

在我国经济发展的初期，环境问题没有凸显，但是，伴随着经济的加速发展，我国在取得经济成绩的同时，带来了越来越多的环境问题。传统的粗放型经济发展必然会带来环境污染。

我国传统经济发展方式存在"四重四轻"的弊端：重国外需求、轻国内需求，是难以持续的风险之路；重经济增长、轻资源节约和环境改善，是资源环境难以支撑的负重之路；重技术引进、轻自主创新，是国

---

① 管曙光编《诸子集成》，长春出版社，1999，第 3 页。

际竞争力和军队战斗力难以快速提升的低端之路；重经济建设、轻社会建设，是人民群众难以共享改革发展成果的失衡之路。①由于过分注重经济发展的重要性，一些企业只注重经济效益却忽视了社会责任，使食品安全问题不断出现。

资源短缺、生态环境恶化、商品安全不仅是我国传统粗放型经济发展模式和过分注重经济发展的结果，也是我国经济发展不可逾越的阻力。我国推行循环经济，发展清洁生产和低碳经济，不仅是我国可持续发展战略的必然选择，也为解决资源短缺与生态环境恶化问题找到了一条切实可行的经济发展之路，是推进我国经济发展方式从粗放型向集约型转变的首选途径。

（二） 按照环境逻辑治理环境会制约经济发展

随着环境保护意识的日益提升，我国已经意识到传统的粗放式经济发展方式带来了严重的环境问题，正在努力进行环境治理。但是，大量的环境治理也产生了一系列需要解决的问题：一方面，长期的环境污染导致我国环境污染治理费用高；另一方面，环境治理会制约我国的经济发展，影响人民对更好的物质文化生活需要的进一步满足。

1. 环境污染治理费用高

当环境污染超出环境自净能力时，人类就要为自己导致的环境污染支出治理费用。根据国家统计局的数据，2010 年，全国环境污染治理投资总额达 6654.2 亿元，是 2002 年的近 5 倍，全国环境污染治理投资总量逐年增加，占 GDP 的比重一直呈上升趋势。我国的环境污染治理费用是相当高的，总额在逐年增加，治理投资占 GDP 的比重也在不断增加。环境成本高和环境治理投资大制约了我国经济更好的发展。

2. 环境治理制约经济发展

我国目前的环境问题在某种程度上还是相当严重的，政府已经采取各种措施进行环境治理。我国的环境治理是在相关政府部门的领导下，

---

① 胡磊：《我国传统经济发展方式的弊端与转变路径》，《党政干部学刊》2010 年第 9 期。

强化环保部门的职权，依靠各部门的分工配合，运用各种手段，组织和监督各级单位和公民，从各方面防治环境污染的管理过程。

我国正在从传统的粗放式经济发展模式转向集约式经济发展和低碳经济发展模式，在这个过渡期，若严格按照我国的环境保护法律法规来执行，一部分企业将不得不淘汰，这将在某种程度上影响地方经济的发展。如山西省环保局的一项调查显示，"91.95%的市长（厅局长）认为加大环保力度会影响经济发展，'推倒了污染企业的烟囱，年底的利税谁来上缴'的顾虑依然存在"。[①]在2014年湖北两会上，人大代表王晨指出，"现在……对环境造成严重污染的（主要是一些）中小企业，如小造纸厂、小煤矿、小水泥厂等。但是这些中小企业又往往是其所在小城镇的主要财政收入来源，是当地的'经济增长点'，所以让这一级行政单位处罚，力度和效果显然要打折扣，也容易出现渎职的现象"。[②]

因此，环境治理会制约我国经济发展。我国只有根据现实国情，加强企业的环境保护责任，逐步进行环境治理，才能使环境和经济协调发展。

三　中国环境治理的对策思考

正如上面所论述的，"资本逻辑"要求我们把发展经济作为最高目标，利用自然资源，满足人类的生存发展需要；但环境是无法承载把发展经济作为最高目标的"资本逻辑"的发展方式的。于是"环境逻辑"要求我们必须保护环境，甚至要花费大量的财力物力人力来治理环境、恢复环境的自然状态。而这两者必然导致社会发展的两难，要想解决这种两难，必须一方面找到一种新的经济发展模式，另一方面找到一种新的人类生活的模式。而这两方面是相辅相成的，没有新的诸如"低碳经济"的经济发展模式就不能促进生态文明的发展，而"低碳经济"及其

---

① 《近九成半的公众确认近年来我国环境问题严重》，《中国青年报》2006年11月20日。
② 《人大代表建议追究水污染事故制造者刑事责任》，《楚天金报》2014年1月21日。

带动的诸如"低碳生活"等生活方式的转变也需要"诗意栖居"理念的指引——只有全社会都接受了新的生活方式、新的经济发展模式，才能从根本上达到社会持续发展的目的。因此，我们要理清解决我国环境问题的基本思路、走向解决环境问题的客观基础和主观调整，走一条解决中国环境问题的可行道路。

（一）对策思考的基本思路

在处理经济发展与环境保护的问题上，我们首先要注意到经济发展只是人类可持续发展的一种手段，是为了人类更加美好的生活和诗意生存这一目的而进行的。不容否认，经济发展作为一种手段乃是维持人类生存的核心要素。通过发展经济，人类由"屈从自然和生存困境"中走出，创造了大量的财富，改善了人类的生活。但是，如果把经济发展的速度和规模作为目的，过于注重人类自身的物质生存利益，一旦条件允许人类便会牺牲环境，造成极其严重的环境灾难，反过来对人类社会的持续发展造成严重威胁。

因此，我国在走向人民更加美好的生活和诗意生存的道路上，发展经济只是实现这种目的的手段。我国既要发展经济，又要朝着"人民更加美好的生活和诗意生存"的灯塔航行。在改革开放初期，我国的经济和人民生活状况使我国不得不大力发展经济，围绕"发展是硬道理"的口号以经济建设为中心，我国的经济在30年中获得了大发展，经济总量跃居世界第二位。但是，单纯的人类中心主义的价值取向和资本逻辑指导下的经济发展在环境保护实践中遇到了难以克服的困难，从而使我国面临着社会经济发展与自然环境保护之间的紧张关系。在反思我国经济和社会发展的问题上，政府已经意识到解决环境问题的重要性。因此，我们要真正地把发展经济当作手段，把人民更加美好的生活和诗意生存作为发展的目的，在哲学的高度上处理好经济发展和环境保护的关系。

（二）为环境治理提供客观基础

根据我国的现实国情，我国改革开放30年取得了巨大的经济发展成就，综合国力大大提升，经济总量跃居世界第二位，使我国具备了环境治理的硬实力和客观基础，可以为环境治理提供更多的资金和技术支持。

首先，我国政府通过资金投入，发展环境保护产业，解决环境问题。环境保护产业是国民经济结构中以防治环境污染、改善生态环境、保护自然资源为目的进行的技术开发、产品生产、商业流通、资源利用、信息服务、工程承包等活动的总称，主要包括环境保护机械设备制造、自然保护开发经营、环境工程建设、环境保护服务等方面。

其次，政府致力于转变传统的粗放型经济发展模式，向集约型和低碳经济模式转变。我国传统的经济增长方式以粗放型为主，已不适合时代发展的需要，转变经济增长方式势在必行。大力发展循环经济和低碳经济，努力建设资源节约型、环境友好型、低碳导向型社会，是我国实现经济发展方式转变的必然要求。

我们相信，通过资金投入、发展环境保护产业和转变经济增长方式，我国政府会不断改善环境问题，走向人民更加美好的生活和诗意生存之路。

（三） 为环境治理做出主观调整

近些年，我国政府已经认识到解决环境问题的重要性，并且制定了相关的环境保护制度，采取了各种措施进行宣传普及，以期提高国民的环境保护意识，引导他们为环境治理做出主观调整。

首先，我国政府制定了一系列环境保护制度，加大了环境保护立法的力度。如《环境标准管理办法》《环境监测和报告制度》《环境保护计划管理办法》《环境保护目标责任制度和城市环境综合整治定量考核制度》《中华人民共和国环境影响评价法》和《建设项目环境保护管理条例》等。我国政府制定和完善环境保护规定和实施办法，健全了环境保护法制，使环境保护有法可依。

其次，利用多种形式开展环境保护宣传教育，全面提高公民的环境保护意识。我国政府利用多种形式大力开展"保护环境是一项基本国策"和《中华人民共和国环境保护法》以及有关资源保护的宣传教育活动，深入开展环境国情、国策教育，积极宣传环境污染和生态破坏对个人和社会的危害，普及环境科学和环境法律知识，提高全民族的环境意识和环境法制观念，树立保护环境人人有责的社会风尚。同时，民间的自发环境保护组织也进行了多种宣传环境保护的活动，在环境保护知识的宣传教育方面做出了很大的努力。

最后，强化环境治理职能。我国政府制定了有利于环境保护的经济、技术政策及能源政策，加强了宏观指导，根据经济发展水平，逐步增加环境保护投入，使环境保护工作同经济建设和社会发展相协调。依法采取了有效措施防治工业污染。目前我国政府对经济效益差、严重污染环境、影响附近居民正常生活的企业，逐步采取停产治理的措施；对浪费资源和能源、严重污染环境的企业，根据管理权限，责令其限期治理或分别采取关、停、并、转等措施；对直接危害城镇饮用水源的企业，采取一律关停的措施；禁止在饮用水源保护区和环境敏感地区及自然保护区新建污染环境的建设项目。积极开展城市环境综合整治工作，积极推进污染的集中控制，提高治理投资效益和污染防治能力。重视在资源开发利用中生态环境的保护。国家环境保护局对全国环境保护工作实施统一监督管理。通过我国政府和人民解决环境问题的主观调整，我国的环境问题引起了足够的重视，在保护环境观念的指导下，我国人民在生活实践中付诸行动，环境问题将会逐步解决。

四 新型城镇化：可持续发展新的着眼点

根据我国的现实国情，城镇化建设是我国社会可持续发展新的着眼点。城镇化是富裕农民、造福人民的重要途径。通过城镇化建设，实现城乡一体化，可更好地满足我国内需，实现经济增长和人民富裕，使我国环境治理与经济增长有机统一，人民的生活更加美好，走向诗意生存。

2014 年 3 月 5 日，李克强总理在《政府工作报告》中指出："推进以人为核心的新型城镇化。城镇化是现代化的必由之路，是破除城乡二元结构的重要依托。要健全城乡发展一体化体制机制，坚持走以人为本、四化同步、优化布局、生态文明、传承文化的新型城镇化道路，遵循发展规律，积极稳妥推进，着力提升质量。……以国家新型城镇化规划为指导，做好相关规划的统筹衔接。……通过提高建设和管理水平，让我们的城镇各具特色、宜业宜居，更加充满活力。"①

新型城镇化的指导理念本质上是对过去发展模式的反思和调整，在过去过于强调资本逻辑的基础上，强调经济发展导致了人与自然的冲突（环境危机）、人与人的冲突（贫富差距悬殊）；在这种情况下，城镇化的提出既是解决人与人冲突（消除两极分化，达到共同富裕）的有效途径，又是解决人与自然冲突（保护环境，建设可持续发展的生态文明）的有效手段。在这个过程中，不仅仅经济发展要有一个较大转型，而且人们在思想上（接受一种新的发展理念，走向"生活的逻辑"）要达成共识。可以说，新型城镇化与新的可持续发展具有内在的一致性，新型城镇化需要且正在走一条新的可持续发展之路。

从人类发展的历程来看，中国社会的发展必然要走一条人与自然和谐共生的持续发展之路，在融合"资本逻辑"与"环境逻辑"长处的前提下我们提倡一种"生活逻辑"，着眼于从根本上改变人们的生活模式和观念。从新型城镇化建设的模式中我们看到了这种希望，因为新型城镇化不仅仅是一种低碳环保的建设模式，更是一种"诗意生存"的生活模式。

---

① 李克强：《2014 年政府工作报告》，人民网 2014 年 3 月 5 日（http：//lianghui. people. com. cn/2014npc/n/2014/0305/c376646 - 24535026. html）。

生态伦理学的"人性"之思

蔡紫薇[*]

（武汉大学哲学学院）

【摘　要】　近年来，生态伦理学蓬勃发展，在发展的同时伴随的是生态伦理学两个重要派别人类中心主义和非人类中心主义之间的争论。其争论主要围绕环境问题产生的根源以及人对自然界的道德义务（直接义务还是间接义务）展开。值得注意的是，这一争论直接关系到生态伦理学的学科理论基础，争论的走向直接关系到生态伦理学是否能为环境的保护提出有效的对策。学界关于这一争论的分析和见解有很多，本文从"人性"角度入手，深入剖析这一论争，尝试论证：生态危机的根源在于主客二分的认识论结构和人性的迷失与自大。得出结论：解决生态危机的关键在于对"人性"的反思，对人的重新定位。

【关键词】　生态伦理学　人类中心主义　非人类中心主义　生态危机　人性

这是一个最好的时代，也是一个最坏的时代。"最好"意味着这个时代，人类社会经济最繁荣，科技最先进，人类的力量最强大。"最坏"意味着这个时代，人类生存危机最严重，情感最冷漠，人类本性的缺失

---

* 蔡紫薇（1989～），女，天津人，武汉大学哲学学院伦理学专业 2012 级硕士研究生。

最严重。人与自然的关系能否处理得得当直接影响到地球的完整、稳定和美丽，而人类的生存环境是否和谐对于人类的生活质量有着基础性的作用。没有"生存"便没有"生存得好"。遗憾的是，现代人把更多的精力放在追逐生活质量上，在物欲的涌动之下，全人类肆无忌惮地追逐利益的行为带来的是人类的深重危机。道德危机、生态危机让沉醉于空前胜利中的人们不知所措，然而他们却坚持认为，这一切都是经济发展的必然代价。面对自然的一次次报复和回击，他们不甘被打败。因此，这个时代，也是人类陷入空前迷茫与无助的时代。

理论的萌发、形成与发展总有其最直接的现实促发因素，对于实践特征突出的生态伦理学来说，尤其如此。生态伦理学在 20 世纪 70 年代的出场，是对全球性环境污染和生态危机问题的直接回应。伴随着生态伦理学蓬勃发展的是人类中心主义和非人类中心主义的两派之争。两派的论争愈演愈烈也让生态伦理学日益成为一门显学，生态伦理学焦点问题的现实性和紧迫性吸引来了越来越多的伦理学者，他们把道德的关注点从人类社会转移到了生态环境，开辟了伦理的生态向度。在生态伦理学内部，关于人对自然具有直接义务还是间接义务、自然是否具有内在价值等问题的不同回应，使该学科分为人类中心主义和非人类中心主义两派。然而，标准的模糊不清、论争角度的不同和论证话题的多层面让两派之争持续到今日，仍然没能得出一个确切的结论。面对生态危机，我们要走出还是走进人类中心主义？非人类中心主义是否能代替人类中心主义？二者的争论是个永远解不开的死结，抑或是我们可以对二者进行融合？该怎样融合？目前学界的观点众说纷纭，繁多冗杂。笔者认为，若想改变论争的混乱局面，使这场学界论争对于生态伦理学学科本身的立论乃至生态危机的解决起到积极作用，就要厘清两派之争，为生态伦理学确立哲学基础。

一　生态伦理学的进展与困境

（一）旷日持久的争论：人类中心主义与非人类中心主义

人类中心主义和非人类中心主义的论争是生态伦理学的焦点问题，学者们从不同的角度、标准、层面来展开讨论，这样就出现了一种比较混乱的局面。如：刘高岑在《人类中心主义：走出还是走入？——试析国内关于人类中心主义的两种观点》一文中，从立论基础和概念框架层面对人类中心主义的两种观点进行了辨析，提出非人类中心主义的观点主要是从哲学认识论的层面展开，而人类中心主义的观点主要是从价值论的层面给予回应的。陈婕在《人类中心主义与非人类中心主义之争——关于"自然的内在价值"的诘难与反诘难》一文中，从自然的内在价值层面阐述了两派之争的实质。针对这一论争的混乱现象，张北建在《一场旷日持久的"争论"——对人类中心主义和非人类中心主义之争的反思》一文中明确指出，目前国内关于人类中心主义与非人类中心主义之间的论争并不是在同一个层面上展开的，因此，这场争论是一种"伪争论"。

下面我们从哲学领域的三大层面厘清两派各自所持观点。

在本体论层面上。人类是否是宇宙的中心，是否是最强大的物种。本体论的人类中心主义主要指古代人类中心主义，古代人类中心主义的观点建立在托勒密的"地心说"基础之上。他们认为，人在空间范围内是宇宙的中心，人与宇宙中的其他事物之间是一种中心与非中心、被服务与服务、主宰与被主宰的关系。到了文艺复兴时期，哥白尼"日心说"的创立彻底否定了托勒密的"地心说"。随后达尔文的进化论也给古代人类中心主义带来了强烈的冲击，人们逐渐认识到人类不是宇宙的中心，人类和其他生物一样，都只是地球进化的产物。最终在科学面前人们冲破了本体论人类中心主义"人是宇宙中心"的思想禁锢。现代人类中心主义认为，人类是生物圈中最优秀、最强大的物种，并且能够从自然界中超拔出来与自然界对抗，而非人类中心主义认为自然界与人类是母与子的关系，人类是属于自然界、来源于自然界又复归其中的。

在认识论层面上。人是不是唯一的认识主体。这一层面上的纷争最主要的焦点在于：非人类中心主义指责人类中心主义的"只有人是认识主体，其他非人的存在物均是认识客体"的观点。非人类中心主义进一步将生态危机的罪魁祸首定位为人类中心主义所坚守的"主客二分"思维模式。人类中心主义认为，人类是自然界中唯一具有主体意识和最高智慧的生命体，从而区别于自然界并与之相对立。这是人类进化过程中最伟大的进步，也正是这个进步，使人类在自然界中居于统治地位。非人类中心主义认为人类中心主义夸大了人的主体地位方面，"侧重于从一极来考察客体，极端的便走向人与自然关系上的'主体论'，即以掠夺式征服自然为特征的'人类沙文主义'"。①因此必须提高自然的主体地位，彻底消除人是万物之灵长的观念，主张自然界的任何物种与人具有同等的位。我国非人类中心主义学者余谋昌认为，在生态学中，不仅有"以人为主体的生态学"，如以个人、家庭，或乡村、国家和民族、全球人类为主体的生态，而且有"以生物为主体的生态"，包括以生物个体为主体的生态，以生物群落为主体的生态。主体不是唯一的，不仅人是主体，其他生命形式也是主体，都有主体与客体的关系。②

在价值论层面上。人类是否对自然具有直接义务。论争两派基于价值论层面的争论话题比以上两个层面要多。比如：自然是否具有内在价值，自然是否具有道德资格等。其中最为本质性的争论是人类对自然具有直接义务还是间接义务。人类中心主义主张人类对非人类存在物的义务只是出于当代人与后代人在自然资源上的公正分配问题，这是人类中心主义的基本原则，即从人类的根本利益出发的必然结果。人类对生态系统和生物圈的义务，只能是一种因对所有生命的利益实现条件的义务

---

① 陈忠：《以人为中心的多极主体化——对人类中心主义与非人类中心主义的一点思考》，《哲学动态》1995 年第 6 期。

② 余谋昌：《生态中心主义是当代环保运动的唯一旗帜吗?》，《自然辩证法研究》1997 年第 9 期。

而产生的间接义务，而不是直接的义务。①非人类中心主义者普遍主张人对自然负有直接的道德义务。罗尔斯顿把人对大自然的义务建立在大自然所具有的内在价值的基础上，他认为不仅生物个体具有内在价值，生态系统也拥有价值，我们对生态系统中具有内在价值的动植物负有直接义务，也对整个生态系统负有直接义务。

（二）为生态伦理学重新寻找哲学基础——论争的困境与出路

在生态伦理学发展的几十年里，不少学者试图将人类中心主义和非人类中心主义进行整合，更有学者提出"生态人本主义"的观点，但理论形成之后随之而来的便是否定和反驳。比如：环境正义论者就认为无论是人类中心主义还是非人类中心主义的理论都过于抽象，应从现实着手，如果二者的整合只是流于表面，而不是从实质上剖析生态危机的根源之所在，就会于事无补。

两派之争之所以难以和解，有一个很重要的原因：它们各自都拥有自己的理论前提，背后都以自然科学规律做支撑，并且二者在逻辑上都是有效的。人类中心主义的理论前提是达尔文的进化论，即物竞天择、适者生存。每个物种和任何动植物个体都必然将自己视为中心和目的，将其他自然存在物看作手段和工具，认为一切非人存在物只是服务于人类自身利益的工具和手段。人把自己看作中心，也就必然把人的价值和利益置于优先地位。人类如果完全放弃自己的中心地位、生存利益和存在价值，不去参与生存竞争，就违背了生物学规律，最终会使人类陷入生存困境。非人类中心主义以生态学为自己的理论根据，认为生物界不仅存在生存竞争，还存在互利共生。物种之间具有相互依赖性，它们相互作用共同构成生态系统的完整、稳定和美丽。在这种生态系统中，任何环节的变化或缺损，都会造成生态系统的剧烈变动，甚至导致生态系统的崩溃。人类作为一个物种，只是生物链条上的一个普通环节，他完全依赖自然界而存在。因此，人类只有将自然界也当作目的并维护自然

---

① 余正荣：《人类何以对自然负有道德义务》，《江汉论坛》2007年第10期。

界的利益，才能实现自己的利益。生物学的生存竞争规律是不能反对的，生态学的互利共生规律同样也是反对不了的。这就是人类中心主义和非人类中心主义观点均能成立的根源之所在。

无论人类中心主义与非人类中心主义的论争多么不可弥合，它们各自所致力于的理论最终目标是一致的：为生态伦理学提供理论依据，为生态危机提供道德决策。然而二者都将人与自然对立起来，无法实现人与自然界的统一。人类中心主义固守人的主体地位，坚持人与自然界的对立。不管它怎样强调人与自然界的和谐，理论基点都是人类中心主义的，在实践中仍然会以人类的利益为重。王诺指出："只要是以人为本、以人为目的、以人为中心，人类就必然倾向于把自身利益和地方、民族、国家等局部利益置于生态整体利益之上，必然倾向于为自己的物欲、私利和危害自然的行径寻找种种自我欺骗的理由和借口，生态危机也就必然随之而来，并且越来越紧迫。"①因此，人类中心主义永远无法实现人与自然界的统一，只会让生态危机愈演愈烈。非人类中心主义反对人类中心主义的人是目的、人是价值主体的观念，提倡人类归属于自然界，是自然界的一部分，试图弥合人与自然界的分裂和对立。但是，当非人类中心主义把权利和内在价值赋予自然存在物，强调人是生态系统中的普通物种，并将自然界的利益置于优先地位时，无形之中就建构起一种自然中心主义的价值观。因此，非人类中心主义也无法弥合人与自然界的分裂。

作为生态伦理学的左膀右臂，人类中心主义和非人类中心主义似乎都无法给生态危机提供一套完善的道德法则，在处理人与自然的关系时，人类仍然不知何去何从。比论争无果更加严重的是，生态伦理学的根基被抽空了，生态伦理学的无根状态使人们怀疑它存在的合理性。甚至我们不禁要问，我们到底为什么要对自然界讲道德。生态伦理学遇到的这一困境足以使它的一切论点都无法成立。因此重构生态伦理学的基础尤为重要。

---

① 王诺：《"生态整体主义"辩》，《读书》2004年第2期。

道德是人类的存在方式，德性是人不同于动物的、唯人独有的特征。道德行为的实施应该仰赖于人类自身的道德理性和道德自觉程度。即"自律"，而非"他律"。非人类中心主义强调自然界具有内在价值，具有道德权利，这些观点在打上了现代化深深烙印的人们面前难以具有说服力，更无法付诸行动。这是一种道德他律，而不是从人类自身生发出的道德自觉。学习伦理学的是人，具有德性的是人，做出道德行为的主体还是人，因此任何道德学说若想在实践中奏效，都离不开对道德主体，即人的本性的研究。虽然生态伦理学研究的是人与默默无闻的自然界之间的关系，但其劝说对象仍然是活生生的人，能够为生态危机做出努力的还是人，因此生态伦理学的基础仍然是人自身。以人性为突破口去分析生态危机的实质、原因和对策是需要生态伦理学者们投入精力去研究的，他们要做的不只是去参与人类中心主义和非人类中心主义的论争和辨析。

二　生态危机的深刻根源：主客二分与人性的狂妄

（一）主客二分的模式导致人与自然的分离：生态危机的认识论根源

在古代人的观念中，自然和心灵不可分割，是内在一致的整体。更没有物质和精神、肉体与灵魂、主体和客体的二分。可以说这一时代的人类还是未开化的自然人，"都不仅认为自然具有人的动机、性癖和情欲，甚至把自然物体看作真正的人。例如，奥勒诺科地方的印第安人把日月都当作人，墨西哥人则相信被他们奉为神的太阳和月亮有一个时期曾经是人"。①因此古代人的头脑里根本不会有把自然当作客体去驾驭自然、征服自然的念头。古希腊人认为自然界是充满心灵精神的，自然界

---

① 北京大学哲学系外国哲学史教研室编译《西方哲学原著选读》（下卷），商务印书馆，1985，第425页。

的运转在于它充斥于自身的心灵的运动。自然界是个有理智的,有心灵的活的整体。心灵也是自然界运转规则和秩序的源泉,自然界的有序进行是因为内部心灵的推动。在西方中世纪,人们把万物都看作上帝的创造物,人们通过自身的耕耘获得大自然的馈赠,在自然面前扮演辅助者的角色。中国自古就有"天人合一"的观念,虽然每个时代的"天人合一"思想内涵不同,但都把自然和人当作一个整体来思考,揭示了人与自然的协调一致。"何为本?曰:天、地、人万物之本也。天生之,地养之,人成之。……三者相为手足,合以成体,不可一无也。"①可见天、地、人被看作不可或缺的整体,人与自然不可分割。

近代思想家认为自然界本身并没有理智,也不是一个有机体,而是一架机器。它没有能力和精神推动自身的运动,自然界的运动和秩序都是外界施予的,来自一个非凡的创造者。这一观点随着科技的发展得到了纠正,人们不再认为自然界是上帝创造出来的一架机器了,也不认为自然规律就是机械力学的规律。从笛卡尔开始,西方思想中就有了物质与精神、主体与客体的区别,他反对自然与人、物质与精神浑然一体的观念,认为身体和精神是两个不同的实体,彼此按照自己的规律运作,二者互不干扰。如英国学者亚·沃尔夫评论道:"笛卡尔的哲学最后终结于两个独立的世界,它们分别由物质实体和精神组成。两者由上帝的超自然干预方式以某种方式维系在一起。"②自此之后,主客不分、人与自然是一体的观念被打破了,主客二分、二元对立影响着西方人思想的方方面面。既然主体和客体、人与自然分裂开来,那么主体该如何认识和把握外在于自己的客体,人该如何认识自然,如何与自然相处,就成了人们开始思考的问题,主客二分为人们征服自然、驾驭自然埋下了伏笔,只是当时人们的力量还不够强大,因此人与自然此时只是处于对立阶段。

---

① 〔西汉〕董仲舒:《春秋繁露·立元神》,中华书局,1975,第209页。
② 〔英〕亚·沃尔夫:《十六、十七世纪科学、技术和哲学史》,周昌忠译,商务印书馆,1985,第728页。

科学的发展改变了这一现状，增强了人类改造自然的能力，培根"知识就是力量"口号的提出为人们征服自然、驾驭自然提供了武器，自然科学的胜利让人们备受鼓舞，人们坚信：人类可以凭借自己的知识和强大的智力认识自然界的所有规律。没有人类理智解决不了的问题，人类关于宇宙世界的知识越丰富，人类驾驭自然的能力就越强。主客二分的思维模式与"知识就是力量"的人类理性至上观念让人与自然对峙的局面完全形成。

在生态危机空前强大、人与自然关系失衡的现代社会，我们仍然以主客二分的思维模式去处理人与非人存在物的关系，因此，主客二分、人与自然二分、物质与精神二分是生态危机的认识论根源。

（二）从 "有所畏" 到 "无所畏"：生态危机的人性根源

古代人是有所畏惧的，它们相信世界是神秘的，这便决定了古代人的思维观念、生活态度、处事方式都充满神秘主义气息。他们自知人类的渺小，相信存在某种超越于人类之上的力量，因此对世间万物都怀有一份敬畏之情。例如，古代巴比伦人相信自然界具有精灵般的力量，相信人类命运受制于天上的星宿；[1]古埃及人总把星座和他们神话中的神灵视为一体；[2]上文提到的古希腊和古代中国"天人合一"的思想都体现着人对自身渺小的体认和对自然的虔诚与敬畏。西方中世纪认为人在上帝所安排的所有存在物中拥有最高地位，但在人之上还有一位全知全能全善的上帝，因此上帝的地位最高，人不能凭借自己的理性力量去认识上帝。

古代神秘主义可以概括为如下三个观点。

第一，存在某种整体或大一。这种整体或大一绝不仅是一切可感知的现象的总和，它还内蕴着某种超验的奥秘或力量。这可称作神秘主义

---

① 〔英〕W.C.丹皮尔：《科学史及其与哲学与宗教的关系》（上册），李珩译，商务印书馆，1995，第34页。
② 〔英〕W.C.丹皮尔：《科学史及其与哲学与宗教的关系》（上册），李珩译，商务印书馆，1995，第37页。

的本体论预设。

第二，与大一感通的途径是超语言、超逻辑的，更是超越于感性知觉的。正因为如此，神秘主义者大多强调物我两忘、主客不分的精神体验。这可称作神秘主义的认识论原则。

第三，人生最重要的事莫过于通过神秘体验而与上帝一类的大一相感通，因此人生幸福不是向外搜求所能获至的。这可称作神秘主义的价值论信念。①

总之，古代人的观念意识是充满神秘色彩的，人类本性是有所畏惧的。虽然宗教习俗、信仰种类不同，敬畏的对象是自然或神灵。但统一的一点是对神秘力量怀有谦卑意识和崇敬信仰。凭借对人类之上的力量的依靠和信赖，人类生存于宇宙之中。"他们心中的世界是附魅的世界，在实践中总是小心谨慎，生怕受到神秘力量的惩罚。"②

文艺复兴、宗教改革和启蒙运动带来了人性的解放，人的主体性得到了高扬，推翻了神在历史上几千年的统治地位，人取代了神，人权取代了神权，人的理性取代了神的理性。为了抬高人的主体性和尊严，人在否认神的同时，赋予了人自身无限性。在当时，人类理性具有的无限性特征的观点被称为"人道主义"，"由于人道主义宣称毫无疑义地相信理性的力量，所以它不承认其他的力量，如上帝的力量、超自然的力量，甚至不承认大自然纯属偶然的、盲目的力量"。③另一观点"对纯粹理性的子女——科学和技术的信仰"④突出强调了科学技术与理性力量的内在一致性，无论理性还是科学技术都是人类主体性的体现。人类凭借理性和科学技术成为宇宙中最强大的力量。人类理性具有无限性，科学技术的发展也同样不可估量，宇宙中的一切都将被人类的最强大脑和不断进

---

① 卢风：《从现代文明到生态文明》，中央编译出版社，2009，第17页。
② 卢风：《从现代文明到生态文明》，中央编译出版社，2009，第36页。
③ 〔美〕戴维·埃伦费尔德：《人道主义的僭妄》，李云龙译，国际文化出版公司，1988，第3页。
④ 〔美〕戴维·埃伦费尔德：《人道主义的僭妄》，李云龙译，国际文化出版公司，1988，第4页。

步的科技武器所认知和掌握。至此，当人类被抬高到神的全知全能的地位时，无形之中为人以全能者的姿态征服自然、驾驭自然、掠夺自然埋下了伏笔。

人性的张扬使人类变得目中无人、无所畏惧，对神灵的崇拜和虔敬已成为历史，若要说人类有值得崇拜的对象，那便是人类自己。人类理性的无限、科学技术给人类带来的累累硕果让人类沉醉于每一次胜利之中，宇宙中似乎没有什么值得人类惧怕的力量了，又何谈敬畏呢？伴随着自然科学和技术发明的一次次胜利，人类越来越自信能够驾驭自然了。然而生态危机的出现无时无刻不在警醒人们，这是大自然对人类为所欲为的报复和回击。科学技术的发展、人类理性的无限性只是人类做出征服自然行为的条件之一，生态危机的根源在于人类的人性自身。从专制统治中解放出来的人性似乎有些矫枉过正了，人类经历了从"有所畏惧"到"无所畏惧"的转变，主体性的张扬带来了自主性选项的增多，更使人类欲望出现了无止境的增长。理性无限性、科技无限性的背后是人类欲望的无限性。弗罗姆在《占有还是生存》一书中指出，启蒙所讲述的社会进步的神话故事已经破灭。"无限制地去满足所有的愿望并不会带来欢乐和极大的享乐，而且也不会使人生活得幸福；……技术的进步不仅威胁着生态平衡，而且也带来了爆发核战争的危险，不论是前种危险还是后种危险或两者一起，都会毁灭整个人类文明，甚至地球上所有的生命。"①

由此可见，生态危机的根源在于人性的"无所畏惧"和无止境的贪欲。生态伦理学需要对人性进行反思才能找到有可行性的生态伦理原则。人性也必然是生态伦理学理论研究的基点，忽略人性的伦理学理论是缺少灵魂的。因此在生态伦理学范围内，对人类与自然的关系进行重新定位和对人性进行重新把握显得尤为必要。

---

① 〔美〕弗洛姆：《占有还是生存》，关山译，生活·读书·新知三联书店，1989，第4页。

三 人类与自然关系的重新定位与人性的复归

(一) 关注作为人类的根源 (而非资源) 的自然

在思想史上有很多关于人与自然关系的理论,笔者认为,生态伦理学家罗尔斯顿的观点值得现代人深思。他认为自然是我们的根源。关于自然之于人类是什么这一问题,似乎早已不成为问题。"自然资源"在我们的生活中早已经是个天经地义的名词。但是罗尔斯顿认为,"'任何事物实际上都是一种资源'的断言跟另一个人们更熟悉的断言——'任何人实际上都是自私的'是平行的"①,只有完全自私的人才会把自我之外的一切都视为资源,把所有他者和他人都当作实现自我目的的手段和工具。"自然仅仅是资源"的范式延续着一种人本主义的幻觉。把任何事物都当作为我所用的资源,是人性的自私。这样的观念表现在处理人与自然的关系上就必然导致以人类自我为中心,只把自然视为生存工具和手段。

罗尔斯顿认为大自然是我们的生命之源和精神之源。不仅在生命生发和进化的意义上人来自自然,在文化意义上,人类的生存和发展也不能全然超越自然这一前提。没有人类文化,大自然仍然能够运行,但如果没有大自然,我们人类就无法生存,人类的文化就会失去生命底蕴和色彩。大自然还是我们的体验之源、价值之源。"它给我们提供了接触终极存在的体验"②,人类只有在自己的起源处才能体悟终极存在的意义。人类文化的主观价值也不是凭空产生的,而是以大自然自身的客观价值为基础和源泉的再现和再创造。这就使我们认识到:"自然首先是

---

① 〔美〕霍尔姆斯·罗尔斯顿:《哲学走向荒野》,刘耳、叶平译,吉林人民出版社,2000,第 202~205 页。

② 〔美〕霍尔姆斯·罗尔斯顿:《哲学走向荒野》,刘耳、叶平译,吉林人民出版社,2000,第 208 页。

价值之源，是在后来，在第二性的意义上，它才是一种资源。"①作为根源的自然是第一性的、客观的，作为资源的自然是第二性的、主观附加的。

在整个自然共同体中，人类是"之一"甚至"之最"。我们不否认人类中心主义者的主体观念，但我们要明确的一点是：生态伦理学强调人类的主体地位一定要是责任主体，人类"之最"决不意味着特权，而是意味着人类对世界的更多的责任。人类是自然界创造出的最高成果是因为人类具有道德的生存方式，那么人类的主体地位也应该通过道德的方式生存于自然共同体中。人的主体地位和高贵体现在道德的无限提升上，而不是体现在其生物性上。在生物性上，人类来自自然，在文化上，人类超越了源自自然的生物性，但自然始终都是一种逻辑的先在。因此，人类在作为根源的自然面前应该谦逊、敬畏、心怀感激和爱。

"人性深深地扎根于自然，受惠于自然，也受制于自然。"②罗尔斯顿认为人性需要在自然中得到确认。人的完整性和创造性是以自然的完整性为前提的，体现为自我的他在性、自我融入生命之流以及对自然的责任和关爱。道德不仅有人际关系的维度，还应该有人与自然关系的生态维度。人类的理性和道德性要求我们带着道德判断的眼光来审视人类生存于其中的自然界、审视人与自然的关系。

（二）人性的复归：现代人依然需要"有所畏"

文章第二部分我们分析了生态危机的认识论根源：主客二分。然而，要克服这一认识论根源不具有操作性和现实性。因为历史无法倒转，我们无法回到初民时代，因此我们只好从另一根源找寻拯救生态危机的策略，即人性。

人类经历了神秘主义，即"有所畏"的时代，随着欲望的无止境扩

---

① 〔美〕霍尔姆斯·罗尔斯顿：《哲学走向荒野》，刘耳、叶平译，吉林人民出版社，2000，第213页。

② 〔美〕霍尔姆斯·罗尔斯顿：《哲学走向荒野》，刘耳、叶平译，吉林人民出版社，2000，第93页。

张,科学技术的空前强大,人类逐渐变得"无所畏"。然而,对自然的无止境征服造成的生态危机已经给人类发出了一次次的警告。人类如果还不幡然醒悟的话,等待我们的将是生存环境的提前恶化,甚至全人类的提前毁灭。

社会秩序的和谐不仅需要道德的指引,更需要法律的配合。比起道德的软性说教,法律的特色是强制制约和惩罚。对于大多数人来讲,在求生的欲望面前,一切欲望都变得不再重要和能够克制,比如享乐、伤害他人等。法律能够为道德提供保障,可以说在人际社会关系中,人是有所畏的,因为惧怕法律的制裁,人们(大多数)是不愿意轻易触犯法律的。同理,生态伦理同样需要法律的支持,但在现实操作上,却有很大的困难。我们不能够制定出惩治全人类破坏环境的法条和法规,只能针对具体的破坏环境的行为制定相应的惩罚条款。因此,在处理人与自然关系时,人类由于缺少类似"法庭"这一制裁力量变得"无所畏"。殊不知,生态危机面前人类的生存境遇比社会关系中具体的人面临的求生境遇要严峻迫切得多。生态危机是全人类的生存困境,其危害性是具体的个人生死无法比拟的。针对生态伦理学视阈下人性的"无所畏",我们需要为人类寻找畏惧的对象,因为人类绝不可能是至高无上的力量。生态危机对人类的警告和惩罚是最有说服力的解释。

苏格拉底说过:未经审视的生活是不值得过的。中外古人大都强调"思"的生活方式,反思、沉思都能够让人性变得趋于完善,"思"也是人之为人的存在方式,德性的养成、德行的实践都离不开"思"。然而,现代社会中的人们似乎处在"无思"的生存状况已经很久了,物质的极大满足带走了精神本应具有的丰盈,遮蔽了人的本质和人性。面对生态危机,如果人类想要自救,就必须反思自身、叩问人性:人类该怎样摆脱狂妄,重新找回属于自身的最本真的人性?

我们不必回到初民时期的神秘主义中去,也不需要重新搬出全知全能、人类敬畏的上帝,只需要承认世界的神秘性,承认人类不是世界中全知全能的最高存在物。"我们完全可以继承自然主义的合理思想或在坚持唯物主义的前提下承认世界的神秘性。我们完全可以用自然科学本身的历史和材料说明世界是物质的，然而它是无限的，生生不息的，奥妙无穷的。人类知识在不断进步，但无论人类认识进步到何种程度，人类之所知相对于世界的奥秘都是有限与无限的关系。"①对于人类而言，世界永远存在隐匿着的、不为人知的无限的奥秘。因此，宇宙间永远存在人类无法驾驭的力量。那么，承认世界的神秘性，人类就应该心存敬畏地生存于大地之上。

---

① 卢风：《从现代文明到生态文明》，中央编译出版社，2009，第44页。

学术争鸣

正确义利观：合外内之道[*]

王泽应^{**}

（湖南师范大学道德文化研究中心）

【摘　要】　正确义利观的提出是对当代中国社会主义现代化建设和对外交往与国际关系及其所需要的伦理价值观科学把握和深刻思考的产物，它主张正确认识和处理义利关系，超越狭隘功利论和抽象道义论的局限，将"义"与"利"辩证地结合起来，既坚持义利并重与义利统一的一般原则，又在并重与统一的基础上以义制利、见利思义。正确义利观是对马克思主义义利观和社会主义义利观精神实质和价值追求的科学概括和全面阐述，是中国道德或中国特色社会主义道德的价值基元和重要组成部分，体现出对中华民族优秀伦理价值观的全面总结与扬弃，和对人类义利思想合理因素的科学吸收与借鉴。坚持正确义利观，对于中华民族伟大复兴之中国梦的实现，对于培育和践行社会主义核心价值观，对于建构新型国际关系伦理与和谐世界伦理都具有十分深远而重大的意义和价值。

【关键词】　正确义利观　中国道德　国际关系伦理

---

* 教育部文科基地重大课题"马克思主义伦理思想中国化研究"（2009JJD720009）阶段性成果。

** 王泽应（1956～），男，湖南祁东人，哲学博士，现为湖南师范大学道德文化研究中心主任，教授，博士研究生导师，主要研究方向为伦理学基础理论和中国伦理思想史。

正确义利观是习近平总书记在访问非洲期间提出，后来又在处理周边国家关系会议上做出全面论述，已经在国内外产生重大影响的伦理价值观，不特是中国处理对外关系的核心价值理念，更是中国特色社会主义伦理文化的价值导向和价值目标，形塑着中国道德的真精神，并成为实现中华民族伟大复兴之中国梦的有机组成部分。正确义利观是对马克思主义义利观和社会主义义利观精神实质和价值追求的科学概括和全面阐述，是中国道德或中国特色社会主义道德的价值基元和重要组成部分，体现出对中华民族优秀伦理价值观的全面总结与扬弃，和对人类义利思想合理因素的科学吸收与借鉴。它在精神上具有义利统一与义利并重的伦理特质，在实质上具有互利互惠与和谐共生的价值基质，标示出崛起的中国以什么样的价值观念规范自己和对待别人的精神风貌和道德文化。

一 正确义利观的价值维度

以习近平为总书记的党中央继承并发展了马克思主义的义利观和社会主义义利观的基本精神，并结合当代中国内政外交的新需求，第一次正式提出了正确义利观的命题或概念，并对其主要内容做出了全面的论述和阐释。他指出："义，反映的是我们的一个理念，共产党人、社会主义国家的理念。这个世界上一部分人过得很好，一部分人过得很不好，不是个好现象。真正的快乐幸福是大家共同快乐、共同幸福。我们希望全世界共同发展，特别是希望广大发展中国家加快发展。利，就是要恪守互利共赢原则，不搞我赢你输，要实现双赢。我们有义务对贫穷的国家给予力所能及的帮助，有时甚至要重义轻利、舍利取义，绝不能惟利是图、斤斤计较。"①在周边外交工作座谈会上，习近平主张"坚持正确义利观，有原则、讲情谊、讲道义"，②努力寻求各方利益的共同点和交

---

① 转引自王毅《坚持正确义利观　积极发挥负责任大国作用》，《人民日报》2013 年 9 月 10 日。

② 习近平：《外交工作要坚持正确义利观　有原则、讲情谊、讲道义——在周边外交工作座谈会上的讲话》，《人民日报》2013 年 10 月 25 日。

汇点，编织更加紧密的共同利益网络，把各方利益融合提升到更高水平，让周边国家得益于我国发展，使我国也从周边国家共同发展中获得裨益和助力。习近平强调，"一定要坚持正确义利观。只有坚持正确义利观，才能把工作做好、做到人的心里去"。①正确义利观是对社会主义义利观精神实质的科学总结和深刻阐释，是对马克思主义义利观的继承和发展，代表着以习近平为总书记的党中央处理各种利益矛盾、解决利益纷争、追求和谐共赢的精湛智慧和价值理念。

正确义利观的提出是相对于不正确的义利观而言的，不正确的义利观或者割裂义利关系或者混同义利关系，总是不能从利益关系的协调、整合与均衡发展来谈论义利问题，不能把最广大人民群众的根本利益和长远利益放在义利观的中心位置来思考，每每把利益关系单向化或片面化，进而走向利己主义和狭隘功利主义，或者离开最广大人民群众的根本利益和长远利益空谈道义，使道义成为与利益无关的精神抽象。当今世界出现的种种利益冲突和矛盾，无不与非正确和不正确义利观的大行其道密切相关。重利轻义的狭隘功利论，以自我利益为本、以他人利益为末的利己主义或自我中心主义，为了一国之私不惜搞乱一个地区或国际社会的国家利己主义，整体上看，都是一种错误的义利观。一些国家受非正确义利观驱使，为了暂时利益，忽视长远利益；重视物质利益，忽视精神价值；强调自身利益，忽略他人利益的现象不仅普遍还很严重，这只能导致利益关系的紧张和精神价值的缺失，诱发严重的国际关系冲突。这种义利观引发了当代世界道德生活的许多灾难，并导致了重重危机。因此，树立正确的义利观无疑有助于矫正非正确的义利观，抑制错误义利观的流播与危害，也是建设持久和平、共同繁荣的和谐世界所最为需要的。只有正确义利观的树立、弘扬和贯彻才能给人类带来真正的和平与幸福。

正确义利观的提出是对当代国际关系伦理的正确把握和深刻思考的产物，有着对世界主义和社群主义伦理价值观的双重超越，或者说对目

---

① 转引自王毅《坚持正确义利观 积极发挥负责任大国作用》，《人民日报》2013 年 9 月 10 日。

的论和义务论①的双重超越。正确义利观主张在新的基础上将功利和道义有机地结合起来，既注重国际正义的建构与维护、国际道义的倡导与追求，又主张维护民族国家的核心利益并致力于推动各国和全球共同利益的实现，反对狭隘的民族利己主义和霸权主义以及罔顾国家核心利益的世界主义。在当代国际关系伦理领域，以个人利益或权利为国际关系正义标准的世界主义和以共同体利益或发展为国际关系正义化身的社群主义可谓各执一端。世界主义虽然将单个的个体与作为整体的人类联系起来予以价值关切，但关切的重心和基点仍是对个体利益或权利和价值的推崇。个体利益或权利的优先性以及据此来建立普世的伦理关系构成世界主义的思想核心。社群主义价值关切的重心是国家而非个体，认为个体的意义与自我实现极大地依赖于所处的国家。故此有学者将社群主义称为国家中心主义（state-centrism）或国家道德主义（state moralism）。②在社群主义者看来，道德基础不应建立在个人权利上，而应建立在人与人的社会关系中。"我们能在共同体中认识善，我们不能独自认识这一点。"③"善良生活绝不会由独自一人获得，因为我绝不能只作为个体寻求善或练习美德。"④世界主义对在个体利益的基础上建构普世价值赋予太多理想化的色彩，不仅忽略了国家和共同体利益的现实意义和价值，而且忽略了个体之间有可能造成的利益冲突。这种建立在个人主义基础上的普世主义对作为目的的平等的个人之间在利益的矛盾或差异方面缺乏有效的思考和对策。倘或个人之间发生利益冲突，人们就无法进行道德判断和价值选择。⑤这

---

① 纳丁主张用道义论（deontological theory）和结果论（consequentialist theory）取代世界主义与社群主义之争。道义论以公认的权威性原则来判断对错，结果论依据结果或效果来判断对错。这一划分与西方伦理学中的目的论和义务论两大流派的分野相类似，涉及伦理学两个基本概念——正当（right）与善（good）之间的关系。目的论认为善是独立于正当的，是更优先的，义务论则认为正当独立于善并优先于善。

② 参见 Heikki Patomaki, From Normative Utopias to Political Dialectics: Beyond a Deconstruction of The Brown-Hoffman Debate, *Millennium*, Vol. 21, No. 1, 1992, p. 53, p. 73。

③ Micheal. Sandel, *Liberalism and the Limits of Justice*, Cambridge Universrity Press, 1982, p. 183.

④ A. Macinture, The Concept of a Tradition, in M. Daly ed. *Communitarianism: A New Public Ethics*, 1981. p. 124.

⑤ 参见 Molly Cochran, *Normative Theory in International Relations: A Pragmatic Approach*, p. 95。

种对个人利益冲突提不出应有价值选择方案的理论势必无法将人类或世界作为一个价值整体来考虑。社群主义从个人利益与共同体利益的一致性来探讨利益关系，低估了社群利益与个体利益冲突的可能性。不容否认，绝大部分个人利益的发展与实现都有赖于其所属的共同体，但也不能忽视个体利益与共同体利益发生矛盾的可能性。世界主义和社群主义都因为坚持单一的价值观点而无法正确认识当今世界格局中的义利关系，无法为建构健康有序的当代国际关系伦理做出应有的贡献。因此，超越世界主义和社群主义的对立，成为建构正确义利观的必然选择。①

正确义利观既立乎其内又着眼于外，含有内外兼修、内圣外王合一的基质。从其理论内涵和精神建构而言，正确义利观有其从国内走向国际的理论逻辑。它首先是一种中国义利观，然后又是一种国际义利观，体现着对中国传统义利观和西方义利观的双重超越，同时又有对中国传统义利观和西方义利观精华的合理吸收。它主张正确认识和处理义利关系，超越狭隘功利论和抽象道义论的局限，将"义"与"利"辩证地结合起来，既坚持义利并重与义利统一的一般原则，又在并重与统一的基础上以义制利、见利思义。正确的义利观对割裂义利关系或混同义利关系的不正确的义利观持否定态度，主张在唯物史观的基础上把道义和功利有机地统一起来。正确的义利观主张超越纯功利主义或纯道义论的藩篱，坚持义利并重、义利兼顾和义利统一的原则，正确对待和处理"义"与"利"的关系，既重视道义与责任，又强调彼此互利和共赢。在追求本国利益时兼顾他国合理关切，在施行国际援助时考虑本国整体利益。既讲义利统一，又讲以义制利、见利思义，并以此来建构公正平等、互利互惠的国际关系伦理或普世伦理。

正确义利观既主张义利并重、义利统一，又主张以义制利、见利思义，将利益的追求纳入道义的轨道并接受道义的宰制与规约，反对损人利己、损公肥私的利己主义，狭隘功利主义和置道义于不顾的实用主义。

---

① 参见 Andrew Linklater, *The Transformation of Political Community*: *Ethical Foundations of the Post-Westphalian Era*, Cambridge: Polity Press, 1998, p. 55。

并认为公平正义、国际正义和代际公正是当今社会所最为需要的。它们是建构新型国际关系伦理和普世伦理的重要内容。正确义利观主张把集体利益和个人利益有机地结合起来，坚持把国家和人民利益放在首位而又充分尊重公民个人的合法利益，实现了个人利益和集体利益的辩证统一。在国际关系上，主张把人类整体利益和共同利益放在第一位，反对那种为了一国之私而损害国际社会共同利益和人类整体利益的国家利己主义。

正确义利观的基本特征是强调义利并重与义利统一，并在这种并重与统一的基础上主张以义取利、见利思义。在市场经济条件下，坚持正确义利观要求人们正确处理竞争与协作、自主与监督、效率与公平、先富与共富、经济效益与社会效益的关系，做到公平竞争又相互协作，自主经营又接受监督，讲究效率又兼顾公平，努力先富又促进共富，追求经济效益又讲究社会效益，反对见利忘义、唯利是图以及各种形式的不道德的谋利行为。正确义利观坚持个人利益与社会公共利益的统一，主张兼顾二者的关系，使其共同发展。但在社会的价值指向上，又反对简单地将二者置于同等重要的位置上，主张把国家和人民利益放在首位予以优先考虑和重点考虑。相对于复杂多元的利益架构而言，正确义利观要求把国家人民利益放在首位，以此来协调各种利益关系，因此正确义利观具有在利益结构中突出公利或整体利益的特征。这种公利同其他道德所推崇的公利的本质区别不仅在于它是一种真实的社会集体利益，而且在于它把国家利益和人民利益联系起来，扩展了"公"的范围，提高了"公"的程度和水平。正确义利观在人类历史上承认劳动人民利益的合道义性，并将其视为社会整体利益或社会公共利益的有机构成，主张"为全体人民的物质利益奋斗"，坚持把是否有利于增进人民群众利益，是否有利于改善和提高人民群众的物质文化生活水平作为道德判断的标准。

正确义利观的精神实质是互利共赢和义道当先。亦即在价值追求中主张把"人人为我，我为人人"有机地结合起来，实现人我兼顾、己群诸重，使每个人的自由发展成为其他人自由发展的条件，使集体的发展更有助于个体成员的发展。同时，在功利与道义发生矛盾的情况下，原则上应该坚持义道当先，不以功利害道义。正确义利观具有精神实质上的义利统一与义利并重，价值观念上的互利互惠与和谐共生，伦理品质上的以义制利和义先利后，道德境界上的整体为本和道义为尚等基本特征，本质上是一种以马克思主义义利观和社会主义义利观为主体，吸收国内外一切义利思想的合理成果的既适用于国内治理又适用于国际关系应对的理性而科学、民主且平等的伦理价值观。

二　正确义利观的本质内涵

正确义利观是以习近平为代表的中国政府在处理对外关系中提出来的，它以各国共处地球村成为一个命运共同体为基本的价值视角，主张超越利益关系的对抗去发现和寻求共同利益和根本利益而实现共生共赢，同时主张维护国际正义，反对霸权主义，建设一个持久和平、共同繁荣的和谐世界。它宣示了一个崛起的中国以什么样的义利观念和价值理念取信于世界的道德风貌和伦理品质，完全能够为国际社会处理各种利益矛盾、建构共生共赢的国际关系提供价值导向和行动指南。

第一，正确的义利观从人类已经成为一个命运共同体的价值理念出发，十分强调互利共赢和人类整体利益的重要性，并主张以此来引领国际社会的发展。人类进入全球化时代，西方许多学者注目于共同体问题，罗尔斯区别了社会成员基于自私动机构建起来的共同体和基于最终目的构建起来的共同体，桑德尔在罗尔斯的工具性的共同体和情感性的共同体之外又提出了构成性的共同体。在桑德尔看来，对于共同体的成员而言，"共同体不仅表明了他们作为其成员拥有什么，而且也表明了他们是什么；不仅表明了他们所选择的关系，而且也表明了他们所发现的联系；不仅表明了他们身份的性质，而且也表明了他们身份的构成因素"。[1]中国领导人提出的命运共同体是对罗尔斯个人主义共同体和桑德尔社群主义共同体的批判性超越，它是基于理性分析、利益攸关和整体

---

[1]　Michael Sandel, *Liberalism and Limit of Justice*, Cambridge University Press, 1982, p.150.

统一等做出的战略性判断，是对当今世界形势的深刻洞察和科学把握，它以人类只有一个地球，各国共处一个世界为基本的价值认识，认为当今的全球化、信息化以及所面对的复杂形势，将所有国家的命运连为一体，任何国家都不可能独善其身。因此，各个国家都应当从"命运共同体"的视角审视当今世界大势和国际关系，努力去寻求人类的共同利益和共同价值，为建构和平发展、共生共赢的国际关系新格局做出自己的贡献。当今的世界，"各国相互联系、相互依存的程度空前加深，人类生活在同一个地球村里，生活在历史和现实交汇的同一个时空里，越来越成为你中有我、我中有你的命运共同体"。①命运共同体，既是现实经济政治文化交融互通的真实反映，更是建构面向未来的新型国际关系的共同诉求。"人类只有一个地球，各国共处一个世界。共同发展是持续发展的重要基础，符合各国人民长远利益和根本利益。我们生活在同一个地球村，应该牢固树立命运共同体意识，顺应时代潮流，把握正确方向，坚持同舟共济"，②把我们赖以生存的地球建设成为共同的美好家园。共同生活在同一个地球这一独特而不可逆的生存境况使人类和世界各国已经成为一个休戚与共、福祸相连的命运共同体。因此，建设和维护这一命运共同体，成为当代世界的整体利益和最高利益，同时也是每一个

---

① 习近平：《顺应时代前进潮流　促进世界和平发展——在莫斯科国际关系学院的演讲》，2013 年 3 月 23 日，莫斯科，《人民日报》2013 年 2 月 24 日。又，在坦桑尼亚尼雷尔国际会议中心的演讲中，习近平三次提到"命运共同体"，"中非人民结下了同呼吸、共命运、心连心的兄弟情谊"，"中非从来都是命运共同体，共同的历史遭遇、共同的发展任务、共同的战略利益把我们紧紧联系在一起"，"全非洲是一个命运与共的大家庭"（习近平：《永远做可靠朋友和真诚伙伴——在坦桑尼亚尼雷尔国际会议中心的演讲》，《人民日报》2013 年 3 月 26 日）。在印度尼西亚国会发表《携手建设中国—东盟命运共同体》的重要演讲中，习近平提出了全方位建设"中国—东盟命运共同体"的"五个坚持"：即政治上"坚持讲信修睦"；经济上"坚持合作共赢"；安全上"坚持守望相助"；人文上"坚持心心相印"；地区机制上"坚持开放包容"。并说："中国—东盟命运共同体和东盟共同体、东亚共同体息息相关，应发挥各自优势，实现多元共生、包容共进，共同造福于本地区人民和世界各国人民。一个更加紧密的中国—东盟命运共同体，符合求和平、谋发展、促合作、图共赢的时代潮流，符合亚洲和世界各国人民共同利益，具有广阔发展空间和巨大发展潜力。"（习近平：《携手建设中国—东盟命运共同体：在印度尼西亚国会的演讲》，《人民日报》2013 年 10 月 4 日）
② 习近平：《在博鳌亚洲论坛上的讲话》，《人民日报》2013 年 4 月 8 日。

国家自身利益之所在。没有能够置身于这一命运共同体之外的所谓国家利益。命运共同体，表达了中国人民和世界各国人民休戚与共、同心同德、利益共享、并肩前行的伦理信念和价值追求，展现了中国为建立和谐共生的国际关系新秩序的担当意识和伦理期许。命运共同体是正确义利观的一个基本价值视角和伦理判断，其中包含着人类大义和世界大利相互统一的因素。正确的义利观主张超越零和博弈、非此即彼等思维方式，在命运共同体的整体架构中实现各自的利益和共同利益，实现共同发展、共同幸福。同时形成守望相助、共同发展的道义追求。基于命运共同体和利益共同体的互利共赢，不是我赢你输，也不是你赢我输，而是都成为赢家，获得共同发展。其实，一旦人们抛弃非此即彼的对抗思维，去寻找共同利益，就会发现共同利益要远远大于和多于利益的对抗和冲突。互利共赢、共同发展是正确义利观必然得出的导向性结论。只有合乎道义的功利才有希望走向互利共赢，互利共赢的功利一定是合乎道义的，因此互利共赢就是道义与功利的有机结合，是义与利的辩证统一。

第二，正确的义利观在国与国关系的处理上，要求尊重彼此的核心利益和重大关切，主张求同存异，包容互鉴，共同进步。它强调在追求本国利益时兼顾他国合理关切，在谋求自身发展中促进与其他国家共同发展，不断扩大共同利益汇合点，把自身利益和他国利益有机地结合起来。中国政府主张坚定不移地维护中国的核心利益和重大利益，同时也主张尊重其他国家的核心利益和重大关切，在"各美其美"的基础上实现"美人之美，美美与共"的目标。中国"坚持走和平发展道路，但决不能放弃我们的正当权益，决不能牺牲国家核心利益。任何外国不要指望我们会拿自己的核心利益做交易，不要指望我们会吞下损害我国主权、安全、发展利益的苦果"。[①]中国的发展不会以牺牲别国利益为代价，同时也不允许中国的正当权益受到侵犯。拿主权、尊严、统一做交换，既损害中国核心利益和重大利益，也会导致义利观的扭曲。在追求和维护本国核心利益的过程中，应主动关心他国的利益和他国的感受，尤其要

---

① 习近平：《任何国家不要指望我们拿核心利益做交易》，《人民日报》2013年1月30日。

照顾对方的核心关切，妥善处理两国及多国间存在的问题和分歧。①中国不把自己的意志强加于人，也反对他国对中国核心利益和重大关切的干涉或不尊重。中国政府和人民历来主张在维护中国核心利益和重大利益的前提下，维护世界各国和各国人民共同发展的整体利益。把中国自身利益与各国共同利益结合起来，开拓我国和平发展的广阔空间。"国家无论大小、强弱、贫富，都应该做和平的维护者和促进者，不能这边搭台、那边拆台，而应该相互补台、好戏连台"，应当想办法使我们的地球村成为共谋发展的大舞台，而不是相互角力的竞技场，要反对那种为一己之私把一个地区乃至世界搞乱的错乱行为或现象。世界上各个国家交往频繁，都有自己的核心利益和重大关切，发生一定的利益矛盾在所难免，关键是要坚持正确的义利观，妥善解决矛盾分歧，维护相互关系和发展大局。②在涉及国家主权、领土完整、安全稳定等重大核心利益问题上相互支持，是中国同各国发展战略伙伴关系的实质和重要内容。只有尊重彼此的核心利益与重大关切，不相互制造麻烦，不逾越对方底线，建设合作伙伴关系才有根本保证。只有尊重各自选择的社会制度和发展道路，求同存异，包容互鉴，才能共同进步。正确的义利观要求国与国之间和睦相处，讲平等、重感情，多做得人心、暖人心的事，本着互惠互利的原则开展合作，编织更加紧密的共同利益网络，把双方利益的融合提升到更高水平。在追求自身利益时兼顾对方利益，在寻求自身发展时促进共同发展，不断深化利益交融格局。正确义利观是对历史上反复出现的霸权国与崛起国之间零和竞争、相互对抗乃至兵戎相见等有我无他、你死我活现象的根本否定，是中国当代领导人从新的全球化时代背景出发，顺势而为、与时俱进提出的开明合理的伦理价值观。只要各国始终抓住相互尊重和相互关切这一主线，就一定能走出一条国与国之间和谐相处、良性互动的新型合作道路。

第三，正确的义利观强调在国际关系中坚持国际正义，讲求友好情

---

① 《习近平接受金砖国家媒体联合采访》，《人民日报》2013 年 3 月 20 日第 1 版。
② 习近平：《在博鳌亚洲论坛上的讲话》，《人民日报》2013 年 4 月 8 日。

义，主张尽国际主义义务。国与国之间良好关系的建构既需要考虑共同利益和互利，也需要达成基本的价值共识，形成一些普遍遵守的共同价值观。国际正义是国际社会普遍确立的带共识性的正义规范和目标。联合国宪章所确立的基本准则，中国政府提出的和平共处五项原则，以及罗尔斯《万民法》中提出的国际正义诉求，都为国际正义提供了一些基本的价值共识。在当代国际关系建构中，反对霸权主义和强权政治，反对不顾国际社会基本价值共识和人类良知的民族利己主义或狭隘国家主义，坚持将程序正义和实质正义结合起来，以包容性增长和协商民主为主要手段善待不同利益诉求，无疑是国际正义的有机内核。正确的义利观主张追求和维护国际正义，在国际上要秉持公道正义，坚持国与国之间平等相待，共同遵守国际关系基本原则，反对霸权主义和强权政治，反对以大欺小、以强凌弱、以富压贫，反对干涉别国内政，反对为一己之私损害他人利益、破坏地区和平稳定。同时，正确的义利观主张在国与国之间讲求友好情义，并以"讲平等、重感情；常见面，多走动；多做得人心、暖人心的事"来深化和巩固友好情义，以情换情，以心换心，做真诚互信的好朋友。自古友道贵义，以义相交，礼尚往来，就能建立起坚如磐石的真正友谊。①对有特定需求的对象尽国际主义义务，则是对中国见义勇为和扶危济困传统的现代发展，意味着能帮助的必须要施以援手。一般来说，平等互利，是对待所有国家的公认的国际关系准则。但对周边国家和发展中国家，除了利益对等原则之外，中国政府还主张应给予一定的单方面优惠和照顾。对那些"贫穷的国家"，尤其是那些长期对华友好而自身发展任务艰巨的周边和发展中国家，要更多考虑对方利益，多给予帮助，有时甚至要重义轻利、舍利取义。随着国力不断增强，中国将在力所能及的范围内承担更多的国际责任和义务，为

---

① 在首次出访非洲时，习近平用"真、实、亲、诚"来概括中国对非政策，就是从中国与非洲国家的友好情义上来讲的。在印尼国会的演讲中，习近平强调指出，人与人交往在于言而有信，国与国相处讲究诚信为本。中国愿同东盟国家真诚相待、友好相处，不断巩固政治和战略互信，做好邻居、好朋友、好伙伴，也是从友好情义上讲的。

人类的和平与发展做出更大贡献。①这种国际援助是真正意义上的道义，体现出一个国家对周边和发展中国家的伦理态度和道德责任感，与助推国际正义和国家之间友好情义一并构成正确义利观的重要内容。正确的义利观要求人们自觉追求国家正义、民族大义，崇尚一视同仁、公正平等的社会仁义，团结友善、互利互助的人际情义，促进社会与自然和谐发展的生态道义，维护民族独立、国家主权与世界和平的国际正义。

正确义利观既继承和发展了中国历史上以义制利、先义后利、义利统一的优秀传统，也是对社会主义义利观的科学总结和系统论述，是迄今为止代表义利观发展最高水平和最新成果的伦理价值观。

三　正确义利观的现实意义

正确义利观的提出具有重大的战略意义和伦理价值，对于中华民族伟大复兴之中国梦的实现，对于培育和践行社会主义核心价值观，对于树立中国崛起的良好形象，对于建构新型国际关系伦理与和谐世界伦理都具有十分深远而重大的意义和价值。

第一，正确义利观构成中国梦战略思想的重要组成部分。中国梦，其内涵是"国家富强、民族振兴、人民幸福"。中国梦"归根到底是人民的梦"，②体现了中华民族和中国人民的整体利益，是每一个中华儿女的共同期盼。中国梦从根本上说是从人民的利益和愿望中延伸出来的。实现我们的奋斗目标，开创我们的美好未来，必须紧紧依靠人民、始终为了人民。检验我们一切工作的成效，最终都要看人民是否真正得到了实惠，人民生活是否真正得到了改善。当前，在社会利益结构大面积、大幅度调整时期，人民群众自身利益格局的分化比较明显。在这种情况下，正确处理最广大人民根本利益、现阶段群众共同利益与不同群体特殊利益之

---

① 《习近平在接受金砖国家媒体联合采访时强调，坚定不移走和平发展道路，坚定不移促进世界和平与发展》，《人民日报》2013年3月20日。

② 习近平：《在全国人大闭幕会上的讲话》，《人民日报》2013年3月18日。

间的关系，高度重视和维护困难群众的利益，事关社会主义和谐社会和小康社会建设的全局，事关社会主义现代化建设的成败。实现好、维护好、发展好人民群众的根本利益，是中国梦的根本诉求，也是正确义利观的内在要求。正确义利观成为撑起中国梦的重要基石，它也是人们筑梦、追梦、圆梦的精神依托。贯彻正确义利观，有助于人们提升对中国梦的整体认知和价值认同，有助于以正确义利观助推中国梦的实现。

第二，正确义利观是培育和践行社会主义核心价值观的重要载体。社会主义核心价值观，无论是国家层面的富强、民主、文明、和谐，还是社会层面的自由、平等、公正、法治，抑或是公民个人层面的爱国、敬业、诚信、友善，整体上都是社会主义的价值共识和伦理准则，是社会主义道义精神的集中体现。同时也事关国家的长治久安与社会的和谐稳定，代表着社会主义国家的根本利益和长远利益。可以说社会主义核心价值观是国家大义与国家大利的高度融合。弘扬和践行社会主义核心价值观，需要树立社会主义义利观，坚持正确义利观的价值导向和价值引领，始终把国家人民利益放在首位而又充分尊重公民个人的合法利益，自觉地把公民个人利益与国家人民利益有机地结合起来，既从物质利益上去满足人民群众的需要，又从精神道义上去锻铸其高尚品质，使其成为全面发展的社会主义新人，进而促进国家的富强、民主、文明、和谐，社会的自由、平等、公正、法治和公民的爱国、敬业、诚信、友善的核心价值观和伦理品质的形成和巩固。

第三，正确义利观建构崛起的中国伦理价值的精神大厦。正确义利观用最简洁的文字、最凝练的思想和丰富内涵，揭示出中国特色社会主义道德的伦理品质和精神风貌，建构起当代中国伦理价值的精神大厦。它表征着崛起的中国"决不走殖民者的掠夺老路，决不效仿资本家的唯利是图作法，也不会像有的国家只是为实现自己的一己私利"，[①]而是愿与世界各国共同发展，共同繁荣。"把中国发展与世界发展联系起来，

---

① 王毅：《正确义利观是中国外交的一面旗帜》，新华网 2014 年 1 月 11 日（http://news.xinhuanet.com/2014-01/11/c_118923106.htm）。

把中国人民利益同各国人民共同利益结合起来，不断扩大同各国的互利合作，以更加积极的姿态参与国际事务，共同应对全球性挑战"，[①]凸显了中国这一东方大国的价值取向和勇毅担当，成为崛起的中国向外宣示自己价值追求和价值取向的道德泉眼或道德基本精神。

第四，正确义利观奠定新型国际关系伦理和全球伦理价值观的基础。当前国际关系中存在着重利轻义，或者说重一国之私利而轻国际之大义的倾向，造成了国际关系的紧张和冲突，南南问题，南北问题，东西问题不仅没有得到较好的解决，反而日趋严重，冷战思维、零和思维以及相互拆台现象有增无减，使全球化遭遇重挫。扭转国际关系的偏差，使其朝着互利共赢的方向发展，迫切需要正确义利观的指导、规范和引领。霸权主义和强权政治，以及冷战思维，零和博弈，给世界造成动荡、灾难和痛苦。要和平不要战争，要合作不要对抗，是世界各国人民的共同愿望和价值诉求。人类只有一个地球，各国共处一个世界。建构公平正义、相互尊重主权和核心利益、包容互鉴、合作共赢的国际关系秩序和伦理，符合各国的整体利益和世界人民的共同利益，是当今世界最为迫切的伦理呼唤。正确义利观以和平发展为世界大义，以合作共赢为世界大利，并主张将二者有机地统一起来，维护和平发展的世界大义，促成合作共赢的世界大利。两者相辅相成，缺一不可。

正确义利观既来源于马克思主义义利观和社会主义义利观，又是对马克思主义义利观和社会主义义利观的深化和发展。它在强调义利并重与义利统一的基础上更加注重和谐共生、共建共享与公平正义的伦理价值，更加注重对内对外的利益协调与道义关怀。它是中国道德的核心基元和中国价值观的集中表达，成为新型国际关系伦理和世界伦理的价值基座，连接着中国梦、亚洲梦、非洲梦、美洲梦与世界梦的共同实现，具有为中国谋福祉、为人类开太平的伦理功能和道德意义，理应受到一切具有道德良知和伦理共识的人们深刻而真挚的认同与拥戴。

---

① 《习近平在中共中央政治局第三次集体学习时强调，更好统筹国内国际两个大局，夯实走和平发展道路的基础》，《人民日报》2013 年 1 月 30 日。

传统儒家伦理是否为国民
劣根性的渊薮[*]

——试论邓晓芒先生对传统儒家伦理的误读

姚才刚　王　倩^{**}

（湖北大学哲学学院暨高等人文研究院　湖北省道德与文明研究中心）

【摘　要】　邓晓芒先生将国民劣根性归咎于传统儒家伦理的观点颇值得商榷。传统儒家伦理的优势即在于促使人做道德上的自我反思，不断改过迁善，变化气质，进而做一个堂堂正正的人。因此，传统儒家伦理不仅不是国民劣根性的渊薮，而且，改造国民劣根性、重构当代中国人的道德信仰体系，恰恰离不开传统儒家伦理的涵化、滋养。

【关键词】　传统儒家伦理　国民劣根性　渊薮　邓晓芒

传统儒家伦理既有不可磨灭的价值，也有不合时宜之处。要使传统儒家伦理在当代焕发出新的生机和活力，反思与批判的工作是必不可少

---

* 本文系国家社会科学基金一般项目"甘泉学派与明代心学的发展"（11BZX046）、湖北大学高等人文研究院重点项目"中国梦与我国主流价值文化的构建"以及湖北大学人文社科创新团队项目"'子曰'类文献与孔子哲学、先秦儒学史研究"的阶段性成果。

** 姚才刚，哲学博士，湖北大学哲学学院暨高等人文研究院教授、哲学学院副院长、湖北省道德与文明研究中心副主任，主要研究中国哲学与伦理学；王倩，湖北大学哲学学院研究生，主要研究中国哲学。

的。当然，任何形式的反思与批判工作都应奠基于坚实的文本分析之上，进而做到言之有理、持之有据。可是，邓晓芒先生在批判传统儒家伦理时并未完全做到这一点。为了使讨论的问题更为集中，本文仅就"传统儒家伦理是否为国民劣根性的渊薮"这一问题加以辨析，①以就教于邓先生及学界同人。

一

国民性是"national character"的汉译，又可译为民族性，它是现代民族学或政治学理论中的一个学术术语，源于欧美学界，后经日本传入中国。所谓国民性，即指一个国家或民族在其长期历史发展过程中形成的精神特质、性格特点、情感内蕴、价值观念、思维方式和行为方式等的总和，是一种较为稳定的心理—行为结构，也可以说是国民素质的核心内容。国民劣根性则指国民性中的弱点、缺陷。

国民劣根性不是中国特有的现象。任何国度或民族的人群都有其人性光辉的一面，也有阴暗的一面。既然世界上所有人群的人性都无法达到至善至美，那么，与人性息息相关的国民性也不可能变得完美无缺，而是长处和缺陷并存、优势和劣势兼具。因而，国民劣根性无论对于发达国家还是发展中国家的人群来说都是不可回避的问题，只不过，发展中国家的人群因所受教育程度偏低、整体素质不高等原因，其国民劣根性问题往往会被空前地放大。而且，国民劣根性在某个特定历史时期可能受到人们的高度关注，其危害性也会被文化学者们极力渲染。比如，近代以来的数十年间，我国在政治、军事、经济、外交等方面接连受挫，中华民族面临着极大的生存危机，这导致部分文化学者削弱甚至丧失了对本民族文化的自信，他们在痛斥西方列强以强凌弱罪恶行径的同时，

---

① 对于邓晓芒先生有关传统儒家"亲亲相隐"的看法（此系列论文已收入其所著《儒家伦理新批判》中，重庆大学出版社 2010 年版），学界已有数位学者进行了质疑、回应（参见郭齐勇先生主编《〈儒家伦理新批判〉之批判》，武汉大学出版社 2011 年版），本文不再讨论此问题。

也从自身文化中寻找中国被沦落为弱国、中国民众被沦落为弱民的原因，尤其从精神文化、民族性格层面做出解释，从而形成了批判国民劣根性的风潮。从这个角度来看，鲁迅等部分文化精英反思、批判国民劣根性无疑有其积极意义。不过，矫枉难免过正，他们对中国传统文化的批判过于激烈。

邓晓芒先生也极力批判中国国民的劣根性，并将传统儒家伦理视为国民劣根性的渊薮。他说："从表面看，阿 Q 精神、特别是'精神胜利法'似乎更多地带上庄禅哲学的印记，然而实质上，它更内在地渗透着儒家伦理的基本原则。"①众所周知，阿 Q 是鲁迅先生塑造的一个集中反映了国民劣根性的艺术典型，也可以说是一个有代表性的病理标本。他卑劣、胆怯、逆来顺受、苟且偷安、麻木冷漠，但他在得意时却又十分猖狂，盲目自大，甚至欺善凌弱。阿 Q 的"精神胜利法"（即沉迷于幻想中的自欺、自慰）尤为后人所诟病。

邓晓芒先生批判国民劣根性没有错，但他将国民劣根性归咎于传统儒家伦理却颇值得商榷。阿 Q 这样的人物难道是传统儒家伦理造就出来的吗？笔者反倒觉得，阿 Q 如果真学、真信了传统儒家伦理，虽然未必能够成为儒家式的圣贤人物，但绝对不会成为集诸多毛病于一身的人，更不会成为国民劣根性标签性的人物。传统儒家伦理的优势即在于促使人做道德上的自我反思，不断改过迁善，变化气质，进而做一个堂堂正正的人。阿 Q 之所以成为阿 Q，恰恰是因为他没有条件和机缘去接受教育，更无机会触及传统儒家义理的内核与精神实质。如果能够跨越时空，让阿 Q 去亲炙孔子、孟子、陆象山、王阳明这样的大儒，直接感受他们非凡的人格，哪怕只学得这些大儒的十分之一、百分之一，阿 Q 身上的劣根性也会有所消解，他的生命气象也会有所更新，而不是那么卑怯、麻木、自欺与自大。包括阿 Q 在内的人们即使无缘亲自聆听大儒、真儒的教诲，只要潜心读他们的著作，也能有所开悟，而发奋做一个有德性、有胆识、敢担当的人。可惜，阿 Q 只是 20 世纪初中国江南农村的一个无

---

① 邓晓芒：《文化与文学三论·灵之舞》，湖北人民出版社，2005，第 132 页。

产者，一个极其贫困的流浪劳动者，他连衣食等基本的生计问题都无力解决，当然也无法接受正规的儒家经典文化教育，①至多是从长辈或乡邻那里获得了一点被严重曲解了的儒家观念。邓先生认为"阿Q精神内在地渗透着儒家伦理的基本原则"，这一方面抬高了阿Q（阿Q哪里会晓得什么"儒家伦理的基本原则"），另一方面又冤枉了传统儒家伦理。

或许有人会提出疑问：《阿Q正传》中的赵太爷好歹也算一个文化人，应该读过儒家的"四书""五经"，为什么跟阿Q也是一丘之貉，或者说是另外一种类型的阿Q呢？这恐怕要涉及读儒家经书的目的或态度问题。目的或态度不同，读书所取得的效果也会有天壤之别。如果把儒学作为身心性命之学，那么读"四书""五经"或历代大儒的文集，就有可能获得较多的人生养料，它有助于人们提高德性品质，进而拥有健全、理性、能够彰显人性光辉的人生。毕竟，大多数人自我道德反思的能力是有限的，儒家的经典著作中蕴涵有丰富的道德心性资源，能够给后人提供诸多的启示。

这里需要指出的是，并非只有读儒家的书才可培养人的德性。事实上，除了儒家经典著作之外，世界上其他各种人文类或宗教类的经典著作都可发挥类似的功能。这些经典著作集中体现了人类精神的精华，它们用智慧、理性、善良的光辉滋润着人们的灵魂，具有不朽的价值。阅读中、外经典著作，可以促使人们进一步思考人性以及如何为人处世的问题。可以说，国民劣根性的摒弃、国民素养的提升压根儿就离不开阅读中、外经典著作。当代人文学者若要有效应对目前我国各个社会阶层出现的道德危机、信仰危机，就应淡化中、西文化孰优孰劣的问题，尽量不卷入无谓的、抽象的争论之中，而应携起手来，共同呼吁、引导民众多读中、外经典著作。阿Q时代的人们太穷，读不起书；今天的人们太忙（忙于赚钱、消费或娱乐），没有时间或兴趣读书。但笔者认为，开卷必有益，只要愿意读书，特别是读中、外经典著作，对改造国民性

---

① 这不能全怪阿Q一类的人。古人言"仓廪实而知礼节，衣食足而知荣辱"（《管子·牧民》），让处于半饥饿状态的阿Q们奢谈高贵人性与优雅气质，这是一种苛责。

一定有所裨益。"少读中国书,多读外国书"或"少读外国书,多读中国书"的说法都是偏颇的。无论是中国的还是外国的经典著作,各人就其性情所好,选择数种来精读,再辅以内心的思考,国民劣根性自然会有所抑制。最令人担忧的是民众不愿读书、不愿思考。人文学者首先自己应珍视中、外经典著作,而不可动不动就加以诋毁,然后才有可能尽到引导民众读经典、改劣性的社会责任。最坏的做法是不深入细读某家某派的书,却先入为主地横批一通,此举既误了自己,也误了他人。

历史或现实中的人们对待儒学还有另外一种方式,即将儒学视为获取功名、利益、权势或话语权的工具,历代当权者、御用文人以及赵太爷之流大概属于此类。这种做法显然扭曲、糟蹋了儒学,从而使儒学的真精神、真面目暗而不彰。在这种情况下,儒学不但发挥不了辨善恶、明人伦、立德性、扬正气的作用,反而成为满足一些人私欲的遮羞布,"阳儒阴法"、伪君子、假道学便是用来描述此种行为或人物的概念。

如果说,鲁迅等启蒙思想家主要批判了传统儒家伦理的流弊,那么,邓晓芒先生则"更加注重对儒家伦理原则的结构和来龙去脉的检讨",①认为国民劣根性的实质、根源即在于传统儒家伦理的基本原则。传统儒家伦理的基本原则是什么?邓先生多数时候并没有做出明确的界定,但他在评价阿Q"精神胜利法"时指出,传统儒家伦理的基本原则即在于"在道德上把'我'、'己'看作凌驾于一切'人'之上的绝对尺度、精神帝王"。②传统儒家伦理有这样的原则吗?显然没有。按照一般学者的讲法,传统儒家伦理大概有仁义、忠恕、孝悌等原则。这些原则与国民劣根性或阿Q的"精神胜利法"自然是没有什么关联的,与鲁迅等人所谓的"吃人的礼教"之间也没有必然的关联。国民劣根性、"吃人的礼教"以及传统文化中其他摧残人性的东西应当是我们批判的对象,但不可因噎废食,对传统儒家伦理加以全盘否定。传统儒家伦理以及佛教、基督教等的教义都有可能被人歪曲、利用。和尚把佛经念歪,我们能够

---

① 邓晓芒:《儒家伦理新批判》之"序言",重庆大学出版社,2010,第10页。
② 邓晓芒:《文化与文学三论·灵之舞》,湖北人民出版社,2005,第132页。

怪佛经不好吗？

二

邓晓芒先生所谓的"在道德上把'我'、'己'看作凌驾于一切'人'之上的绝对尺度、精神帝王"是指什么？此语或许是其对儒家"为己之学"的曲解。儒家自孔子开始即倡导"为己之学"。孔子说："古之学者为己，今之学者为人。"①这里的"为己"，不是指为自己谋求利益，而是指学习的初衷是为了培养、训练自己的人格。②所以，人应通过学习积极开发自己内在的道德资源，进而成就和完善自己。孔子反对以自我标榜、故意卖弄为目的的做学问或行事的方式。可见，儒家的"为己之学"丝毫没有邓先生所分析的在道德上要凌驾于他人之上的内涵。相反，孔子倒是说过"见贤思齐，见不贤而内自省也"③、"躬自厚而薄责于人"④之类的话。而孟子对于那些总想超过或压倒别人的人也不看好。比如，对于"以必胜为主"⑤的北宫黝和"以无惧为主"⑥的孟施舍，孟子均颇有微词。可见，我们从孔孟思想中推导不出阿Q的"精神胜利法"。

此语亦有可能是邓先生对儒家倡导的"以天下为己任"担当精神的误读。"以天下为己任"本来是儒家颠沛必于是、造次必于是的伟大抱负。孔子的"天生德于予，桓魋其如予何"、孟子的"当今之世，舍我其谁也"、范仲淹的"先天下之忧而忧，后天下之乐而乐"、顾炎武的"天下兴亡，匹夫有责"等均表达了"以天下为己任"的社会责任感和

---

① 杨伯峻：《论语译注》，中华书局，2009，第152页。
② 参见杜维明《"仁"的民族认同和世界意义》，《文汇报》2012年12月3日。
③ 杨伯峻：《论语译注》，中华书局，2009，第38页。
④ 杨伯峻：《论语译注》，中华书局，2009，第163页。
⑤ 这是朱熹对《孟子·公孙丑上》涉及的人物北宫黝的评价语，参见（宋）朱熹《四书章句集注·孟子译注》，中华书局，1983，第229页。
⑥ 这是朱熹对《孟子·公孙丑上》涉及的人物孟施舍的评价语，参见（宋）朱熹《四书章句集注·孟子译注》，中华书局，1983，第229页。

使命感。可是邓先生却对其进行了否定性的解读，认为它是儒家士大夫自傲、孤芳自赏、妄自尊大等心理作祟的结果，进而又将其与阿 Q 的"精神胜利法"等国民劣根性相联系。笔者认为，邓先生的理解有问题。试问，鲁迅先生十分赞赏的"埋头苦干、拼命硬干、为民请命、舍身求法"①一类的人，他们哪个不具有"以天下为己任"的担当精神？如果没有这种精神气质，他们如何能做出惊天地、泣鬼神的壮举？又如何能赢得"中国的脊梁"的美誉？因而，儒家"以天下为己任"的担当精神与阿 Q 的"精神胜利法"之间有天壤之别。阿 Q 常常瞒、骗自己和他人，有担当精神的儒家却要凭借仁心、斗志和毅力。对于传统儒家而言，"以天下为己任"绝不是一句空话或好听的豪言壮语，而是要真正地心系苍生，济世救民。不少儒家学者在朝廷任职期间，不以仕途的升降、进退为意，而是敢于冒死陈言，指斥时弊，犯颜直谏。贬官、罚俸、革职对于他们来说是家常便饭，有的甚至付出了生命的代价，明朝的杨涟、左光斗等人就是勇于与朝廷邪恶势力进行斗争的典型代表。

邓先生认为，"历来一切忠臣的'犯颜直谏'多半都不为君王所接受，其心理上的根源便在于这种方式与帝王本身自尊心的必然冲突，由此招致的杀身之祸在很大程度上是咎由自取"。②笔者不同意这种看法。在古代专制政体之下，若皇帝能够对其江山社稷负责，不胡作非为，那是国家及百姓的福气。如果皇帝乱来，而臣子也只知明哲保身，国家及百姓很快就会遭殃，陷入危殆之中。正是因为有一批勇于担当、"以天下为己任"的儒家士大夫阶层犯颜直谏，力挽狂澜，才使中国古代社会在多数时候保持相对的平稳，百姓得以安居乐业。这些士大夫是国家与社会的栋梁，后人不宜对他们加以嘲弄、奚落。或许有人会说，现代社会是公民社会，公民社会人人享有权利，亦应人人负责，所以就要淡化社会精英的作用。此论不错。可是，中国古代社会长期以来就是一种高度专制、集权的社会，这是必须面对的一个历史事实，在这种政体下，

---

① 鲁迅：《且介亭杂文》，《鲁迅全集》（第6卷），人民文学出版社，2005，第122页。
② 邓晓芒：《文化与文学三论·灵之舞》，湖北人民出版社，2005，第133页。

无疑应充分发挥社会精英的作用。社会精英以天下为己任，这不是自傲或妄自尊大，而是出于一种责任感或使命感。当代新儒家杜维明先生认为，儒家的道德说教主要是针对社会精英而言的。对百姓而言，第一需要安全，第二需要基本的生活，只有在生活富裕的前提下，才可以施教，即可体现道德价值。①"以天下为己任"的担当精神并不是对全民提出的普遍道德要求，因而，它不是虚幻的和非人性的，也不会导致邓先生担心出现的情形，即"以这种方式，每一个平民百姓都很容易使自己进入帝王的精神氛围、思想立场，在忧患中获得一种精神上升华了的满足感"。②

诚然，儒家不可只突出"以天下为己任"的担当精神，而应同时对当时政治制度的弊端进行鞭辟入里的反思，进而在制度层面做出重新安排。这种想法虽然很好，可是对于传统儒家来说是一种苛责。现在尽管已步入21世纪，但无论中国的还是西方国家的民主制度，都还存在这样或那样的缺陷，那么，我们怎么能指望生活在数千年或数百年前的儒家具有多强的民主意识？即使儒家提出一套用以防范权力滥用的民主架构，也很难为历代当权者采纳。今日面临的问题尚须今人运用智慧加以解决，而不可一味苛求古人。何况，中国古代缺少民主观念，也有其原因。钱穆先生说："中国的立国体制与西方历史上的希腊、罗马不同。他们国土小，人口寡。……中国到秦、汉时代，国家疆土，早和现在差不多。户口亦至少在几千万以上。而且中国的立国规模，并不是向外征服，而是向心凝结。汉代的国家体制，显与罗马帝国不同。何况中国又是一个农业国，几千万个农村散布全国，我们要责望当时的中国人，早就来推行近代的所谓民选制度，这是不是可能呢？我们若非专凭自己时代判断，来吞灭历史判断，我们应该承认皇位世袭，是中国以往政治条件上一种不得已或说是一种自然的办法。况且世界各国，在历史上有皇帝的，实

---

① 杜维明：《"仁"的民族认同和世界意义》，《文汇报》2012年12月3日。
② 邓晓芒：《文化与文学三论·灵之舞》，湖北人民出版社，2005，第133页。

在也不在少数。"①

我们这里不是刻意为中国古代专制政治辩护。传统儒学的确没有发展出近现代西方所谓的民主观念，更无相应的制度设计。明末清初早期启蒙思想家黄宗羲等人至多有一些民主思想的萌芽，但尚未形成真正的民主思想。不过，儒学没有开出民主，但并不反民主，②这可为儒学与西方近现代民主观念的结合提供契机，当代新儒家在此方面已做了有益的探索。况且，儒学并非要"包打天下"，未必要对所有的制度都做出设计与安排，特别是在当代，只要它能发挥提升国民道德素养、扭转世道人心的功能，它的价值就不容抹杀。

通过以上分析，笔者的结论是：传统儒家伦理并不是国民劣根性的根源。相反，改造中国国民劣根性、重构当代中国人的道德信仰体系，恰恰离不开传统儒家伦理的涵化、滋养。国民劣根性的根源是什么？学者们已经从经济学、政治学、历史学、心理学等视角进行了探讨。限于篇幅，笔者不拟对此做深入剖析。

三

邓晓芒先生对西方哲学的一些文本吃得很透，这是学界有目共睹的，但他似乎不太愿意平心静气地啃中国哲学、中国伦理学的文本，以至于"望文生义，或断章取义，抓来就打"。③邓先生在评价传统儒家伦理或其他中国传统文化问题时常常掺杂一些个人情绪化的东西，所得出的结论显得较为武断。邓先生尽管说过"惟有追求真理，才是知识分子自身不可推卸的责任"④之类的话，但他在分析传统儒家伦理时，给人的感觉不

---

① 钱穆：《中国历代政治得失》，生活·读书·新知三联书店，2001，第 2 页。
② 比如，孟子就曾提出"易位"的主张，认为君主如果犯有大的过失，经劝谏而又不改正，"贵戚之卿"可以改立新君（参见《孟子·万章下》）。"易位"说虽非民主思想，但不反民主，且与民主背后的精神有相通之处。
③ 郭齐勇：《〈儒家伦理新批判〉之批判》之"序言"，武汉大学出版社，2011，第 19 页。
④ 邓晓芒：《求真之路》，《社会科学战线》2001 年第 5 期。

是在"追求真理"，而是在宣泄个人的情绪。应该说，反思、批判传统儒家伦理的目的是为了使其获得更为健康、理性的发展，而不是要将其彻底打倒，可是邓先生却摆出了不将传统儒家伦理以及整个中国传统文化彻底打倒誓不罢休的架势。

另外，包括邓晓芒先生在内的部分学者在评论传统儒家伦理时，往往过于笼统，这种做法也不太可取。如果我们再细致入微一点，能够对传统儒家伦理的精义与流弊做出必要的区分，在肯定传统儒家伦理精义的前提下，进而批判其流弊，那么，我们所得出的结论就更能经得起推敲。世界上其他文明传统的伦理学说亦如此，既有其恒常的价值，也有其流弊。当然，即使被视为一种伦理学说的精义部分，也有一个与时俱进的问题，只有不断赋予其新义，才能保持其永久的生命力。

长期受西方文化、西方哲学熏陶的当代新儒家杜维明、刘述先等先生的做法对我们具有启示意义。比如，杜先生在"儒家传统"与"儒教中国"之间做了分疏。在他看来，两者既不属于同一类型的历史现象，又不属于同一层次的价值系统，后者可以被理解为"以政治化的儒家伦理为主导思想的中国传统封建社会的意识形态及其在现代化中各种曲折的表现。这也是国内一般所理解的封建遗毒"。[1]它虽随着中国古代专制政治的解体，丧失了既有的形式，但仍以潜隐的方式在现实生活中发挥着影响，造成了一些负面的效应。儒家传统是由孔子以来用全幅生命在现实人生中体现儒学精义的知识精英通过群体的、批判的自我意识而创造出来的精神价值，它具有历久常新的普适性。杜维明不否认"儒教中国"的形成、发展与儒家传统之间有着密切关系，但他又指出，孔子仁智双修的为己之学和孟子深造自得的大丈夫精神未必就导致汉代王霸杂用的政治伦理。刘述先先生亦如此，他十分清楚儒家高远的道德理想与它在历史进程中的具体表现之间的巨大差距。故而他一方面宣称自己是一个理想主义者，竭力维护儒家"仁与生生"的道德理想而不听任它失坠，另一方面又自认是一个现实主义者，对专制政体下儒家道德理想的

---

[1] 杜维明：《儒学第三期发展的前景问题》，台湾联经出版事业公司，1989，第296页。

堕落有着较为清楚的了解。他认为，现实愈不尽人意，愈彰显出理想的珍贵。他将儒家区分为精神的儒家、政治化的儒家和民间的儒家，[①]其用意即在于澄清有关"崇儒"与"贬儒"争论中的种种含混不清之处，也便于人们领会到传统儒家伦理的真正精神价值之所在以及它在现实中可能衍生的一些流弊。

---

① 刘述先：《论儒家哲学的三个大时代》，贵州人民出版社，2009，第3页。

情感与存在：儒家德性精神现代振兴的方法论奠基[*]

方德志^{**}

（温州大学法政学院）

【摘　要】　中华民族的伟大复兴与儒家德性精神的现代振兴是密不可分
的。儒家德性精神的现代振兴需要吸收近代启蒙精神并转化其启蒙
方法，需要站到"人类情感的天平上"来对（包括儒家"仁爱"在
内的）人类的情感能力首先做一番学理批判，以推动人类在情感层
面的现代性价值启蒙，超越近代理性启蒙之"蔽"。人类在情感层
面的现代性价值启蒙即表现在以人之现象性存在身份对"幸福"的
自觉追求，对形而上的"存在"本体之理解方式的知识学变革。唯
有在此方法论基础上，儒家德性精神才能走向现代振兴，并将形成
"以幸福为体，以和谐为用"的现代大众化价值观。

【关键词】　情感与存在　儒家德性精神　方法论　幸福

德性精神是民族精神的灵魂，中华民族的伟大复兴与其传统德性精

---

* 本文为教育部青年基金项目"情感主义视阈下的道德知识学研究"（编号：13YJC720011）
和国家社科基金重大项目"构建我国主流价值文化研究"（编号：11&ZD021）的阶段性研
究成果。

** 方德志（1979～），男，安徽舒城人，哲学博士，温州大学法政学院讲师，研究方向：哲
学、伦理学。

神的现代振兴是紧密相关的。以"仁爱"为核心的儒家德性精神构成了中华民族传统德性精神的主流，对中华民族的伟大复兴起着重要的内在支撑作用。中华民族的伟大复兴到底意味着什么？从某种意义上说，它不仅意味着政治经济意义上的国强民富，更意味着中华民族传统德性精神的现代振兴，以及由之带给人类的一种崭新的现代性、大众化的启蒙价值理念和哲学世界观。后者的意义无疑要重于前者。实现这一目的，笔者认为需要借鉴西方近代启蒙方法，特别需要借鉴康德对西方（基于理性的）传统德性精神的学理"批判"方法，来对基于"仁爱"的儒家传统德性精神形成的学理进路做一种深刻的学理批判。只有通过其内在的学理批判，以儒家为主流的中国传统德性精神才能真正走向现代振兴。本文将从哲学（情感）人类学的视角，以人之情感能力的启蒙方法来对基于"仁爱"（情感）的儒家道德哲学做一种内在的学理批判，从中揭示情感思维的知识学构成特征及其内在目的的理念，以此为儒家德性精神的现代振兴提供方法论奠定。

一　情感与理性：中西传统德性精神形成的不同学理进路

自古以来，中西方德性精神就表现出两种不同的思维进路：情感的路径与理性的路径。①在西方，自亚里士多德提出"人是理性的动物"这一命题，西方传统德性精神就"注定"以人类的理性精神表现出来。从苏格拉底的"德性即知识"到康德的"德性是意志的战斗力"，西方德性精神表现在对人类理性能力的充分运用上。在中国，自孟子提出"人者，仁也"这一命题，以儒家为主流的中国传统德性精神"注定"是以人类的情感（仁爱）精神表现出来的。从发端于"仁爱"的先秦儒学到

---

① 从概念使用的对称性角度上看，"感性"与"理性"对称，"情感"与"理智"对称，为了理解的习惯，这里仍用"情感"和"理性"分别表示人类两种不同的思维路径。本文认为情感（特别是道德情感）是人之感性能力的集中表现形式，理智是人的理性能力的集中表现形式。

形成"一体之仁"的宋明理学，中国德性精神表现为对人类情感能力的深度运用。当然，只要是人，就都会有其"类"本质的功能特征，就既会有理性，也会有情感，所以，中国德性精神中肯定有理性的成分，西方德性精神中肯定也有情感的成分，这是毋庸置疑的。这里只是就中西传统德性精神的"显性"差异而言的，而这种"显性"差异也恰恰构成了中西方各自德性精神创新的动力范式。关于中西德性精神形成的学理差异，笔者已另文阐明，①这里不再赘述。

《性自命出》曰，"道始于情，情生于性"，②指出了儒家德性精神就其发生学而言，是源自人的情感的。根据《性自命出》，在先秦，人们还未能对"情"做出心理学与物理学意义上的区分。③"情"不仅可以指人的情感，也可以描述客观的物性，例如情气、情性。后者用法在现代用语中仍有保持。例如，"情实""情况"之"情"就是描述事物的。随着人的主体性意识的成长，"情"后来有了心理学与物理学意义上的差别。"情"主要指情感，作为物理学意义的"情"逐渐被"气"的概念所代替。蒙培元先生说，儒家哲学有一个显著特点，就是重视人的情感，它"把情感放在人的存在问题的中心地位，舍此不能谈论人的存在问题；反过来，要讨论人的存在及其意义、价值等重要问题，必须从情感出发，从情感开始"。④应该说，从情感的学理进路来理解以儒家为主流的中国传统德性精神是切合其发生学根据的。

儒家德性精神源自人的情感（感性）能力，那么阐发儒家德性精神振兴的方法进路也只能以情感的思维方式切入。所谓以情感思维方式切入，就是要立足于情感的学理本位和思维向度来理解儒家道德哲学，而不能以西方唯智主义方法来剖判儒家道德哲学的概念内涵，否则就会产生学理错位问题。在当代，以西方唯智主义方法剖判儒家道德哲学要以

① 方德志：《追寻"德性/virtue"的源始涵义——兼论中（儒家）西方古典德性论学理方法的差异》，《湖北大学学报》2012年第2期。
② 郭沂：《郭店楚简与先秦学术思想》，上海教育出版社，2001
③ 黄意明：《"情气为性"与"郭店儒家简"之情感论》，《中州学刊》2010年第1期。
④ 蒙培元：《人是情感的存在：儒家哲学再阐释》，《社会科学战线》2003年第2期。

当代新儒家的牟宗三先生最有代表性。牟先生借鉴康德哲学"本体"与"现象"之二分的理性析分方法，通过对康德的（作为消极概念的）"自在之物"和不被人类所属的"知性"直观能力的积极应用，重构了"心体"（知行）合一的"道德的形上学"体系。牟先生把康德的"自在之物"（Thing in itself）理解为"物之在其自己"，①由它创造性地诠释儒家道德"本心"（即心之在其自己，有其自身特性），确立了形而上的"心体（即性体）"本体。"心性"本体可凭借自身的"智的直觉"能力认识自身。②但这个"智的直觉"是一个反思性的概念，所以也叫"逆觉体证"，它表示对"直觉"（指向对象）之逆向/反思体认。其实，中国哲学思维不是反思性的"智性"思维，而是现象性的"情感"思维。牟先生把"智的直觉"看作儒家道德哲学的特殊形式，很大程度上是离开了儒家道德哲学的情感学理本位。当然我们不能否认，唯智主义剖判方法有利于儒家德性精神之现代性能力的成长，但就学理立场而言，以理就情的理解进路"注定"会使源自人的情感能力的儒家道德哲学支离破碎，本相失真。唯有回到情感的学理本位和思维向度阐释儒家道德哲学，儒家传统德性精神才可能走向现代振兴。

二　儒家德性精神振兴的内在动力：以启蒙的姿态批判儒家"仁爱"哲学的学理基础

回到情感的学理本位和思维向度只是迈向儒家德性精神振兴的第一步，此外还需要具有西方近代启蒙思想家的批判态度，对儒家德性精神的情感学理做一种深刻的自我批判。换句话说，我们必须从人类情感能力的现代性启蒙视角对（包括儒家"仁爱"在内的）人的情感能力进行一场学理自我批判活动，从而揭示出人类在其情感层面所能构建的现代性启蒙价值观。从某种意义上说，这场学理批判活动，不同于西方近代

---

① 陈鹏：《现代新儒学研究》，福建人民出版社，2006，第81页。
② 崔大华：《儒学的现代命运：儒家传统的现代阐释》，人民出版社，2012，第333~335页。

基于人之理性能力的学理自我批判活动，可能呼唤着人类的"第二次启蒙"运动。①为了区别于近代基于人之理性能力的第一次启蒙（enlighten）运动，笔者将这种基于人类情感能力的"第二次启蒙"运动理解为一种"呈明（enlighten）"式的启蒙。"呈明"之启蒙，继承了第一次精神启蒙带来的优秀成果（例如，确立了个体之主体性价值地位，以及自由、平等、博爱、民主、法治等一系列具有普世价值的现代性价值系目），又超越了第一次启蒙运动的自带之"弊"（主要表现为天人对立、人际敌对、资本控制、生态破坏、幸福缺失等）。儒家德性精神现代振兴与这场"呈明"式的启蒙精神批判运动是同一个过程。

在西方传统德性精神现代振兴过程中，启蒙思想家们主要立足于理性的学理进路，对其理性精神传统进行了一场深刻的学理自我批判活动。他们要求把一切问题都"放置于（人类）理性的天平上"进行考量，通过考量纯粹理性的自身目的和界限，来论证和传播西方现代性启蒙价值观，从而使（源自古希腊的理性之）德性精神在历经 1000 多年的黑暗中世纪之后重新振兴起来，指出了西方现代文明的发展方向。康德是近代启蒙思想的集大成者。康德运用一种哲学（理性）人类学的启蒙方法，对人的理性能力做了自我剖析，试图从理性的角度给出"人是什么"问题的答案。康德没有专注于对古希腊哲学文本的解读，而是仅仅相信人的理性能力具备一种实现普遍性原则的能力，从时代的目的要求批判人的理性能力，把古希腊理性哲学（特别是柏拉图的理念论）做了一个彻底的主体性翻新。

这个时代的目的要求是什么？自由。自由是这个启蒙时代的心声。自由也是西方传统德性精神之学理进路的内在要求。但是，在此之前，人们并不知道这个目的，或者说，在对理性进行学理的自我批判之前，自由（这个目的理念）并没有"显现"出来。正是基于时代对自由的目的追求，康德才做了最纯粹的"批判哲学"，而正是通过"批判哲学"，自由的目的才被树立起来。我们知道，亚里士多德在独断"人是理性的

---

① 胡军：《中国儒学史·现代卷·总序》，北京大学出版社，2011，第 31 页。

动物"之后，对人的理性能力做了形式逻辑归纳，以理性思维的"同一律"形式机械地"模仿"和"对照"外在世界的实体性及其变化特征，使柏拉图的"理念"与"现象"二分世界在人的理性认知范围内实现了彼此连通的可能。这一过程奠定了以理性"见长"的西方传统德性精神的基础。这种德性精神的自然成长在中世纪被阻隔了，直到近代启蒙运动，特别是到康德这里才通过一种理性自我批判的方式使这种内在"目的"显现出来，即基于理性思维之"同一律"的自由精神。因为人是理性的动物，人就要对任何事件都能给出理由/原因/目的。所以，人的理性不仅要给自然立法，还要给人的道德实践立法。贯穿于这两个法界的立法原则是理性的"同一律"，康德为了维护人的自由价值，最终以自然服从道德，以本体之不可知论收场，高扬人在道德实践领域的绝对自由精神，即按照"道德律"实施的行动/行为。在此之后，黑格尔绕过康德回到了古希腊，用理性的辩证法去解决古希腊以来的独断论知识观，让自然、历史都附上了自由精神，世界因此具有了历史主义（发展史）精神。再后来就是马克思，他用哲学上的"实践"①概念在逻辑上彻底解决了古希腊至近代西方德性精神中内含的矛盾——主客对立，并期望通过人类的劳动实践和理性升华在未来（共产主义）社会实现每个人的自由精神的联合。应该说，到马克思这里，以理性"见长"的西方传统德性精神的现代振兴基本就结束了。②

康德的"批判哲学"给儒家传统德性精神振兴的一个重要启示是：可以反向地从一种哲学（情感）人类学的角度对人的情感能力进行一种学理批判，即要"站到人类情感的天平上"，对（包括儒家"仁爱"在内的）人的情感能力做深刻的学理批判，以便显现和还原人之情感能力的自在规律，从而阐明儒家传统德性精神现代振兴的内在目的。找到了

---

① 在此之前，西方的"实践"概念一直属于一个伦理学概念，是指内在（道德）品质的现实化，在马克思这里，"实践"第一次变成了一个社会学概念，并（通过人的社会性劳动实践）成了沟通人与自然、主观与客观的哲学认识论概念。

② 其实，到法兰克福学派那里，连同近代启蒙理性在内的西方理性"同一律"思维模式遭到了彻底的批判。

这个目的，也就找到了儒家德性精神振兴的时代心声和目标导向，同时也就找到了人类在情感层面进行现代性精神启蒙的价值所在。①

这个目的就是"幸福"。也就是说，幸福，即是这个启蒙时代的启蒙心声，同时也将是基于情感进路的儒家德性精神的内在目的要求。幸福，作为一个至高的价值理念，不再仅仅指人的感官快乐，而是人之情感的内在目的要求，是人在情感层面的价值表现。人，作为一个情感的存在者，其终极目的就是追求幸福。相比之下，人，作为一个理性的存在者，其终极目的就是追求自由（这是西方传统德性精神之学理进路的内在要求）。当然，一个完满的人性是既希望幸福，也希望自由。这里只是分别就情感和理性之学理进路自带的内在目的要求而言的。其实，"幸福"与"自由"这两种价值理念的区别似乎"洞察"了中西方传统文化差别的精髓所在。②

三　作为生命之完整性形式的"幸福"理念：儒家德性精神振兴的目的要求

为什么说"幸福"是情感的内在目的要求呢？这是通过对情感的学理批判得来的。这里我们可以借鉴康德批判实践理性的方法来加以说明。在《道德形而上学奠基》和《实践理性批判》中，康德对理性的实践运用做了一种纯粹目的论的批判，即通过批判理性之实践运用的不纯粹性目的而揭示其纯粹性目的。实践理性的不纯粹性目的，即表现在人们以功利实用为目的而运用理性，由于是以功利实用为目的，也可以称其为

---

① 笔者认为，现代性启蒙价值观的构建并不能随着近代启蒙以来西方传统德性精神的衰落而结束，近代启蒙以来论证的现代性价值观就人类现代启蒙精神的整体性而言并不全面，所以本文将源自情感学理本位的中国传统德性精神的现代振兴看作人类探索构建现代性启蒙价值观的重要力量。目前西方虽然进入后现代社会（后工业社会），但仍然需要一种现代性价值观的重建，只是这种现代性价值观不能直接从西方传统文化中派生出来，而需要借助（包括中国在内的）东方哲学思维方式的创新性供给。

② 中国哲学根本上不讲自由，道家讲的"逍遥游"式的自由并不是建立在理性之"同一律"上的自由，它根本上服从于生命之完整性形式的"幸福"概念。

工具理性或手段理性。实践理性的纯粹性目的，是以理性本身为目的，即以理性的"同一律"为根据而运用理性，这是其纯形式的运用，故可以称之为目的理性。在康德这里，人在道德实践领域为自己立法，就表现在人的行动意志要与理性的"同一律"这个纯形式保持一致，只有这样才能说明人是自由的（不以外在条件为目的）。但是，幸福，毕竟是人（作为感性的存在者）所要追求的对象，康德认为只有按照道德律行为的人才能配享幸福，并且也必须配享幸福。因为，既然按照"道德律"行为了，那就应得相应的福报，这是合理的啊，否则就违背了理性。为此，他预设的意志自由、灵魂不朽、上帝存在。一个按照"道德律"（同一律的表现）行为的人，应该获得幸福，即使今生不能，到灵界那里，上帝也会给予公正的审判。这是理性的正义。康德的道德哲学虽然是纯形式的，但它为人——作为一个理性存在者——找到了最高的生存理由，它证明了理性、自由、正义的内在关联性，是近代启蒙思想的集大成者。

如果将康德批判实践理性的方法"类比"运用到情感层面，我们就可以通过批判情感之实践运用的不纯粹目的而揭示其纯粹目的。[①]从认识论维度看，情感的实践运用的确包含了其纯粹目的和不纯粹目的两个部分。实践情感的不纯粹目的，通常表现为爱自己的亲近之人要胜于爱其他人，即"爱有差等"。例如，我们通常讲传统儒家伦理是根据血缘亲情关系来划定行为者本身与他者之间的义务关系的，默认的是一种"重亲轻疏"的经验性伦理结构，即以"亲亲"为先为重，以"仁民""爱物"为后为轻，它不具有普遍性。正因其经验性结构，邓晓芒教授、刘清平教授等人对传统儒家伦理从其"结构性病症"[②]或"二本"（"以亲

---

① 笔者认为，如果彻底回到情感思维路径，也需要从情感的理论运用和实践运用这两个方面来批判人的情感能力，从而找出情感在理论与实践中的内在统一性目的。这里先从实践层面开始，后文将再回到理论层面，即回到情感之现象性知识学构成方式来理解情感层面的"知"与"行"的内在一致性。

② 邓晓芒：《儒家伦理新批判》，重庆大学出版社，2007。

为本"与"以仁为本"）之"悖论"上给予了激烈的批判。①当然，邓晓芒教授、刘清平教授等人是用康德为代表的唯智主义方法批判儒家的，并未在情感思维向度对其做学理批判，故儒家传统德性精神中蕴涵的自在目的（即"幸福"）仍然未能显明。此外，有一位美国情感主义德性伦理学家迈克尔·斯洛特（Michael Slote）教授还把儒家的亲情伦理思想与西方自休谟以来的道德情感主义理论结合起来，专门论证了这种经验性伦理结构的必然性。在斯洛特看来，（道德）情感的结构就是"重亲轻疏"的，他认为爱的本性就是有差异的，普遍的爱是不存在的，甚至连基督教的"圣爱"也讲"上帝爱民如子"（即上帝爱民如子，潜含了上帝还是优先想到亲情）。为了证明"重亲轻疏"伦理结构的必然性，斯洛特援引了克里普克（Saul Kripke）的"后验必然性"理论（是针对以康德为代表的"先验必然性"理论的）。根据克里普克，先验性与必然性分别对应的是认识论概念和形而上学概念，不在同一个问题域上使用。"先验的"（认识）未必代表"必然的"知识，也可能是"偶然的"知识。认识论上再怎么表现出逻辑一致性（或先验必然性），其陈述的对象也并非就是一个关于必然性的知识。反之，"后验的"（认识）也有可能是一个必然性的知识，一个能真实反映形而上之对象的事实。科学认识虽然都是"后验的"，但同样可以是必然性的。斯洛特把克里普克的"后验必然性"理论应用到"重亲轻疏"伦理结构上，认为这种结构虽然是后验的，但可以是必然的，故他选择以差异性的关怀（品质）建构道德原则：②人们应该优先地关怀亲近之人，否则其行为就是不道德的行为。在斯洛特这里，人人"各亲其亲"就是一条普遍必然性的法则。关于斯洛特的情感主义伦理思想笔者已另文阐述。③本文是从人之情感的启蒙视角来批判性地显现情感学理的内在目的的，并不赞同斯洛特教授

---

① 郭齐勇主编《儒家伦理争鸣集：以"亲亲互隐"为中心》，湖北教育出版社，2004，第 853~930 页。

② 参见 Michael A Slote, *Morals from Motives*, New York：Oxford University Press, 2001, p. 137。

③ 参见方德志《走向情感主义：迈克尔·斯洛特德性伦理思想述评》，《道德与文明》2012 年第 6 期。

的理论观点。

实践情感的纯粹目的就是对（感性）生命本身的大爱，或者说以爱的方式使感性生命向其完整性或整体性形式聚集和显现。所以，这种指向（感性）生命的情感投放并不是指向个体的，而是指向（感性）生命之完整性形式的。什么是（感性）生命的完整性形式？这只有从情感的认识论来理解。当一个人的情感达到了爱感性生命的纯粹动机，那么人之感性生命与自然万物之感性生命的完整性形式就会显现出来，人们就会进入一种纯粹的"幸福"感受之中。这种"幸福"感受即是感性生命之完整性形式的呈现和敞开状态。说它是纯形式的，是因为它不指向任何单个的生命体验，而是指向整体性和完整性的生命之"大全"，所以是一种目的形式，不同于康德所讲的仅仅是质料性的"幸福"；说它是实质性的，是因为它又指向作为"大全"的感性生命，伴有感性形式的内容（类似于舍勒讲的具有质料—先验性的"极乐的人格"——源自人之大爱情感的意向性显现在内心中产生的情感充实状态）。①所以，这个"幸福"并不指向对感官的快乐和对欲望的满足，固然后者在局部方面体证了它。蒙培元先生说："西方哲学更重视人的知性和知识，而知识就是权力，从中可以得到幸福；中国哲学更重视人的情感，实现人生的价值，从而得到情感的满足——这就是幸福。"②从某种程度上说，蒙先生所讲的"幸福"与本文所提倡的作为生命之"大全"和"整有"形式的"幸福"是内在相通的。

只有大爱之人，才能让那些作为"对象"的感性生命与人的感性生命一起，在一种感性生命之"大全"状态中显现出来，成就人之纯粹情感的目的要求。一个人如果真正大爱另外一个感性生命（无论是人，还是物），当然是希望这种感性生命成为其自身，并在这种"希望"中将两者的生命看成一体的，一同在场，此在性地生存着。这正如宗白华先

---

① 马克斯·舍勒：《伦理学中的形式主义与质料的价值伦理学》（上册），倪梁康译，生活·读书·新知三联书店，2004，第424～449页。

② 蒙培元：《情感与理性》，中国人民大学出版社，2007，第340页。

生诗中所写："世界的花，我怎能采撷你？世界的花，我又忍不住要采得你！想想我怎能舍得你，我不如一片灵魂化作你！"

基于"仁爱"德性的儒家传统伦理讲由"亲亲"到"仁民"和"爱物"，当然蕴涵了情感的纯粹目的，它根本上也是指向对感性生命的大爱，对"天人合一"之"幸福"境界的追求。张载的"民胞物与"思想即为典型代表。但是，传统儒家"仁爱"中所蕴涵的纯粹情感目的，在未经批判之前是不能产生出现代性启蒙功效的，只有（在为进入现代社会而追求普遍性价值原则的背景下）率先对人的情感能力进行一场现代性的学理批判，只有运用启蒙方法，"仁爱"德性才能以新的方式显现其普遍性的价值原则，最终变成一种现代性的大众心理意识，运用在伦常生活中。

四 "以幸福为体，以和谐为用"：儒家德性精神振兴的大众化价值结构

基于哲学（情感）人类学的现代性启蒙也将是一场大众化的个体主体性意识自觉的运动。我们以一种哲学（情感）人类学的启蒙方法，通过批判儒家德性精神形成的学理基础，使之内在的"幸福"理念显明出来，为儒家德性精神走向现代大众化发展阶段提供了目标方向。所以，"幸福"就是儒家德性精神走向现代性启蒙的核心价值观。

幸福，作为感性生命的完整性形式，作为人在情感层面的现代性启蒙理念，从大众化的政治伦理层面来看，即表现为要立足于情感的思维方法，仅仅从人的现象性身份去思考人际关系理念。每一感性生命个体，就其现象性存在身份而言，都是欠缺的，只有与"他者"的感性生命一起才能构成一种完整性生命的"大全"存在，所以它与"他者"之间的现象性关系即是一种本质性的关系。我们动"恻隐"之心，其实暗含了个体之欠缺性的人性事实，暗示了个体之现象性身份的不自足，都是与"他者"的感性生命一样以完整性的形式存在的。这种"恻隐"之心恰恰是人们在彼此的现象性交往中形成的。人们如果仅仅屈从于抽象性存

在身份的推论，则根本不会产生这种"恻隐"之心，"恻隐"之心的存在"见证"了人们是以现象性身份存在的。大爱是对感性生命之完整性形式的追求，同时暗示了个体之感性生命的欠缺，只有在"一体之仁"中，个体之"仁"才能找到其本质性存在根据。西方近代启蒙以来，立足于理性的思维进路，仅仅从个体之抽象性的存在身份来论证人际关系（个体表现为莱布尼茨式的封闭完满的"单子"身份，整体表现为象征目的理性的"上帝"身份），由此导致了个体间分离式的、"狼与狼"式的人际伦理关系和排他性的契约型政治结构模式，所以产生了启蒙之"蔽"。关于从个体的现象性存在身份，论证个体间的彼此依存性关系和新型契约关系，笔者在其他文章中已有阐释，①限于篇幅，这里不作深述。情感思维的最大特点就是立足于现象层面本身思考本质问题，不到现象之后去找本质/本体，所以，这里的"幸福"，作为大众化的现代性启蒙理念，代表着世界观、知识论、人际学等全方位的变革。

这个"幸福"理念是沿着情感的学理批判得来的，以"幸福"为核心的（基于情感的）启蒙价值观与西方近代（基于理性的）启蒙价值观自有不同之处，在当代中国现代化进程中也显现为独特的价值系目。改革开放以来，随着中国社会、经济结构的根本变革，文化传统软实力建设越显重要，儒家德性精神的现代性启蒙价值观也自行显现开来。例如，除了有学者在不同层面论述了"幸福"可作为当代社会的核心价值理念之外，②近年来学者们还提出了"和谐""包容"两个价值理念。这三个价值理念在中国政府近年来提出的"科学发展观""和谐社会""中国梦""生态文明"社会事业建设指针中得到了深刻运用。从某种意义上说，"幸福""和谐""包容"，作为当代中国提出的最大的、最具普遍性的社会发展价值理念，是中国传统哲学思维向现代性转化的价值观的发明创新。在此，我将首先把它们看作儒家传统德性精神真正走上现代性

---

① 方德志：《基于"仁爱"德性的儒家伦理构成之现代阐释——以道德情感主义的视角》，《华中科技大学学报》2011年第6期。

② 江畅：《幸福：当代社会价值体系的核心理念》，《湖北大学学报》2011年第2期。

启蒙的价值旗号，①它们的行将伟大之处不亚于西方近代启蒙之"自由""平等""博爱"的价值理念对现代性社会的影响。换个角度说，中华民族的伟大复兴到底意味着什么？它不仅仅是要呈现出一个强健的民族国家，更重要的是要给这个时代的人类带来一种崭新的现代性启蒙价值系目："幸福""和谐""包容"及其派生的价值系目。

当然，"幸福""和谐""包容"与"自由""平等""博爱"这两组现代性价值系目之间并不是截然对立的，仅仅是中西方哲学思维方式存在差异，它们都代表着人类在不同层面的哲学人类学意义上的启蒙价值观，都具有普遍性。这里的"幸福"理念其实蕴涵了自由、平等、民主等价值理念，但需要从情感认识论的角度去理解。一个大爱之人，一个出于纯粹实践情感目的的人，当然是希望"对方"自由自在地存在着，而不是一味地强调按照自己的价值要求去强行改变"对方"，把自己的"幸福"建立在"对方"的痛苦之上。传统儒家讲的"民本"思想就包含了民主平等思想。只要以人的生命为本，把每一个人的生命都当生命看（即民生），就有民主和平等意识。之所以出现"男尊女卑"和"唯女子与小人为难养也"的不平等现象和不对等人格，是因为封建男权社会并没有把女人的生命与男人的生命予以同等看待，没有把小人的人格与君子的人格予以平等看待。用舍勒的人格价值理论来讲，过去的儒家过分推崇"君子"型高尚人格与"小人"型大众人格的等级之分，会使大众因为人格错位而产生"怨恨"型人格心理。应该说这种"怨恨"人格心理在我们民族文化中还是深有体现的。这也是我们对之进行学理批判的重要原因之一。我想，只要我们经过一种哲学人类学层面的学理批判，由"自由"和"幸福"各自派生的价值系目自会走向融通。从一定意义上说，启蒙就是人性的融通，就是寻找人性的普遍性。

---

① 笔者认为，学理批判是一个民族文化及其德性人格走向独立性成长的标志，核心价值观的形成和认同，须是基于对传统德性精神的现代性批判，特别是要从学理批判开始。

　　从价值层级上讲，幸福、和谐和包容三者之间是内在相通的，它们都是以实现感性生命之完整性形式为价值目标的。[①]若要区别，"幸福"则是基础性概念，具有目的性价值，"和谐"与"包容"是幸福的派生性概念，具有手段性价值。如果从哲学"体""用"关系层面来说，"幸福"就是"体"，"和谐和包容"则是"用"。"以幸福为体，以和谐（和包容）为用"可以视为儒家德性精神（在当代社会）的核心价值结构。自近代"西学东渐"以来，围绕着"西学"和"东学"关系产生了不同的"体""用"之说。笔者比较认同严复的观点，他认为西方近现代社会是"自由为体，民主为用"的社会，"体""用"关系只能同源，不可"牛体马用"，"中学为体，西学为用"。[②]"以幸福为体，以和谐（和包容）为用"的"体"和"用"是中国哲学思维的现代性转化创新的结果。

　　儒家道德哲学从先秦到宋明经历了从《论语》的"以仁为体，以礼为用"，经《中庸》的"以诚为体，以中为用"，到"以理（心）为体，以气为用"的价值结构更新过程，我们讲的"以幸福为体，以和谐为用"实质也是对"以仁（心）为体，以礼为用"的价值结构的延续和更新。这里的"和谐"之用，是延续了先秦"礼之用"（"和为贵"），以及宋明"气之用"（气之"太和"）的情感思维实质。但是在经历了现代性启蒙方法的批判之后，"以仁为体，以礼为用"就必须更具有普遍性，作为"幸福"之"仁"以及作为"和谐"之"礼"都超越了抽象性的"理"和"气"，指向了对每一种感性生命的尊重和保护。"以幸福为体"就是指对每一个感性生命都施以仁爱，这是目的，"以和谐为用"就是要对这个目的施以手段，以保持每一个感性生命的基本健康存在，保持

[①]　需要说明的是，关于"幸福""和谐"，自古希腊以来西方哲学伦理学家也多有论及，这里暂不赘述。这里讲的"幸福""和谐"以及"包容"皆源自中国哲学思维对当代中国走向现代性发展道路的价值观给出，是中国哲学思维和德性精神在现代性批判中自行生长出来的，它们以整体性的形式重新给出了这些概念的时代性和先进性内涵，故与伊壁鸠鲁派、毕德哥拉斯派、斯多亚派的"幸福"和"和谐"理念具有学理的区别。关于"幸福""和谐""包容"这三个概念学界已有较多论述，由于篇幅关系，本文不作详述。

[②]　胡军：《中国儒学史·现代卷·总序》，北京大学出版社，2011，第28页。

感性生命之完整性形式的存在。"包容"就是和谐之用的实现手段，"包容"是维护人与自然、人与人和谐相处的手段，只有坚持包容性人自／际生长关系，"幸福"才能得以保证。

总之，"幸福""和谐""包容"这一整体性价值系目的提出，反映了中国情感哲学思维进路对整体性价值观的追求：立足于人之现象性存在身份去理解人与自然、人与社会、人与人之间作为一种感性生命之完整性形式而存在的本质关系，在社会实践中即表现为对共荣性的幸福理念、共在性的和谐秩序、共生性（包容）的发展模式的追求。这一价值系目由于是从象征中华民族国家"伦理灵魂"的德性精神中重新生长出来，经过学理批判而得以显现出来，并在我们民族的国家发展、政治发展、社会发展以及世界性发展中被践行和传播的，故也是民族复兴中道路自信和理论自信的真实写照。

五　情感的现象性认知结构：儒家德性精神振兴的知识学重构

认识论自觉是现代启蒙精神的主要象征。儒家德性精神振兴对认识论问题也需给出时代解释。儒家德性精神源自人的情感能力，它对认识论问题的解释也须源自情感路径。认识论问题就是关于"人"与"存在"（对象）之间的知识学形成问题。从情感的路径来看，情感将以其现象性的思维方式来构成"人"与"存在"之间的知识学形成问题，这与由理性之抽象性思维方式所形成的知识学根本不同。

对理性来说，它采用抽象性的析分方法来理解"人"与"存在"的关系，由此形成了主客对立式的知识学问题形式。它通过对（作为生命之整体性或完整性形式的）现象的局部析分，以在各析分的"端口"之间找到其内在运行"机理"，这个"机理"就相当于作为"本质"的知识（对之加以应用就产生了科学和技术）。古希腊以来西方传统哲学就是以理性的析分方式来理解"存在"的，由此产生了现象与本质（本体）之二分的世界观结构和科学知识论结构。数学方法是达致"本质"

世界的根本手段。数学以可微分量化的数理关系来（静态地）解释作为"大化流行"的"存在"，以求其静态的、不变的"本质"。黑格尔曾指出，德文的"本质"（Wesen）一词其实是对"存在"（Sein）一词之过去式（Gewesen）的用法。故"本质"即是过去了的、已静死的"存在"。所以，基于数学的析分方法，根本上说是追求"过去式"的方法，追求静止的方法。自古希腊柏拉图，西方哲学一直强调用数学方法来理解"存在"，至近代，随着西方传统德性精神的振兴，从笛卡尔开始，无论经验论者，还是唯理论者，数学方法仍是人们理解"存在"以达至其"本质"的根本方法，并最终（到康德那里）被还原为人类的先验认知能力，由此也形成近代精致的认识论哲学（在此基础上产生了现代科学和技术）。

但是，以理性析分的方法来理解"存在"和构建知识学，固然有明显的启蒙功利效果（自由、平等、民主之理想以及为之提供保证的科学、技术之应用），也带来了启蒙的自身之"蔽"。由于功利效果带来的实惠经验助长了人们对理性的唯工具化运用，人们日渐受制于这种基于析分的抽象性的世界架构，也日渐活在"存在"的过去式中，无力感受到当下和未来的"存在"，人的"存在"也成了问题。人们发现近代启蒙运动最终在使"人类和自然正走上一条相互抵触的道路"。①

情感的知识学构成方式与理性不同，它采用现象性的综合（显现）方式来理解"人"与"存在"的关系。关于这一点我们可以借助现象学方法加以说明。现象学方法并无统一的规定，但"回到事情/事物本身"（go back to things themselves）却是其共同的口号，旨在超越近代启蒙的认识论方法。"回到事情/事物本身"，简单地讲，就是要人们回到事情中去，不要站在事情的外面，与事情处于对立面。但是，作为现象学方法的创始人，胡塞尔并没有真正回到事情本身，而是回到了先验意识之中。原因在于，他依然援用传统的基于理性的析分方式（数学方法）试

① 转引自胡军《中国儒学史·现代卷·总序》，北京大学出版社，2011，第15页。

图创立一种元认识论，以之获得对"事情本身"的认识。但因思维模式的限定，他终究跳不出传统哲学的问题视阈，最终只能退回到"生活世界"寻求出路。与胡塞尔不同，海德格尔在一个新的思维模式上（即情感的思维模式）实现了"回到事情/事物本身"。海德格尔一方面吸收了马克斯·舍勒（具有质料—先验性的）价值论伦理学对人类情感之先验结构的洞见，一方面把"回到事情/事物本身"的口号引向了"存在"，以情感的思维方式理解"存在"，并从情感层面来阐明"存在"如何成为一种非传统意义上的知识学对象。例如，海德格尔从词源学上把"现象学"之"现象（phenomenon）"解释为"使……自身显现（成为其自身）"。①所以，在海德格尔这里（特别是其后期思想）现象学即是关于"存在自身显现（成为其自身）"的学问。

"存在（/对象）"如何使自身显现（成为其自身）呢？这就需要从情感思维之知识学构成方式来理解。只有人的大爱（纯粹）情感才能让"存在（/对象）"自身显现成为其自身，如果没有人之大爱能力，"存在"只能按照人的功利目的显现成为人的工具化对象。中国道家思想最能体现情感的知识学构成方式。庄子的"齐物论"和"逍遥游"反映的即是人对自然万物之大爱。一位家长，如果真正爱自己的孩子，就不会只按自己的意愿让孩子成长为其想要的对象，否则孩子就难以成为其自身的"存在"，只能成为家长们"过去式"的经验复制。一个人，如果真正爱一种生命，就会让它自行"存在"，而不是按照人的目的去"存在"。海德格尔后期思想明显受东方佛教文化和道家文化的影响。人退回到事情/事物本身之中，让（事情/事物）"存在"自身显现成为其自身，让"存在"向其自身的"真理"性敞开，人在"存在"之自身的真理性"澄明"过程中扮演着聆听者、守护者的参与角色。

虽然海德格尔、舍勒没有从人之情感的现代性启蒙角度来对人之情

---

① 宋继杰：《海德格尔的现象学观念——〈存在与时间〉"导论"的再审察》，《江苏社会科学》2011 年第 1 期。

感能力做纯粹的学理批判，①但是其现象学方法在很大程度上揭示了情感思维的知识学构成方式：情感只根据其现象性认知结构，从现象本身来建置"人"与"存在"之间的本质关系，从而让现象性的"存在"成为其本身之"存在"。这种作为现象性的"本质"之"存在"，其实质就是一种作为生命之"大全"的对象。所以，大爱是要"成全""对象"，所谓"成全""对象"就是要借助人的情感能力之纯粹运用使作为生命之"大全"的整体性、完整性形式显现出来，以之构成情感思维的"认知"对象。

据前述可知，这个"认知"对象，作为感性生命之"大全"的整体性、完整性形式，也即为"幸福"。所以，从情感层面看，"幸福"，不仅是一个实践的概念，也是一个理论的概念（正如康德的"自由"理念不仅是个理论概念，也是一个实践概念）。人，作为一个情感的存在者，不能没有这种对象，一旦失去这个对象，即表现出痛苦状态。痛苦，是人的情感对生命"大全"之残缺状态或不完整形式的一种否定性的"认知"表现。幸福，则是情感的肯定性"认知"表现。传统儒家哲学中，相当于这个认知性的"幸福"概念就是《中庸》中的"诚"和宋明理学讲的"一体之仁"。《中庸》曰："诚者，天之道也；诚之者，人之道"；②"诚者，物之始终，不诚无物，……诚己，仁也，诚物，知也"。③"诚"是诚实、实有、踏踏实实的意思，它是天的品质。"天"因为显现出对生生之仁的大爱（善），自然万物才得以自行显现而成为其自身，得以生生不息，没有天之诚，就无物之存，就无物之生。对人来说，就是要效法天之诚，反己求仁，使仁爱之心显现出来，经由亲亲到仁民再到爱物的纯粹性之敞明，最终使物性显现出来而成就"物"本身，在

① 笔者这里并不把海德格尔、舍勒的"情感现象学"方法看作儒家德性精神振兴的方法。本文是通过对人之情感能力的纯粹学理批判，从中揭示情感的独特知识学构成方式，再以之作为儒家德性振兴的认识论方法，所以，它是一种旨在运用人之情感能力的自我批判、反映中国传统德性现代振兴的启蒙方法。
② 陈晓芬、徐儒宗译注《论语大学中庸》，中华书局，2011，第331页。
③ 陈晓芬、徐儒宗译注《论语大学中庸》，中华书局，2011，第339页。

"一体之仁"处成就生命之"大全"对象。

这里的"幸福"（well-being）、"存在"（being）①、"对象"和生命之"大全"都是同一个层面的"认知"对象，它们皆由情感的现象性认知结构和综合（显现）功能所给予。关于情感的现象性认知结构及其综合（显现）功能，我们既可以说是情感的（感性）直观功能，也可以说是其形象思维功能、具象功能，但在根本特征上它是一种现象性、此在性、成全性（而不是抽象性、反思性、分离性）的知识学构成方式。那么情感是如何来"认识"由它自行构建的"对象"的呢？用情感的直觉方式。这种直觉在先秦儒家哲学中叫"感通"。《易·系辞》曰："易，无思也，无为也，寂然不动，感而遂通天下之故。非天下之至神，其孰能与于此！"②当人的情感达致纯粹程度，人的感性生命与自然万物的感性生命即走向了"感通"，这种"感通"方法不是一种反思性的"智的直觉"方法，而就是直觉性的"自诚明"。

从现实层面看，情感的认识论告诉我们，自然万物与我们人类是一种现象性的本质依存关系。阳光、雨露、大气通过蔬菜、水果、粮食生成了人的毛发、皮肤、骨骼，破坏自然、污染环境就是破坏人（"仁"）自身。人与物之间这种现象性的本质关联是不需要抽象反思的。而基于理性析分的现代转基因技术则割断了自然万物之间在现象性界面的本质

---

① 在语义学上，笔者将"幸福/well-being"概念看作人之情感能力对作为感性生命"大全"之"存在/being"的现象性领悟。"being"在西文中有作为连接性的逻辑系词和作为实意词的"存在"之双重用法。这里是选择作为实意词的"存在"。这个"存在"是"存在"与"存在"之所以可能的（"存在者"）统一。海德格尔在《存在与时间》（Being and Time）中讨论这种"存在/being"。他从形而上学角度讨了作为一般生命之自然涌动式的（"自在"式）"存在"。人的"自在"即要靠情感去确知，由此才能"发现"它的"在此"。人的"在此"以积极的情感形式被"确知"为身体诸机能兴奋的愉悦状态，即幸福，在亚里士多德（基于自然生物学视角下的德性伦理）那里就是感性生命的一种"繁荣/flourishing"表象，也即幸福。当然，海德格尔是用消极的情感形式（"烦""畏""死"）来呼唤人们对感性生命之"在此"状态的关照。人们只有将"死"这种极端的"存在"样态摆到自己眼前，才会更加珍重诸"此在"生命的"存在"价值。海氏后期思想超越了借助于"此在"之"在世"的情感样态领会"存在"，更加强调"存在"之自我显现过程。

② 黄寿祺、张善文：《周易译注》，上海古籍出版社，1989，第553页。

关联，它通过人的理性析分手段，破解自然生命之间的进化密码以获得新物种的再造。虽然这类新物种可以是有机生命体，但它只是人们在理解"存在"的"过去式"中获得的，人们一旦习惯了这种理解方式，就习惯了受理性析分和技术控制的存在方式，那种作为自然的整体性之"存在"关联就会被遮蔽。所以，理性析分只是人类理解"存在"的一种方式而已，并且也是一种最危险的方式，因为它破坏了自然生命的天然进化关系。

六　生态文明：儒家德性精神振兴的时代境域

除了基本方法论之外，最后我们还要补充一点儒家德性精神振兴的社会条件——关于这一点笔者已另文讨论，[①]这里只简要说明。笔者认为，生态文明，作为一种崭新的人类文明形态，将为儒家德性精神振兴提供适宜的社会条件。生态文明，作为一个崭新的文明形态，它与工业文明和前工业文明的最大不同点在于：它要求全球发展的同步性和平衡性。假如区域发展不平衡或其他国家不合作（例如大气污染、核威胁等），任何国家或区域都不能单独进入生态文明。就社会伦理建设而言，较之工业文明人类开辟了一个全球大区域范围内的新陌生人社会并建立了与之相应的"规则主义"伦理模式（打破了前工业文明时代之旧熟人社会及其熟人伦理或传统宗教伦理模式），生态文明则是要超越工业文明的社会意识形态（人自相分，人际敌对，资本控制，破坏生态等），建立一个全球大区域范围内的新熟人社会及其新熟人伦理模式（例如，新德性伦理或生态伦理）。这种新型伦理模式必须立足于人之情感的现象性身份来阐释人际结构。人们只有以其现象性存在身份理解人际结构，才不会以资本占有的方式来控制人际，掠夺自然。在生态文明时代，人类的社会发展方式、信仰理念等都将发生变革。例如，全球区域间的战防将大大减少，全球区域间的城际列车往来将大大便捷，政治家抽象的

---

① 方德志：《生态文明：儒家德性精神振兴的时代境域》，《中原文化研究》2014年第4期。

民族雄心将全部转化为地球村的治安方案，等等。儒家德性精神的学理方法特点，就是从人的现象性存在身份和情感之现象性构成知识学方式来建构人与人、人与自然万物之间的观念性关系。在儒家世界观里，人的感性生命与大自然各感性生命是一种现象性的生命之"大全"存在，它规避了由人际对抗引发的全球性生态危机。所以，从某种意义上说，生态文明将为儒家德性精神振兴提供适宜的社会条件，儒家德性精神振兴也将为生态文明的到来提供哲学方法论支撑，生态文明与儒家德性精神振兴之间有某种时代"默契"。

近代以来，在基于理性的西方传统德性精神强势振兴背景下，伴随着社会结构的变革，儒家传统德性精神转入衰弱状态。对此，从"五四"以来无数民族知识分子无时不启望和致力于以启蒙精神要求儒家传统德性精神的现代性变革。但是，终因受"救亡压倒启蒙"的历史条件制约，儒家德性精神无法在其自身的学理立场下获得再生长的能力。当今，特别是改革开放以来，中华民族迎来了历史命运的大转折，民族复兴事业提上日程，呼唤传统德性精神振兴支撑，在此条件下儒家德性精神需要立足于自身的学理批判，推动人类在情感层面的现代性价值启蒙。

走出德性的荒野

周　涛*

（长江大学社会发展哲学研究所）

【摘　要】　德性，意指一种既有利于自己也有利于他人的好的习惯性的道德品质。中国素有礼仪之邦、德性之邦的美誉，但是当代中国人还有德性吗？为什么当代中国出现了德性的荒野？这是西方的现代性危机和中国传统道德的断裂所然。如何走出德性的荒野？文中列出了一个模式、三种观点，同时也给出了自己的拯救路向：应当着眼于像人类社会乃至整个宇宙这样的大系统来筹划德性，或许这才是拯救德性更为完美的举措。

【关键词】　德性　荒野　危机　断裂　拯救

中国向来以德性之邦享誉世界，但是如今中国人的德性却出现了严重问题。本文从揭示德性的内涵入手，指出中国人德性出现荒野的表现，分析其产生的原因，梳理目前学界关于德性拯救的思路，最后探讨关于走出德性荒野的对策。

---

*　周涛（1971～），男，汉族，山东新泰人，长江大学马克思主义学院副教授，长江大学社会发展哲学研究所团队成员，哲学博士，主要研究发展哲学、发展伦理学、发展文化学。

一

什么是德性？德性的本质是什么？古今中外的学者对此众说纷纭。在中国，"德性"一词最早出现在《中庸》之中："故君子尊德性而道问学，致广大而尽精微，极高明而道中庸，温故而知新，敦厚以崇礼。"①朱熹云："尊德性，所以存心而极乎道体之大也。"②子思认为："自诚明，谓之性。"③而"自诚明"就是"尊德性"，这是因为"自诚明"即执著自身天赋的"诚"，并由此出发，达到对一切事物的了解，这就是"性"。④王国银先生认为，这里的"尊德性"就是指要发扬自己先天的善性、道德之性。后来陆象山继承了儒家的德性传统，在孟子"求放心"的基础上，提出了"发明本心"的思想，目的是要启发晓喻人们应该建立有益于人类和社会的良心或思想。⑤程颐提出"德性之知"，把德性界定为人的内在自我认识。王夫之则更进一步指出，德性就是好善恶之性。⑥

在西方，"德性"（Virtue）来源于拉丁文（Arête），表示勇敢、刚毅；而希腊文（Ethos）的含义更广一些，指一事物所具有的功能或者是优秀的品质。毕达哥拉斯提出，德性乃是一种和谐；苏格拉底指出，德性即知识；柏拉图认为，德性即正义。⑦而亚里士多德在古希腊哲学家中对德性的论述最为详尽，并因此奠定了西方伦理学德性论的基础。他认为，灵魂包括三个部分，即感受、潜能和品质，德性必是其中的一个部分。他通过排除法，阐明德性既不是感受也不是潜能，而是品质。但是善于思辨的亚里士多德并没有就此止步，而是进一步指出："还要说它

① 郭齐勇：《中国哲学史》，高等教育出版社，2006，第71页。
② 朱熹：《四书集注》，凤凰出版社，2005，第36页。
③ 郭齐勇：《中国哲学史》，高等教育出版社，2006，第70页。
④ 沈善洪、王凤贤：《中国伦理思想史》（上），人民出版社，2005，第188页。
⑤ 王国银：《德性伦理研究》，吉林人民出版社，2006，第3页。
⑥ 王国银：《德性伦理研究》，吉林人民出版社，2006，第29页。
⑦ 王国银：《德性伦理研究》，吉林人民出版社，2006，第62~65页。

是什么样的品质。应该这样说，一切德性，只要某物以它为德性，就不但使这东西状况良好，并且要给予它优秀的功能。例如眼睛的功能，就不但使眼睛明亮，还要使它的功能良好（眼睛的德性，就意味着视力敏锐）。……如若这个原则可以普遍适用，那么人的德性就是种使人成为善良，并获得其优秀成果的品质。"①他寻根问底，最后指出："如果我们再对它的本性是什么加以考察，这个问题也许会更清楚些。"②那么，德性的本性是什么呢？笔者认为，亚里士多德所指出的"德性就是中道，是对中间的命中"，这就是德性的本性。因为"德性是关于感受和行为的，在这里过度和不及产生失误而中间就会得到成功并受到称赞"。③同时，亚里士多德根据德性的来源和形成的差异，将德性分为理智的德性和伦理的德性两种，并提出了一个极为重要的命题，即"幸福就是合乎德性的实现活动"。④

江畅先生认为，德性就是指由智慧在正确的道德观念的前提下，根据有利于具有者及活动于其中的共同体及其成员更好生存的根本要求，选择和确认而逐渐形成的，自发地使情感、态度、行为成为善的优秀的或值得赞扬的好品质或道德品质（根据他的讲稿整理）。其一，德性是有利于具有者及活动于其中的共同体及其成员更好生存的品质特征，也就是说，德性是一种既有利于自己，也有利于他人的思维定式或者说心理定式；其二，德性是以一定的道德观念为前提，根据某种价值取向，利用自己的智慧进行选择和确认的智慧选择过程；其三，德性是自发地使情感、态度、行为成为善的优秀的或值得赞扬的好品质或道德品质。换句话说，德性不是一个中性概念，而是一个正向性、褒义性范畴。而

---

① 〔古希腊〕亚里士多德：《尼各马科伦理学》，苗力田译，中国社会科学出版社，1999，第35页。
② 〔古希腊〕亚里士多德：《尼各马科伦理学》，苗力田译，中国社会科学出版社，1999，第35页。
③ 〔古希腊〕亚里士多德：《尼各马科伦理学》，苗力田译，中国社会科学出版社，1999，第36页。
④ 〔古希腊〕亚里士多德：《尼各马科伦理学》，苗力田译，中国社会科学出版社，1999，第232页。

王国银先生的观点似乎与此相左,他在《德性伦理研究》这部著作中指出:"德性实际上是一个中性词,是主体在长期的、一系列的道德行为中表现出来的综合的稳定的特定的状态。"①我们认为,这种说法是不妥的,因为,认为德性是一个中性概念,不仅与大多数中外学者的见解相异,更为重要的是不能自圆其说,甚至导致"德性"一词的虚无。

通过以上的梳理,我们认为,伦理学意义上的德性就是指一种既有利于自己也有利于他人的好的习惯性的道德品质。接下来的问题是,这种善的品质在当代中国的表征如何?我们应当如何看待这种表征?

二

捷克著名小说家米兰·昆德拉在《被背弃的遗嘱》中说:"如果我们想在走出这个世纪的时刻不像进入它时那么傻,那就应该放开方便的道德主义审判,并思索这些丑闻,一直思考到底,哪怕它会使我们对于什么是人的全部肯定受到质疑。"②这对于我们反思我国目前的德性状况是非常有建设性意义的。中国向来以礼仪之邦、德性之邦闻名于世,但是在现代化和全球化大背景下,特别是在改革开放与市场经济大潮中,我们不禁反问道:中国人还讲礼仪吗?中国人还有德性吗?

首先,中国人为了金钱而丧失德性。你到菜市场上买一斤的菜,菜主竟敢给你半斤多一点;你大学刚毕业在一家机械厂工作,无论你怎么任劳任怨,无论你多么吃苦耐劳,黑心的老板总有可能置合同于不顾,以你想不到或者说根本不是一个正常人认为的理由,将你本该得到的工资克扣到所剩无几,更有甚者你可能最后一分钱也得不到。有的人为了钱,失去了尊严,失去了贞操,竟敢拿青春作赌注,成为别人的"二奶";有的人为了钱,宁愿放弃自己本该受到的教育;有的人为了钱,

---

① 王国银:《德性伦理研究》,吉林人民出版社,2006,第5页。

② 金生鈜:《德性与教化——从苏格拉底到尼采:西方道德教育哲学思想研究》,湖南大学出版社,2003,第317页。

竟敢放弃家庭的幸福，把自己的亲生孩子卖掉；有的人为了钱，甘愿成为他人的奴隶、"看家狗"乃至"替罪羊"；有的人为了钱，竟敢说谎成性、偷盗成性、抢劫成性乃至杀人成性。正如著名歌手迟志强在歌中唱道："是谁制造了钞票？你在世上称霸道！有人为你去卖命呀，有人为你去坐牢。……你是杀人不见血的刀。"

其次，中国人为了权力而丧失德性。有人断定，权力代表一切，既代表你的身份，更代表你的地位；有人认为，权力就是权威，能呼风唤雨、耀武扬威；有人认为，有权就有钱，有权就能办任何事。因此，有人为了权力，勾心斗角，尔虞我诈；有人为了权力，请客送礼，行贿成风；有人为了权力，出卖自己的青春，出卖自己的灵魂，出卖自己的良知；有人为了权力，对上级俯首帖耳、奴颜婢膝；有人为了权力，弄得四邻不安、鸡犬不宁、家破人亡；有人为了权力，宁愿抛头颅、洒热血，甚至搭上性命也在所不惜。我们不禁要问："权力是谁赋予的？你竟敢胆大包天，横行霸道？"朋友，停止你那追求权力的偏好吧！小心，玩火者必自焚！

最后，中国人为了感性快乐而丧失德性。有人认为，青春短暂，此时不乐何时乐；有人主张，快乐就是吃香的、喝辣的，酒足饭饱；有人认为，快乐就是少干活或者不干活，有钱花、有饭吃，有情侣陪伴；有人信奉，快乐就是幸福，快乐就是永恒。因此，有人为了快乐，天天换女朋友或者男朋友，只追求一时的快感，而将责任抛在脑后；有人为了快乐，天天泡在酒吧内，沉浸于灯红酒绿之中；有人为了快乐，网吧就是他的家，聊天、玩游戏、看黄色视频等就是他的正业；有人为了快乐，挑肥拣瘦，好吃懒做；有人为了快乐，不再好学上进，不再拼搏奋斗；有人为了快乐，不再乐于助人，不再勤俭创业；有人为了快乐，不再反思批判自己，不再为将来谋划。正如著名歌手叶倩文所唱的那样："天地悠悠过客匆匆潮起又潮落，恩恩怨怨生死白头几人能看透。"别再煞费苦心地考虑了，就潇潇洒洒，跟着感觉走吧！在这里，我要说的是，放荡的游玩必定是痛苦的前奏，轻率的快感之后必定是永久的愧疚，跟着感觉走的背后必定是心灵的颓废与精神的失落。

如果说，美国著名作家蕾切尔·卡逊在《寂静的春天》一书中，描绘的是生态危机的图景，那么在这里，我所描绘的可以说是德性危机的冬天，或者称之为德性的荒野。如果说，前者是人类不合理的发展所致，那么后者可以说是西方的现代性危机和中国传统道德的断裂所致。

三

王国银先生在《德性伦理研究》一书的"导言"中，详细论述了现代性伦理的衰落和德性伦理复兴的问题。他指出，"现代性"（Modernity)，是一个远比现代化要复杂的问题，它随着西方的启蒙运动和工业革命而诞生。"现代性"就是"民主""科学"和"自由"，这三者一直是人类所不断追求的目标和价值，然而20世纪中后期西方越来越多的学者却对这种现代性产生了质疑和忧患，认为现代性给人类带来的不是进步而是混乱，不是自由而是专制。当代社群主义的代表人物查尔斯·泰勒从三方面指出了"现代性之隐扰"：其一是个人主义的片面化发展，人们崇尚个人利益至上原则，不再接受超越于他们之上的所谓神圣秩序及其神圣价值的神圣要求，导致道德视野褪色以及认同的危机；其二是工具主义理性猖獗，人被嵌入技术化（科层制）的社会结构中，人们参与公共事务的兴趣、机会和能力等在不断下降，每一个人都成了一个"封闭在自己的心中"的单子，从而使人们的生活狭隘化和平庸化；其三是由于物质主义价值观渗透到社会生活领域的各个方面，人们生活的真正价值和意义被遮蔽。①泰勒认为，现代性造成了人与自我、人与人（包括社会）和人与自然的分离。而这表现在道德领域就是自启蒙以来"道德谋划的失败"，即休谟的"激情"说，康德的"实践理性"说和克尔凯郭尔的"根本选择"说的失败，因而出现了当代西方道德哲学的深刻危机：一是人们的道德立场、道德原则和道德价值的选择失去了客观普遍的依据，变成了个人意志的一种主观产物，因而也不存在绝对合理的道

---

① 王国银：《德性伦理研究》，吉林人民出版社，2006，第1~2页。

德权威；二是情感主义盛行，认为人们的道德言辞、道德判断的运用主要是个人情感和个人好恶的表达；三是传统意义的德性已经发生了变化，外在的功利和原则代替德性占据了社会生活的中心位置，德性则退居到生活的边缘，表现为人们对道德的冷淡。①

金生鈜先生指出：中国道德传统的断裂在一个世纪前就开始了。中国社会的演进表现为朝代的更替，而作为维系国家政治的以"孔孟之道"为基本内容的儒家传统伦理一直是主导中国传统社会的基本道德理念体系。儒家伦理与道德教化是一种非超越性的世俗宗教，它拥有皇权、族权的有力支撑，同时由于其符合国家性质和家族社会性，因而儒家伦理又支撑着皇权与族权的延续。②然而，"西方文明的东渐，使社会封闭的文化秩序发生了动摇，传统的政治秩序受到强烈的冲击，儒家伦理受到激进的质疑。特别是本世纪初，普遍王权崩溃之后，以道德支撑的政治体系随之解体，社会生活与日常生活伦理失去了缆系，政治伦理败坏，中国文化的传统的基础道德理念发生断裂，传统的道德之架构解体了，而民众惯性地遵从道德习俗"，③这是中国伦理基础规范的第一次断裂。金先生认为，中国传统道德的第二次断裂开始于新中国成立之后的1957～1976年的以"以阶级斗争"为中心的"极左"时期。道德理念的亏空迫使中国社会寻求新的正当的道德观，这一过程是与新政治秩序的寻求结合在一起的。新中国成立后，社会主义道德观念成为日常道德生活的基础，但是随着中国政治不断地"左"倾化，伦理道德中集体主义绝对化，使日常生活道德演变成了政治伦理与革命道德，政治伦理成为主导中国社会生活道德的合法性基础，这意味着中国社会伦理的实质基础的置换，即从儒家伦理置换到政治意识形态。④而这种政治意识形态"规约着整个社会生活的形式及价值取向，提供具体社会制度环境的道德秩

---

① 王国银：《德性伦理研究》，吉林人民出版社，2006，第4页。

② 金生鈜：《德性与教化——从苏格拉底到尼采：西方道德教育哲学思想研究》，湖南大学出版社，2003，第318页。

③ 金生鈜：《质疑建国以来的道德教育规训》，《教育理论与实践》2001年第8期。

④ 金生鈜：《质疑建国以来的道德教育规训》，《教育理论与实践》2001年第8期。第32页。

序，以及衡量个人行为模式和日常生活中有关善的行为的尺度"。①金先生进一步指出："'极左'的政治伦理对个体生命意志的抑制与生活的贬损，与儒教伦理对个体道德修养的强烈的指引欲与占有欲是一样的，都是把道德作为规训所有的思想与行动的方式。在改革开放时代，曾经作为社会伦理基础的个人崇拜的神坛不在了，政治伦理的合理性受到了检省，并且开始萎缩。"②在市场经济盛行的今天，人们大多被物欲所蒙蔽，人性的神圣光环被"占有"和"金钱"遮蔽了，致使德性趋于边缘化，甚至走向虚无，摆在我们面前的紧迫任务之一就是探求德性复归的路径选择。

四

如何走出德性的荒野？如何摆脱德性的危机？许多学者为我们提供了可供借鉴的资源和路径。

第一，麦金泰尔模式。麦金泰尔把目光转向遥远的过去，希望从古典亚里士多德的德性传统中找到解决问题的答案。王国银先生认为，他采取的方法是把美德与共同体的关系置换成美德与实践的关系，认为对实践的内在利益的追求过程就是德性的展现过程。德性是一种获得性的品质，是获得实践的内在利益的必需的品质。这种模式有其合理性：他强调亚里士多德传统不仅是一个能进行自我反思、寻求自身发展的传统，而且在现代社会中仍有巨大的潜力，它不应只是人们在面对道德难题时临时想起的应急措施，更应被赋予主流道德传统的重要地位；他还彻底地抛弃了情感主义的谬误，赋予德性以实践的品格；同时对德性分析采取了新历史主义的方法等。但是也有其自身的局限性：他解决问题的基本视野、对实践的理解以及其新历史主义的方法等都存在内在的矛盾和不同程度的缺陷，都是非马克思主义的；他更没有看到当代伦理学的

---

① 刘小枫：《现代性社会理论绪论》，上海三联书店，1998，第 172 页。

② 金生鈜：《质疑建国以来的道德教育规训》，《教育理论与实践》2001 年第 8 期。

"生态转向"和社会建构的"和谐转向"以及人发展的"自由全面转向"。①

第二，王国银的观点。王国银是在合理地批判麦金泰尔模式的基础上构建自己的观点的。他从马克思主义实践观的立场系统论证了德性伦理在当代生存的可能性：伦理学的"生态转向"和德性和谐能力的凸现，为德性伦理的当代生存提供了理论向度；科学发展观的形成和和谐社会的构建，为德性伦理的当代生存提供了实践向度；人的自由全面发展和文明多样共存，为德性伦理的当代生存提供了人性和文化向度。②

第三，金生鈜的观点。他也是针对现代性的道德危机而试图复归德性传统的尝试者，但其特殊之处在于凸显了道德教化的魅力：道德教化涉及人的精神品质及人生的价值，它承担着帮助和引导人进行价值探询、价值决断、价值追求和价值生存的任务，因而承担着追寻德性和培养德性品质的责任（Accountability）。从德性与人的生活的内在的相关性而言，德性教化承受着一种价值的追问，即道德教育应该鼓励人们去追求什么样的生活？如果我们把值得过的生活或者应该去追求的生活看作美好生活，如果美好生活是人人追求的生活，那么道德教育就要贡献于这种生活，否则，教育就不是真正以人为目的的。③

第四，胡林英的观点。她通过研究指出，道德内化是关于社会道德意识、道德规范和道德观念与道德主体之间的互动关系的范畴，包括两方面内涵：一是道德内化是个体从自然状态（天性）向社会状态（德性）的提升，并最终实现天性与德性的统一；二是道德内化是成就道德自我的过程，也就是说，成就道德人格的过程。这两个方面是相通的，概而言之，道德内化就是指人们的精神被提升到普遍状态，化天性为德性，从而实现完善的道德自我的过程。④如果说，金生鈜的观点是一种道

---

① 王国银：《德性伦理研究》，吉林人民出版社，2006，第 13 ~ 14 页。

② 王国银：《德性伦理研究》，吉林人民出版社，2006，第 235 ~ 309 页。

③ 金生鈜：《德性与教化——从苏格拉底到尼采：西方道德教育哲学思想研究》，湖南大学出版社，2003，第 338 ~ 339 页。

④ 刘小枫：《现代性社会理论绪论》，上海三联书店，1998，第 33 ~ 34 页。

德教化的观点,那么胡林英的路径就可以说是一种道德内化的路径。关于道德教化与道德内化的关系,胡林英指出它们有两点区别:一是道德教化的核心在"教",其实施属于教育活动范畴;而道德内化则着眼于人内部道德精神结构的变化,其过程属于人的素质发展的范畴。二是道德教化强调从外部对受教化者施加影响;道德内化则强调在外部影响作用下,道德主体内部运动的过程。它们的联系在于二者都强调教而化之,落脚点在"化";道德教化是道德的外部环境,是实现道德内化的重要条件;道德内化是道德教化过程中主体性的内在机制。①

我们认为,走出德性的荒野,当然首先应当从如何拯救德性这一子系统开始谋划,这是逻辑的必然,也是历史的必然。但是,我们又不能仅仅限于此,还应当考虑与德性相关的问题。换句话说,应当着眼于像人类社会乃至整个宇宙这样的大系统来筹划德性的复归,或许这才是拯救德性更为完美的举措。

因此,除上述拯救德性的谋划以外,我们认为还应当顾及以下几个方面:其一,让每一个公民都占有一定程度的财富,或者说成为中产阶级。因为经济始终是做任何事情的基础,很难想象一个连温饱问题都没有解决的人,会有时间谈论人生、谈论德性;只有每个公民拥有适度的财富,才能够有闲暇的时间和充沛的精力去追求美德,追求有德性的生活。固然,财富多了未必有德性,但是没有一定的财富是肯定无所谓德性的,或者说即使有德性也很难保持长久。

其二,政治制度的安排要体现公平和正义。实践证明,在一个不正义、不公平的制度中,其公民一定是不讲德性的,因为人人都不讲德性,如果你讲德性,那肯定会被视为"异端",很快就会被边缘化,最终成为被抛弃的对象。

其三,应当有一个开放、包容的思想和文化氛围。一个固步自封、刚愎自用的人,肯定是一个没有德性的人;相反,一个鼎新革故、从谏如流的人,必定是一个有德性的人。海纳百川,有容乃大。开放意味着

---

① 胡林英:《道德教化论》,社会科学文献出版社,2007,第39页。

勇于开拓进取，包容昭示着和谐共赢，德性的价值意蕴也就包含于其中。因此，在一个具有开放、包容的思想和文化氛围的机制内，公民个个都是有德性之人。

总之，"具有真正德性的人，明白事理之必然和当然，胸怀宽广，目光远大，不会为私利所诱；他情感平和浑厚，仁慈善良，深刻而敏感，不会为私情所惑；他的精神正大深沉，灵活而富有创造性，不会为外物所困。通向这条完美德性的道路没有既定的终点，只要生命尚存，这条道路就不会终止。因而，对这条道路的探寻无疑是充满无穷魅力的工作"。①

---

① 胡林英；《道德教化论》，社会科学文献出版社，2007，第13页。

比较研究

从中西传统哲学的本体价值看
中西传统哲学认识论的差异

【摘　要】 中西传统哲学之"本体"具有不同的价值内涵，前者侧重于善，后者侧重于真。中西传统哲学之本体的不同价值内涵决定了中西传统哲学的认识论具有不同的性质和特征。从性质上说，中国传统哲学的认识论主要是一种"道德认识论"；西方传统哲学的认识论则主要是一种"知识认识论"。从特征上说，中国传统哲学的认识论主要包含了向外格物和返求本心两种认识理论，它的最终目的主要是通过获得道德真理以求善，从而使人成为圣人；西方传统哲学的认识论也包含了向外求助经验的认识理论和向内求助理性的认识理论，它的最终目的则主要是通过获得事实真理以求真，从而使哲学成为科学。

【关键词】 中国　西方　本体价值　认识论

中西传统哲学的本体价值指的是中西传统哲学本体所具有的价值内涵。我们认为，中西传统哲学本体论的主要差异不在于它们的称谓或某

---

* 强以华，湖北大学高等人文研究院、湖北大学哲学学院教授，博士生导师。

些细微的理解，而在于它们的本体作为世界以及人类之根所具有的不同的价值内涵。并且，由于"本体"是哲学的基础乃至文化的基础，所以，中西传统哲学在价值内涵上的区别从根本上决定着中西传统哲学乃至中西传统文化之间的一系列不同特征。本文试图从中西传统哲学本体价值内涵的差异出发，探讨中西传统哲学因本体价值内涵的差异所导致的不同的认识论特征。

一 中西传统哲学的本体价值

从总体上说，我们认为，中西传统哲学都把本体看成真的价值和善的价值的统一体，但是，在此基础之上，它们之间又存在着巨大的差异。相对地说，中国传统哲学侧重于善，它把善看成本体之真善统一的基础，甚至在它那里，真之所以是真，乃是由于它是善，也就是说，真是因善而真；西方传统哲学则侧重于真，它把真看成本体之真善统一的基础，甚至在它那里，善之所以是善，乃是由于它是真，也就是说，善是因真而善。

在中国传统哲学中，本体具有众多称谓，它包含了诸如阴阳、五行、太极、天、道、理、气、心等称谓。尽管中国传统哲学的本体有着各种各样的众多称谓，但是我们认为，在这众多的称谓中，"天"应该是最为主要的称谓。首先，在中国传统哲学本体之众多的称谓中，天是一个中心范畴，它基本上（虽然不是全部）统率了其他范畴，也就是说，其他范畴或者就是天的某种理解方式，或者与天的某种理解方式存在这样或那样的关联。例如，在中国传统哲学中，如果对"天"做唯物主义的理解，它就可以是有、是道、是气、是自然；如果对"天"做唯心主义的理解，它就可以是无、是道、是命、是理、是心；如果对"天"做规律性的理解，它也可以是道、是理、是阴阳。因此，中国传统哲学在指称本体时不仅用"天"这一概念，而且还把"天"与"命""道""理""气""心"等概念联系起来，形成了"天命""天道""天理""天气""心即理"等范畴和命题。其次，在中国传统哲学之众多称谓中，天是一个最合适作为本体的范畴。人类提出本体概念是为了给世界、特别是为了给人类自己寻找本根，因此，它常常与人类的生存方式密切相关。在中国古代以农业为主要生存方式的情形下，天作为古典农业社会所依赖的根本条件（如阳光、雨水、四季等），是维持中国古人生存的重要基础。同时，天作为中国古人生存的重要基础，它又是神秘的难以把握的东西。因此，天具备了成为中国古代哲学最适当的本体的一切条件。

当我们把"天"确定为中国传统哲学的主要称谓之后，我们将进一步围绕天来探讨中国传统哲学本体的主要价值内涵。在中国传统哲学中，天具有"人格神（上帝）""义理之天"或"自然之天"三重价值内涵，并且经历了一个以"人格神"为主逐步走向以"义理之天"和"自然之天"为主的演化过程。天很早就被理解成了人格神。根据《诗经》《尚书》等的记载，在夏商时代，当时的统治者都自认为是上帝的后裔。例如《诗经》说，"天命玄鸟，降而生商"。①还有一些哲学家则把天看成自然之天（自然之气）。荀子曾说："列星随旋，日月递照，四时代御，阴阳大化，……是之谓天"；②王充则说："天地，含气之自然也。"③不过，更多的哲学家还是从义理之天（道德之天）的角度来理解天。孔子曾把"畏天命"与"做君子"结合起来，已经暗含了天与君子人格的关系；《礼记·乐记》提出"存天理灭人欲"的命题，这一命题直接把天与理结合起来，也就是说，它把天与义理结合起来并与人欲对立起来。二程曾把天与理等同起来；朱熹明确认为"理"就是仁、义、礼、智。我们认为，在天的三重价值内涵之中，义理之天应是天的主要价值内涵。首先，义理之天的观点是中国传统哲学主流学派（儒家）中的主流观点（道统），并且进而构成了中国封建社会的大多数时段中的官方意识形态。周代统治者认为"皇天无亲，惟德是辅"，主张"以德配天"；孟子把"仁、义、礼、智"之端归于人的本性，并在"尽心、知性、知天"

① 陈铁镔：《诗经解说》，书目文献出版社，1985，第 16 页。
② 张诗同注《荀子简注》，上海人民出版社，1974，第 176 页。
③ （东汉）王充：《论衡》，上海人民出版社，1974，第 166 页。

的原则下把人性等同于天性；后来董仲舒、宋明理学进一步发挥了孟子的上述思想，提出了完整系统的"天理"学说。其次，即使是人格神甚至自然之天，也都或多或少地包含了义理的内涵。人格神首先就是至善的对象。同时，即使在主张天为自然之气的哲学家那里，很多哲学家也认为构成人的心灵的最精纯的气具有某种道德属性。张载认为，秉承太虚之气的"天地之性"便是至善的人性；王夫之也说："初生之顷，非无所命也。何以知其有命？无所命，则仁义礼智无其根也。"[①]一般来说，哲学家都把自己关于本体价值内涵的理解看成真实的理解，并把本体看成真实的对象，在中国传统哲学中，这一情形也不例外。因此，在中国传统哲学中，本体的内涵无疑具有真的意义，但是，在它那里，这种真的东西主要就是某种道德义理，也就是说，它主要就是善。所以，在中国传统哲学本体价值含义的真善之中，善是基础，真本质上就是善。

像中国传统哲学一样，西方传统哲学的本体也有着众多的称谓，它包含了诸如"始基""水""火""无限""数""原子""存在""实体""上帝""理念""物质""精神""灵魂""思维""单子""绝对精神"等一系列称谓。那么，西方传统哲学中的本体的最为主要的称谓又是什么呢？我们认为，它的主要称谓就是"实体"。首先，在西方传统哲学关于本体的各种称谓中，实体是一个中心范畴。这就是说，尽管西方传统哲学家们用各种各样的概念来称谓本体，但是，自从实体这一概念产生以后，他们大都把自己用各种概念所称谓的本体看成一种实体或几种实体（例如笛卡尔）。在他们那里，他们用来称谓本体的各种概念其实都是实体的一种表述形式。其二，西方传统哲学家之所以大都把自己所理解的本体看成一种实体，乃是因为西方形而上学的创始人就明确地把自己的本体称为实体。我们知道，西方的本体论哲学主要是形而上学，当亚里士多德创立形而上学（第一哲学）时，他就把本体称为实体。在他看来，形而上学的对象是"作为存在的存在"，作为存在的存在包含

---

① （清）王夫之：《尚书引义》（卷三），参见中国社会科学院哲学所中国哲学史研究室编《中国哲学史资料选编》（清代部分），中华书局，1981，第132页。

了最一般的范畴（如实体、一与多、同与异等）和最一般的公理，最一般的公理属于逻辑学的对象，最一般的范畴则以实体为中心，所以第一哲学主要就是研究实体的学科。

也像中国传统哲学的天具有三重价值内涵一样，西方传统哲学的实体同样也有三重价值内涵，即物质性的内涵（物质实体）、精神性的内涵（精神实体）和上帝（作为无限的实体）。在把哲学看成实体的基础上，尽管西方不同的哲学家用不同的称谓来表达实体，但是，在他们的表达中，实体主要指的是物质实体、精神实体和上帝三种实体。物质实体和精神实体分别来自希腊早期哲学中的质料和形式。那些把质料、物质作为实体的哲学家由于把实体当作一种"客观的"存在，所以，他们的实体只是知识对象或求真的对象。至于那些把形式、精神作为实体的哲学家对于实体究竟是知识（求真）对象还是道德（求善）对象的理解则要复杂得多。亚里士多德的观点可以作为代表。在亚里士多德那里，形式作为世界的原因就是本质作为世界的原因，本质意味着知识或求真的对象，所以，形式就是知识或求真的对象；但是另一方面，亚里士多德又把形式因与目的因乃至动力因结合起来，在西方哲学中，目的自身就是善，所以，形式作为目的因也是道德或求善的对象。综合地看，形式既是知识（求真）的对象又是道德（求善）的对象。上帝作为全智、全能、全善的无限实体，它的全智、全能、全善与亚里士多德所说的作为形式实体的形式因（智）、动力因（能）和目的因（善）正好一致，因此，上帝也是（绝对或无限的）真与善的统一。那么，在实体的真与善的内涵中，究竟哪种内涵具有支配的地位呢？我们认为，尽管从情感上说我们可以把善当作终极价值目标，但是，这一终极价值目标实质上就是形式（本质）。所以，从理论上看，真才是最重要的东西，它是真善统一的理论基础。

认识的对象决定着认识的性质和特征。哲学的认识论不是科学的认识论，它所要认识的最终对象是作为本体的世界以及人类之根。因此，中西传统哲学关于本体价值内涵的差异便决定了中西传统哲学认识论具有不同的性质和特征。

二　中西传统哲学认识论的不同性质

所谓中西传统哲学认识论的性质，指的是这样一种问题，即这种认识论归根到底想要达到什么目的？我们认为，由于中西传统哲学所要认识的对象存在价值内涵的重要差异，所以，它们所要达到的目的也有重要的差异，这种差异决定着它们的认识论也具有重要的性质差异。当然，笼统地说，无论是中国传统哲学的本体还是西方传统哲学的本体，由于它们的本体的价值内涵都是真与善的统一，所以，在它们的认识论中，都同时包含了求真和求善的意思，它们都把自己认识论的目的看成获得真理、实现美德。但是，由于中国传统哲学的本体的主要内涵是善，所以，中国传统哲学的认识论主要是一种求善的认识论，它要人获得的主要知识是善的知识，并且要人通过获得善的知识从而成为善良的人甚至成为圣人。就此而言，我们可以将中国传统哲学的认识论看成一种道德认识论（或主要是道德的认识论）。与其相反，西方传统哲学的本体的主要内涵是真，所以，西方传统哲学的认识论主要是一种求真的认识论，它要人获得的知识主要是真理知识，并且要人（哲学家）通过获得真理知识从而成为绝对知识的代言人，成为第一科学家。就此而言，我们可以将西方传统哲学的认识论称为知识认识论（或主要是知识的认识论）。

中西传统哲学认识论的不同性质进一步决定了它们以不同的方式来解决认识的必要性问题和可能性问题。

在中国传统哲学的认识论中，也就是说，在中国传统哲学之主流儒家学说的道统之中，认识是否可能的问题已经得到了内在的解决，所以，它必须花费一定的精力去论证认识的必要性问题。之所以说它已内在地解决了认识的可能性问题，乃是在于它在"道德认识论"的意义上持有一种天人合一的观点。根据这种天人合一的观点，人是天的产物，天之天道表现在人的内心就是人道，因此，天人（天道和人道）本来就是合一的，人所要认识的最终对象就是天道，它早已通过人的"本心"或"本性"（指人的纯粹本性，即与天理以及含有道德之理的精纯之气相一致的人性）潜藏在人的内心之中，所以，人完全有"可能"认识天道。例如，孟子的"恻隐之心"等四种心、董仲舒的"圣人之性"、周敦颐的"诚"、程颐的"天命之谓性"、张载的"天地之性"、朱熹的"天命之性"、陆九渊的"本心"、王守仁的"良知良能"等已经与天相一致了。既然如此，认识的可能性已经预先得到了解决。问题在于：既然天人（天道人道）已经合一，那么，人类还有什么必要去认识天道呢，也就是说，认识的必要性究竟何在呢？因此，中国传统哲学不得不花大气力去论证认识的必要性。为此，它在肯定了天人合一的同时又极力在某种意义上把天人分开。这就是说，它在肯定了人心或者人性中先天具有"道"的同时又千方百计地把人心中的这种"道"或多或少地重新遮蔽了起来。它论证说，由于后天的人欲的影响，或者由于人所禀之气的精粗、厚薄的影响，原来与天理内在一致的人的纯粹本性受到了各种污染和干扰，或者产生了与天理不一致、甚至相对立的行为，或者产生了与天理不一致、甚至相对立的人性，如孟子的"不能求其放心"的行为，董仲舒的"中民之性"和"斗筲之性"，程颐的"生之谓性"，张载与朱熹的"气质之性"，陆九渊与王守仁的失去"本心"或"良知良能"的沉溺于人欲的行为，王夫之的人出生之后因"日生日成"而引起的人性的变化，如此等等。这样一来，人还应当通过所谓的"认识"重新获得道德知识，除去遮蔽。

在西方传统哲学的认识论中，认识是否必要的问题已经得到了内在解决，但是，它却不得不为认识的可能性问题绞尽脑汁，甚至它可能就根本无法解决认识的可能性问题。之所以说西方传统哲学已经解决了认识的必要性问题，乃在于它在"知识认识论"的意义上持有一种"主客二分"的观点。在它看来，人作为认识的主体，他要认识的对象作为认识客体"外在于"人这一认识主体，既然如此，人若要知道认识客体的本质或规律，他就必须进行实际的认识活动。因此，为了获得真理，认识是必要的。但是，人究竟能否认识"外在于"他的认识客体的本质或规律呢？这是西方传统哲学认识论需要解决的关键问题。西方哲学家为此绞尽脑汁，他们探讨了各种各样的认识路径，但是，遗憾的是：他们的探讨最后大都以失败告终。没有广延的思维和有广延的物质究竟如何才能统一的问题一直困扰着哲学家们，以至休谟明确宣布："人们如果想来讨论人类才干所完全不能及的一些问题，如世界的起源、智慧体系（或精神领域）的组织等，那他们在那些无结果的争辩中诚然只有捕风捉影，永远达不到任何确定的结论。"①现代分析哲学家则明确认为，西方近代哲学的认识论欲"在作为心灵内容的观念和存在于这些观念之外的世界之间建立一种令人满意的关系"②本身就是一种看待知识的错误模式。

三　中西传统哲学认识论的不同特征

中西传统哲学本体价值内涵的不同不仅决定了中西传统哲学认识论具有不同的性质，使之分别成为"道德的认识论"（或主要是道德的认识论）和"知识的认识论"（或主要是知识的认识论），而且还进一步决定了它们的具体的认识理论具有不同的特征。

首先，我们来看中国传统哲学的认识论。中国传统哲学的认识论主要有向外格物和返求本心两种认识理论。例如程朱理学主张向外格物的认识理论，而陆王心学则主张返求本心的认识理论。当然，也有一些哲学家实际上同时采用了上述两种认识理论。在认识的起点上，向外格物的认识理论主张以向外格物为认识的起点。程颐指出："知者我之所固有，然不致则不能得之，而致知必有道，故曰致知在格物"；③朱熹则把"致知在格物"直接解释成为"即物而穷其理也"。返求本心的认识理论则把返求本心当作认识的起点。王守仁说："知是心之本体，心自然会知。见父自然知孝，见兄自然知悌，见孺子入井自然知恻隐，此便是良知，不假外求。"④所以他说："天下之物本无可格者，其格物之功，只在

---

① 〔英〕休谟：《人类理解研究》，关文运译，商务印书馆，1981，第73页。
② 〔美〕穆尼茨：《当代分析哲学》，吴牟人等译，复旦大学出版社，1986，第6~7页。
③ （北宋）程颢、程颐：《二程遗书》，中国戏剧出版社，1999，第152页。
④ （明）王阳明：《传习录》（上），江苏古籍出版社，2001，第14页。

身心上做。"①在认识的途径上，向外格物的认识理论主张通过向外一件一件的格物最终达到获得知识的目的。尽管它的向外格物也包含了"实地闻见"（例如程颐曾说："闻见之知，非德性之知，物交物则知之，非内也，今之所谓博物多能者是也。"②），但是，它更多地还是强调读书以讲明义理、论古今人物别其是非、应接事物而处其当。根据朱熹的看法，上到无极太极，下到一草一木一昆虫之微，都各有理；一书不读，则缺了一书道理；一事不穷，则缺了一事道理；一物不格，则缺了一物道理。因此，我们应该桩桩件件都将其格到。返求本心的认识理论则主张通过向内的自我反省、修身养性最终达到获得知识的目的。它把认识途径主要看成借助"虚一而静""净心""求其放心"等方式除去感性欲望以保持本心，守住"本性"的过程。在认识的结果上，向外格物的认识理论主张通过反复地格物最终达到豁然贯通。程颐说道："须是今日格一件，明日格一件，积习既多，然后脱然自有贯通处。"③返求本心的认识理论其实也主张豁然贯通，只是它要通过另外的途径来实现豁然贯通。孟子说的"反身而诚"就是这样一种豁然贯通。程颢也说："穷理尽性至命，只是一事。才穷理，便尽性；才尽性，便至命。"④

其次，我们再看西方传统哲学的认识论。西方传统哲学的认识论具有更多的形态，例如经验论、唯理论、先验论、辩证论等。我们仅以经验论和唯理论为例来说明西方传统哲学认识论的特征，前者是一种主张向外求助人类经验的认识理论，后者则是一种向内求助理性的认识理论。在认识的起点上，经验论认为"凡是在理智中的，没有不先在感觉中"，因此，它认为认识必须以感觉经验为起点。洛克指出："一切耸高的思想虽然高入云霄，直达天际，亦都是导源于此（经验——引者），立足于此的。"⑤唯理论则认为，认识的起点就是人的理性自身，确切地说，

① （明）王阳明：《传习录》（下），江苏古籍出版社，2001，第329页。
② （北宋）程颢、程颐：《二程遗书》，中国戏剧出版社，1999，第152~153页。
③ （北宋）程颢、程颐：《二程遗书》，中国戏剧出版社，1999，第92页。
④ （北宋）程颢、程颐：《二程遗书》，中国戏剧出版社，1999，第94页。
⑤ 〔英〕洛克：《人类理解论》，关文运译，商务印书馆，1983，第83页。

它就是人的自明性的直觉，就是天赋观念和天赋知识。笛卡尔说："除了通过自明性的直觉和必然的演绎外，人类没有其他途径来达到确定的知识。"在认识的途径上，经验论主张沿着由个别到一般的方向进行认识，最终达到智慧的顶点。这就是说，在观察、实验的基础上，借助于归纳的方法，通过收集事实，整理经验材料，最终走向真理性的认识。培根在自己的《新工具》一书中，通过阐述自己的归纳法详细地描述了这一认识途径。唯理论则坚持沿着一般到个别的方向进行认识，建构绝对真理的大厦。这就是说，在经由自明性直觉所获得的天赋观念和天赋知识的基础上，借助于演绎的方法，通过演绎推理，一步一步地推进，最终走向真理性的认识。正是因为如此，笛卡尔才在谈到"自明性的直觉"之外，还提到了"必然性的演绎"。斯宾诺莎对于这一认识途径做了经典的概括，他说："凭借天赋的力量，自己制造理智的工具，再借这种工具充实它的力量来制作新的理智的作品，再由这种理智的作品进而探寻更新的工具或更深的力量，如此一步一步地进展，一直达到智慧的顶点为止。"①在认识的结果上，无论是经验论还是唯理论都没有解决认识的可能性问题，也就是说，它们都遇到了认识论的困难，最终它们分别陷入了怀疑论和独断论。

表面看来，中西传统哲学的认识论似乎有某种共同之处，即：仅就经验论和唯理论来看，中西传统哲学都一样分别具有一种向外的认识理论和一种向内的认识理论；但是，在实质上，由于它们的认识对象决定了它们的认识性质，所以，它们是两种完全不同的认识理论。西方传统哲学的认识理论是一种类似于自然科学的认识理论，它要获得的是关于事实的真理。所以，它像自然科学一样重视数学的应用，"柏拉图认为数学是一切知识中的最高形式，否则就根本不是知识"。②中国传统哲学的认识理论则是一种类似于道德理论的认识理论，它要获得的是道德的

① 北京大学外国哲学教研室编《十六——十八世纪西欧各国哲学》，商务印书馆，1975，237页。
② 〔德〕赖欣巴哈：《科学哲学的兴起》，伯尼译，商务印书馆，1991，第27页。

真理，它实质上是要认识者通过去蔽以掌握道德真理，成为圣人。在中国传统哲学看来，天理遍存于人的纯粹本性之中，乃至存在于一切事物之中。人之所以不能明了天理，迷失了纯粹的本性，只是由于种种原因染上了物欲，遮蔽了纯净的心灵，因此认识无论是向外的格物，还是向内的反省，在本质上都是"除蔽"，一番又一番地剥落遮蔽心灵的物欲，使它逐渐清明，最终一尘不染。

宗教信仰的道德形而上学解构：
康德宗教思想探析[*]

张传有　徐　瑾^{**}

（武汉大学哲学学院　湖北大学哲学学院）

【摘　要】　在康德看来，理性是人的本质，善恶的判断不能先于道德法则；道德律是先于经验性情感的理性自身生发出的自在法则（定言命令）。不过由于人只是有限的理性存在者，有善的禀赋的同时也有恶的倾向，所以人在此生始终无法做到与道德律完全符合。出于德性与幸福匹配的需要，人类以上帝存在、灵魂不朽及意志自由为合理的公设以保障道德律的始终践行。上帝、来世的理念不能做超验的运用，而只能作为道德践行的合理信仰。然而现实中的历史性启示宗教却往往将对神恩、奇迹、奥秘、邀恩手段的崇拜置于道德法则之上，由此导致宗教迷信、狂热、妄想及专制（教权主义）。一切历史性启示宗教应当过渡到纯粹理性的道德宗教。

【关键词】　康德　宗教　道德　当代价值

---

* 本文系 2012 年湖北大学人文社会科学基金项目"康德宗教哲学及其当代价值考量"（编号 013 - 098326）和 2013 年湖北大学高等人文研究院项目"当代中国文化发展对宗教领域的引导作用"（编号 013 - 075056）的课题成果。

** 张传有（1947~），男，浙江宁波市鄞州区人，武汉大学哲学学院教授，研究方向：伦理学。徐瑾（1976~），男，湖北蕲春人，湖北大学哲学学院副教授，湖北大学高等人文研究院研究员，研究方向：宗教伦理。

　　康德宗教思想的核心是以其道德形而上学为基石，在批判性反思当代宗教（历史性启示宗教）的基础上，主张一切历史性宗教应当过渡到纯粹理性的道德宗教。

一　理性作为人的本质及作为理性定言命令的道德律

（一）　作为人的本质的理性

　　道德形而上学首先要明确的是人的本质是什么？西方哲学自古希腊以来，一直有理性主义的传统（对于人而言理性便是其本质），康德亦是如此。正如亚里士多德所说：“万物在变化，某物被某物所变，又变成某物。被什么所变，被最初运动者；什么在变，质料；变成什么，形式。”①显然，不应当是质料性肉体而应当是形式性理性是人的本质。因此，对于“万物都有向善的本性”的人来说，人的善就表现在：“我们说人的活动是灵魂的一种合乎逻各斯的实现活动与实践，且一个好人的活动就是良好地、高尚〔高贵〕地完善这种活动；如果一种活动在以合乎它特有的德性的方式完成时就是完成得良好的；那么，人的善就是灵魂的合德性的实现活动，如果有不止一种的德性，就是合乎那种最好、最完善的德性的实现活动。”②

　　在康德看来，“在人用来形成他的学问的文化中，一切进步都有一个目标，即把这些得到的知识和技能用于人世间。但在他能够把它们用于其间的那些对象中，最重要的对象是人：因为人是他自己的最终目的。所以，根据他的类把他作为具有天赋理性的地球生物来认识，这是特别值得称之为世界知识的，尽管他只占地球上的创造物的一部分”。③而且，“人能够具有‘自我’的观念，这使人无限地提升到地球上一切其他有

---

　　①　〔古希腊〕亚里士多德：《形而上学》，苗力田译，中国人民大学出版社，2003，第 244 页。
　　②　〔古希腊〕亚里士多德：《尼各马可伦理学》，廖申白译，商务印书馆，2003，第 20 页。
　　③　〔德〕康德：《实用人类学》，邓晓芒译，上海人民出版社，2005，第 1 页。

生命的存在物之上，因此，他是一个人，并且由于在他可能遇到的一切变化上具有意识的统一性，因而他是同一个人，也就是一个与人们可以任意处置和支配的、诸如无理性的动物之类的事物在等级和尊严上截然不同的存在物。"①相对于地球上所有生物，人是因为具有理性而与众不同且成为自然的目的的，"在有生命的地球居民中，人与其他一切自然存在的区别可表明为：利用事物的技术性素质（与意识相联结的机械性的素质），实用性素质（巧妙地利用别人达到他的目的），和在他本质之中的道德性素质（按照法则之下的自由原则来对待自己和别人）"。②而对于其他的非理性的存在物，只能将它们称为"物件"，"那些其实存不以我们的意志为依据，而以自然的意志为依据的东西，如若它们是无理性的东西，就叫做物件（Sachen）。与此相反，有理性的东西，叫做人身（Personen），因为，他们的本性表明自身自在地就是目的"。③

就人的质料性肉体（及其欲望）和形式性精神（理性）的两重性存在而言，人实际上同时处于两个世界，一个是自然的感性世界，一个是自由的道德世界，"就自身仅是知觉，就感觉的感受性而言，人属于感觉世界；就不经过感觉直接达到意识，就他的纯粹能动性而言，人属于理智世界。……第一，他是感觉世界的成员，服从自然规律，是他律的；第二，他是理智世界的成员，只服从理性规律，而不受自然和经验的影响。"④而人正是因为自由而卓然超然于整个自然界，星空只能使人感到渺小，心中的道德法则才能使人崇高："有两样东西，人们越是经常持久地对之凝神思索，它们就越是使内心充满常新而日增的惊奇和敬畏：我头上的星空和我心中的道德律。……前面那个无数世界堆积的景象仿佛取消了我作为一个动物性被造物的重要性，这种被造物在它（我们不知道怎样）被赋予了一个短时间的生命之后，又不得不把它由以形成的那种物质还回给这个（只是宇宙中的一个点的）星球。反之，后面这一

① 〔德〕康德：《实用人类学》，邓晓芒译，上海人民出版社，2005，第 3 页。
② 〔德〕康德：《实用人类学》，邓晓芒译，上海人民出版社，2005，第 261 页。
③ 〔德〕康德：《道德形而上学原理》，苗力田译，上海人民出版社，2005，第 47 页。
④ 〔德〕康德：《道德形而上学原理》，苗力田译，上海人民出版社，2005，第 77 页。

景象则把我作为一个理智者的价值通过我的人格无限地提升了，在这种人格中道德律向我展示了一种不依赖于动物性、甚至不依赖于整个感性世界的生活，这些至少都是可以从我凭借这个法则而存有的合目的性使命中得到核准的，这种使命不受此生的条件和界限的局限，而是进向无限的。"①

（二） 作为理性定言命令的道德律

人之所以拥有自由（而超越自然）是因为人能够按照理性法则行动，也就是说，只有按照理性法则（定言命令）自律行动人才能获得自由。

什么是定言命令呢？"定言命令既不考虑其他目的，也不考虑任何意图，所以被当作一种必然的实践原则。也只有定言命令才可以称为道德命令。……只有道德命令才可称为诚律（Gebot），只有诚律才带有无条件的必然性，即客观的、普遍适用的必然性。诚律就是对规律的必须服从，即使和爱好所希冀的后果相反，也必须执行。鞠躬尽瘁，死而后已，知其不可为而为之。"②定言命令之所以为定言而非假言是因为它无须任何经验意图，它纯粹是先天的、普遍的法则，所以只有理性的定言命令才能称为道德命令，"还有一种命令式，它直接决定人的作为，而不须一个另外的通过某种作用而实现着的意图为条件。这种命令式就是定言命令。它所涉及的不是行为的质料，不是由此而来的效果，而是行为的形式，是行为所遵循的原则。在行为中本质的善在于信念。至于后果如何，则听其自便。只有这样的命令式才可以叫做道德命令"。③

什么是道德律（法则）呢？"定言命令只有一条，这就是：要按照你同时认为也能成为普遍规律的准则去行动。"④道德律也可以这样表述："责任的普遍命令，也可以说成这样：你的行动，应该把行为准则通过

---

① 〔德〕康德：《实践理性批判》，邓晓芒译，人民出版社，2003，第221页。
② 〔德〕康德：《道德形而上学原理》，苗力田译，上海人民出版社，2005，（代序）第26页。
③ 〔德〕康德：《道德形而上学原理》，苗力田译，上海人民出版社，2005，第34页。
④ 〔德〕康德：《道德形而上学原理》，苗力田译，上海人民出版社，2005，第39页。

你的意志变为普遍的自然规律。"①道德律是理性的第一法则，也是最高的行动准则，不过道德律毕竟只是纯形式的，它需要一个实践性的定在，而这个定在就是人（因为人是有理性的存在者，是自在的目的），"如若有一种东西，它的定在自在地具有绝对价值，它作为目的能自在地成为一确定规律的根据。在这样的东西身上，也只有在这样的东西身上，才能找到定言命令的根据，即实践规律的根据。我认为：人，一般来说，每个有理性的东西，都自在地作为目的而实存着，他不单纯是这个或那个意志所随意使用的工具。在他的一切行为中，不论对于自己还是对其他有理性的东西，任何时候都必须被当作目的"。②

就道德律本身而言，由于它是理性的定言命令，因此先于一切经验，"道德命令是先天的、必然的命题，它不以任何来自爱好、来自感性欲念、来自利己之心的条件为前提，而以一个对一切主观动因都具有无上权威性的理性观念，如责任观念把活动、行为和意志联系起来"。③康德对于道德律的表述从形式、质料、整体三方面进行了阐述：第一，从形式方面讲，是讲规律的单一性、意志的普遍性。在任何时候都要按照那些你也愿意把它的普遍性变成规律的准则而行动。这是意志永远不能自相反对的唯一条件，唯有这种命令式才是定言的。这一条道德命令可以简化为如下的公式：要按照你同时认为也能成为普遍规律的准则去行动。第二，是道德命令的质料方面，是目的的众多性。由于普遍必然命令的根据必须出于理性自身，必须是客观的，它的定在自在地就有绝对价值，它作为目的能自在地就是确定的、具有内容的规律的根据。康德认为，能够满足以上条件，唯一有资格作为定言命令根据，作为实践命令根据的东西，就是人。所以，每个有理性的东西都须服从这样一条规律：不论是谁在任何时候都不应把自己和他人仅仅当作工具，而应该永远看作自身就是目的。第三，从全体方面对全部准则做完整的规定，这就是全

---

① 〔德〕康德：《道德形而上学原理》，苗力田译，上海人民出版社，2005，第40页。
② 〔德〕康德：《道德形而上学原理》，苗力田译，上海人民出版社，2005，第47页。
③ 〔德〕康德：《道德形而上学原理》，苗力田译，上海人民出版社，2005，（代序）第27页。

部准则通过立法而和可能的目的王国相一致，如像对自然王国那样。①

二　道德必然导致宗教

因为人并非纯粹的理性存在者，人在本性上既有善的禀赋也有恶的倾向，所以人难以在此生凭借自身达到与道德律的完全符合，这便需要一个基于理性的伦理神学（理性宗教）来作为道德信仰。

对于人性而言，"善的禀赋与恶的倾向共居于人的本性之中，二者的根本对立就在于意念，即对待道德法则的态度"。②人的原初禀赋可以分为这样三类："1. 作为一种有生命的存在物，人具有动物性的禀赋；2. 作为一种有生命同时又有理性的存在物，人具有人性的禀赋；3. 作为一种有理性同时又能够负责任的存在物，人具有人格性的禀赋。"③对于这三种原初禀赋而言，"第一种禀赋不以理性为根源；第二种禀赋以虽然是实践的，但却只是隶属于其他动机的理性为根源；惟有第三种禀赋以自身就是实践的，即无条件地立法的理性为根源"。④显然，只有第三种以理性纯形式本身为动机，才真正体现了人的自由意志，善也由此具有了积极的意义："把我作为一个理智者的价值通过我的人格无限地提升了，在这种人格中道德律向我展示了一种不依赖于动物性、甚至不依赖于整个感性世界的生活。"⑤"恶的倾向"有三个层次："第一，人心在遵循已被接受的准则方面的一般软弱无力，或者说人的本性的脆弱；第二，把非道德的动机与道德的动机混为一谈的倾向（即使这可能是以善的意图并在善的准则之下发生的），即不纯正；第三，接受恶的准则的

---

① 〔德〕康德：《道德形而上学原理》，苗力田译，上海人民出版社，2005，（代序）第28—30页。

② 〔德〕康德：《单纯理性限度内的宗教》，李秋零译，中国人民大学出版社，2003，第17页。

③ 〔德〕康德：《单纯理性限度内的宗教》，李秋零译，中国人民大学出版社，2003，第10页。

④ 〔德〕康德：《单纯理性限度内的宗教》，李秋零译，中国人民大学出版社，2003，第4页。

⑤ 〔德〕康德：《实践理性批判》，邓晓芒译，人民出版社，2003，第221页。

倾向，即人的本性或者人心的恶劣。"①康德在具体分析人的本性中的这三种趋恶倾向之后说："在人这里，即使是在（就行动而言）最好的人这里，都提出了趋恶的倾向，也就是说，趋恶的倾向在人们中间是具有普遍性的。"②换言之，为了达到自由，人就必须与恶的倾向做斗争，"从理性的角度来缜密地考虑一切，就会发现在我们的意志里面存在着一种矛盾，某一原则在客观上我们把它看作是普遍必然的规律，而在主观上我们却又不把它当作普遍必然的规律而是允许例外。于是我们就处于这样的自相矛盾之中，一方面完全从理性的角度来观察自己的行为，另一方面又从爱好的角度来观察自己的同一行为。在这里摆下了天理与人欲的战场，展开了理性与爱好的搏斗"。③

对于整个人生来说，"理性的一切兴趣（思辨的以及实践的）集中于下面三个问题：1. 我能够知道什么？2. 我应当做什么？3. 我可以希望什么？"④第一个问题是单纯思辨的。第二个问题是单纯实践的。第三个问题，即：如果我做了我应当做的，那么我可以希望什么？这是实践的同时又是理论的，以至于实践方面只是作为引线而导向对理论问题以及（如果理论问题提高一步的话）思辨问题的回答。而对于经验世界中的人来说，幸福原则是无法摆脱的，"幸福是对我们的一切爱好的满足（按照满足的多样性，这幸福是外延的，按照满足的程度，幸福是内包的，而按照满足的持续性，幸福则是延伸的）。出自幸福动机的实践规律我称之为实用的规律（明智的规则）；但如果有这样一种实践规律，它在动机上没有别的，只是要配得上幸福，那我就称它为道德的（道德律）。"⑤因此，对于同时是自由世界的人来说，出于道德律的行为在经验世界中需要考虑的是如何"配享幸福"，"对纯粹理性涉及实践的兴趣的

---

① 〔德〕康德：《单纯理性限度内的宗教》，李秋零译，中国人民大学出版社，2003，第14页。
② 〔德〕康德：《单纯理性限度内的宗教》，李秋零译，中国人民大学出版社，2003，第15页。
③ 〔德〕康德：《道德形而上学原理》，苗力田译，上海人民出版社，2005，（代序）第22页。
④ 〔德〕康德：《纯粹理性批判》，邓晓芒译，人民出版社，2004，第612页。
⑤ 〔德〕康德：《纯粹理性批判》，邓晓芒译，人民出版社，2004，第612页。

两个问题中前一个问题的回答：去做那使你成为配得上是幸福的事情吧。现在，第二个问题问道：如果我现在这样做了，从而我是并非配不上幸福的，我也可以希望由此而能够享有幸福吗？"①如果能够达到道德与幸福的匹配，这就达到了一种"至善"，这也是整个人生的完满，"单是幸福对于我们的理性来说远远不是完整的善。这种幸福，如果不是与配得上幸福、即与道德的善行结合起来，理性是不赞同它的（不管爱好是多么幸福得到它）。然而，单是德性，以及和它一起，单是配得上幸福，也还远不是完整的善"。②而且，"幸福只有在与理性存在者的德性严格成比例、因而使理性存在者配得幸福时，才构成一个世界的至善"。③

正是基于至善（德福一致）的理性需要，"上帝"和"来世"成了一种合理的公设，"我把对这样一种理智的理念称之为至善的理想，在这种理念中，与最高幸福结合着的道德上最完善的意志是世上一切幸福的原因，只要这幸福与德性（作为配得幸福的）具有精确的比例。所以纯粹理性只能在这个最高的本源的善的理想中找到那两个最高的派生的善的要素在实践上必然连接的根据，也就是一个理知的、即道德的世界的根据。既然我们必须通过理性把自己设想为必然属于这样一个世界的，哪怕感官向我们呈现出的只不过是一个现象的世界，则我们也必须假定那个道德世界是我们在感官世界中的行为的一个后果，而由于感官世界并未向我们显露出那种联结，所以必须假定那个道德世界是我们未来的世界。所以上帝和来世是两个按照纯粹理性的原则而与这同一个理性让我们承担的义务不可分的预设。"④从这个角度来说，道德神学是可能的，而思辨神学因为理性无法认识本体世界（自在之物）而无法使自身获得合理性，"这种道德神学在此具有胜过思辨神学的特有的优点：它不可避免地导致一个惟一的、最高完善性的、有理性的原始存在者的概念，对此思辨神学就连从客观的根据中给我们作出暗示也做不到，更谈不上

---

① 〔德〕康德：《纯粹理性批判》，邓晓芒译，人民出版社，2004，第614页。
② 〔德〕康德：《纯粹理性批判》，邓晓芒译，人民出版社，2004，第617页。
③ 〔德〕康德：《纯粹理性批判》，邓晓芒译，人民出版社，2004，第617页。
④ 〔德〕康德：《纯粹理性批判》，邓晓芒译，人民出版社，2004，第615页。

能使我们确信这点了"。①因此，"一种伦理神学是完全可能的；因为道德没有神学虽然可以凭自己的规则而存在下去，但不凭这种规则所托付的终极意图，它就不会使理性在神学方面显露出来。但一种（纯粹理性的）神学伦理学是不可能的；因为那些法规如果不是理性自身本源地给出的，而对它们的遵守也不是理性作为纯粹实践的能力而产生的结果，那么它们就不可能是道德的。同样，一种神学物理学也将是无稽之谈，因为它并不展示任何自然规律，而是展示一个最高意志的命令；相反，一种物理的（严格说是自然目的论的）神学却至少还可以作为对一种真正神学的入门：因为它通过对那些它提供了如此丰富的材料的自然目的的观赏，而诱导出自然界所不能提出的某种终极目的的理念；因而物理神学虽然能够使得对某种为了理性的最高实践运用而充分规定上帝概念的神学的需要变得明显起来，但却不能把这样的神学产生出来并使之充分建立在它的证据系列之上"。②

所以从这个意义上来说，道德必然导致宗教，不过这里所说的宗教是基于理性之上的道德宗教，"想要沿着单纯理论之路来证明上帝和灵魂不朽这种错误意图的原因就在于，沿着这条路（自然概念之路）是根本不可能对超感官之物有任何知识的。相反，沿着道德之路（自由概念之路）则能成功，其原因在于：在这里作为这方面的根据的超感官之物（自由），通过从它那里发源的某种原因性的确定法则，不仅仅获得了对其他超感官之物（道德的终极目的及其可实现性的诸条件）的知识的材料，而且也作为事实表明了它在行动中的实在性，但也正因此而只能够提供出在实践的意图（这也是宗教所需要的惟一意图）中有效的证明根据"。③那么，对于那些不愿意（理性被欲望所左右）践行道德律的人来说，这种理性宗教有用吗？康德认为，这也是有用的，"尽管他可能由于缺乏善良的意向而与道德兴趣隔绝了，但即使在这种情况下也仍然足

---

① 〔德〕康德：《纯粹理性批判》，邓晓芒译，人民出版社，2004，第618页。
② 〔德〕康德：《判断力批判》，邓晓芒译，人民出版社，2002，第346页。
③ 〔德〕康德：《判断力批判》，邓晓芒译，人民出版社，2002，第334页。

够使他畏惧上帝的存有和来世了。……这将是一种消极的信念，它虽然不能产生道德和善良意向，但毕竟可以产生它们的类似物，就是说，能够有力地遏制恶劣意向的发作"。①

三　宗教以道德为根本

宗教以道德为根本的含义在于现实宗教所信奉的"上帝""来世"等理念只能作为合乎理性的公设，而不能将其做超验的运用。将其认为实有，从而将对上帝的崇拜凌驾于道德法则之上，甚至会导致低级的"神人同形论"（即将上帝想象成和人一样具有形体、欲望、激情等的存在，如古希腊众神那样），或者导致宗教迷信、妄想等。因此，"上帝""来世（灵魂不朽）"理念只能作理性内在的运用，"我们只有使理性出自行动本身的本性教给我们的那个道德律保持圣洁，我们才相信自己是合乎神的意志的，而我们只有通过促进我们自己和别人身上的世上至善，才相信自己是服务于神的意志的。所以，道德神学只具有内在的运用，即通过我们适合于一切目的的体系而在现世中实现我们的使命，而不是狂热地或也许甚至是罪恶地放弃道德立法的理性在良好生活方式上的指导，去把这种指导直接寄于最高存在者的理念，这将会是一种超验的运用，但正如单纯思辨的超验运用一样，这必将颠倒理性的最后目的并阻碍它的实现。"②也就是说，上帝的存在纯粹是因为道德的缘故，"这一道德的论证不是要对上帝的存在提供任何客观上有效的证明，不是要向怀疑的信徒证明有一个上帝；而是要证明，如果他想要在道德上一贯地思考，他就不得不把这个命题的假定接受进他的实践理性的准则中来。——这也并不是想说：为了德性有必要假定一切有理性的存在者的幸福都是符合他们的道德性的，而是说：这种假定由于德性而是必要的。

---

① 〔德〕康德：《纯粹理性批判》，邓晓芒译，人民出版社，2004，第628页。
② 〔德〕康德：《纯粹理性批判》，邓晓芒译，人民出版社，2004，第621页。

因而这是一个主观上对于道德的存在者来说是充分的证明"。①从这个意义上来说，理性宗教与宗教迷信、妄想、狂热等毫无关联，"理性在我们关于超感官之物的一切理念方面是局限于它的实践运用的诸条件之上的，这种局限就上帝的理念而言有一个显而易见的用处：它防止神学迷失于神智学（迷失于淆乱理性的那些夸大其辞的概念），或沉溺于鬼神学（对最高存在者的一种拟人论的表现形式）；防止宗教陷入巫术（一种狂热的妄想，以为能够感觉到别的超感官的存在者并且还对之发生影响），或是陷入偶像崇拜（一种迷信的妄想，以为能够不通过道德意向而通过别的手段来使最高存在者感到愉悦）"。②

一方面，悬设"上帝"和"来世"具有合理性，"既然道德规范同时就是我的准则（正如理性命令它应该是的那样），那么我将不可避免地相信上帝的存有和一个来世生活，并且我肯定没有任何东西可以动摇这一信念，因为那样一来我的道德原理本身将会遭到颠覆，而这些道德原理是我如果不在自己眼里成为可憎的就不能放弃的"。③但是另一方面，"这种确信不是逻辑上的确定性，而是道德上的确定性，而且由于它是基于（道德意向的）主观根据，所以我甚至不能说：上帝存在等等，这是在道德上确定的；而只能说：我是在道德上确信的等等。这就是说：对上帝和来世的信念和我的道德意向是如此交织在一起的，以至于我很少面临使前者受到损失的危险，同样也不用耽心什么时候会把后者从我手中夺走"。④对于人类理性的认知能力而言，上帝完全是不可证明的，"对于人类理性来说，关于原始存在者作为神的存有或灵魂作为不死的精神的存有，在理论的意图上，哪怕只是为了产生最起码的认其为真，都是绝对不可能有任何证明的"。⑤因而宗教必须以道德为根本，绝非相反，"谈到宗教，也就是在与作为立法者的上帝的关系中的道德，那么

---

① 〔德〕康德：《判断力批判》，邓晓芒译，人民出版社，2002，第308页注释。
② 〔德〕康德：《判断力批判》，邓晓芒译，人民出版社，2002，第317页。
③ 〔德〕康德：《纯粹理性批判》，邓晓芒译，人民出版社，2004，第626页。
④ 〔德〕康德：《纯粹理性批判》，邓晓芒译，人民出版社，2004，第627页。
⑤ 〔德〕康德：《判断力批判》，邓晓芒译，人民出版社，2002，第325页。

假如对上帝的理论知识必须先行的话，道德就不能不取决于神学，并且不仅必须取代理性的内在必然的立法而引入一个至上存在者的外在任意的立法，而且即使在这种立法中，我们对上帝本性的洞见的所有那些缺陷也必然要延伸到道德的规范上来，于是就不能不使宗教变成非道德的而被颠倒了"。①

在康德看来，宗教的类型只有两种，只有理性的宗教才符合人的自由，"我们可以把所有的宗教划分为祈求神恩的（单纯崇拜的）宗教和道德的、即良好的生活方式的宗教。就前者而言，人或者谄媚上帝，认为上帝能够（通过赦免他的罪责）使他永远幸福，而他自己却没有必要成为一个更善的人。或者，如果这在他看来不可能的话，认为上帝能够把他变成为更善的人，而他自己则除了为此而祈祷之外，没有必要为此再做什么。由于祈祷在一位洞悉一切的存在者眼里不外是愿望，所以，祈祷实际上是什么也没有做。因为倘若这单凭愿望就可以办到，那么，每一个人就都会是善的了"。②换言之，除了道德的生活之外任何对上帝的所谓事奉都是"伪事奉"："使启示信仰先行于宗教的那种事奉则是伪事奉，它使道德秩序本末倒置，无条件地要求人们那仅仅是手段的东西（就好像它是目的似的）。"③如果将章程性宗教信仰定义为普世宗教则只会导致宗教妄想，"认为这种章程性的信仰（它充其量局限于一个民族，不能包含普遍的世界宗教）对于一般地事奉上帝是根本性的，并且把它当做使上帝喜悦人的最高条件，这是一种宗教妄想。奉行这种妄想就是一种伪事奉，即对上帝的这样一种自以为是的崇敬，它使人们与真正的、由上帝自己所要求的事奉恰好背道而驰"。④由此，唯一的真正对上帝事奉的原则只能是善的生活，"对上帝的事奉由此才成了一种自由的、从

① 〔德〕康德：《判断力批判》，邓晓芒译，人民出版社，2002，第318页。
② 〔德〕康德：《单纯理性限度内的宗教》，李秋零译，中国人民大学出版社，2003，第41页。
③ 〔德〕康德：《单纯理性限度内的宗教》，李秋零译，中国人民大学出版社，2003，第172页。
④ 〔德〕康德：《单纯理性限度内的宗教》，李秋零译，中国人民大学出版社，2003，第176页。

而也是道德上的事奉。但是，如果我们背离了这一点，那么，加之于人的就不是上帝的儿女的自由，而是一种法则（规章性法则）的轭具。"①

相反，历史性宗教却往往对奇迹、神恩、奥秘、邀恩手段等更为崇拜，"至少那些哪怕是道德上的超验理念，当我们要将它们引入宗教时，从它们所产生的弊端，其结果依照上述四个类别的顺序为：一、被认为的内部经验（神恩的作用）的结果是狂热；二、所谓外部的经验（奇迹）的结果是迷信；三、妄称在超自然的事物方面（奥秘）有知性顿悟，其结果是顿悟说（Illuminatism），即术士的幻觉；四、对超自然事物施加影响的大胆试验（邀恩手段）的结果是魔术；这纯粹是一种超越自己界限的理性的迷误，而且是出于自以为道德上的（上帝喜悦的）意图"。②更有甚者，利用教会等对这些所谓超验理念的垄断性解释就会导致宗教专制乃至对异端的残酷镇压（这与道德的生活完全背道而驰），中世纪的"十字军东征"便是如此，"在西方，那个精神上的领袖如此凭借他那威胁要实行惩罚的魔杖，像对待小孩一样统治和惩罚各个国王，煽动他们去进行灭绝另一地区人口的对外战争（十字军战争），去彼此攻杀，并激怒臣民反抗自己的政府，去凶残地仇视自己那同一个普遍的所谓基督教的不同想法的同道"。③可以说，"只要我们把基督教的这一历史（就基督教本来想要建立在一种历史性信仰的基础之上而言，这一历史也就不会有别的结果）看做一幅全景画，它就会证明那一声惊呼是多么地正确：宗教竟会诱发如此多的不幸！"④

在康德看来，奇迹、神恩都不重要（也不合理），重要的是道德的生活，"谁除此之外还要求有通过他或者为了他而必然发生的奇迹才肯

---

① 〔德〕康德：《单纯理性限度内的宗教》，李秋零译，中国人民大学出版社，2003，第189页。

② 〔德〕康德：《单纯理性限度内的宗教》，李秋零译，中国人民大学出版社，2003，第43页。

③ 〔德〕康德：《单纯理性限度内的宗教》，李秋零译，中国人民大学出版社，2003，第134页。

④ 〔德〕康德：《单纯理性限度内的宗教》，李秋零译，中国人民大学出版社，2003，第135页。

相信？他同时也就由此承认了他在道德上的无信仰，即缺乏对德性的信仰。任何建立在奇迹所作的证明之上的信仰（这样的信仰只能是历史性的）都不能弥补这种缺乏。因为只有对那个蕴涵在我们的理性（理性充其量也只能证明，奇迹是可能从善的原则产生的，但却不能从奇迹中借取它自己的证明）之中的理念，在实践上的有效性的信仰才具有道德上的价值"。①对于一种道德宗教而言，奇迹、神恩等超经验的东西显然是多余的，"如果应该建立一种道德的宗教（它不能被确立在章程和诫命之中，而是必须确立在遵从上帝的律令的所有人类义务的心灵信念之中），那么，历史将之与这种宗教的导引联系在一起的所有奇迹，都必然最终使对一般奇迹的信仰本身变得多余"。②

所以康德认为真正的宗教其实只有一种，即纯粹理性的道德宗教，"只有一种（真正的）宗教，但却可能有多种多样的信仰。还可以补充说，在由于其信仰方式不同而彼此分离的各种各样的教会中，却只能找出同一真正的宗教。因此，说这个人具有这种或者那种（犹太教的、穆罕默德教的、基督教的、天主教的、路德教的）信仰，要比说他属于这种或者那种宗教更为恰当（就像在现实中也运用得更多一样）。"③那么，对现存的历史性启示宗教应当如何看待呢？康德认为历史性宗教仅仅是走向理性宗教的一个过渡性阶段，应当最终过渡到理性宗教，"尽管（根据人的理性的不可避免的局限性）一种历史性的信仰作为引导性的手段，刺激了纯粹的宗教，但却是借助于这样的意识，即它仅仅是这样一种引导性的手段。而历史性的信仰作为教会信仰包含着一种原则，即不断地迫近纯粹的宗教信仰，以便最终能够省去那种引导性的手段"。④

---

① 〔德〕康德：《单纯理性限度内的宗教》，李秋零译，中国人民大学出版社，2003，第51页。

② 〔德〕康德：《单纯理性限度内的宗教》，李秋零译，中国人民大学出版社，2003，第78页。

③ 〔德〕康德：《单纯理性限度内的宗教》，李秋零译，中国人民大学出版社，2003，第104页。

④ 〔德〕康德：《单纯理性限度内的宗教》，李秋零译，中国人民大学出版社，2003，第114页。

虽然这种过渡可能需要很长时间，但这却是历史性宗教的正确归宿，"要么是一种历史性的（教会的）信仰，必须在任何时候都作为造福于人的信仰的本质部分，附加在纯粹的宗教信仰之上；要么是它作为单纯的引导性手段，能够最终过渡到纯粹的宗教信仰，无论那未来是多么遥远"。①

　　总体而言，康德宗教哲学的合理内核就是对传统宗教进行了道德形而上学的解构，不是用宗教来说明道德，而是用道德来说明宗教。这显然是有助于消除宗教迷信，有助于提升社会道德水平的，在当代建设和谐社会的过程中具有借鉴和启示意义。

---

　　① 〔德〕康德：《单纯理性限度内的宗教》，李秋零译，中国人民大学出版社，2003，第115页。

论德勒兹符号思想表达机制对
中国传统价值文化的借鉴意义

张 能*

（同济大学人文学院）

【摘 要】 德勒兹作为 20 世纪法国著名的思想家之一，对符号机制本
质的讨论主要奠基于主体这一存在者。本质是某种居于主体的核心
的最根本的性质；然而这种性质要比主体更为深层，它属于另一个
不同的范畴。并非是主体表现了本质，毋宁说，是本质自身被蕴涵
于、包含于、盘卷于主体之中，它也是差异。而中国传统文化（主
要是儒家、道家）对符号机制的研究奠基于存在和思想显示意义的
关联，即它主要聚集的是存在与思想，符号的本质在于它凝聚了思
考。正是作为存在的符号，它自身给予了符号以保藏与显示的功能
意义。中国文化需要承纳这种主体性的范畴意义，唯此才能将一种
文化价值伦理的表达机制聚集于一种生命的肌理而达到自我完善的
目的。

【关键词】 符号 中国文化 德勒兹 孔子 董仲舒 老子 庄子

作为法国后现代主义哲学家的德勒兹（Deleuze）对符号的建制表达

---

* 张能（1985~），湖北浠水人，2012 级同济大学人文学院博士研究生，研究方向：西方哲
学、法国哲学。

是基于一种存在者聚集显示，特别是他对符号本质的阐述对我们现代思想文化的发展具有一定的启示意义。符号自身的传达不仅奠基到符号本身所指涉的意义指引，更为重要的是可引领它自身表达的差异。中国的价值文化体现于各种事物之间，从入思到符号言语的表达都渗透着一种思维的模式，这其中从对符号的思想建制中就可以体察中国传统文化的入思方式。中国传统文化对符号的思想讨论聚集于存在与思想的关联指引，而排除了作为主体性的人这一存在者的参照作用。所以，我们当前的文化建制应该更转向人的生存性的问题这一境域上，唯此，才能将文化固结的思想机制带回到一种生存结构之中来。本文讲述了四个部分，文章的第一、第二部分主要阐述法国思想家德勒兹对符号机制的研究理路和特殊的视阈角度，第三部分主要讨论中国文化对符号的聚集显示的研究，以儒道为例分别对符号（其中以语言符号为探讨个例）的研究予以整合并述。最后一部分作为一种探讨与交流，希望各自文化的建制都能从各自的表达立场中看到各自的思想文化的界限与思想症结，并以此来参照"救治"。

一

"符号"这个词语在《追忆》当中是出现最为频繁的词汇之一，进而，德勒兹将这种"符号"赋予了一种新的内涵，即符号是关联到学习的过程对象，而不是对于记忆的揭示。我们一般意义上对"符号"的理解总是将之纳入意义或者对象性的范畴之中进行抽象认知或者由抽象认知而确定其意义关联及指引。但是德勒兹符号首先关联到的事物是"学习"[①]而不是记忆或者关联的指引。

[①] 德勒兹在《普鲁斯特与符号》这本书中专辟了一章来谈论"学习"。"学习"事情，并最终获得根本性的启示。德勒兹在该章的最后部分说道：是本质构成了符号与意义的统一体；是它构成了符号，后者不能被归结为对其进行发送的客体；是它构成了意义，后者不能被归结为对其进行把握的主体。这才是学习或者最终启示的结论。参见〔法〕德勒兹《普鲁斯特与符号》，姜宇辉译，上海译文出版社，2008，第39页。

符号是一种时间性的学习过程的对象，而不是一种抽象认知的对象。学习（Apprendre）首先是认识一种物质、一个对象、一个存在，就好像它们产生出有待破译和阐释的符号。没有哪个学习者不是某物的"考古学家"。只有对木料的符号有着敏锐感知（sensible）的人才能成为细木工匠（menuisier），而只有对疾病的符号（aux signes du bois）有着敏锐感知的人才能成为医生。①

符号已经与所指之物或者说记忆脱离，符号竟然与职业相关联到一起，且符号是异质性的。在德勒兹看来，我们所学习的东西都来自符号，所有的学习都是对符号或难解符码的阐释。同时，符号都是特殊的符号，它不指向一个共同的统一性或者同一类型，每个符号都是单个世界（它自身所呈现的世界）的材料。它自身具有多元性与差异性。

正因为符号自身的多元性或者差异性，德勒兹将普鲁斯特的《追忆》解释成一部聚集了统一性和多元性符号的作品。并且，德勒兹考察了《追忆》中主人公所涉足的那些世界——社交界、爱的世界、印象或感觉属性的世界——中所蕴涵的符号链。如社交符号（空洞的社交符号）、爱与被爱的符号（爱的谎言性符号）、感觉属性的符号（物质性的感觉符号）。社交符号不指向物，但它"取代"了物，并试图根据物的意义来确立其自身的价值，因此它具有一种空洞性，"社交符号（Le signe mondain）取代了一个行动（une action）或者一种思想而出现。它取代了行动和思想。因此它不再指向它物的符号——无论此物是超验的意义还是观念的内容，相反，它僭取（usurpé）了它的意义所预设的价值"。②爱与被爱的符号虽然被传达给我们，却隐藏了所要表达的东西，即"掩藏了未被了解的世界、思想和行动的根源，而正是这些给予了符号以意义"。③正因为如此，所以它是一种谎言性的符号。而感觉属性的符号所展现的根源或者表现都基于物质性，因此它自身就是物质性的

---

① 〔法〕德勒兹：《普鲁斯特与符号》，姜宇辉译，上海译文出版社，2008，第4页。
② 〔法〕德勒兹：《普鲁斯特与符号》，姜宇辉译，上海译文出版社，2008，第6页。
③ 〔法〕德勒兹：《普鲁斯特与符号》，姜宇辉译，上海译文出版社，2008，第9页。

符号。

但是，这些符号都不是本质性的艺术符号，因为，艺术世界中的符号，是去"物质化"的，而另外三种符号都裹挟着物质的残存在里面。①那么如何界定这种"物质性"？"只要我们还在另外的事物之中发现一个符号的意义，那么，就仍有一星半点的物质持存并抵抗（rebelle）着精神"。②例如，感觉属性的符号就纯粹是物质性的符号，因为它体现于气息的感觉味道是物质性的。

德勒兹对这三种类型的符号为什么是物质性的符号给予了相关的阐释，即"首先是由于它们的发送（émission）过程；它们一半被包含于承载的客体之中。感觉属性、被爱的面容（des visages aimés）是物质。（具有涵义的感觉属性尤其体现于气息的味道，这绝非偶然：它们是所有属性之中最具物质性的。被爱的面容、吸引我们的面颊以及肌肤的纹理，这些都是物质）"。③而艺术符号的优越性即在于它自身是去物质化的。艺术的世界就是符号的最终世界，并且这些符号，是作为去物质化的符号在一种理想的本质之中发现了其自身意义的。艺术的启示性即在于给予那些感觉符号（物质性的符号）以一种审美的意义，并洞彻那些感觉符号（物质性符号）所拥有的但依然是晦涩难解的东西。"于是，我们理解了，感觉符号已经指向着一种理想的本质，后者体现于其物质的意义之中。"④

艺术的符号是精神性的符号，其自身的意义并不关联到相关的指涉物。并且，本质存在于艺术的符号之中。那么，如果从其在艺术作品之中的呈现来看，何谓"本质"？

---

① 这三种符号与艺术的符号相互区别，这种区别不仅体现在是否是去物质化的，还在于其各自所具有的官能也是各异的。对于社交符号来说，理智是最主要的官能；对于爱的符号来说，理智也是其最主要的官能，不过却是另外一种方式。而对于感觉的符号来说，主要的官能有时候是不自觉的记忆，有时候是源自欲望的想象。而对于艺术符号来说，纯粹的思想是作为本质的官能。参见〔法〕德勒兹《普鲁斯特与符号》，姜宇辉译，上海译文出版社，2008，第86页。

② 〔法〕德勒兹：《普鲁斯特与符号》，姜宇辉译，上海译文出版社，2008，第42页。

③ 〔法〕德勒兹：《普鲁斯特与符号》，姜宇辉译，上海译文出版社，2008，第40页。

④ 〔法〕德勒兹：《普鲁斯特与符号》，姜宇辉译，上海译文出版社，2008，第14页。

本质是一种绝对性的差异。然而，什么是一种绝对性的差异呢？它不是两个事物或对象之间的经验性的差异，此种差异始终是外在的差异。德勒兹的差异是一种内在性的差异，也即差异的概念。本质构成了存在，并使我们能够把握、捕捉到存在。在德勒兹的解读之下，普鲁斯特给出了对于本质的第一个概括：本质是存在于主体（un sujet）之中的事物，作为存在于主体的核心的最根本的性质："内在差异"（différence interne）。于是，本质便关切到或者"奠基"到一种主体。德勒兹对于本质的突显是承载于主体之中的，因为本质是作为寄存于主体的最为核心的性质而被规定的。作为停居于主体之中最为根本性质的本质必须依托主体才能得以揭示。所以，德勒兹必须将之前予以解构的主体重新召回。进而奠基于主体来讨论关于本质这一课题。

从上面的讨论我们知道：本质是内在差异的本质。从这个方面来看，本质就是莱布尼兹的"单子"。每个单子根据它们所表现世界的"视点"（le point de vue）而被界定，而每个视点自身都归结为某种居于单子的基础的终极性质。视点就是差异自身。"对于同一世界的种种视点与那些彼此间最为远离的世界一样，是相互差异的。"①并且德勒兹认为，唯有艺术才能看到每个视点所呈现的样态不一的世界，也唯有在艺术之中，才能使我们看到世界的"增殖"。

二

每一个主体都以某种视点表达世界。然而，视点，即是差异自身，二者是同一的。视点就是内在的、绝对的差异。"因此，每一个主体（Chaque sujet）都表达了一个绝对差异的世界（un monde absolument différent）。"②并且，这个由主体所表达的绝对差异的世界并不存在于这个表达主体的外部。同时，这个为主体所表达的世界与主体自身是相区

① 〔法〕德勒兹：《普鲁斯特与符号》，姜宇辉译，上海译文出版社，2008，第43页。
② 〔法〕德勒兹：《普鲁斯特与符号》，姜宇辉译，上海译文出版社，2008，第44页。

分的，就如同本质与存在是相互区分的一样，存在也包含了其本质自身的存在，同样世界是作为本质而被表达的。但是此种本质并不就因此与主体的本质相混淆，此种本质是存在的本质，或在那种主体之中呈现存在领域的本质。换句话说，主体所表达的是绝对差异的世界，此差异的世界是内在于主体的，但却迥异于主体自身。此差异的世界是作为异于主体的本质即存在的本质而被表达的。主体的本质总是作为奠基性的存在，而存在的本质或者在主体之中呈现的存在领域的本质却"托盘"于主体的本质之上，本质与主体二者是不能相互晦暗的，更不能产生一种类似于同一化的迷误：

> 它（本质）不能归结为一种心理状态或心理的主体性，也不能被归结为更高的主体性的形式。本质是某种居于主体的核心的最根本的性质；然而这种性质要比主体更为深层，它属于另一个不同的范畴："一个独一无二（unique）的世界的未知的性质。"并非是主体表现了本质（explique l'essence），毋宁说，是本质自身被蕴含（implique）于、包含（enveloppe）于、盘卷（enroule）于主体之中。而且，通过盘卷于自身之中，它构成了主体性。①

这段文字殊可表明：本质不是作为主体而被规定的，相反，本质自身构成了一种主体性。本质比主体更为纵横深阔，因为本质是居于主体的核心的最根本的性质。作为主体表达的世界是被包含的世界，正是这种被包含的世界和本质构成了个体/主体，并非是个体/主体构成了世界。在德勒兹看来，本质不仅仅是个体性的/主体性的，还是个体化的/主体化的。并且，"本质自身不能被还原为承载着符号的客体，也不能被还原为体验符号的主体（au sujet qui l'éprouve）"。②

本质是体现于艺术符号之中的，或者说本质体现于艺术作品之中。

---

① 〔法〕德勒兹:《普鲁斯特与符号》，姜宇辉译，上海译文出版社，2008，第44页。
② 〔法〕德勒兹:《普鲁斯特与符号》，姜宇辉译，上海译文出版社，2008，第67页。

然而，本质是怎样体现于艺术作品之中的呢？换言之，一位艺术家——主体是如何将本质进行传达的呢（此种本质将他个体化而令他永恒）？

答曰：通过物质而被传达的。

但是，这些物质并不是僵硬性的物质，它自身具有一种延展性，即它可以向着精神性的方面进行自由转换。物质是自由的物质，它可以通过不同的媒介表现出一种更高的精神性。比如，托马斯·哈代的由几何形状以及平行线构成的石块就是一种精神化的物质，在司汤达那里，高度也是一种轻盈的物质——它和精神性的生命相联结。既然主体是通过物质来传达的，同时这种物质是向着精神性的物质，那么，"艺术是一种真正对于物质的转化（transmutation de la matière）。物质在其中被精神化（spiritualisée），物质性的介质（les milieux）在其中被去物质化，以便能透射出（réfracter）本质，也即，一种原初世界的性质"。①

作为原初世界性质的本质通过物质性的介质而得以显现、澄明。但是这种作为物质性的介质，即客体是区别于本质的。恰恰相反，本质使作为物质性介质的客体相互接近、聚集。而本质就体现于这种作为物质性介质的客体之中。同时，"构成本质的那种最根本的性质因而就作为两种相互差异的客体所拥有的共同性质而被表现（exprime），它在这种发光的（lumineuse）物质之中被塑造、在这种折射性的介质之中被沉浸（plongés）"。②

本质沉浸于作为介质的物质性的客体之中，这是本质自身的显现机制。这种显现机制是逐层深入的，即它经历了从社交界的符号到感觉的符号，最后在艺术性的符号之中被揭示出。本质是沉浸于这些非艺术性符号之中的，只是隐秘地藏匿在物质性的客体之中，等待着自身的升华。也就是说，从社交界的符号到感觉的符号，符号与意义自身的关系变得越来越紧密。当我们面向着艺术的超越与升腾之际，符号与意义之间的关联就变得越来越靠近和紧密。德勒兹认为，这种决定符号与意义自身

---

① 〔法〕德勒兹：《普鲁斯特与符号》，姜宇辉译，上海译文出版社，2008，第48页。
② 〔法〕德勒兹：《普鲁斯特与符号》，姜宇辉译，上海译文出版社，2008，第49页

的关系正是本质。"当我们最终达到艺术的启示之时，我们懂得了，本质已经存在于最低的等级之中。在每种情形之中，正是本质决定了符号与意义之间的关联（le rapport du signe et du sens）。"①

本质不仅决定了符号与意义之间的关联，而且还掌控着它们的运动，即本质使得符号与意义（意义来自于客体）变得复杂化，使二者保持于复杂化的状态之中，并把一方置于另一方中，在每种情形之中，二者的关联都为本质所操持、把控着。本质不仅操持、把控着符号与意义二者的关联，同时也规定了它们二者之间的距离与接近的程度，以及它们统一性的程度。"无疑，符号自身不能被还原为客体；然而，它至少一半被包含于客体之中。无疑，符号自身不能被还原为主体，但它至少一半依赖于主体（du sujet）、环境（des circonstances）与主观联想（des associations subjectives）。本质超越了符号与意义，它作为它们及其关联的充足理由。"②

概而论之，德勒兹对符号、艺术符号及其本质进行探求，目的在于求达一种异于主体自身的符号的本质、意义和真理。从艺术作品中呈现的本质，必须依托于主体的支撑，本质不是作为在先的理念或者存在，它是一种性质，一种居于主体最为核心部分的性质。也即是说，本质不能混迹于主体自身之中，应受载于主体。无论这种主体是什么，它仅作为一种核心性质而被规定、表达。不仅本质如此，符号也是一样的。符号依赖于主体，但绝不可以被还原到主体之中。由此可以观之，德勒兹对符号、本质的探寻总是基于一种预设，这种预设关切到一种主体的生成与表达。

三

德勒兹这种对（精神性的）符号本质的探求是奠基于主体存在（存

---

① 〔法〕德勒兹：《普鲁斯特与符号》，姜宇辉译，上海译文出版社，2008，第89页
② 〔法〕德勒兹：《普鲁斯特与符号》，姜宇辉译，上海译文出版社，2008，第90页

在者）这一视阈表达的。它与中国文化对符号自身的探求、规定有着怎样的界限与相似之处呢？我们以语言符号为例，从儒、道二家各自对语言（文字符号的载体、记录）符号的深层揭示来实现对符号的全面审视。

儒家认为语言符号能够切中思想真理的表达。儒家对于语言符号尤为倚重，《周易》就认为，语言符号作为自身存在的显示，是可以通达于天的。"正是对于语言如此地重视，儒家历来有立德、立功和立言之说。"①在这里，立言即关联到语言符号的表达问题。

孔子认为，关联到语言符号的表达首先是正名。这种语言符号的活动便与政治发生一种直接的关联，语言符号活动由此转换为一种政治符号的机制形式。在孔子看来，正名首先表现为对事物进行命名，这种命名是符号自身的一种外化显示或者说功能。并且这种命名的符号其自身的意义与否完全关联到其自身的真假与否。也即是说，如果说命名符号自身符合其自身即为真的时候，这种符号所命名的名称，即符号记录便是有意义的。否则，便是虚假的。这种作为广义性的政治符号机制的名称"规定了人的言行，也影响了一个社会的制度建设和人民的生活方式"。②这种正名，关联到语言符号自身意义的建制完全是奠基于自身的去蔽活动，即驱除虚假语言符号所标识的幻象。这种去蔽活动——语言符号的教化自身——的目的在于恢复周礼所订制的世袭宗法等级制度。因此，这种去蔽活动本身构成了一种手段的目的。

荀子继承了孔子的政治符号学的表达机制而提出了制名。荀子认为，语言符号是用来说明客观事物的。荀子讲："名闻而实喻，名之用也"。③也即是，"人们要依据事物的实际而正确地命名，亦即'制名以指实。'"④语言符号的作用在于一听到语言符号自身的语音表达即可明白它自身的指涉（指涉为何物）。不同的语言符号活动其自身所反映的物也

① 彭富春：《论中国的智慧》，人民出版社，2010，第67页。
② 彭富春：《论中国的智慧》，人民出版社，2010，第68页。
③ （清）王先谦：《荀子集解》（下册），中华书局，1988，第422页。
④ 彭富春：《论中国的智慧》，人民出版社，2010，第68页。

是驳杂的。因此，每一个语言符号自身所传达的"物性"都是多样的。这种"物性"即是每一个词语符号对自身所表达之物的一种抽象暗示。如果语言符号与其所指称的物出现断裂（名实不符），那么，"是非就无法分清，行动就没有准则，甚至思想也无法明确表达，就会造成极大的混乱"。①但是语言符号自身的命名活动是"约定俗成"的。"凡同类同情者，其天官之意物也同，故比方之疑似而通。是所以共其约名以相期也。"②荀子认为，符号的名称即是根据感官对各类客观事物的接触所得到的不同感觉而"约定俗成"的。这种"约定俗成"是大家公认的，并非出于一种私人的语言符号活动。据此，当人们在言说一个语言符号名称之时，都知道其所指涉的为何物，这样也才能交流、生成与表达思想。这就是语言符号生存性的"质地"，它"能实在地表现事物和躯体的密度、重量及感受的具体性。它可以尽可能准确地、精微地、自由出入表里地具体描述事物的沉重并造成它的运动和转换"。③也唯有如此，人们才能对相关的物进行区分、表达，保证社会秩序的正当性。荀子特别反对"以名乱名""以民乱实"以及"以实乱名"。因为，"以名乱民是利用名称的不同制造事实的混乱；以民乱实是以名称的区别消除事实的联系；以实乱名是以事实的个别性否定名称的普遍性。这三种错误搅乱了名和实的真实关系，是必须被严格制止的"。④为了防止这种关系出现错乱，荀子明确指出，客观事物（实）是第一性的，词语符号（名）是第二性的。

董仲舒将儒家语言符号政治教化机制具体深化为深察名号。董仲舒认为，"名之审于是非也，犹绳之审于曲直也"。也就是说，语言符号是衡量是非的尺度，是非应该由词语符号这一尺规来考量、决定。是非曲直不在客观的事实，而在于是否与语言符号切中。董仲舒根据天人感应

---

① 北京大学哲学系中国哲学教研室：《中国哲学史》，北京大学出版社，2003，第100页。
② （清）王先谦：《荀子集解》（下册），中华书局，1988，第415页。
③ 张志扬：《缺席的权利——阅读、讲演和交谈》，上海人民出版社，1996，第142页。
④ 彭富春：《论中国的智慧》，人民出版社，2010，第68页。

论,强调名——语言符号是圣人发天意而制作的——"鸣而施命,谓之名"。①而我们去体会这种"天意"必须通过内心体验,即"道莫明省身之天"。②既然语言符号是圣人体会天意而作,那么就必须首先体会这种所谓的"天意",然后深察名号。体会"天意"的逻辑前提是"天""人"感应,而"天""人"感应本来就被前置于先行的逻辑预设。也就是说,能够感应天意而深察名号已经存在于天人感应论完备性的逻辑前置中。于是,这里的名,即语言符号便直接由"天"来规定——"事各顺于名,名各顺于天"。③"事各顺于名"也即是所谓的名各顺于事。深察名号"就是要辨物正名,让语言与现实完全一致。当名能如实的时候,人们又可以沿名求实,通过事物的名字把握事物的本性"。④据此,符号便与事物的本性发生一种勾连。事物的本性在于符号的正确显示中,即顺于名中。

广义上的语言符号学首先在儒家的表达中具体表现为语言符号政治教化的思想机制。"语言的政治性在根本上就是让任何一个语词如实地吻合某一个体在由礼乐规范的社会结构整体中的位置和身份以及和他人的关系"。⑤在这种思想机制的操纵中,语言符号的政治化、机器化、具象化更为明确。其次表现为"制名"而后向深察的意向中转换。但是无论如何转换都脱离不了政治的性质。因为,"对于儒家而言,政治首先是一种正名。而正名首先也是一种政治"。⑥

与儒家对语言符号的规定不同,道家对语言符号的规定更趋向于将语言符号作为一种目的来看待。为了体征大道,必须借助于工具性的语言符号。但是一旦体征了大道,这一作为工具性的语言符号便遭到舍弃。

老子最早探讨了道与语言符号的关联。道和语言符号之间存在不可

---

① (汉)董仲舒:《春秋繁露》,中华书局,1975,第355页。
② (汉)董仲舒:《春秋繁露》,中华书局,1975,第386页。
③ (汉)董仲舒:《春秋繁露》,中华书局,1975,第359页。
④ 彭富春:《论中国的智慧》,人民出版社,2010,第68~69页。
⑤ 彭富春:《论中国的智慧》,人民出版社,2010,第69页。
⑥ 彭富春:《论中国的智慧》,人民出版社,2010,第69页。

逾越的矛盾。"道不法形成语言，它只在语言之外。同时语言也无法言说道，它只能是道的遮蔽。"①也即是他所认为的——道可道非常道，名可名非常名。那为何如此呢？这是因为道本身是虚无的，它自身超越了语言符号的物性指涉。语言符号只是一种艺术性的符号，它并非道本身。当道被它所言说、指涉的时候，道即扭头而去。因此，道自身拒绝走向语言符号的自我显示。道即是语言符号的悖论。

在道与语言符号的一般关系上，庄子继承了老子的思想观点。认为，道是根本性的东西。"夫道有情有信，无为无形，可传而不可受，可得而不可见。自本自根。未有天地，自古以固存。神鬼神帝，生天生地。"②道是无为无形不可见之物，而语言符号是有形之物。语言符号只能指涉有形之物而不可独断无形不可见之物。因此，作为语言符号之语言不可言说道。即他所说的，"大道不称，大辩不言"。③

庄子相对于老子在道与言的关系上有更为详细的研究。在庄子的文章中，"道"与"言"总是相互关联在一起的。如"至道若是，大言亦然"④、"道不可言，言而非也"⑤等。庄子总是处于一种悖论的表达中来描述"道"与"言"。那为什么要以这种悖论式来加以表达呢？其实"道"与"言"的关系类似于西方哲学中"逻各斯"与"语言"的联系。这种类似大概不是一种巧合，它映衬的或许是一种作为符号语言的共同的特质。"道"本身是符号性的语言，使一切得以是其所是，得以成为面向人的"存在"的言，是"本质"的言，据此，道本身又不可言。"但人们却以为语言文字就是道自身，或者认为它可以通达道自身。这在根本上就是一种错误。"⑥

庄子的语言符号与道的关系可具体化为一种手段与目的的具体关系。

---

① 彭富春：《论海德格尔》，人民出版社，2012，第208页。

② 转引自张志扬《门——一个不得其门而入者的记录》，同济大学出版社，2004，第162页

③ （清）郭庆藩：《庄子集释》（上册），中华书局，2004，第83页。

④ （清）郭庆藩：《庄子集释》（中册），中华书局，2004，第750页。

⑤ （清）郭庆藩：《庄子集释》（中册），中华书局，2004，第757页。

⑥ 彭富春：《论中国的智慧》，人民出版社，2010，第70页。

"言者所以在意，故得意而忘言。作为手段与目的的关系，言与道的关系就必须从两个方面来考虑。一方面是以言得意，另一方面是得意忘言。否则就出现一个怪异的现象，手段成为了目的，而目的成为了手段。"①

据此，道家关于语言符号的规定都是一种工具论的语言观。因为，道家对语言符号的讨论都置于一种分离的语境之中。而道自身确实是超越于语言符号自身的限度边界的。但是道家没有考虑到的是语言符号自身的归藏性的功能，即它作为一种归藏，呵护着道本身的显示机制，这也即是语言符号的"表象性、象征性，象形以会义，托物以兴义，引譬连类以推进及物的氛围与意境，言不在物身，而在物外的情义上"。②

四

通过对德勒兹与中国传统文化符号的解读，我们大致可以得到一些启示性的结论。德勒兹的符号论多半是一种奠基于存在者本身的，即这里面蕴藏着一种主体性的原则。在德勒兹的语境当中，本质决定了符号与意义之间的关联。而这种本质是缠卷于主体之中的，即作为主体中的核心性质。它本身的聚集是敞开于作为主体性的人的。本质体现于符号之中，并且本质即是差异。这种差异，不是显现于事物之间，或者关联到其他事物。它凭借于差异的生活经验，它并不是作为存在运动的一瞬而被规定的。就其本身而论，它很难从存在中被区分出来。德勒兹所言及的差异是超越于概念自身所统摄的差异之上的，差异被赋予事物自身其自身的特征而显化（分化—差异），理性是差异的多样性状态，感性是差异强度的变体。③据此，德勒兹将差异植入了语言符号的表达之中。差异主导着语言符号的表达机制。而中国文化（儒家、道家）对语言符号的表达是聚集于存在和思想的。在这种存在与思想的建制中，并没有

---

① 彭富春：《论中国的智慧》，人民出版社，2010，第 70 页。
② 张志扬：《缺席的权利——阅读、讲演和交谈》，上海人民出版社，1996，第 139 页。
③ 冯俊：《从现代走向后现代：以法国哲学为重点的西方哲学研究》，北京师范大学出版社，2005，第 315～316 页。

融入其主体（存在者）。也就是说，中国文化对符号的表达、建制是超越于主体之外的一种表达、建制，更没有将一种差异的分化机制渗透其中。而且在对符号本质的讨论方面，中国文化对语言符号本质的讨论不是置于政治的语言教化当中，就是置于一种更为隐秘的保藏显示之中（例如道家之言语符号，实际上是对道自身的庇护）。相对于这种"道"的神秘性，德勒兹更倚重作为存在者的主体。符号的本质居于主体，由主体给予建制，并且在这种给予的建制中渗透着差异生成的运动机制。一种文化倚重于差异，一种文化倚重于大道、政治、天的隐性建制。这估计是二者的真正差异之所在。思的方式决定了对各自符号的建构与描述。以德勒兹为主的法国之思更多地切换到以生命的无限差异来梳理与符号自身相关联的问题，而中国的传统文化之思，体现在符号的表达上，就完全拆解了作为主体性的人这一主题，符号更多的意义在于外在于主体自身的政治指涉或者大道指引。因此，中国传统文化与西方的文化在这种差异与同一的结构性思维范式中各自走到了文化的边界上。

图书在版编目（CIP）数据

文化发展论丛.2014.中国卷/周海春主编.—北京：社会科学文献
出版社,2014.12
ISBN 978 - 7 - 5097 - 6880 - 8

Ⅰ.①文…　Ⅱ.①周…　Ⅲ.①中华文化 - 文集　Ⅳ.①K203 - 53

中国版本图书馆 CIP 数据核字（2014）第 289545 号

文化发展论丛（2014）：中国卷

主　　编/周海春

出 版 人/谢寿光
项目统筹/周　琼
责任编辑/赵慧英

出　　版/社会科学文献出版社·社会政法分社(010)59367156
　　　　　地址：北京市北三环中路甲 29 号院华龙大厦　邮编：100029
　　　　　网址：www.ssap.com.cn
发　　行/市场营销中心（010）59367081　59367090
　　　　　读者服务中心（010）59367028
印　　装/三河市尚艺印装有限公司

规　　格/开 本：787mm×1092mm　1/16
　　　　　印 张：23.5　字 数：342 千字
版　　次/2014 年 12 月第 1 版　2014 年 12 月第 1 次印刷
书　　号/ISBN 978 - 7 - 5097 - 6880 - 8
定　　价/98.00 元